ADOBE ILLUSTRATOR CS4
CLASSROOM IN A BOOK

A239   Adobe Illustrator CS4 Classroom in a Book / Adobe Creative
       Team ; tradução Edson Furmankiewicz. – Porto Alegre :
       Bookman, 2010.
       480 p. : il.: color. ; 25 cm.+ CD-Rom.

       ISBN 978-85-7780-572-3

       1. Software – Computação Gráfica. I. Adobe Creative
Team.

                                            CDU 004.4 Illustrator

Catalogação na publicação: Renata de Souza Borges – CRB 10/1922

ADOBE ILLUSTRATOR CS4
CLASSROOM IN A BOOK
Guia oficial de treinamento

Tradução:
Edson Furmankiewicz

Revisão técnica:
Simone Belém
Consultora Técnica Adobe Systems Brasil
Adobe Certified Expert em Adobe Photoshop

bookman

2010

Obra originalmente publicada sob o título *Adobe Illustrator CS4 Classroom in a Book*

ISBN 978-0-321-57378-0

Authorized translation from the English language version edition, entitled ADOBE ILLUSTRATOR CS4 CLASSROOM IN A BOOK, 1st Edition by ADOBE CREATIVE TEAM, published by Pearson Education, Inc, publishing as Adobe Press, Copyright © 2009 Adobe Systems Incorporated and its licensors. All rights reserved. No part of this book may be reproduced or transmitted in any form by any means, electronic or mechanical, including photocopying, recording or by any information storage retrieval system, without permission of Pearson, Inc.

Portuguese language edition published by Bookman Companhia Editora Ltda, a division of Artmed Editora SA, Copyright © 2009.

Tradução autorizada a partir do original em língua inglesa da obra intitulada ADOBE ILLUSTRATOR CS4 CLASSROOM IN A BOOK, 1ª edição por ADOBE CREATIVE TEAM, publicado por Pearson Education, Inc., sob o selo da Adobe Press, Copyright © 2009 Adobe Systems Incorporated e todos os seus licenciados. Todos os direitos reservados. Este livro não pode ser reproduzido nem em parte nem na íntegra, nem ter partes ou sua íntegra armazenadas em qualquer meio, seja mecânico ou eletrônico, inclusive fotocópia, gravação ou qualquer sistema de armazenamento de informação, sem permissão da Pearson, Inc.

Edição em língua portuguesa publicada pela Bookman Companhia Editora Ltda., uma divisão da Artmed Editora SA, Copyright © 2009.

Capa: *Henrique Chaves Caravantes*, arte sobre capa original

Leitura final: *Mariana Belloli*

Editora sênior: *Arysinha Jacques Affonso*

Editora júnior: *Elisa Viali*

Editoração eletrônica: *Techbooks*

Reservados todos os direitos de publicação, em língua portuguesa, à
ARTMED® EDITORA S.A.
(BOOKMAN® COMPANHIA EDITORA é uma divisão da ARTMED® EDITORA S. A.)
Av. Jerônimo de Ornelas, 670 – Santana
90040-340 – Porto Alegre – RS
Fone: (51) 3027-7000   Fax: (51) 3027-7070

É proibida a duplicação ou reprodução deste volume, no todo ou em parte, sob quaisquer formas ou por quaisquer meios (eletrônico, mecânico, gravação, fotocópia, distribuição na Web e outros), sem permissão expressa da Editora.

SÃO PAULO
Av. Angélica, 1.091 – Higienópolis
01227-100 – São Paulo – SP
Fone: (11) 3665-1100   Fax: (11) 3667-1333

SAC 0800 703-3444

IMPRESSO NO BRASIL
PRINTED IN BRAZIL

SUMÁRIO

O QUE HÁ NO CD 11

INTRODUÇÃO

O Classroom in a Book 13
Pré-requisitos 13
Instalando o programa................................. 14
Fontes utilizadas neste livro 14
Copiando os arquivos do Classroom in a Book 14
Restaurando as preferências padrão................... 15
Recursos adicionais..................................... 16
Certificação Adobe 17

O QUE HÁ DE NOVO NO ADOBE ILLUSTRATOR CS4

Melhorias do espaço de trabalho...................... 19
Múltiplas pranchetas 20
Guias inteligentes 20
Aprimoramentos de degradê 21
Transparência em degradês............................ 21
A ferramenta Blob Brush 22
Edição de aparência no painel......................... 22
Painel Graphic Styles enriquecido 23

UM BREVE ROTEIRO DO ADOBE ILLUSTRATOR CS4

Visão geral da lição 24
Introdução 26
Trabalhe com várias pranchetas....................... 26
Trabalhe com alinhamento e guias inteligentes......... 28
Trabalhe com a ferramenta Blob Brush 30
Insira imagens do Adobe Photoshop no Illustrator CS4... 31
Utilize o Live Trace 31
Utilize o Live Paint 32

Trabalhe com grupos de cores e Edit Color/Recolor Artwork 33
Trabalhe com texto 34
Utilize o painel Appearance 34
Salve a aparência como um estilo gráfico 35
Aplique distorção ao texto 36
Crie e edite um degradê 36
Trabalhe com símbolos 38
Crie uma máscara de recorte 39

1 CONHECENDO A ÁREA DE TRABALHO

Visão geral da lição 40
Introdução 42
Entenda o espaço de trabalho.......................... 45
Altere a visualização do seu trabalho 56
Localize recursos utilizando o Illustrator 69
Verifique se há atualizações 70
Explore por conta própria 70
Revisão... 72

2 SELECIONANDO E ALINHANDO

Visão geral da lição 74
Introdução 76
Explore por conta própria 90
Revisão... 91

3 CRIANDO E EDITANDO FORMAS

Visão geral da lição 92
Introdução 94
Crie um documento com várias pranchetas............. 94
Trabalhe com formas básicas........................... 97
Combine objetos 112
Utilize o Live Trace para criar formas 117
Explore por conta própria 120
Revisão.. 121

4 TRANSFORMANDO OBJETOS

Visão geral da lição 122
Introdução 124
Trabalhe com pranchetas 125
Transforme o conteúdo 129
Posicione objetos com precisão 138
Altere a perspectiva 139
Explore por conta própria 143
Revisão. 144

5 DESENHANDO COM AS FERRAMENTAS PEN E PENCIL

Visão geral da lição 146
Introdução 148
Crie linhas retas. 150
Crie paths em curva 151
Construa uma curva 153
Crie a ilustração da maçã. 157
Desenhe curvas 161
Finalize a ilustração da maçã 174
Explore por conta própria 176
Revisão. 177

6 COR E PINTURA

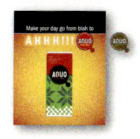

Visão geral da lição 178
Introdução 180
Compreenda as cores 181
Crie cores 184
Pinte com degradês e padrões 203
Trabalhe com o Live Paint 208
Explore por conta própria 213
Revisão. 214

7 TRABALHANDO COM TEXTO

Visão geral da lição 216
Introdução 218

Trabalhe com texto 219
Entenda o fluxo de texto 223
Formate texto 228
Salve e utilize estilos 235
Explore por conta própria 246
Revisão. 247

8 TRABALHANDO COM CAMADAS

Visão geral da lição 248
Introdução 250
Crie camadas 252
Bloqueie camadas 255
Visualize as camadas 256
Cole camadas 258
Crie máscaras de recorte 261
Mescle camadas 263
Aplique atributos de aparência a camadas 264
Explore por conta própria 268
Revisão. 270

9 MESCLANDO FORMAS E CORES

Visão geral da lição 272
Introdução 274
Trabalhe com degradês 275
Trabalhe com objetos mesclados 288
Explore por conta própria 295
Revisão. 296

10 TRABALHANDO COM PINCÉIS

Visão geral da lição 298
Introdução 300
Trabalhe com a ferramenta Blob Brush 301
Trabalhe com pincéis 306
Utilize os pincéis Scatter 311

Altere os atributos de cor dos pincéis................314
Utilize uma cor de preenchimento com pincéis........318
Utilize pincéis Calligraphic............................319
Utilize pincéis Pattern................................321
Crie pincéis..324
Aplique o efeito Scribble..............................328
Explore por conta própria............................330
Revisão...332

11 APLICANDO EFEITOS

Visão geral da lição..................................334
Introdução...336
Crie o logotipo de um banner com o efeito Warp.......343
Crie o cilindro 3D....................................347
Explore por conta própria............................358
Revisão...359

12 APLICANDO ATRIBUTOS DE APARÊNCIA E ESTILOS GRÁFICOS

Visão geral da lição..................................360
Introdução...362
Utilize atributos de aparência........................363
Adicione a um estilo gráfico existente.................375
Explore por conta própria............................380
Revisão...381

13 TRABALHANDO COM SÍMBOLOS

Visão geral da lição..................................382
Introdução...384
Trabalhe com símbolos...............................385
Armazene e recupere arte-final no painel Symbols.....397
Mapeie um símbolo para arte 3D......................398
Símbolos e integração com o Flash....................398
Explore por conta própria............................402
Revisão...403

14 COMBINANDO ELEMENTOS GRÁFICOS COM OUTROS APLICATIVOS ADOBE

Visão geral da lição 404
Introdução 406
Combine artes-finais. 409
Elementos vetoriais *versus* imagens bitmap. 409
Edite a prancheta 411
Insira um arquivo do Adobe Photoshop 412
Mascare uma imagem 417
Obtenha uma amostra de cores de imagens inseridas. . . . 422
Substitua uma imagem inserida. 423
Insira arquivos do Illustrator no Adobe InDesign 425
Integre o Illustrator e o Adobe Flash 427
Crie arquivos do Illustrator para o Adobe Flex 429
Explore por conta própria 430
Revisão. 431

15 SAÍDA

Visão geral da lição 432
Introdução 434
Entenda o processo de impressão 435
Entenda os dispositivos de impressão 436
Sobre cores. 438
O que é gerenciamento de cores? 439
Prova de cores em mídia eletrônica. 442
Separação de cores 443
Trabalhe com ilustrações de duas cores. 452
Entenda o trapping 453
Impressão sobreposta de objetos 454
Salve e exporte arte-final 457
Revisão. 462

ÍNDICE 465

O QUE HÁ NO CD

Uma visão geral do conteúdo do CD do *Classroom in a Book*

Arquivos da lição... e muito mais

O CD do *Adobe Illustrator CS4 Classroom in a Book* inclui os arquivos de lição necessários para completar os exercícios deste livro, bem como outras informações que ajudam a conhecer melhor o Adobe Illustrator CS4 e a utilizá-lo com eficiência e facilidade. O diagrama abaixo representa o conteúdo do CD a fim de ajudá-lo a encontrar os arquivos que precisa.

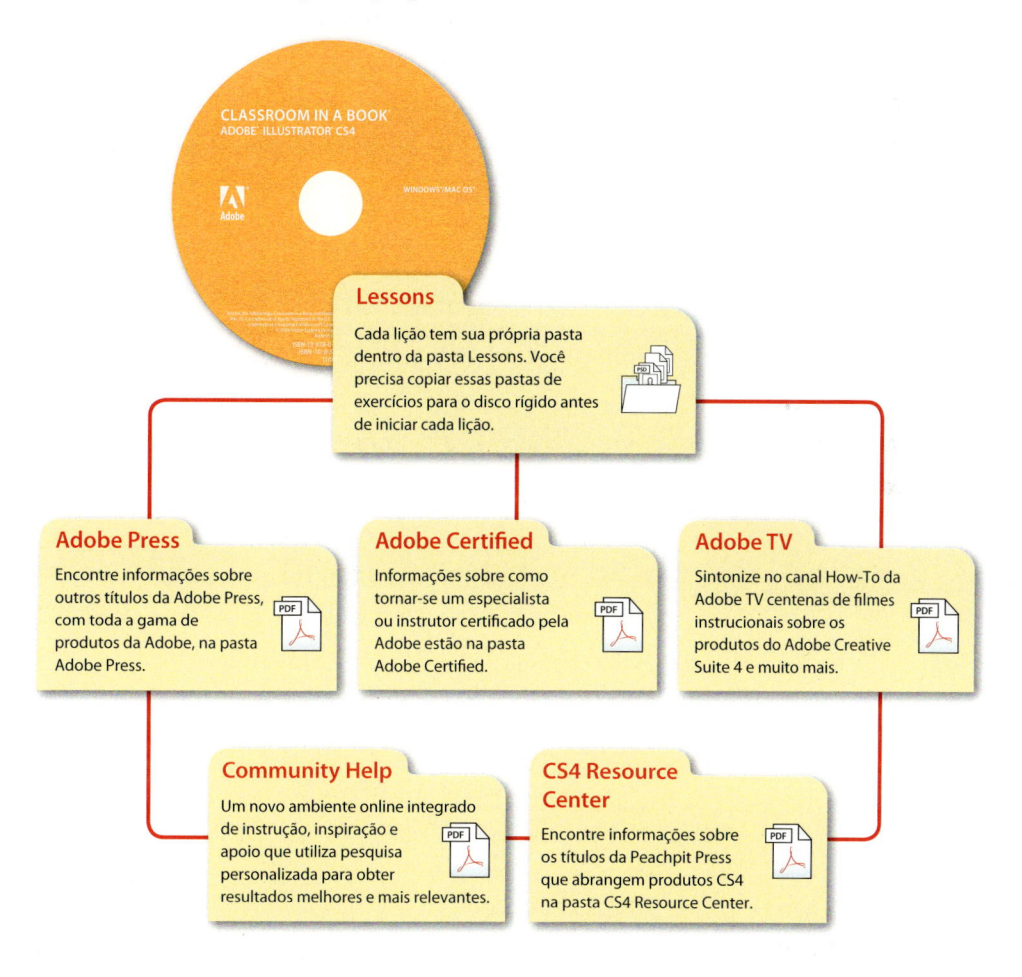

Lessons
Cada lição tem sua própria pasta dentro da pasta Lessons. Você precisa copiar essas pastas de exercícios para o disco rígido antes de iniciar cada lição.

Adobe Press
Encontre informações sobre outros títulos da Adobe Press, com toda a gama de produtos da Adobe, na pasta Adobe Press.

Adobe Certified
Informações sobre como tornar-se um especialista ou instrutor certificado pela Adobe estão na pasta Adobe Certified.

Adobe TV
Sintonize no canal How-To da Adobe TV centenas de filmes instrucionais sobre os produtos do Adobe Creative Suite 4 e muito mais.

Community Help
Um novo ambiente online integrado de instrução, inspiração e apoio que utiliza pesquisa personalizada para obter resultados melhores e mais relevantes.

CS4 Resource Center
Encontre informações sobre os títulos da Peachpit Press que abrangem produtos CS4 na pasta CS4 Resource Center.

INTRODUÇÃO

O Adobe® Illustrator® CS4 é o aplicativo de ilustração padrão no mercado de impressão, multimídia e criação de conteúdo online. Se você é designer ou ilustrador técnico que produz arte-final para publicações impressas, um artista que produz gráficos multimídia ou um criador de páginas Web ou de conteúdo online, o Adobe Illustrator oferece as ferramentas que você precisa para obter resultados de qualidade profissional.

O Classroom in a Book

O *Adobe Illustrator CS4 Classroom in a Book*® faz parte da série de treinamento oficial para softwares de publicações e tratamentos gráficos da Adobe Systems, Inc.

As lições foram criadas para que você possa aprender em seu próprio ritmo. Se você for iniciante no Adobe Illustrator, aprenderá os fundamentos necessários para fazer o aplicativo funcionar. Se for mais experimente, descobrirá vários recursos avançados, incluindo dicas e técnicas para utilizar a versão mais recente do Adobe Illustrator.

Embora cada lição forneça instruções passo a passo para criar um projeto específico, há espaço para exploração e experimentação. Você pode seguir o livro do início ao fim ou fazer somente as lições que satisfaçam seus interesses e necessidades. Cada lição termina com uma seção de revisão que resume o que foi visto.

Pré-requisitos

Antes de começar a usar o *Adobe Illustrator CS4 Classroom in a Book*, você deve conhecer o funcionamento do seu computador e sistema operacional. Certifique-se de que sabe como utilizar o mouse e os comandos e menus padrão e também como abrir, salvar e fechar arquivos. Se precisar rever essas técnicas, consulte a documentação impressa ou online de seu Windows ou Mac OS.

● **Nota:** Quando as instruções são diferentes em cada plataforma, os comandos do Windows aparecem primeiro, seguidos pelos comandos do Mac OS, com a plataforma especificada entre parênteses. Por exemplo, "pressione Alt (Windows) ou Option (Mac OS) e clique fora da ilustração". Em alguns casos, comandos comuns podem ser abreviados com os comandos do Windows em primeiro lugar, seguidos por uma barra e os comandos do Mac OS, sem nenhuma referência entre parênteses. Por exemplo, "pressione Alt/Option" ou "pressione Ctrl/Command+clique".

Instalando o programa

Antes de começar a utilizar o *Adobe Illustrator CS4 Classroom in a Book*, certifique-se de que seu sistema esteja configurado corretamente e de que software e hardware necessários estão instalados.

O software Adobe Illustrator CS4 não está incluido no CD do Classroom in a Book; você deve comprá-lo separadamente. Para instruções completas sobre a instalação do software, veja o arquivo Adobe Illustrator Read Me no DVD do aplicativo ou na Web, em www.adobe.com/support.

Fontes utilizadas neste livro

Os arquivos de lição utilizam as fontes que vêm com o Adobe Illustrator CS4 e são instaladas com o produto para sua conveniência nas seguintes localizações:

- Windows: [unidade de inicialização]\Windows\Fonts\
- Mac OS X: [unidade de inicialização]/Library/Fonts/

Para informações adicionais sobre fontes e instalação, veja o arquivo Adobe Illustrator CS4 Read Me no DVD do aplicativo ou na web, em www.adobe.com/support.

Copiando os arquivos do Classroom in a Book

O CD do *Classroom in a Book* inclui pastas que contêm todos os arquivos necessários para as lições. Cada lição tem uma pasta própria; você deve instalar essas pastas no disco rígido a fim de completar as lições. Para economizar espaço no disco rígido, você pode instalar somente a pasta necessária para cada lição e removê-la ao terminar.

Para instalar os arquivos de lição

1 Insira o CD do Classroom in a Book na unidade de CD-ROM.

2 Siga um destes passos:
- Copie a pasta Lessons inteira para o disco rígido.
- Copie apenas a pasta de lição que você precisa para o disco rígido.

Restaurando as preferências padrão

O arquivo de preferências controla como os comandos aparecem na tela quando você abre o Adobe Illustrator. Toda vez que você fecha o Adobe Illustrator, a posição dos painéis e de certas configurações são registradas em arquivos de preferências diferentes. Se quiser restaurar as ferramentas e configurações ao padrão inicial, você pode excluir o arquivo de preferências atual do Adobe Illustrator CS4. O Adobe Illustrator criará um novo arquivo de preferências, se ele já não existir, na próxima vez em que você iniciar o programa e salvar um arquivo.

Você deve restaurar as preferências do Illustrator antes de iniciar cada lição. Isso garante que as ferramentas e os painéis funcionem como o descrito neste livro. Quando terminar o livro, você pode restaurar suas configurações salvas.

Para salvar as preferências atuais do Illustrator

1 Feche o Adobe Illustrator CS4.

2 Localize o arquivo AIPrefs (Windows) ou Adobe Illustrator Prefs (Mac OS):

- (Windows XP) O arquivo AIPrefs está localizado na pasta [unidade de inicialização]\Documents and Settings\[nome de usuário]\Application Data\Adobe\Adobe Illustrator CS4 Settings\en_US*.

- (Windows Vista) O arquivo AIPrefs está localizado na pasta [unidade de inicialização]\Users \[nome de usuário]\AppData\Roaming\Adobe\Adobe Illustrator CS4 Settings\en_US*.

- (Mac OS X) O arquivo Adobe Illustrator Prefs está localizado na pasta [unidade de inicialização]/Users/[nome de usuário]/Library/Preferences/Adobe Illustrator CS4 Settings/en_US*.

● **Nota:** Se você não puder localizar o arquivo de preferências, utilize o comando Find de seu sistema operacional e procure AIPrefs (Windows) ou Adobe Illustrator Prefs (Mac OS).

Se não puder encontrar o arquivo, deve ser porque ou você ainda não iniciou o Adobe Illustrator CS4 ou moveu o arquivo de preferências. O arquivo de preferências é criado depois que o programa é fechado pela primeira vez, e daí em diante ele é atualizado.

3 Copie o arquivo e salve-o em outra pasta no disco rígido.

4 Inicie o Adobe Illustrator CS4.

▶ **Dica:** Para localizar e excluir rapidamente o arquivo de preferências do Adobe Illustrator toda vez que você começar uma nova lição, crie um atalho (Windows) ou um alias (Mac OS) para a pasta Illustrator CS4 Settings.

---

* O nome da pasta pode ser diferente dependendo da versão de idioma que você instalou.

Para excluir as preferências atuais do Illustrator

1 Feche o Adobe Illustrator CS4.

2 Localize o arquivo AIPrefs (Windows) ou Adobe Illustrator Prefs (Mac OS):

- (Windows XP) O arquivo AIPrefs está localizado na pasta [unidade de inicialização]\Documents and Settings\[nome de usuário]\Application Data\Adobe\Adobe Illustrator CS4 Settings\en_US*.

- (Windows Vista) O arquivo AIPrefs está localizado na pasta [unidade de inicialização]\Users \[nome de usuário]\AppData\Roaming\Adobe\Adobe Illustrator CS4 Settings\en_US*.

- (Mac OS X) O arquivo Adobe Illustrator Prefs está localizado na pasta [unidade de inicialização]/Users/[nome de usuário]/Library/Preferences/Adobe Illustrator CS4 Settings/en_US*.

3 Exclua o arquivo de preferências.

4 Inicie o Adobe Illustrator CS4.

● **Nota:** No Windows XP, a pasta Application Data fica oculta por padrão. O mesmo vale para a pasta AppData no Windows Vista. Para deixar uma das duas visível, abra Opções de Pasta, no Painel de Controle, e clique em Modo de Exibição. No painel Configurações Avançadas, localize Arquivos e Pastas Ocultos e selecione o botão Exibir Arquivos e Pastas Ocultos.

Para restaurar as preferências salvas depois de completar as lições

1 Feche o Adobe Illustrator CS4.

2 Exclua o arquivo de preferências atual. Localize o arquivo de preferências original que você salvou e mova-o para a pasta Adobe Illustrator CS4 Settings.

● **Nota:** Você pode mover o arquivo original de preferências em vez de renomeá-lo.

Recursos adicionais**

O objetivo do *Adobe Illustrator CS4 Classroom in a Book* não é substituir a documentação que vem com o programa, nem ser uma referência completa de cada recurso do Illustrator CS4. Somente os comandos e opções utilizados nas lições são explicados neste livro. Para mais informações sobre o programa, consulte um destes recursos:

- Adobe Illustrator CS4 Community Help, que você pode visualizar escolhendo Help > Illustrator Help. O Community Help é um ambiente online integrado de instrução, inspiração e suporte. Ele inclui pesquisas personalizadas de conteúdo relevante selecionado por especialistas, de dentro e de fora do Adobe.com. O Community Help combina conteúdo do Adobe Help, do Support, do Design Center, do Developer Connection e do Forums – junto com um excelente conteúdo da comunidade online para que os usuários possam encontrar com facilidade os melhores e mais atualizados recursos. Acesse os tutoriais, o suporte técnico, a ajuda online de produtos, os vídeos, os artigos, as dicas e as técnicas, os blogs, os exemplos e muito mais.

---

* O nome da pasta pode ser diferente dependendo da versão de idioma que você instalou.

** N. de R.: Comentários e sugestões relativos à edição brasileira desta obra podem ser enviados para secretariaeditorial@artmed.com.br.

- Adobe Illustrator CS4 Support Center é o local onde você pode encontrar e pesquisar conteúdo de suporte e treinamento no Adobe.com. Visite www.adobe.com/support/illustrator/.
- Adobe TV é onde você encontrará a programação sobre produtos Adobe, incluindo um canal para fotógrafos profissionais e um canal How To que contém centenas de videos sobre o Illustrator CS4 e outros produtos da série Adobe Creative Suite 4. Visite http://tv.adobe.com/.

Também confira estes links úteis:

- Home page dos produtos Illustrator CS4 em www.adobe.com/products/illustrator/.
- Fóruns de usuários do Illustrator em www.adobe.com/support/forums/ para discussões sobre os produtos Adobe.
- Illustrator Exchange em www.adobe.com/cfusion/exchange/ para extensões, funções, código e muito mais.
- Plug-ins do Illustrator em www.adobe.com/products/plugins/illustrator/.

Certificação Adobe

O objetivo do programa Adobe Certified é ajudar os clientes e instrutores da Adobe a aprimorar e promover suas habilidades e proficiência no uso do produto. Há quatro níveis de certificação:

- Adobe Certified Associate (ACA)
- Adobe Certified Expert (ACE)
- Adobe Certified Instructor (ACI)
- Adobe Authorized Training Center (AATC)

O certificado Adobe Certified Associate (ACA) comprova que o usuário tem as habilidades básicas para planejar, projetar, construir e manter uma comunicação eficaz utilizando diferentes formas de mídia digital.

O programa Adobe Certified Expert é uma maneira de os especialistas melhorarem suas credenciais. Você pode utilizar a certificação Adobe como um diferencial no seu currículo para conseguir um aumento salarial, encontrar um emprego ou promover sua experiência.

Se você é um instrutor de nível ACE, o programa Adobe Certified Instructor eleva o nível de suas habilidades e fornece acesso a um amplo espectro de recursos Adobe.

Os Adobe Authorized Training Centers oferecem cursos e treinamento em produtos Adobe, empregando apenas instrutores certificados pela Adobe. Um diretório de AATCs está disponível em http://partners.adobe.com.

Para informações sobre os programas de certificação da Adobe, visite www.adobe.com/support/certification/main.html.

O QUE HÁ DE NOVO NO ADOBE ILLUSTRATOR CS4

O Adobe Illustrator CS4 vem com recursos novos e inovadores para ajudá-lo a produzir gráficos mais eficientes para impressão, Web e publicação em vídeo digital. Neste capítulo, você aprenderá muitos desses novos recursos – como eles funcionam e como você pode utilizá-los em seu trabalho.

Melhorias do espaço de trabalho

Você pode exibir vários documentos em uma visualização com guias ou abri-los lado a lado, para que possa facilmente comparar ou arrastar itens entre um documento e outro. Utilize a janela Arrange Documents para organizar rapidamente seus documentos abertos em variadas configurações. A barra Application, na parte superior do aplicativo, fornece menus e opções em um local de fácil acesso. Utilize o seletor da área de trabalho a fim de pular para diferentes configurações no espaço de trabalho enquanto trabalha.

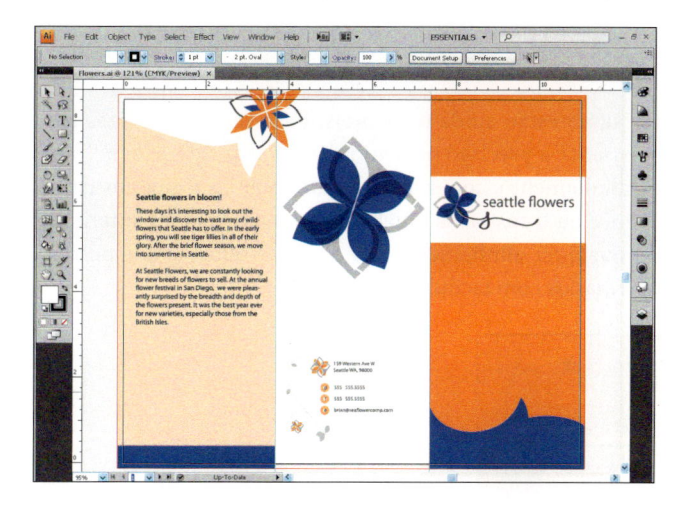

Múltiplas pranchetas

No Illustrator CS4, você pode criar documentos de várias páginas utilizando até 100 pranchetas de tamanhos diversos em um só documento. As pranchetas podem se sobrepor, aparecer lado a lado ou em uma pilha vertical, e podem ser salvas e impressas em conjunto ou separadamente.

Você pode exportar múltiplas pranchetas, em conjunto ou separadamente, para vários formatos, incluindo PDF, PSD, SWF, JPEG, PNG e TIFF. Também pode importar um arquivo do Illustrator com múltiplas pranchetas para o Adobe InDesign ou Adobe Flash.

Guias inteligentes

As guias inteligentes agora estão ainda mais úteis, fornecendo diretrizes para garantir, quando necessário, a precisão no seu trabalho. Pop-ups exibem informações de medida e alinhamento, como o delta entre objetos e ângulos da rotação quando você move ou transforma objetos. Como nas versões anteriores, os objetos aderem a qualquer alinhamento que você escolher, o que permite organizá-los e transformá-los com facilidade.

Aprimoramentos de degradê

Com as melhorias na ferramenta Gradient, você pode criar degradês elípticos e editar degradês lineares e elípticos na prancheta, adicionando e alterando interrupções de cores, aplicando transparência a interrupções de cores e modificando a direção ou o ângulo de um degradê. No painel Gradient, agora você pode acessar um menu dos degradês salvos por você, aplicar transparência a interrupções de cores individuais e muito mais.

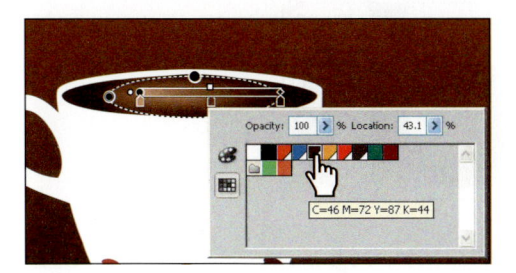

Transparência em degradês

Ao criar degradês com duas ou mais cores, você pode definir a opacidade de cada cor individualmente. Especificando diferentes valores de opacidade para interrupções de cores, você pode criar degradês que mudam gradualmente para transparente, revelando ou ocultando objetos subjacentes.

A ferramenta Blob Brush

Blob Brush é uma nova ferramenta de desenho que cria paths que se mesclam com o trabalho existente que tem o mesmo preenchimento e nenhum contorno. Utilizando o Blob Brush, você pode mesclar os paths existentes com aparência complexa e, então, editá-los com as ferramentas Blob Brush e Eraser para criar pintura vetorial de forma única e intuitiva.

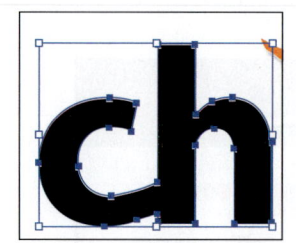

Edição de aparência no painel

No painel Appearance, você pode utilizar os controles melhorados, incluindo acesso direto a hiperlinks que abrem caixas de diálogo para efeitos, contornos e preenchimentos. Para facilitar ainda mais o trabalho, você pode selecionar ou desmarcar a visibilidade de qualquer atributo para exibi-los ou ocultá-los na prancheta.

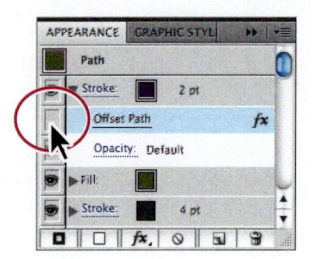

Painel Graphic Styles enriquecido

No painel Graphic Styles atualizado, você pode visualizar e aplicar rapidamente estilos a objetos no seu documento. Com a opção Text For Preview, você pode visualizar um estilo do modo que ele aparece no texto, ou clicar com o botão direito do mouse em uma miniatura para visualizar a aparência desse estilo em um objeto selecionado. Como estilos de efeitos exibem os contornos do objeto no qual o estilo foi criado, você também pode ver seus estilos de efeito em um piscar de olhos. Utilizando a tecla Alt ou Option ao aplicar um estilo, você poderá mesclar um estilo com o estilo existente, ou mesclar estilos diferentes, em um objeto.

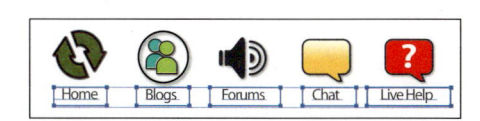

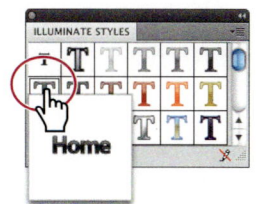

Embora esta lista mencione somente alguns dos novos recursos do Illustrator CS4, ela ilustra bem o compromisso que a Adobe tem de fornecer as melhores ferramentas para o mercado de publicação. Esperamos que você goste de trabalhar com o Illustrator CS4 tanto quanto nós.

—**Equipe do** *Adobe Illustrator CS4 Classroom in a Book*

UM BREVE ROTEIRO DO ADOBE ILLUSTRATOR CS4

Visão geral da lição

Nesta demonstração do Adobe Illustrator CS4, você terá uma visão geral do aplicativo e, ao mesmo tempo, utilizará alguns novos recursos interessantes.

Esta lição levará aproximadamente uma hora para ser concluída. Copie a pasta Lesson00 para o disco rígido.

Nesta demonstração do Adobe Illustrator CS4, você utilizará novos e interessantes recursos do aplicativo, como múltiplas pranchetas e transparência em degradês, e também aprenderá os fundamentos para trabalhar de forma eficaz no aplicativo.

Introdução

Você vai trabalhar com um só arquivo durante este roteiro. Todas as artes estão no CD do *Adobe Classroom in a Book*, que se encontra no final deste livro. Copie a pasta Lessons do CD para o seu disco rígido antes de iniciar este exercício. Você também precisa restaurar as preferências do Adobe Illustrator CS4 antes de começar. Esta lição inclui um arquivo de arte final para que você possa visualizar o que será criado em seu próprio arquivo.

1 Para garantir que as ferramentas e os painéis funcionem como descritos nesta lição, exclua ou desative (renomeando) o arquivo de preferências do Adobe Illustrator CS4. Consulte "Restaurando as preferências padrão", na página 15.

2 Inicie o Adobe Illustrator CS4.

● **Nota:** Se você ainda não copiou os arquivos desta lição para o seu disco rígido a partir da pasta Lesson00 do CD do *Adobe Illustrator CS4 Classroom in a Book*, faça isso agora. Veja "Copiando os arquivos do Classroom in a Book", na página 14.

3 Escolha File > Open e abra o arquivo L00end.ai da pasta Lesson00, na pasta Lessons que está no disco rígido. Esse é o trabalho final. Você pode deixá-lo aberto para referência ou escolher File > Close para fechá-lo. Para esta lição, comece com um documento em branco.

Trabalhe com várias pranchetas

1 Escolha File > New.

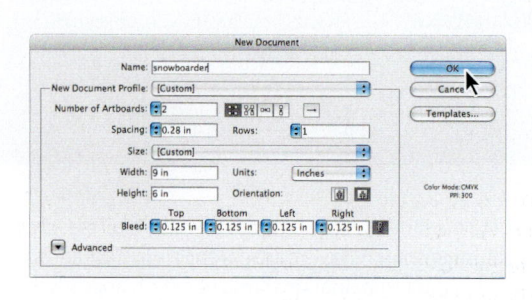

● **Nota:** Os perfis de novos documentos são personalizados para diferentes tipos de projetos – dispositivos móveis, impressão, Web e vídeo, por exemplo.

2 Na caixa de diálogo New Document, nomeie o arquivo **snowboarder** e deixe a configuração New Document Profile como Print. Em seguida, em Orientation, selecione o botão Landscape (), altere Number Of Artboards para **2**, Units para Inches, Width para **9 in** e Height para **6 in**. Clique na seta que aponta para cima em Top Bleed para mudar o valor de todos os sangrados para **0.125 in**. Clique em OK. Uma nova janela aparece com um documento em branco.

3 Escolha File > Save As. Na caixa de diálogo Save As, deixe o nome como **snowboarder.ai** e vá até a pasta Lesson00. Deixe a opção Save As Type configurada como Adobe o Illustrator (*.AI) (Windows) ou a opção Format configurada como Adobe Illustrator (ai) (Mac OS) e clique em Save. Na caixa de diálogo Illustrator Options, deixe as opções do Illustrator em suas configurações padrão e clique em OK.

4 Escolha View > Show Rulers ou utilize o atalho pelo teclado Ctrl+R (Windows) ou Command+R (Mac OS) para exibir as réguas verticais e horizontais na prancheta.

5 Selecione a ferramenta Artboard (⊞) no painel Tools. Clique e arraste a prancheta da direita para baixo da prancheta esquerda até que uma guia de alinhamento vertical verde apareça no centro da prancheta indicando que ela está alinhada verticalmente com a prancheta acima dela.

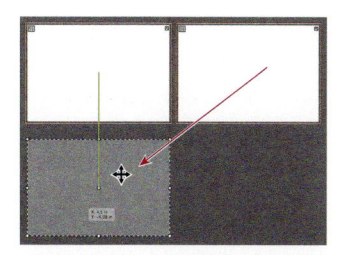

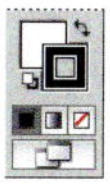

Observe que as opções para editar as dimensões, orientação etc. da prancheta aparecem no painel Control, abaixo dos menus.

6 Selecione a ferramenta Selection (▶) para parar com a edição das pranchetas. Clique na prancheta na parte superior para deixá-la ativa. Escolha View > Fit Artboard In Window.

7 Selecione a ferramenta Rectangle (▢) e clique uma vez no canto inferior esquerdo da prancheta; não clique e arraste. A caixa de diálogo Rectangle aparece. Digite **9.25 in** para a largura, e **6.25 in** para a altura e, então, clique em OK.

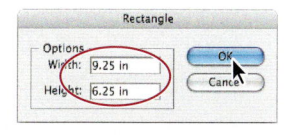

▶ **Dica:** Se você não vir in (inches) na caixa de diálogo Rectangle, pode inserir "in" depois do valor para criar o retângulo em polegadas (*inches*).

Um retângulo aparece na página. Você vai reposicioná-lo no próximo passo.

8 Selecione a ferramenta Selection (▶). Com o retângulo ainda selecionado, clique no botão Align To Selection (▣) no painel Control e escolha Align To Artboard no menu. Isso alinha o retângulo em relação à prancheta, e não a outros objetos. Clique em Horizontal Align Center (⬓) e depois em Vertical Align Center (◧) para alinhar o retângulo no centro da prancheta.

9 Com o retângulo ainda selecionado, observe que há controles para o preenchimento e para o contorno na parte inferior do painel Tools. O contorno é essencialmente uma borda e o preenchimento é o interior de um Shape. Quando a caixa Fill está visível, a cor selecionada é atribuída ao interior do objeto selecionado. Ative o preenchimento clicando na caixa solid Fill.

Fill selecionado   Stroke selecionado

● **Nota:** Leia mais sobre contorno e preenchimentos na Lição 6, "Cor e Pintura".

Neste exemplo, você vai atribuir cores utilizando a ferramenta Selection e o painel Swatches. Ao mover o cursor sobre as amostras no painel Swatches, uma dica da ferramenta aparece com o nome da amostra.

10 Clique no ícone do painel Swatches (▦) no lado direito do espaço de trabalho. Com o retângulo ainda selecionado, clique para selecionar a amostra de azul C=85 M=50 Y=0 K=0 no painel. O retângulo agora tem um preenchimento azul.

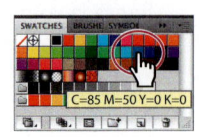

11 Escolha Edit > Copy.

12 Escolha Select > Deselect para desmarcar todos os objetos na prancheta. Escolha File > Save. Deixe o arquivo aberto.

Trabalhe com alinhamento e guias inteligentes

Agora, você vai trabalhar com guias inteligentes e navegar entre pranchetas. Guias inteligentes ajudam a alinhar, editar e transformar objetos ou pranchetas. Na parte de trás do cartão postal haverá uma área de impressão para o endereço. Leia mais sobre guias inteligentes e pranchetas de navegação na Lição 4, "Transformando Objetos".

1 Escolha 2 no menu Artboard Navigation na parte inferior esquerda da janela Document.

2 Clique no ícone do painel Layers (◆) no lado direito do espaço de trabalho. No painel Layers, clique no botão Create New Layer (◱).

3 Escolha Edit > Paste.

4 Escolha Object > Lock > Selection.

5 Selecione a ferramenta Rounded Rectangle (▢) no grupo de ferramentas Rectangle do painel Tools. Clique na prancheta. Na caixa de diálogo Rounded Rectangle, digite 6 in no campo Width e 4 in no campo Height. Deixe o Corner Radius com o valor padrão e clique em OK.

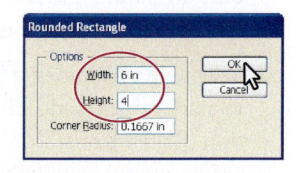

6 Clique na cor de preenchimento (■▾) no painel Control e altere o preenchimento para branco. Clique na cor do contorno (□▾) no painel Control e verifique se é preto.

7 Com a opção Align To Artboard (▦) ainda selecionada no painel Control, clique em Horizontal Align Center (♣) e Vertical Align Center (♦) para alinhar o retângulo arredondado no centro da prancheta.

8 Abra o arquivo snowflake.ai da pasta Lesson00, localizada na pasta Lessons no disco rígido.

9   No arquivo snowflake.ai, clique no floco de neve com a ferramenta Selection (▶) e escolha Edit > Copy. Escolha File > Close para fechar o arquivo snowflake.ai. No arquivo snowboarder.ai, escolha Edit > Paste.

10 Com a ferramenta Selection (▶), arraste o floco de neve até o canto superior esquerdo do retângulo branco. Quando o centro do floco de neve cruzar o canto do retângulo arredondado e a palavra "intersect" e as guias de construção verdes aparecerem, solte o mouse.

11 Com o floco de neve ainda selecionado, pressione Alt+Shift (Windows) ou Option+Shift (Mac OS) e arraste o canto inferior direito para baixo até a direita a fim de aumentar o tamanho do floco de neve. Observe a dica de ferramenta de medida (caixa cinza) que aparece indicando o tamanho do objeto à medida que você o redimensiona. Tente digitar **2.3 in** para largura e **2 in** para altura. Solte o botão do mouse e depois as teclas quando estiver na posição correta.

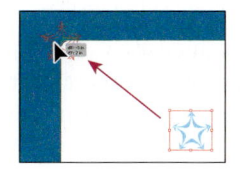

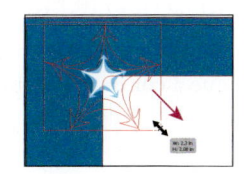

Arraste o floco de neve para a posição e o redimensione.

12 Com a ferramenta Selection, precione Alt (Windows) ou Option (Mac OS) e arraste o floco de neve para a direita a fim de criar uma cópia dele. Alinhe o centro do floco ao canto superior direito do retângulo branco (semelhante ao que você fez no passo 11). Deixe o novo floco de neve selecionado.

13 Com a ferramenta Selection, clique com Shift pressionada no floco de neve da esquerda para selecionar os dois flocos. Com Alt (Windows) ou Option (Mac OS) pressionadas, arraste os flocos selecionados para baixo a fim de criar uma cópia deles. Arraste até que os flocos de neve estejam alinhados com os cantos inferiores do retângulo branco. As guias de construção verdes (linhas) irão alertá-lo quando os objetos estiverem alinhados aos cantos.

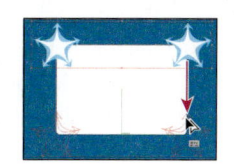

● **Nota:** A informação de medida (caixa cinza) mostra o dX e o dY à medida que você arrasta e copia os flocos de neve, informando a distância em que você moveu os objetos nos eixos x e y.

14 Escolha Select > Deselect. Arraste o floco de neve direito inferior para cima aproximadamente 0,25 polegadas (ou 0,6 cm). À medida que arrasta, você verá o valor dY na informação de medição.

15 Clique com a tecla Shift pressionada na parte inferior esquerda do floco de neve para selecionar os dois flocos na base do retângulo branco.

16 Clique no floco de neve da parte direita inferior do retângulo mais uma vez para configurá-lo como objeto-chave,

● **Nota:** Se você não enxergar os botões de alinhamento no painel Control, clique na palavra Align do painel Control ou escolha Window > Align.

indicado por um contorno grosso (borda). Escolha Vertical Align Center () no painel Control para alinhá-los.

17 Repita os passos 15 e 16 para os dois flocos de neve de cima. Arraste o floco de neve do canto superior direito e configure-o como o objeto-chave.

18 Escolha Select > Deselect.

19 Escolha 1 no menu Artboard Navigation na parte inferior esquerda da janela Document. Escolha File > Save.

Trabalhe com a ferramenta Blob Brush

O próximo passo é criar uma elipse no lado esquerdo da página. Você pode utilizar a ferramenta Blob Brush para pintar formas preenchidas que se interseccionam e se mesclam com outras formas da mesma cor. Leia mais sobre como trabalhar com as ferramentas Blob Brush e Eraser na Lição 10, "Trabalhando com Pincéis".

1 Na primeira prancheta, confirme se a cor de preenchimento ( ) no painel Control é branco, para que a cor de preenchimento seja branca quando você pintar com a ferramenta Blob Brush. Clique na cor do Stroke no painel Control e escolha None ( ). Clique na cor do Stroke no painel Control para fechar o painel Swatches.

2 Clique no ícone do painel Layers ( ) no lado direito do espaço de trabalho e clique no Layer 1 para selecioná-lo. Dessa maneira, todo o conteúdo que você criar permanecerá no Layer 1.

3 Selecione a ferramenta Elipse ( ) clicando e mantendo pressionada a ferramenta Rounded Rectangle ( ) no painel Tools. Clique uma vez na prancheta. Na caixa de diálogo Ellipse, altere a largura para 6 in e a altura para 4 in. Clique em OK.

4 Selecione a ferramenta Selection ( ) e arraste a elipse para fora da borda esquerda da prancheta, até que o topo da elipse fique distante aproximadamente uma polegada da borda superior da prancheta. Examine as réguas para orientação. Escolha Select > Deselect.

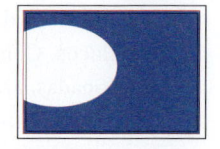

Agora, você vai utilizar a ferramenta Blob Brush para editar a elipse a fim de que ela se pareça com uma nuvem.

5 Dê um duplo clique na ferramenta Blob Brush ( ) no painel Tools. Na caixa de diálogo Blob Brush Tool Options, altere o tamanho para 70 pt. Clique em OK.

6 Com o cursor, clique e arraste ao longo da borda da elipse para criar uma borda irregular. À medida que você arrasta a borda, solte o botão do mouse para ver como a forma da elipse muda.

7 Selecione a ferramenta Selection ( ) e clique para selecionar a forma da nuvem. No painel Control, mude a opacidade para **20%** e escolha Select > Deselect.

Insira imagens do Adobe Photoshop no Illustrator CS4

No Illustrator, você pode inserir arquivos do Adobe Photoshop e atribuir Layer Comps antes de inserir imagens na prancheta. Layer Comps é um recurso do Photoshop que permite salvar combinações de camadas no painel Layer Comp do Photoshop CS4, e pode se basear na visibilidade, posição e aparência da camada. Leia mais sobre Layer Comps e como inserir imagens do Photoshop na Lição 14, "Combinando Elementos Gráficos CS4 com Outros Aplicativos Adobe".

1 Escolha File > Place. Na caixa de diálogo Place, navegue até Lesson00 na pasta Lessons e selecione o arquivo snowboard.psd. Certifique-se de que as opções Link no canto inferior esquerdo estejam selecionadas e clique em Place.

O Illustrator reconhece quando um arquivo foi salvo com Layer Comps e abre uma caixa de diálogo Photoshop Import Options. O arquivo deste exemplo foi salvo com duas Layer Comps diferentes.

2 Na caixa de diálogo Photoshop Import Options, selecione Show Preview. Escolha Blue Boarder no menu Layer Comp e clique em OK. A imagem do snowboarder é inserida na prancheta.

● **Nota:** Selecionando Link na caixa de diálogo Place, você conecta a imagem do Photoshop ao arquivo do Illustrator. Se a imagem for editada posteriormente no Photoshop, ela será atualizada no arquivo do Illustrator.

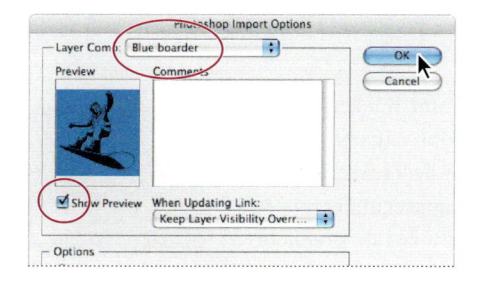

3 Escolha File > Save.

Utilize o Live Trace

Você pode utilizar o Live Trace para converter fotografias (imagens rasterizadas) em arte-final vetorial. Agora, você vai retraçar o arquivo do Photoshop para criar uma arte a traço em preto e branco. Leia mais sobre o Live Trace na Lição 3, "Criando e Editando Formas".

1 Com a imagem ainda selecionada, clique no botão Live Trace do painel Control. A imagem é convertida em paths vetoriais, mas ainda não está editável.

2 Clique no botão Expand no painel Control para converter a imagem retraçada em paths e romper o link com a imagem do Photoshop original.

▶ **Dica:** Neste ponto, se a imagem estivesse vinculada e você fosse editar a imagem snowboard.psd no Photoshop, a imagem Live Trace seria atualizada no Illustrator.

3 Escolha Select > Deselect. Com a ferramenta Direct Selection (), clique no fundo branco ao redor do snowboarder. Isso ativa apenas o fundo branco. Pressione a tecla Delete ou Backspace para remover o objeto branco. Repita esses passos para o espaço em branco entre as botas do snowboarder.

4 Escolha File > Save. Mantenha o arquivo aberto.

Utilize o Live Paint

A ferramenta Live Paint permite colorir objetos da mesma forma que você faria no papel. Leia mais sobre o Live Paint na Lição 6, "Cor e Pintura".

1 Com a ferramenta Selection (), selecione o snowboarder. Escolha Object > Live Paint > Make para criar um grupo Live Paint.

2 Escolha Select > Deselect.

3 Clique na cor de preenchimento no painel Control e selecione a amostra de amarelo C=5 M=0 Y=90 K=0.

● **Nota:** Mesmo que essa forma seja criada a partir de vários paths, o Live Paint reconhece as formas visuais e as destaca em vermelho quando você move o cursor sobre elas.

4 Selecione a ferramenta Live Paint Bucket () no painel Tools e mova o cursor sobre a parte inferior do snowboard até que ela seja destacada em vermelho e quadrados coloridos apareçam acima do cursor (). Clique para aplicar a cor de preenchimento amarela.

Os quadrados coloridos acima do balde de tinta representam as cores antes e depois da cor selecionada no painel Swatches.

5 Pressione a tecla de seta para a direita uma vez para escolher a cor verde () entre as três amostras acima da ferramenta Paint Bucket. Utilizando a ferramenta Live Paint Bucket, aplique o preenchimento à extremidade do snowboard.

6 Clique na tecla de seta para a esquerda duas vezes e pinte a calça de laranja claro.

7 Com a ferramenta Selection, selecione o snowboarder. Dê um duplo clique na ferramenta Scale () no painel Tools. Mude Uniform Scale para **70%** e clique em OK.

8 Selecione a ferramenta Selection e arraste o snowboarder até a metade direita da prancheta. O posicionamento não precisa ser exato.

9 Escolha Select > Deselect.

10 Escolha File > Save.

Trabalhe com grupos de cores e Edit Color/Recolor Artwork

O grupo de cores é uma ferramenta de organização que permite agrupar amostras de cores relacionadas no painel Swatches. Além disso, ele pode armazenar cores harmônicas, que você cria utilizando a caixa de diálogo Edit Color/Recolor Artwork ou o painel Color Guide. O próximo passo agora é recolorir o snowboarder. Leia mais sobre grupos de cores e Edit Color/Recolor Artwork na Lição 6.

1 Selecione a amostra verde amarelada C=20, M=0, Y=100, K=0 a partir da cor de preenchimento no painel Control.

2 Clique no ícone Color Guide ( ) no lado direito do espaço de trabalho. Clique no ícone Set Base Color To The Current Color ( ). Escolha Shades no menu Harmony Rules.

3 Clique no botão Save Color Group To Swatch Panel ( ). Isso salva as cores na régua harmônica Shades no painel Swatches.

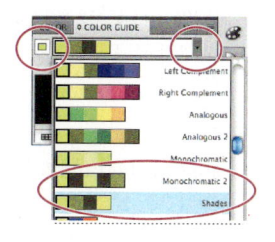

4 Com a ferramenta Selection ( ), selecione o snowboarder. Clique no botão Edit Or Apply Colors ( ) na parte inferior do painel Color Guide.

5 Na caixa de diálogo Recolor Artwork, clique em Color Group 1 na área Color Groups. Clique em OK. Escolha Select > Deselect.

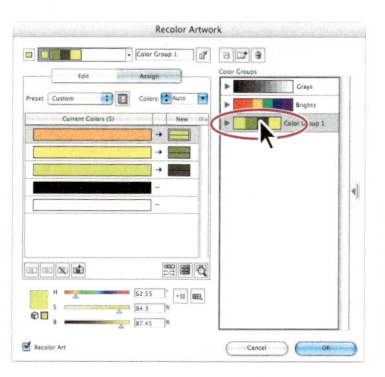

● **Nota:** A caixa de diálogo Recolor Artwork mapeia as cores na arte para as cores do grupo de cores que você selecionar.

Trabalhe com texto

Agora, você vai trabalhar com os recursos de texto do Illustrator. Leia mais sobre como trabalhar com texto na Lição 7, "Trabalhando com Texto".

1 Escolha Essentials no alternador de área de trabalho no painel Control para redefinir os painéis.

2 Selecione a ferramenta Type (T) e clique uma vez na prancheta em uma área onde não haja objetos. Você vai reposicionar o texto mais adiante na lição.

3 Digite BoardersStore. Com a ferramenta Type selecionada, escolha Select > All, ou pressione Ctrl+A (Windows) ou Command+A (Mac OS), para selecionar todo o texto que você digitou.

4 No painel Control, configure o tamanho de fonte em 56 pt e pressione Enter ou Return. Arraste para selecionar o nome da fonte no campo Font do painel Control. Digite "min" com a fonte selecionada para encontrar na lista de fontes a fonte Minion Pro. Você também pode clicar na seta para exibir o menu. Selecione a fonte novamente, comece a digitar "my" e escolha Myriad Pro como fonte.

▶ **Dica:** Para ver o painel Character inteiro, clique na palavra character do painel Control. Você também pode utilizar o painel Control para acessar os painéis Stroke, Paragraph e Transparency.

5 Escolha Condensed no menu Font Style.

6 Clique no ícone do painel Color (🎨) no lado direito do espaço de trabalho. Altere os valores para **C=40, M=0, Y=100, K=0**, pressionando Tab para navegar para o próximo campo.

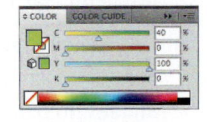

● **Nota:** Se você não enxergar os controles deslizantes CMYK, escolha CMYK no menu do painel Color (▾≡).

7 Com a ferramenta Selection (▶), arraste a área de texto para baixo em direção ao canto inferior esquerdo da prancheta.

Utilize o painel Appearance

O painel Appearance permite controlar os atributos de um objeto, como contorno, preenchimento e efeitos. Veja outras informações sobre como trabalhar com o painel Appearance na Lição 12, "Aplicando atributos de aparência e estilos gráficos".

1 Clique no ícone do painel Appearance (⬤) no lado direito do espaço de trabalho.

Observe que, no painel Appearance, a seleção atual está listada como Type.

2 Clique no botão Add New Stroke (■) na parte inferior do painel Appearance e um novo Stroke aparecerá no painel Appearance. Clique na cor do contorno e selecione a amostra amarela C=5, M=0, Y=90, K=0. Clique na cor do contorno para fechar o painel Swatches.

3 Clique no botão Add New Effect (*fx*) na parte inferior do painel Appearance e escolha Path > Offset Path. Na caixa de diálogo Offset Path, altere Offset para **1 pt** e clique em OK.

4 No painel Appearance, clique na palavra Type para aplicar o próximo efeito ao objeto de texto. Clique no botão Add New Effect (*fx*) e escolha Distort & Transform > Pucker & Bloat. Na caixa de diálogo Pucker & Bloat, altere Pucker para **–10%** e clique em OK.

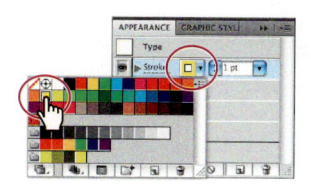

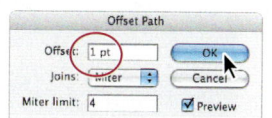

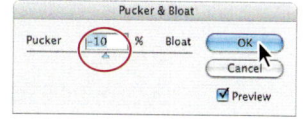

5 Clique na seta à esquerda da palavra Stroke no painel Appearance. Clique no ícone de olho (👁) para habilitar ou desabilitar o efeito Offset Path.

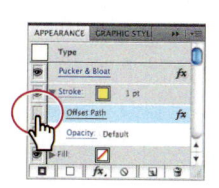

Salve a aparência como um estilo gráfico

Salvar um estilo gráfico permite armazenar os atributos, como contorno e preenchimento, para uso posterior. Veja outras informações sobre como trabalhar com os estilos gráficos na Lição 12.

1 Clique no ícone do painel Graphic Styles (📋) no lado direito do espaço de trabalho.

2 Clique no botão New Graphic Style (📋) na parte inferior do painel Graphic Styles. Dê um duplo clique no novo estilo gráfico que aparece no painel. Na caixa de diálogo Graphic Styles Options, mude o nome para text e clique em OK.

3 Com a área de texto ainda selecionada na prancheta, clique com o botão direito do mouse (Windows) ou com a tecla Control pressionada (Mac OS) no estilo gráfico Arched Green do painel Graphic Styles para ver o resultado do estilo aplicado ao texto. Solte o botão do mouse e, em seguida, a tecla.

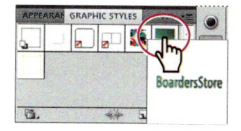

4 Clique no botão New Graphic Styles Libraries Menu (▣) na parte inferior do painel Graphic Styles. Escolha Additive para abrir o painel Additive da biblioteca de estilos gráficos.

5 Clique com Alt (Windows) ou Option (Mac OS) pressionada no estilo Drop Shadow. Isso adiciona as propriedades de estilo ao texto e salva o estilo no painel Graphic Styles para uso posterior.

6 Feche o painel Additive da biblioteca de estilos e escolha File > Save.

Aplique distorção ao texto

Nesta seção, você aprenderá como aplicar uma distorção a objetos utilizando o painel Control. Leia mais sobre como trabalhar com envelopes na Lição 7.

1 Com a área do texto ainda selecionada na prancheta, clique no botão Make Envelope (▣) no painel Control. Isso permite distorcer o texto utilizando modelos predefinidos, como envelope ou flag.

2 Na caixa de diálogo Warp Options, deixe a configuração padrão Horizontal e mova o controle deslizante em Bend até **30%**. Selecione Preview, altere Horizontal Distortion para **51%** e clique em OK.

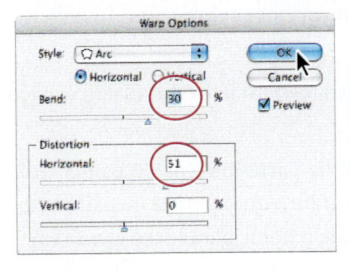

3 Escolha File > Save.

Crie e edite um degradê

Degradês são mesclagens de cores com duas ou mais cores. No Illustrator CS4, é possível também aplicar transparência a uma ou mais cores do degradê. Aplique um degradê ao elemento nuvem, no fundo. Leia mais sobre como trabalhar com degradês na Lição 9, "Mesclando Formas e Cores".

1 Utilizando a ferramenta Selection (▶), clique para selecionar o elemento nuvem no fundo. Altere Opacity para **100%** no painel Control.

2 Clique no ícone do painel Gradient (▭) no lado direito do espaço de trabalho.

3 Clique no botão do menu Gradient (▤) e escolha Linear Gradient para aplicar um degradê preto e branco à nuvem.

4 Dê um duplo clique na interrupção de cor preta (▲) no painel Gradient, no lado direito da barra de degradê. Clique na cor branca no canto inferior direito do novo painel para alterar a cor para branco. Pressione Enter ou Return para retornar ao painel Gradient.

5 No painel Gradient, altere a opacidade para **10%** e, então, escolha Radial no menu Type. Observe que o preenchimento da nuvem muda.

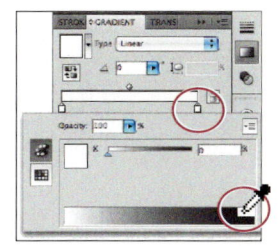

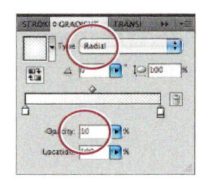

6 Selecione a ferramenta Gradient (▭) no painel Tools. Veja a barra de degradê que aparece na nuvem. Clique e arraste diagonalmente a partir da parte superior esquerda da nuvem até um pouco depois da borda inferior direita da nuvem. Arrastar com a ferramenta Gradient altera a direção do degradê.

7 Posicione o cursor sobre o controle deslizante de degradê e ele se transformará na barra de degradê. Observe as interrupções de cores abaixo da barra de degradê, semelhantes às do painel Gradient. Posicione o cursor um pouco abaixo da barra de degradê, mais ou menos no meio das interrupções de cor. Quando o cursor mudar para uma seta com um sinal de adição (▶₊), clique para adicionar outra interrupção de cor ao controle deslizante de degradê.

Arraste com a ferramenta Gradient para criar o degradê. Clique para adicionar interrupção de cor e mudar a sua opacidade.

8 Dê um duplo clique na nova interrupção de cor e altere a opacidade para **100%** no painel que aparece. Pressione Enter ou Return para fechar o painel.

9 Escolha Select > Deselect.
10 Escolha File > Save.

Trabalhe com símbolos

Um símbolo é um objeto armazenado no painel Symbols que você pode reutilizar. Você agora vai criar um símbolo a partir de uma ilustração. Leia mais sobre como trabalhar com símbolos na Lição 13, "Trabalhando com Símbolos".

1 Escolha View > Fit Artboard In Window.

2 Escolha 2 no menu Artboard Navigation na parte inferior esquerda da janela Document.

3 Com a ferramenta Selection (▶), clique para selecionar um floco de neve e, então, escolha Edit > Copy. Escolha 1 no menu Artboard Navigation na parte inferior esquerda da janela Document. No painel Layers (◆), clique para selecionar Layer 1, então, escolha Edit > Paste e deixe o floco de neve selecionado.

4 Com a ferramenta Selection, arraste um canto do floco de neve selecionado com a tecla Shift pressionada para redimensioná-lo proporcionalmente em mais ou menos metade do seu tamanho.

5 Clique no ícone do painel Symbols (♣) no lado direito do espaço de trabalho.

6 Clique no botão New Symbol (▣) na parte inferior do painel Symbols. Na caixa de diálogo Symbol Options, nomeie o símbolo como **snowflake** e selecione Graphic como Type. Clique em OK.

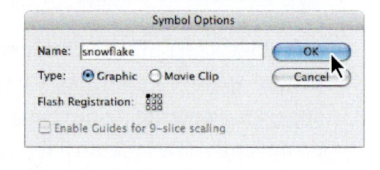

Um floco de neve aparece no painel Symbols. Esse símbolo é salvo no painel Symbols para uso apenas nesse documento.

▶ **Dica:** Os símbolos mantêm sua estrutura e editabilidade quando você os copia, cola ou importa para o Adobe Flash.

7 No painel Symbols, arraste o símbolo do floco de neve para a prancheta, criando uma instância desse símbolo. Arraste alguns outros símbolos para criar um padrão de floco de neve.

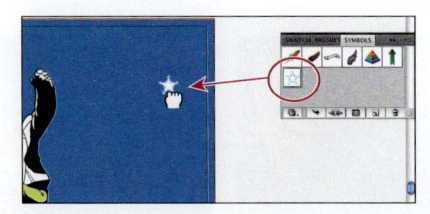

8 Com a ferramenta Selection (▶), pressione a tecla Shift para redimensionar um floco de neve mantendo suas proporções. Também altere a opacidade de alguns deles no painel Control. Crie um floco de neve grande, altere a opacidade para **20%** e insira-o sobre o snowboarder.

9 Com a ferramenta Selection, clique para selecionar o snowboarder. Talvez você precise tirar o floco de neve do path. Escolha Object > Arrange > Bring To Front para posicionar o snowboarder sobre o floco.

10 Escolha File > Save e mantenha o arquivo aberto.

Crie uma máscara de recorte

Agora, você vai criar uma máscara de recorte. Ela bloqueia ou cobre uma área de um objeto não incluída no objeto definido como máscara. Leia mais sobre como trabalhar com máscaras de recorte na Lição 8, "Trabalhando com Camadas".

1 No painel Tools, clique e mantenha pressionada a ferramenta Ellipse (◯) e selecione a ferramenta Rounded Rectangle (▢).

2 No painel Layers (◆) no lado direito do espaço de trabalho, veja se Layer 1 continua selecionada.

3 Clique uma vez na prancheta para abrir a caixa de diálogo Rounded Rectangle.

4 Altere a largura para **9 in**, a altura para **6 in** e o raio de canto para **0,3 in**. Clique em OK. O retângulo arredondado aparece na prancheta.

5 No painel Control, escolha None (⊘) na cor de preenchimento e None (⊘) em Stroke color.

6 Com o retângulo ainda selecionado, clique em Horizontal Align Center (⬒) e então em Vertical Align Center (⊞) no painel Control para alinhar a forma com o centro da prancheta.

7 Escolha Select > Deselect.

8 Clique no ícone do painel Layers (◆) no lado direito do espaço de trabalho. Com Layers 1 selecionado no painel Layers, clique no botão Make/Release Clipping Mask (◉) na parte inferior do painel.

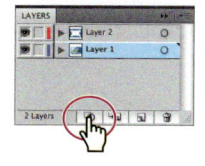

9 Escolha File > Save e depois File > Close.

1 CONHECENDO A ÁREA DE TRABALHO

Visão geral da lição

Nesta lição, você vai aprender a:

- Utilizar a tela Welcome
- Abrir um arquivo do Adobe Illustrator CS4
- Selecionar ferramentas no painel Tools
- Trabalhar com painéis, incluindo o painel Control
- Utilizar as opções de visualização para expandir e reduzir a janela Document
- Navegar por múltiplas pranchetas e documentos
- Utilizar a ajuda do Illustrator

Esta lição levará aproximadamente 45 minutos para ser concluída. Se necessário, remova a pasta Lesson00 do seu disco rígido e copie a pasta Lesson01.

Para utilizar as grandes capacidades de ilustração, pintura e edição do Adobe Illustrator CS4 da melhor maneira possível, é importante entender como navegar pelo espaço de trabalho. O espaço de trabalho consiste na barra de menus, no painel Tools, no painel Control, na janela Document e na configuração padrão dos painéis.

Introdução

Você vai trabalhar com uma arte durante esta lição, mas antes de começar, restaure as preferências padrão para o Adobe Illustrator CS4. Em seguida, abra o arquivo final concluído desta lição para ver a ilustração.

1 Para que as ferramentas e os painéis funcionem exatamente como o descrito nesta lição, exclua ou desative (renomeando) o arquivo de preferências do Adobe Illustrator CS4. Consulte "Restaurando as preferências padrão", na página 15.

● **Nota:** Devido às diferenças nas configurações de cor entre um sistema e outro, uma caixa de diálogo Missing Profile pode aparecer quando você abrir os arquivos de lições. Clique em OK ao ver a caixa. Configurações de cores são discutidas na Lição 15, "Saída".

● **Nota:** Se você ainda não copiou os arquivos desta lição para o seu disco rígido a partir da pasta Lesson01 do CD do Adobe Illustrator CS4 Classroom in a Book, faça isso agora. Veja "Copiando os arquivos do Classroom in a Book", na página 14.

▶ **Dica:** Se você preferir ocultar a tela Welcome na inicialização, marque a caixa de seleção Don't Show Again. Você pode abrir a tela Welcome a qualquer momento selecionando-a no menu Help.

2 Dê um duplo clique no ícone do Adobe Illustrator CS4 para iniciar o Adobe Illustrator. Quando iniciado, o Adobe Illustrator CS4 exibe uma tela Welcome com opções com hiperlinks.

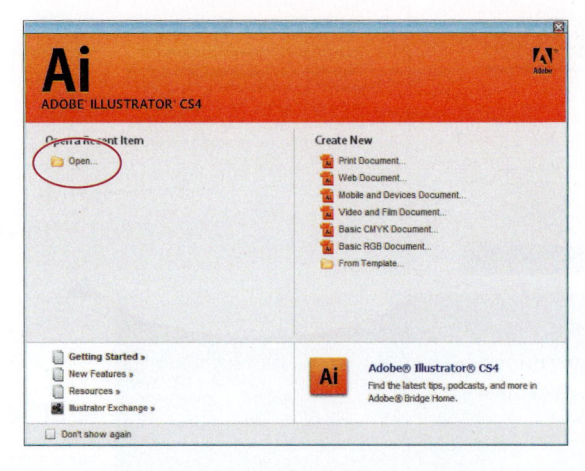

Utilize a tela Welcome para descobrir o que há de novo no Adobe Illustrator CS4 e obter acesso aos recursos. Os recursos incluem vídeos, modelos e muito mais. A tela Welcome também oferece a opção de criar um novo documento do zero, ou a partir de um modelo, ou de abrir um documento existente. O Open A Recent Item inclui o link Open e uma lista dos arquivos recém-visualizados. Essa área estará em branco quando o Adobe Illustrator CS4 for iniciado pela primeira vez. Para esta lição, você abrirá um documento já existente.

3 Clique em Open no lado esquerdo da tela Welcome ou escolha File > Open e abra o arquivo L1start.ai da pasta Lesson01, localizada na pasta Lesson de seu disco rígido.

4 Escolha View > Fit Artboard In Window.

5 Escolha Window > Workspace > Essentials para garantir que o espaço de trabalho esteja configurado conforme o padrão.

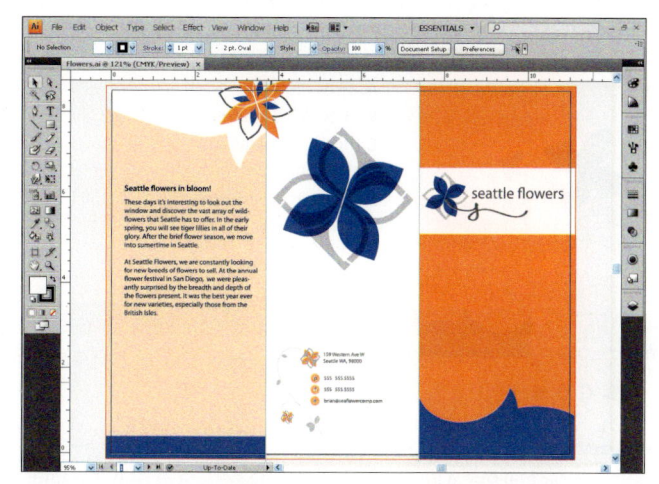

O arquivo de trabalho contém uma brochura com dois lados, um cartão de visitas e um cartão postal.

Quando o arquivo está aberto e o Adobe Illustrator CS4 está completamente carregado, a barra de menus, o painel Tools, o painel Control e os grupos de painéis aparecem na tela. Observe que os painéis estão encaixados no lado direito da tela. É nessa posição que alguns dos painéis estão armazenados por padrão. O Adobe Illustrator CS4 também mantém os itens de painel acessados com maior frequência no painel Control um pouco abaixo da barra de menus, o que permite operar com menos painéis visíveis e oferece um espaço de trabalho grande.

Você vai usar o arquivo L1start.ai para praticar navegação, ampliação e investigação de um documento e da área de trabalho do Adobe Illustrator CS4.

6 Escolha File > Save As. Na caixa de diálogo Save As, nomeie o arquivo como **Flowers.ai** e escolha a pasta Lesson01. Deixe a opção Save As Type (Windows) ou a opção Format (Mac OS) configuradas como Adobe Illustrator (*.AI) e clique em Save. Se uma caixa de diálogo avisando sobre as cores spot e a transparência aparecer, clique em Continue. Na caixa de diálogo Illustrator Options, deixe as opções do Illustrator nas configurações padrão e clique em OK.

Visão geral das pranchetas

Pranchetas representam as regiões que podem conter uma arte imprimível. Você pode utilizar pranchetas a fim de cortar áreas para fins de posicionamento ou impressão. Múltiplas pranchetas são úteis para criar diversos PDFs de múltiplas páginas, páginas impressas com diferentes tamanhos ou diferentes elementos, elementos independentes para sites Web, storyboards de vídeos ou itens individuais para animação no Adobe Flash ou After Effects entre outros.

● **Nota:** Você pode ter entre 1 e 100 pranchetas por documento dependendo do tamanho das pranchetas. Pode especificar o número de pranchetas para um documento quando ele é criado e pode adicionar e remover pranchetas a qualquer momento ao trabalhar em um documento. Pode criar pranchetas de diferentes tamanhos, redimensioná-las com a ferramenta Artboard e posicioná-las na tela – até mesmo sobrepô-las.

A. Área imprimível
B. Área não imprimível
C. Borda da página
D. Prancheta
E. Área do sangrado
F. Área de pintura

● **Nota:** Se você salvar um documento do Illustrator a ser inserido em um programa de layout, como o InDesign, as áreas imprimíveis e não imprimíveis são irrelevantes; o trabalho fora dos limites continua a aparecer.

A. A **área imprimível** é limitada pelas linhas pontilhadas mais internas e representa a parte da página que a impressora escolhida poderá imprimir. Muitas impressoras não conseguem imprimir até a borda do papel; não confunda isso com o que é considerado não imprimível.

B. A **área não imprimível** está entre os dois conjuntos de linhas pontilhadas, que representam qualquer margem não imprimível da página. Este exemplo mostra a área não imprimível de uma página de 8.5˝ x 11˝ (ou 21,5 cm x 28 cm) para uma impressora a laser padrão. As áreas imprimível e não imprimível são determinadas pela impressora selecionada na caixa de diálogo Print Options. (Consulte na Lição 15 informações adicionais sobre como atribuir uma impressora.)

C. A **borda da página** é indicada pelas linhas pontilhadas mais externo.

D. A **prancheta** é limitada por linhas sólidas e representa toda a região que pode conter o trabalho imprimível. Por padrão, a prancheta tem o mesmo tamanho da página, mas pode ser expandida ou reduzida. A prancheta padrão nos Estados Unidos tem 8.5" x 11", mas pode ser configurada para até 227" x 227" (ou 577 cm x 577 cm).

E. A **área do sangrado** é a porção da arte que sai fora do limite de impressão ou fora das marcas de corte e marcas de refile. É possível incluir sangrados em seu trabalho como uma margem de segurança – para garantir que a tinta permaneça impressa até a borda da página mesmo após o aparo das bordas ou para garantir que uma imagem possa ser retirada em uma linha-chave em um documento.

F. **Canvas** é a área fora da prancheta que se estende até borda da janela de 227 polegadas quadradas. Os objetos inseridos na área de pintura permanecem visíveis na tela, mas não são impressos.

—*Extraído e traduzido do Illustrator Help*

Entenda o espaço de trabalho

Você cria e manipula seus documentos e arquivos utilizando vários elementos como painéis, barras e janelas. Qualquer arranjo desses elementos é chamado espaço de trabalho. Ao inicializar o Illustrator pela primeira vez, você verá o espaço de trabalho padrão, que pode ser personalizado para as suas tarefas. Por exemplo, você pode criar um espaço de trabalho para editar e outro para visualizar, pode salvá-los e alternar entre eles ao longo do trabalho.

● **Nota:** As figuras deste capítulo foram tiradas do sistema operacional Windows. Abaixo mostramos uma diferença no espaço de trabalho que vale a pena ser analisada se você utilizar o Mac OS.

Eis as áreas do espaço de trabalho:

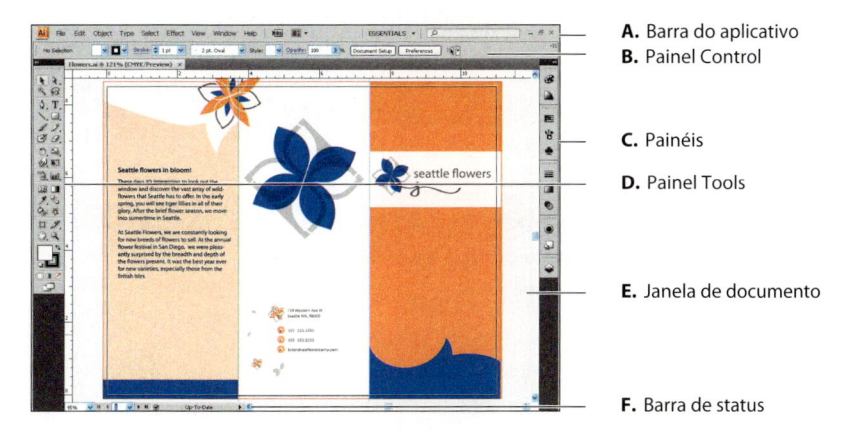

A. Barra do aplicativo
B. Painel Control
C. Painéis
D. Painel Tools
E. Janela de documento
F. Barra de status

A. A barra Application na parte superior contém um seletor de áreas de trabalho, menus (somente Windows) e outros controles de aplicativo.

● **Nota:** Para o Mac OS, os itens de menu aparecem acima da barra Application.

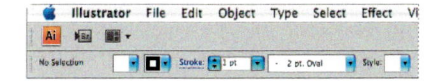

B. O painel Control exibe as opções de ferramenta selecionada.

C. Os painéis ajudam a controlar e modificar seu trabalho. Certos painéis são exibidos por padrão, mas você pode adicionar qualquer painel escolhendo-o no menu Window. Muitos painéis possuem menus com opções específicas. Os painéis podem ser agrupados, empilhados ou encaixados.

D. O painel Tools contém ferramentas para criar e editar imagens, artes vetoriais, elementos de página, etc. As ferramentas relacionadas são agrupadas.

E. A janela Document exibe o arquivo em que você está trabalhando.

F. A barra Status aparece na borda inferior esquerda da janela Document. Ela contém informações como controles de navegação e muito mais.

Trabalhe com o painel Tools

O painel Tools contém ferramentas de seleção, ferramentas de desenho e pintura, ferramentas de edição, ferramentas de visualização e as caixas de preenchimento e contorno (Fill and Stroke). Ao longo das lições do livro, você aprenderá a função específica de cada ferramenta.

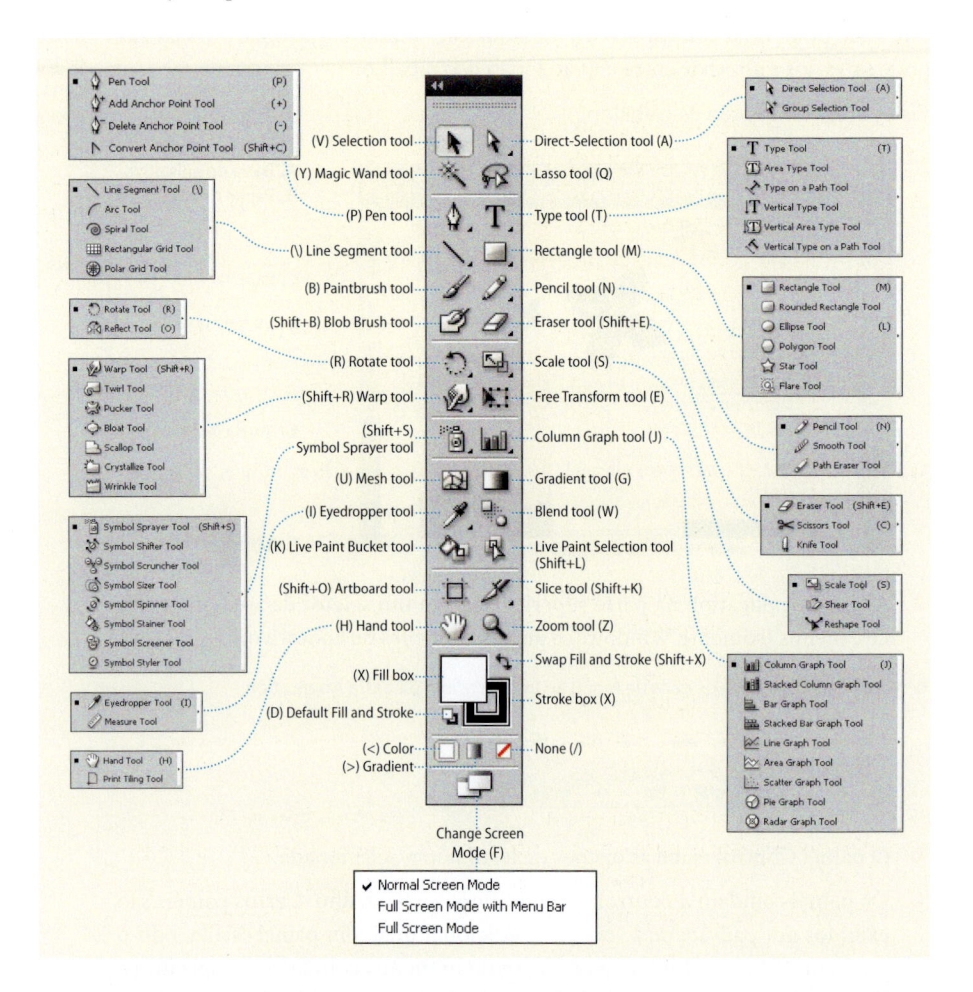

Pen Tool (P)
Add Anchor Point Tool (+)
Delete Anchor Point Tool (-)
Convert Anchor Point Tool (Shift+C)

Line Segment Tool (\)
Arc Tool
Spiral Tool
Rectangular Grid Tool
Polar Grid Tool

Rotate Tool (R)
Reflect Tool (O)

Warp Tool (Shift+R)
Twirl Tool
Pucker Tool
Bloat Tool
Scallop Tool
Crystallize Tool
Wrinkle Tool

Symbol Sprayer Tool (Shift+S)
Symbol Shifter Tool
Symbol Scruncher Tool
Symbol Sizer Tool
Symbol Spinner Tool
Symbol Stainer Tool
Symbol Screener Tool
Symbol Styler Tool

Eyedropper Tool (I)
Measure Tool

Hand Tool (H)
Print Tiling Tool

(V) Selection tool
(Y) Magic Wand tool
(P) Pen tool
(\) Line Segment tool
(B) Paintbrush tool
(Shift+B) Blob Brush tool
(R) Rotate tool
(Shift+R) Warp tool
(Shift+S) Symbol Sprayer tool
(U) Mesh tool
(I) Eyedropper tool
(K) Live Paint Bucket tool
(Shift+O) Artboard tool
(H) Hand tool
(X) Fill box
(D) Default Fill and Stroke
(<) Color
(>) Gradient

Direct-Selection tool (A)
Lasso tool (Q)
Type tool (T)
Rectangle tool (M)
Pencil tool (N)
Eraser tool (Shift+E)
Scale tool (S)
Free Transform tool (E)
Column Graph tool (J)
Gradient tool (G)
Blend tool (W)
Live Paint Selection tool (Shift+L)
Slice tool (Shift+K)
Zoom tool (Z)
Swap Fill and Stroke (Shift+X)
Stroke box (X)
None (/)

Change Screen Mode (F)
✓ Normal Screen Mode
Full Screen Mode with Menu Bar
Full Screen Mode

Direct Selection Tool (A)
Group Selection Tool

Type Tool (T)
Area Type Tool
Type on a Path Tool
Vertical Type Tool
Vertical Area Type Tool
Vertical Type on a Path Tool

Rectangle Tool (M)
Rounded Rectangle Tool
Ellipse Tool (L)
Polygon Tool
Star Tool
Flare Tool

Pencil Tool (N)
Smooth Tool
Path Eraser Tool

Eraser Tool (Shift+E)
Scissors Tool (C)
Knife Tool

Scale Tool (S)
Shear Tool
Reshape Tool

Column Graph Tool (J)
Stacked Column Graph Tool
Bar Graph Tool
Stacked Bar Graph Tool
Line Graph Tool
Area Graph Tool
Scatter Graph Tool
Pie Graph Tool
Radar Graph Tool

● **Nota:** O painel Tools mostrado aqui tem duas colunas. Dependendo da resolução de tela e do espaço de trabalho, você pode ver o painel Tools com uma coluna.

LIÇÃO 1 | 47
Conhecendo a Área de Trabalho

1 Posicione o cursor sobre a ferramenta Selection (▸) no painel Tools. Observe que o nome e o atalho são exibidos.

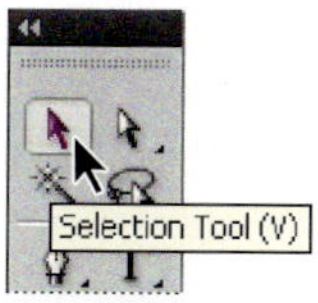

▸ **Dica:** Você pode selecionar uma ferramenta clicando nela no painel Tools, ou utilizando o atalho de teclado de uma ferramenta específica (que aparece em parênteses na dica de ferramenta). Como os atalhos de teclado padrão funcionam somente quando você não tem um ponto de inserção de texto, você também pode adicionar outros atalhos de teclado para selecionar ferramentas, mesmo quando estiver editando texto. Para fazer isso, utilize o comando Edit > Keyboard Shortcuts. Para informações adicionais, selecione Keyboard Shortcuts no Illustrator Help.

▸ **Dica:** Você pode ativar ou desativar as dicas de ferramenta escolhendo Edit > Preferences > General (Windows) ou Illustrator > Preferences > General (Mac OS) e selecionando Show Tool Tips.

2 Posicione o cursor sobre a ferramenta Direct Selection (▸), e clique e mantenha pressionado o botão do mouse para ferramentas de seleção adicionais aparecerem. Arraste o cursor para baixo e para a direita e solte o botão do mouse sobre uma ferramenta para selecioná-la. Qualquer ferramenta no painel Tools que exiba um pequeno triângulo preto no canto inferior direito contém ferramentas adicionais que podem ser selecionadas clicando-se na ferramenta e mantendo-a pressionada.

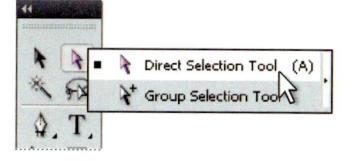

● **Nota:** No Mac OS, a parte de cima do painel Tools flutuante possui um ponto no canto superior esquerdo (para fechar o painel) e setas duplas no canto superior direito.

Agora, vamos trabalhar no redimensionamento e no deslocamento do painel Tools.

3 Selecione as ferramentas ocultas utilizando os métodos a seguir:

- Clique e mantenha pressionado o botão do mouse em uma ferramenta que possua ferramentas adicionais ocultas. Então, vá até a ferramenta desejada e solte o botão do mouse.

- Mantenha Alt (Windows) ou Option (Mac OS) pressionada e clique na ferramenta no painel Tools. Cada clique seleciona a próxima ferramenta oculta na sequência de ferramentas ocultas.

- Clique e mantenha pressionado o botão do mouse na ferramenta Rectangle (▢). Arraste o cursor para a direita das ferramentas ocultas e solte sobre a seta separadora. Isso separa as ferramentas do painel Tools para que você possa acessá-las sempre.

4 Clique na seta dupla no canto superior esquerdo do painel Tools para restringir as duas colunas a uma só coluna. Isso economiza espaço na tela. Clique na mesma seta dupla para expandir para duas colunas novamente.

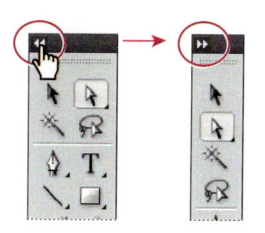

5 Clique e arraste a área cinza-escura na parte superior do painel Tools, chamada barra de título, ou a linha dupla abaixo dela, até o espaço de trabalho. O painel Tools agora flutua no espaço de trabalho.

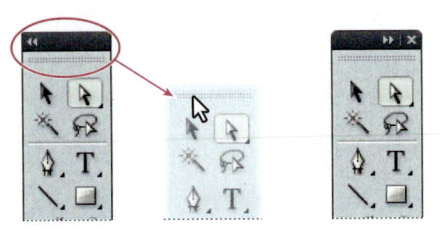

Clique e arraste para mover o painel Tools.

6 Com o painel Tools flutuando no espaço de trabalho, clique na seta dupla no canto superior esquerdo dele, o que gera um painel Tools de uma coluna. Clique novamente para retornar o painel Tools a duas colunas.

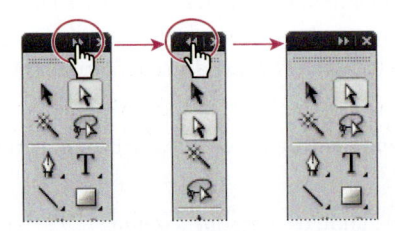

7 Para encaixar o painel Tools novamente, clique e arraste a barra de título ou a linha dupla abaixo dela até o lado esquerdo da janela do aplicativo (Windows) ou da tela (Mac OS). Quando o cursor atinge a borda, uma margem azul translúcida aparece à esquerda dele. Chamamos isso de drop zone. Solte o botão do mouse para ajustar perfeitamente o painel Tools na lateral do espaço de trabalho.

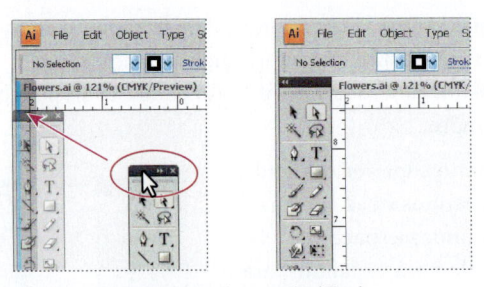

Clique e arraste para encaixar o painel Tools.

O painel Control

O painel Control é sensível ao contexto, o que significa que ele oferece acesso rápido a opções, comandos e outros painéis com base no(s) objeto(s) selecionado(s). Por padrão, o painel Control fica na parte superior da janela do aplicativo (Windows) ou da tela (Mac OS); entretanto, você pode encaixá-lo na parte inferior da janela do aplicativo (Windows) ou da tela (Mac OS), fazê-lo flutuar ou ocultá-lo completamente. Quando o texto no painel Control estiver azul e sublinhado, clique nesse texto para exibir um painel relacionado. Por exemplo, clique na palavra Stroke para exibir o painel Stroke.

1 Examine o painel Control localizado abaixo dos menus. Selecione a ferramenta Selection (▶) no painel Tools e clique no meio da flor laranja e azul na parte superior esquerda da página. Observe as informações que aparecem no painel Control. "Group" aparece no lado esquerdo do painel Control, assim como Stroke, Style, Opacity, etc. desse grupo de objetos. Escolha Select > Deselect para remover a seleção do grupo.

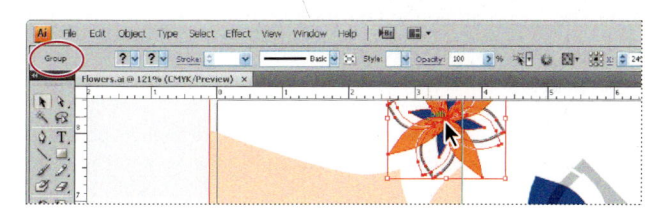

2 Com uma ferramenta qualquer, clique na linha dupla cinza-clara no lado esquerdo do painel Control, mantenha-a pressionada e arraste-a para o espaço de trabalho. Quando o painel Control estiver flutuando livremente, uma barra vertical cinza-escuro permanecerá visível no lado esquerdo do painel Control para que você possa movê-lo até a parte superior ou inferior do espaço de trabalho.

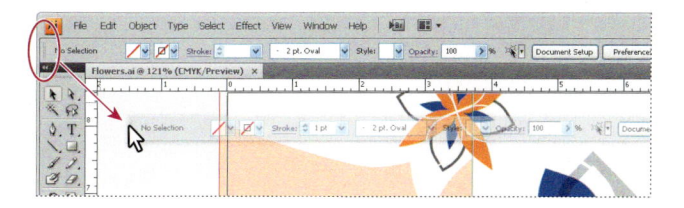

3 Clique e arraste o lado esquerdo do painel Control (a barra cinza-escura) até a parte inferior do espaço de trabalho (Windows) ou da tela (Mac OS). Quando o cursor alcança a parte inferior, uma linha azul aparece indicando a zona para soltar e informando que o painel será encaixado quando você soltar o botão do mouse.

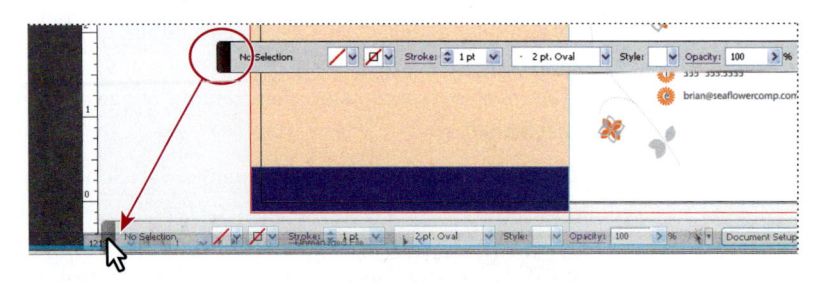

▶ **Dica:** Outro modo de encaixar o painel Control é escolher Dock to Top ou Dock to Bottom no menu do painel Control (▼≡).

4 Se o painel Control estiver encaixado na parte inferior, clique no lado esquerdo dele (a barra dupla cinza-clara) e arraste-o até a parte superior do espaço de trabalho. Quando o cursor alcança o topo (abaixo do logotipo AI), a linha de azul aparece, indicando a zona para soltar. Se você soltar o botão do mouse, o painel será encaixado.

▶ **Dica:** Para retornar o painel Control à parte superior da página, você também pode escolher Window > Workspace > Essentials. Isso redefinirá o espaço de trabalho.

Trabalhe com painéis

Os painéis, localizados no menu Window, fornecem acesso rápido a muitas ferramentas que tornam mais fácil modificar a arte. Por padrão, alguns painéis são encaixados e aparecem como ícones no lado direito do espaço de trabalho.

Agora, você vai ocultar, fechar e abrir painéis.

1 Escolha Essentials no seletor da área de trabalho no painel Control para redefinir os painéis de acordo com a localização original.

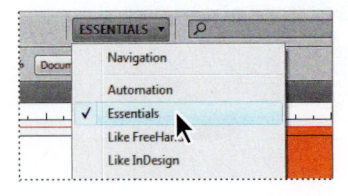

2 Clique no ícone do painel Swatches (▦), no lado direito do espaço de trabalho, para expandir o painel ou escolha Window > Swatches. Observe que o painel Swatches aparece com dois outros painéis – os painéis Brushes e Symbols. Eles fazem parte de um grupo de painéis. Clique na guia do painel Symbols para visualizá-lo. Tente clicar em outros ícones de painel, como o painel Color (🎨). Depois de clicar no ícone do painel Color, veja que um novo grupo de painéis aparece, e o grupo de painéis que continha o painel Swatches se fecha.

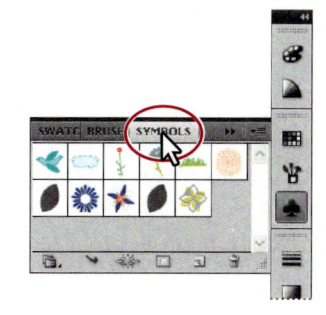

3 Clique na guia do painel Color (ou em qualquer painel visível) para ocultar o painel e voltar à sua forma de ícone.

▶ **Dica:** Para localizar um painel oculto, selecione o painel no menu Window. Uma marca de seleção à esquerda do nome do painel indica que esse painel já está aberto e está na frente dos outros painéis do grupo de painéis. Se você escolher um painel selecionado no menu Window, o painel e seu grupo fecharão.

▶ **Dica:** Para ocultar um painel e voltar a um ícone, clique na sua guia, seu ícone ou na seta dupla da barra de título do painel.

4 Clique na seta dupla na parte superior do encaixe para expandir os painéis. Depois de expandidos, clique na seta dupla ou na barra cinza-escura para ocultar os painéis novamente.

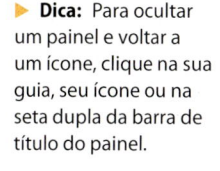

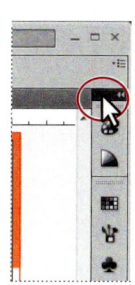

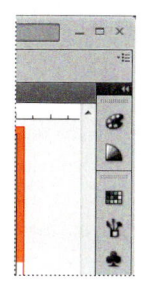

Clique para expandir.   Clique para recolher.

5 Para alterar a largura de todos os painéis em um encaixe, arraste o lado esquerdo dos painéis encaixados para a esquerda até o texto aparecer. Para desfazer isso, clique e arraste o lado esquerdo dos painéis encaixados para a direita até não poder mais arrastar.

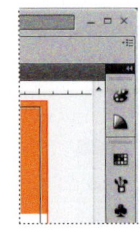

6 Escolha Window > Workspace > Essentials. Clique na seta dupla na parte superior do encaixe para expandir os painéis. Você agora vai redimensionar um grupo de painéis. Isso pode facilitar a visualização dos painéis mais importantes. Clique na guia do painel Symbols e arraste a linha divisória entre o grupo de painéis Symbols e o grupo de painéis Stroke para baixo para redimensionar o grupo.

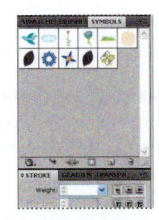

Arraste a linha divisória entre grupos de painel.

● **Nota:** Talvez você não consiga arrastar muito o divisor; isso depende do tamanho e da resolução da tela.

A seguir, você vai reorganizar um grupo de painéis.

▶ **Dica:** Pressione a tecla Tab para ocultar todos os painéis abertos e o painel Tools. Pressione Tab mais uma vez para exibi-los novamente. Você pode ocultar ou exibir somente os painéis (não o painel Tools) pressionando Shift+Tab.

7 Arraste a guia do painel Symbols para fora do grupo para remover o painel do encaixe e torná-lo um painel flutuante.

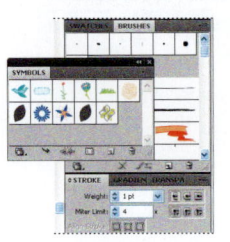

Você também pode mover os painéis de um grupo para outro a fim de criar grupos de painéis personalizados com os painéis que você mais usa.

▶ **Dica:** Para fechar um painel, arraste o painel para longe do encaixe e clique no x no canto superior direito (Windows) ou no ponto do canto superior esquerdo (Mac OS) dele. Você também pode clicar com o botão direito do mouse ou com a tecla Ctrl pressionada em uma guia do painel encaixado para escolher Close no menu.

8 Arraste o painel Symbols pela guia do painel, pela barra de título (atrás da guia do painel) ou pela barra cinza-escura no topo até as guias Color e Color Guide (ou barra de título de trás). Solte o botão do mouse quando vir um contorno de azul em torno do grupo de painéis Color.

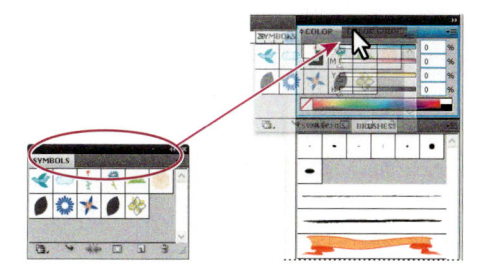

Agora, organize os painéis para criar mais espaço em sua área de trabalho.

9 Clique para selecionar a guia do painel Color. Dê um duplo clique na guia do painel para reduzir o tamanho dele. Dê um duplo clique na guia novamente para minimizar o painel. Isso também pode ser feito quando um painel for flutuante.

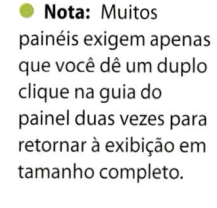

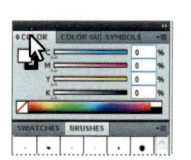

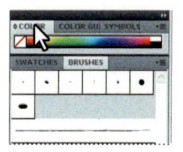

● **Nota:** Muitos painéis exigem apenas que você dê um duplo clique na guia do painel duas vezes para retornar à exibição em tamanho completo.

Dê um duplo clique na guia do painel.

Dê um duplo clique novamente.

10 Escolha Essentials no seletor de espaço de trabalho no painel Control.

A seguir, você vai reorganizar os grupos de painéis. Grupos de painéis podem ser encaixados, desencaixados ou organizados, estejam eles recolhidos ou expandidos.

● **Nota:** Se você arrastar um grupo no encaixe e soltá-lo em um grupo existente, os dois grupos se mesclarão. Se isso acontecer, redefina o espaço de trabalho e abra o grupo de painéis novamente.

11 Escolha Windows > Align para abrir o grupo do painel Align. Arraste o painel Align pela barra de título até os painéis encaixados no lado direito do espaço de trabalho. Posicione o cursor um pouco abaixo do ícone do painel Symbols (♣) até que uma linha azul apareça. Solte o botão do mouse para adicionar o grupo ao encaixe.

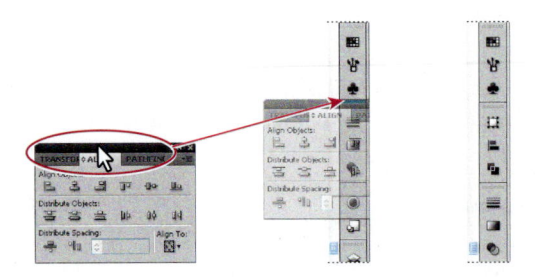

Arraste um painel de um grupo para outro nos painéis encaixados.

▶ **Dica:** Você pode remover um painel do encaixe arrastando o ícone de painel para a esquerda do encaixe em vez de para cima ou para baixo.

12 Clique e arraste o ícone do painel Align (▭) para cima para que o cursor seja posicionado um pouco abaixo do ícone do painel Color (🎨). Uma linha azul aparece e o grupo de painéis Color é delineado em azul. Solte o botão do mouse. Organizar os painéis em grupos que façam sentido para você pode facilitar o seu trabalho.

Utilize menus de painel

A maioria dos painéis tem um menu no seu canto superior direito. Clicar no botão do menu (▼≡) dá acesso a comandos adicionais e opções para o painel selecionado. Você também pode utilizar o menu para alterar a exibição do painel.

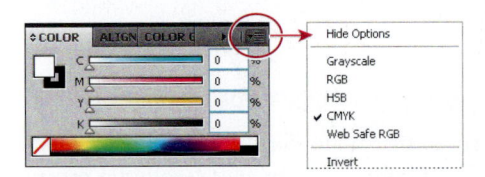

Altere a exibição do painel Symbols utilizando seu menu.

1 Clique no ícone do painel Symbols (♣) no lado direito do espaço de trabalho. Você também pode escolher Window > Symbols para exibir esse painel.

2 Clique no menu (▼≡) no canto superior direito do painel Symbols.

3 Escolha Small List View no menu do painel para visualizar os símbolos como uma lista de nomes, cada um com uma miniatura. Como os comandos no menu do painel se aplicam apenas ao painel ativo, só o painel Symbols é afetado.

4 Clique no menu do painel Symbols e escolha Thumbnail View para que os símbolos retornem à visualização original. Clique na guia do painel Symbols para ocultá-lo novamente.

Além dos menus de painel, menus contextuais exibem comandos relevantes à ferramenta, à seleção ou ao painel ativo.

Para exibir menus contextuais, posicione o cursor sobre a arte, lista de painéis, barra de rolagem ou nível de ampliação do documento. Clique então com o botão direito do mouse (Windows), ou pressione Ctrl e mantenha pressionado o botão do mouse (Mac OS). O menu contextual à direita aparece quando você clica com o botão direito do mouse (Windows) ou clica com a tecla Ctrl pressionada (Mac OS) na prancheta com nada selecionado.

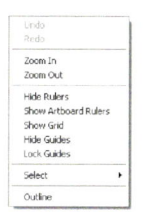

Menu contextual

Redefina e salve seu espaço de trabalho

Você pode redefinir seus painéis e o painel Tools de acordo com suas preferências. Também pode salvar a posição dos painéis e acessá-los facilmente criando um espaço de trabalho. A seguir, você vai criar um espaço de trabalho para acessar um grupo de painéis comumente utilizado.

1 Escolha Essentials no seletor do espaço de trabalho no painel Control.

2 Escolha Window > Pathfinder. Clique e arraste a guia do painel Pathfinder para o lado direito do espaço de trabalho. Quando o cursor se aproximar do lado esquerdo dos painéis encaixados, uma linha azul aparecerá. Solte o botão do mouse para encaixar o painel. Clique no x no canto superior direito (Windows) ou no ponto do canto superior esquerdo (Mac OS) do grupo de painéis restantes com os painéis Align e Transform para fechá-lo.

▶ **Dica:** Encaixar painéis um ao lado do outro no lado direito do espaço de trabalho é uma excelente maneira de ganhar espaço. O painel Pathfinder encaixado também pode ser recolhido e redimensionado para você ganhar ainda mais espaço.

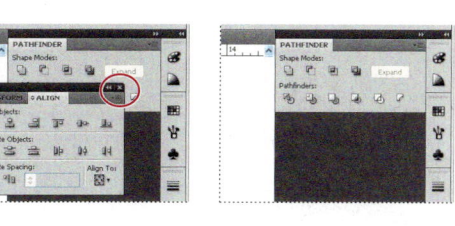

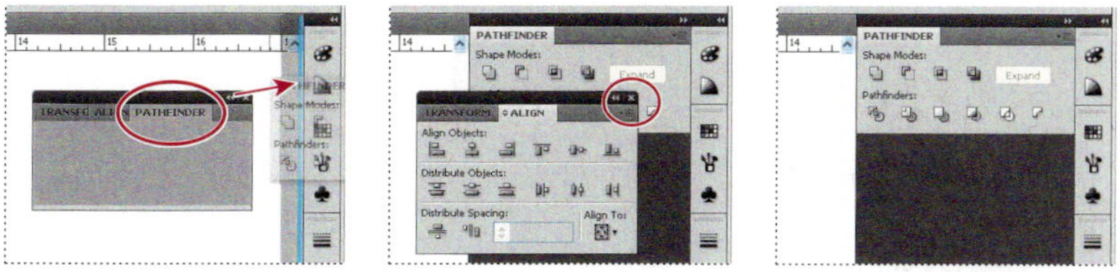

3 Escolha Window > Workspace > Save Workspace. A caixa de diálogo Save Workspace abre. Insira o nome Navigation e clique em OK.

● **Nota:** Para excluir um espaço de trabalho, escolha Window > Workspace > Manage Workspaces. Selecione o nome do espaço de trabalho e clique no botão Delete Workspace.

4 Retorne ao layout de painel padrão escolhendo Window > Workspace > Essentials. Observe que os painéis retornam as suas posições padrão. Alterne entre os dois espaços de trabalho utilizando o comando Window > Workspace e selecione o espaço de trabalho que você quer utilizar. Volte ao espaço de trabalho Essentials antes de começar o próximo exercício.

▶ **Dica:** Para alterar um espaço de trabalho salvo, você pode redefinir os painéis conforme você gostaria que eles aparecessem e, então, escolher Window > Workspace > Save Workspace. Na caixa de diálogo Save Workspace, nomeie o espaço de trabalho com o mesmo nome e clique em OK. Uma caixa de diálogo aparece perguntando se você quer sobrescrever o espaço de trabalho existente. Clique em Yes.

Altere a visualização do seu trabalho

Se estiver trabalhando com um arquivo que contém uma ou múltiplas pranchetas, você provavelmente precisará alterar o nível de ampliação e navegar entre as pranchetas. O nível de ampliação, que pode variar de 3,13% a 6400%, é exibido na barra de título ao lado do nome do arquivo e no canto inferior esquerdo da janela Document. As ferramentas e comandos de visualização só afetam a exibição do trabalho, não o seu tamanho real.

Visualize o trabalho

Quando você abre um arquivo, ele é automaticamente exibido no modo de visualização, que mostra como o trabalho será impresso. Ao trabalhar com ilustrações grandes ou complexas, é recomendável visualizar apenas os contornos, ou aramados, dos objetos em seu trabalho, de modo que a tela não precise redesenhar o trabalho toda vez que você fizer uma alteração. O modo de contorno (ou Outline) também pode ser útil ao selecionar objetos, como discutido na Lição 2, "Selecionando e alinhando".

● **Nota:** Ao escolher opções Preview, talvez você não perceba imediatamente que as coisas estão mudando visualmente. Aumentar e reduzir a ampliação (View > Zoom In e View > Zoom Out) pode ajudar.

1 Escolha View > Fit Artboard In Window para visualizar a prancheta inteira.

2 Escolha View > Outline. Somente os contornos dos objetos são exibidos. Utilize essa visualização para localizar objetos que talvez não estejam visíveis no modo de visualização.

3 Escolha View > Preview para ver todos os atributos do trabalho. Se preferir atalhos pelo teclado, Ctrl+Y (Windows) ou Command+Y (Mac OS) alterna entre esses dois modos.

4 Escolha View > Logo Zoom (na parte inferior do menu View) para ampliar uma área predefinida da imagem. Essa visualização personalizada foi salva com o documento.

> **Dica:** Para economizar tempo ao trabalhar com documentos grandes ou complexos, você pode criar suas próprias visualizações personalizadas dentro de um documento para pular rapidamente para áreas e níveis de ampliação específicos. Configure a visualização que você quer salvar e então escolha View > New View. Atribua um nome à visualização; ela é salva com o documento.

5 Escolha View > Overprint Preview para visualizar linhas ou formas que foram configuradas para impressão sobreposta. Essa visualização é útil para aqueles que, na indústria de impressão, precisam ver a maneira como as tintas interagem quando configuradas para impressão sobreposta. Consulte na Lição 15 informações sobre superimposição.

6 Escolha View > Pixel Preview para visualizar a aparência do trabalho quando ele é rasterizado e visualizado na tela de um navegador Web. Escolha View > Pixel Preview para desmarcar a visualização em pixels.

Visualização Outline   Visualização Preview   Visualização Overprint   Visualização Pixel

7 Escolha View > Fit Artboard In Window para visualizar a prancheta inteira.

Utilize os comandos de visualização

Para expandir ou reduzir a visualização de seu trabalho utilizando o menu View, faça isto:

- Escolha View > Zoom In para expandir a exibição da arte Flowers.ai.

> **Dica:** Pressionar Ctrl++ (Windows) ou Cmd++ (Mac OS) amplia a área de visualização.

- Escolha View > Zoom Out para reduzir a visualização da arte Flowers.ai.

> **Dica:** Pressionar Ctrl+–(Windows) ou Cmd+–(Mac OS) reduz a área de visualização.

Toda vez que você escolhe um comando Zoom, a visualização do trabalho é redimensionada de acordo com o nível de ampliação predefinido mais próximo. Os níveis de ampliação predefinidos aparecem no canto inferior esquerdo da janela de um menu, indicado por uma seta que aponta para baixo ao lado da porcentagem.

Você também pode utilizar o menu View para ajustar a arte à área de tela ou visualizá-la em tamanho real.

▶ **Dica:** Dar um duplo clique na ferramenta Hand do painel Tools é outro atalho para ajustar a prancheta na janela.

1. Escolha View > Fit Artboard In Window. Uma visualização reduzida do documento inteiro é exibida na janela.

● **Nota:** Como a área de pintura, que é a área fora da prancheta, se estende até 227" (ou 577 cm), é fácil você perder sua ilustração de vista. Escolhendo View > Fit Artboard In Window, ou utilizando os atalhos pelo teclado, Ctrl+0 ou Command+0, a arte é centralizada na área de visualização.

▶ **Dica:** Dar um duplo clique na ferramenta Zoom do painel Tools é outro atalho para exibir o trabalho em 100%.

2. Para exibir a arte em tamanho real, escolha View > Actual Size. A arte é exibida em 100%. O tamanho real de sua arte determina quanto dela pode ser visualizado na tela em 100%.

3. Escolha View > Fit Artboard In Window antes de passar para a próxima seção.

Utilize a ferramenta Zoom

Além dos comandos View, você pode usar a ferramenta Zoom para ampliar e reduzir a visualização do seu trabalho. Utilize o menu View para selecionar níveis predefinidos de ampliação ou para ajustar seu trabalho na janela Document.

1. Clique na ferramenta Zoom (🔍) do painel Tools para selecionar essa ferramenta e mova o cursor na janela Document. Veja que um sinal de adição (+) aparece no centro da ferramenta Zoom.

2. Posicione a ferramenta Zoom sobre o texto "seattle flower" no lado direito da prancheta e clique uma vez. O trabalho é exibido em uma ampliação maior.

3. Clique mais duas vezes no texto "Seattle flowers". A visualização aumenta novamente e a área em que você clicou é ampliada. Agora, reduza a visualização do seu trabalho.

● **Nota:** A porcentagem em que a área é ampliada é determinada pelo tamanho do contorno de seleção que você desenha com a ferramenta Zoom – quanto menor o contorno de seleção, mais alto o nível de ampliação.

4. Com a ferramenta Zoom ainda selecionada, posicione o cursor sobre o texto "seattle flowers" e mantenha Alt (Windows) ou Option (Mac OS) pressionada. Um sinal de subtração (–) aparece no centro do cursor da ferramenta Zoom. Mantenha a tecla pressionada para o próximo passo.

5. Pressionando a tecla Alt ou Option, clique na arte duas vezes. Sua visualização é reduzida.

Para uma ampliação mais controlada, arraste uma área de seleção em torno de uma região específica da sua arte. Isso amplia apenas a região selecionada.

6. Escolha View > Fit Artboard In Window antes de prosseguir.

LIÇÃO 1 | 59
Conhecendo a Área de Trabalho

7 Com a ferramenta Zoom selecionada, crie uma área de seleção arrastando o cursor em torno da flor azul no centro da janela Document. Uma marca de seleção aparece na região enquanto você arrasta; solte o botão do mouse. Agora, a região em torno da área de seleção é expandida para se ajustar ao tamanho da janela Document.

● **Nota:** Desenhar uma área de seleção para reduzir a visualização do trabalho não é tão útil quanto desenhar para expandi-la, embora isso seja possível.

8 Dê um duplo clique na ferramenta Zoom (🔍) do painel Tools para retornar à visualização em 100%.

Como a ferramenta Zoom é mais utilizada durante o processo de edição, para expandir e reduzir a visualização da arte, você pode selecioná-la pelo teclado sem remover a seleção de qualquer outra ferramenta que possa estar em uso.

9 Antes de selecionar a ferramenta Zoom pelo teclado, selecione outra ferramenta qualquer no painel Tools e mova o cursor para a janela Document.

10 Mantenha pressionadas Ctrl+barra de espaço (Windows) ou Command+barra de espaço (Mac OS) para utilizar a ferramenta Zoom sem realmente selecionar essa ferramenta. Clique ou arraste para ampliar qualquer área do trabalho e então solte as teclas.

11 Para reduzir a área de visualização utilizando o teclado, mantenha pressionadas Ctrl+Alt+barra de espaço (Windows) ou Command+Option+barra de espaço (Mac OS). Clique na área desejada para reduzir a visualização da arte e então solte as teclas.

12 Dê um duplo clique na ferramenta Zoom no painel Tools para retornar à visualização 100% de seu trabalho.

● **Nota:** Em certas versões do Mac OS, os atalhos pelo teclado para ferramenta Zoom abrem Spotlight ou Finder. Se você decidir utilizar esses atalhos no Illustrator, é recomendável desativar ou alterar esses atalhos pelo teclado em Mac OS System Preferences.

Rolagem por um documento

Utilize a ferramenta Hand para se deslocar para diferentes áreas de um documento. A ferramenta Hand permite mover o documento quase como você faria com um pedaço de papel sobre sua mesa.

1. Selecione a ferramenta Hand (✋) no painel Tools.
2. Clique e arraste para baixo na janela Document. O trabalho se move junto com a mão.

   Como ocorre com a ferramenta Zoom (🔍), você pode selecionar a ferramenta Hand por um atalho de teclado sem remover a seleção da ferramenta ativa.
3. Clique em outra ferramenta qualquer, exceto a ferramenta Type (T), no painel Tools e mova o cursor para a janela Document.
4. Mantenha pressionada a barra de espaço para selecionar a ferramenta Hand a partir do teclado e, então, arraste para trazer o trabalho novamente para o centro de sua visualização.

   Você também pode utilizar a ferramenta Hand como um atalho para que todo o trabalho se ajuste à janela.
5. Dê um duplo clique na ferramenta Hand para ajustar a prancheta ativa na janela.

● **Nota:** O atalho pela barra de espaço para a ferramenta Hand não funciona quando a ferramenta Type está ativa e o cursor está no texto.

Navegue por múltiplas pranchetas

O Illustrator CS4 permite o uso múltiplas pranchetas dentro de um único arquivo. Essa é uma excelente maneira de criar um documento de várias páginas para que você possa ter materiais suplementares, como uma brochura, um cartão postal e um cartão de visitas, no mesmo documento. Você pode facilmente compartilhar o conteúdo entre diferentes materiais, criar PDFs de várias páginas e imprimir várias páginas criando várias pranchetas.

Múltiplas pranchetas podem ser adicionadas logo que você cria um documento do Illustrator escolhendo File > New, ou podem ser adicionadas ou removidas depois que o documento for criado utilizando a ferramenta Artboard do painel Tools. Agora, você vai aprender a navegar eficientemente por um documento com múltiplas pranchetas.

1 Selecione a ferramenta Selection (▶) no painel Tools.

2 Pressione Ctrl+–(Windows) ou Cmd +–(Mac OS) duas vezes para reduzir a área de visualização. Observe que há quatro pranchetas à direita e abaixo da prancheta atual.

As pranchetas de um documento podem ser organizadas em qualquer ordem, orientação ou tamanho. Suponha que você queira criar uma brochura de quatro páginas. Cada página da brochura pode ser uma prancheta diferente, e todas as pranchetas podem ter o mesmo tamanho e orientação. Elas podem ser organizadas horizontal ou verticalmente, ou da melhor maneira para você.

O documento Flowers.ai tem quatro pranchetas. As duas pranchetas maiores são a frente e o verso de um encarte solto. A prancheta menor é um cartão de visitas e a prancheta média é a frente de um cartão postal. Depois de reduzir, observe o logotipo verde no canto superior esquerdo da área de pintura, que está fora da prancheta. Esse logotipo foi inserido aí porque talvez seja usado mais tarde.

▶ **Dica:** Escolha Fit All In Window para ver todas as pranchetas e o conteúdo no canvas.

3 Escolha View > Fit Artboard In Window. Esse comando ajusta a prancheta atual na janela. Você pode dizer qual prancheta é a prancheta atual visualizando o menu Artboard Navigation.

4 Escolha 2 no menu Artboard Navigation no canto inferior esquerdo da janela Document. O cartão de visitas aparece na janela Document.

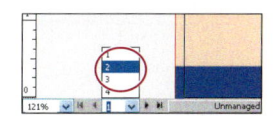

5 Escolha View > Zoom Out. Observe que a ampliação ocorre na prancheta selecionada.

6 Clique no botão Next à direita do menu Artboard Navigation para visualizar a próxima prancheta na janela Document.

● **Nota:** Aprenda a configurar a numeração das pranchetas (os números no menu Artboard Navigation relacionados às pranchetas), a adicionar e editar pranchetas no Capítulo 3 e no Capítulo 4.

7 Clique no botão First para navegar para a primeira prancheta do documento.

Organize documentos

Quando você abre mais de um arquivo do Illustrator, as janelas Document apresentam guias. Você pode organizar os documentos abertos de várias maneiras – por exemplo, selecionando uma visualização com guias padrão ou abrindo-as lado a lado para facilmente comparar ou arrastar itens entre um documento e outro. Você também pode utilizar a janela Arrange Documents para exibir rapidamente seus documentos abertos em várias configurações. Agora, você vai abrir vários outros documentos que são versões do Flowers.ai original que você abriu no começo da lição.

1 Escolha File > Open e, na pasta Lesson01, clique com a tecla Shift pressionada para selecionar os arquivos L1start2.ai e L1start3.ai localizados na pasta Lessons de seu disco rígido. Clique em Open para abrir os dois arquivos ao mesmo tempo.

Você agora deve ter três arquivos do Illustrator abertos, Flowers.ai, L1start2.ai e L1start3.ai. Cada arquivo tem uma guia própria na parte superior da janela Document. Esses documentos são considerados um grupo de janelas de documento. Você pode criar vários grupos de documentos para associar livremente arquivos enquanto eles estão abertos.

● **Nota:** A ordem das suas guias pode ser um pouco diferente. Isso não é um problema. Também tenha cuidado para arrastar diretamente para a direita, do contrário, você pode desencaixar a janela Document e criar um novo grupo.

2 Clique na guia do documento Flowers.ai para exibir a janela de documento Flowers.ai.

3 Clique e arraste a guia de documento Flowers.ai para a direita para que ela fique entre as outras duas guias do documento na direita.

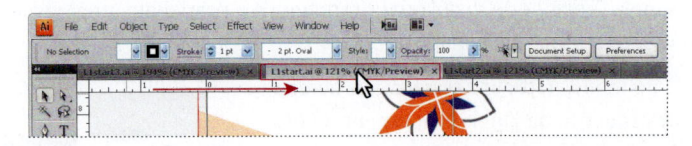

Arrastar as guias de documento permite alterar a ordem deles. Isso pode ser muito útil se você navegar pelos atalhos de documento anteriores ou seguintes:

- Pressione Ctrl+F6 (próximo documento), pressione Ctrl+Shift+F6 (documento anterior) (Windows)
- Cmd+` (próximo documento), Cmd+Shift+` (documento anterior) (Mac OS)

4 Arraste as guias de documento da esquerda para a direita em ordem, começando com Flowers.ai e continuando com L1start2.ai, L1start3.ai.

Os três documentos abertos são versões de peças publicitárias. Para ver todos eles de uma só vez, organize as janelas de documento posicionando-as em cascata ou lado a lado. O posicionamento em cascata permite empilhar diferentes grupos de documentos, e é discutido mais detalhadamente na próxima seção. O posicionamento lado a lado exibe várias janelas de documento de uma só vez em vários arranjos.

Posicione os documentos abertos lado a lado para que você possa vê-los de uma só vez.

5 No Mac OS (usuários do Windows podem pular para o próximo passo), escolha Window > Application Frame.

Usuários do Mac OS podem utilizar o quadro de aplicativo para agrupar todos os elementos de espaço de trabalho em uma só janela integrada, semelhante ao Windows. Se você mover ou redimensionar o quadro de aplicativo, os elementos responderão um ao outro para que se sobreponham.

6 Escolha Window > Arrange > Tile.

As três janelas de documento são exibidas em um padrão.

7 Clique em cada janela Document para ativá-las uma por uma. Escolha View > Fit Artboard In Window para cada um dos documentos.

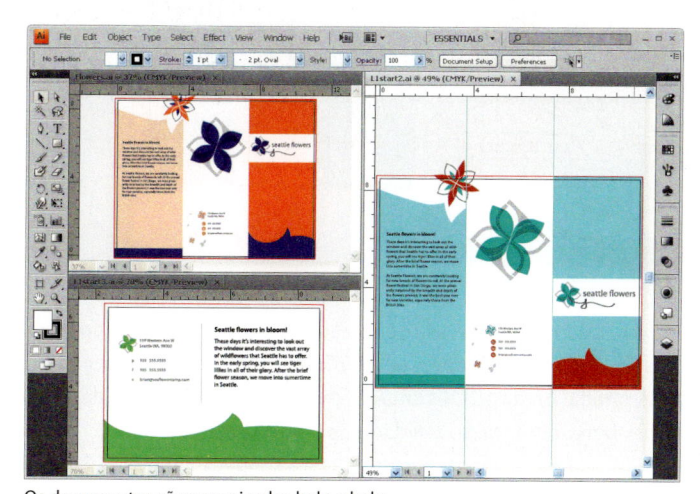

Os documentos são organizados lado a lado.

● **Nota:** Tudo bem se seus documentos estiverem organizados lado a lado em uma ordem diferente.

Com os documentos organizados lado a lado, talvez seja necessário arrastar as linhas divisórias entre as janelas de documento para revelar mais ou menos de um documento específico. Você também pode arrastar objetos entre documentos para copiá-los de um documento para outro.

8 Clique na janela do documento L1start2.ai. Com a ferramenta Selection, clique e arraste a estrela marrom e azul na área superior esquerda da prancheta para a janela do documento L1start3.ai e solte o botão do mouse. Assim, você copia o elemento gráfico de L1start2.ai para L1start3.ai.

● **Nota:** Depois de arrastar o conteúdo no passo 8, observe que a guia do documento L1start3.ai agora tem um asterisco à direita do nome do arquivo. Isso indica que o arquivo precisa ser salvo.

● **Nota:** Ao arrastar o conteúdo entre documentos organizados lado a lado, um sinal de adição aparece ao lado do cursor (somente Windows), como visto na figura abaixo.

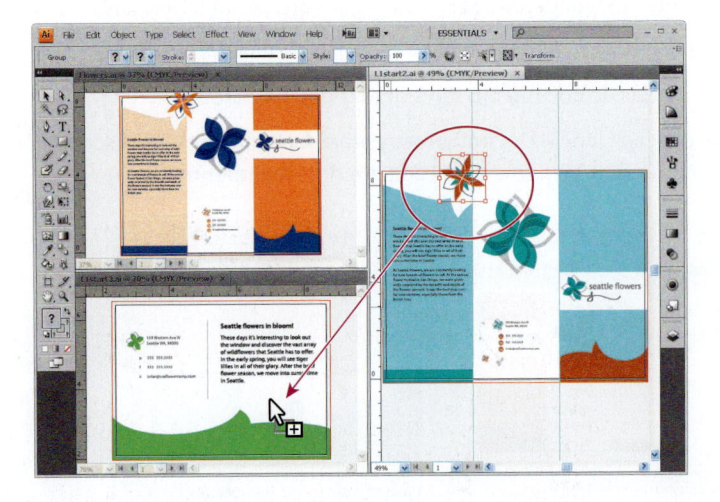

Para alterar a ordem das janelas organizadas lado a lado, você pode arrastar as guias de documento para qualquer lugar, mas isso pode ser difícil de gerenciar. A janela Arrange Documents permite organizar rapidamente os documentos abertos em uma variedade de configurações.

9 Clique no botão Arrange Documents (▦ ▾) no painel Control para exibir a janela Arrange Documents. Selecione o botão Tile All Vertically (▥) para ver os documentos organizados verticalmente.

● **Nota:** No Mac OS, os itens de menu estão acima da barra Application.

10 Clique no botão 2-Up vertical (▮▮) na janela Arrange Documents do painel Control.

Observe que os dois documentos aparecem como guias em uma das áreas organizadas lado a lado.

11 Clique para selecionar a guia L1start2.ai, clique então no x no lado direito da guia do documento L1start2.ai para fechar o documento.

12 Clique no botão Arrange Documents (▦ ▾) do painel Control e clique no botão Consolidate All (▪) da janela Arrange Documents. Isso retorna os dois documentos para as guias no mesmo grupo. Mantenha os documentos Flowers.ai e L1start3.ai abertos.

Consolidate All organiza os dois documentos em guias na mesma janela Document.

Grupos de documento

Documentos abertos no Illustrator são, por padrão, organizados como guias em um só grupo de janelas. Você pode criar vários grupos de arquivos para navegação mais fácil e agrupar arquivos temporariamente, o que pode ser útil se você estiver trabalhando em um grande projeto que exige que a criação e a edição de várias partes. Agrupar os documentos permite que os grupos flutuem para que fiquem separados da janela do aplicativo (Windows) ou da tela (Mac OS). Agora, crie e trabalhe com dois grupos de arquivos.

1 Clique para selecionar a guia do arquivo L1start3.ai.

2 Escolha Window > Arrange > Float All In Windows para criar um grupo separado para o arquivo L1start3.ai. Por padrão, os grupos são organizados em cascata, um em cima do outro, e com as barras de título visíveis.

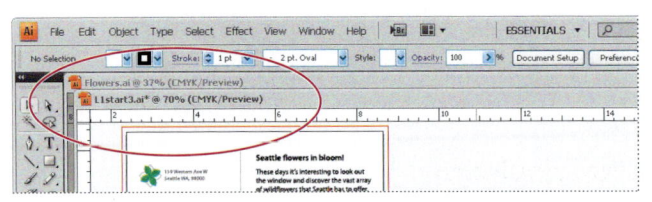

Janelas de documento flutuantes em grupos separados.

3 Clique na barra de título de Flowers.ai e observe que L1start3.ai não está visível. L1star3.ai agora está atrás de Flowers.ai.

4 Escolha File > Open e, na pasta Lesson01, selecione o arquivo L1start2.ai localizado na pasta Lessons de seu disco rígido. Clique em Open. Observe que o documento recém-aberto é adicionado como uma guia de documento ao grupo que contém Flowers.ai.

● **Nota:** Ao abrir um documento ou criar um novo documento, ele é adicionado ao grupo selecionado.

5 Escolha Window > Arrange > Cascade para exibir os dois grupos.

6 Clique no botão Minimizar no canto superior direito (Windows) ou no canto superior esquerdo (Mac OS) do grupo L1start3.ai. Observe que, no Windows, o grupo é, por padrão, minimizado no canto inferior esquerdo da janela de aplicativo. No Mac OS, a janela é minimizada no Dock do sistema operacional.

7 Clique no botão Minimizar novamente ou na guia de documento para exibir o grupo minimizado (Windows), ou clique na miniatura do documento no Dock para exibir o grupo minimizado (Mac OS).

8 Clique no botão Close na parte superior direita (Windows) ou esquerda (Mac OS) para fechar o grupo L1start3.ai.

9 Se a caixa de diálogo Save aparecer, clique em Don't Save.

10 Clique e arraste a guia do documento L1start2.ai para baixo até que o documento pareça flutuar livremente. Esse é outro modo de criar um grupo de documentos flutuante.

11 Feche o arquivo L1start2.ai e deixe Flowers.ai aberto.

12 No Windows (usuários do Mac OS podem pular para o próximo passo), escolha Window > Arrange > Consolidate All Windows.

13 No Mac OS, escolha Window > Application Frame para desmarcar o quadro Aplication e então clique no botão verde no canto superior esquerdo da janela Document para que ela se ajuste da melhor maneira possível.

Utilize o painel Navigator

O painel Navigator permite rolar por um documento com uma prancheta ou com múltiplas pranchetas. Isso é útil quando você precisa ver todas as pranchetas do documento em uma janela e editar o conteúdo em uma dessas pranchetas em uma visualização ampliada.

1 Escolha View > Fit Artboard In Window.

2 Escolha Window > Navigator para abrir o painel Navigator. Ele flutua no espaço de trabalho.

3 No painel Navigator, arraste o controle deslizante para a esquerda até aproximadamente **75%** para alterar a visualização do documento. À medida que você arrasta o controle deslizante para diminuir o nível de ampliação, a caixa vermelha no painel Navigator, chamada área de exibição substituta, torna-se maior, mostrando a área do documento mostrada.

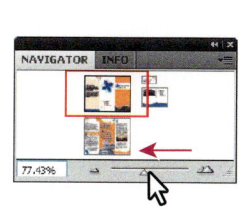

● **Nota:** O controle deslizante do painel Navigator, quando arrastado, tende a saltar em valores de porcentagem (ou seja, a ser menos preciso). Você também pode digitar um valor no canto inferior esquerdo do painel Navigator.

4 Posicione o cursor dentro da área de exibição substituta (a caixa vermelha) do painel Navigator. O cursor torna-se uma mão (🖑).

5 Arraste a mão na área de exibição do painel Navigator para se deslocar entre as diferentes partes do trabalho. Arraste a área de exibição sobre a pequena prancheta na parte direita superior da janela Navigator. Essa é um cartão de visitas.

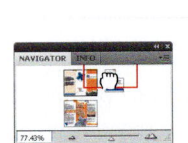

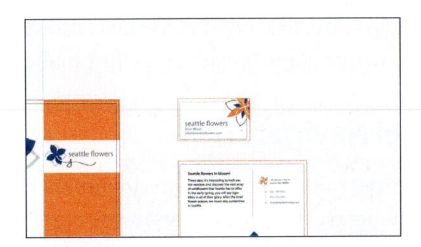

6 Clique no ícone de montanha (▲) no canto direito inferior do painel Navigator várias vezes para ampliar rapidamente o cartão de visitas.

7 No painel Navigator, mova o cursor para fora da área de exibição e clique. Isso move a caixa e exibe uma área diferente do trabalho na janela Document.

8 Com o cursor (mão) ainda posicionado no painel Navigator, mantenha pressionada a tecla Ctrl (Windows) ou Command (Mac OS). Quando a mão se transformar em uma lente de aumento, arraste um contorno de seleção sobre uma área do trabalho. Quanto menor o contorno de seleção desenhado, maior o nível de ampliação da janela Document.

▶ **Dica:** Escolher Panel Options no menu do painel Navigator permite personalizar o painel Navigator de vários modos, incluindo mudar as cores da caixa de visualização.

● **Nota:** Não há problema se a porcentagem e a área de exibição substituta do painel Navigator parecerem diferentes.

9 Desmarque View Artboard Contents Only no menu do painel Navigator (▼≡). Isso também exibe qualquer arte que esteja no canvas. Observe a versão verde do logotipo no canvas.

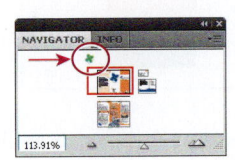

● **Nota:** Talvez seja necessário ajustar o controle deslizante do painel Navigator para ver o logotipo na área externa.

10 Feche o grupo de painel Navigator clicando no x no canto superior direito (Windows) ou no ponto do canto superior esquerdo (Mac OS) da barra de título. Escolha File > Close para fechar qualquer arquivo aberto. Se uma caixa de diálogo aparecer perguntando se você quer salvar as modificações, não é necessário salvá-las.

Localize recursos utilizando o Illustrator

Para informações completas e atualizadas sobre como utilizar painéis, ferramentas e outros recursos de aplicativo do Illustrator, visite o site da Adobe. Escolha Help > Illustrator Help. Você será conectado ao site Adobe Community Help, onde poderá pesquisar o Illustrator Help, documentos de suporte e outros sites relevantes aos usuários do Illustrator. Você pode estreitar os resultados da pesquisa para visualizar apenas a ajuda e os documentos de suporte da Adobe.

Se planeja trabalhar no Illustrator quando não estiver conectado à Internet, faça o download da versão em PDF mais atual do Illustrator Help em www.adobe.com/go/documentation.

Para recursos adicionais, como dicas, técnicas e informações mais recentes sobre produtos, consulte a página Adobe Community Help em community.adobe.com/help/main.

● **Nota:** Se o Illustrator detectar que você não está conectado à Internet ao iniciar o aplicativo, escolha Help > Illustrator Help para abrir as páginas de ajuda em HTML instaladas com o Illustrator. Para informações adicionais atualizadas, examine os arquivos Help online ou faça o download do PDF mais atual para referência.

Procure um tópico no Help

1 Na caixa de pesquisa da barra Application, digite artboard e pressione Enter ou Return.

Se estiver conectado à internet, o site Adobe Community Help será aberto em um navegador disponível. De lá, você pode explorar os diferentes tópicos de ajuda disponíveis.

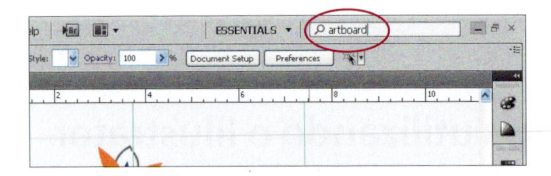

2 Feche o navegador e retorne ao Illustrator.

Verifique se há atualizações

A Adobe periodicamente fornece atualizações para o software. Você pode facilmente obter essas atualizações por meio do Adobe Updater, desde que tenha uma conexão ativa com a Internet.

1 No Illustrator, escolha Help > Updates. O Adobe Updater verifica automaticamente as atualizações disponíveis para seu software Adobe.

2 Na caixa de diálogo Adobe Updater, selecione as atualizações que você quer instalar e então clique em Download And Install Updates para instalá-las.

● **Nota:** Para configurar suas preferências para futuras atualizações, clique em Preferences. Escolha a frequência com que você quer que o Adobe Updater verifique as atualizações, para quais aplicativos e se é preciso fazer o download delas automaticamente. Clique em OK para aceitar as novas configurações.

3 Depois de examinar a ajuda do Illustrator, feche a janela do navegador e retorne ao Illustrator.

Explore por conta própria

Abra um arquivo de exemplo no Adobe Illustrator CS4 para investigar e utilizar alguns recursos organizacionais e navegacionais vistos nesta lição.

1 Abra o arquivo chamado Yellowstone Map.ai da pasta Lesson01.

● **Nota:** Uma caixa de diálogo de perfil não encontrado talvez apareça. Clique em OK para prosseguir.

2 Faça o seguinte neste trabalho:

- Pratique a ampliação e a redução da área visível. Observe que nos menores níveis de ampliação, o texto fica ilegível, aparecendo como uma barra cinza sólida. À medida que você amplia, o texto pode ser visualizado mais precisamente.
- Salve as visualizações ampliadas utilizando View > New View para diferentes áreas, como Mammoth Springs, Tower-Roosevelt e Canyon Village.
- Crie uma visualização ampliada de Madison na visualização Outline (modo de contorno). Crie uma visualização Preview de todo o mapa.
- Expanda o painel Navigator e utilize-o para rolar pela prancheta e para ampliar e reduzir a área de visualização.
- Navegue entre as pranchetas utilizando os botões e o menu Artboard Navigation no canto inferior esquerdo da janela Document.
- Crie um espaço de trabalho Saved (View > New View) que mostre apenas os painéis Tools, Control e Layers. Salve-o como ferramentas de mapa.

Perguntas de revisão

1 Descreva duas maneiras de alterar a visualização de um documento.
2 Descreva um modo de navegar entre pranchetas.
3 Como você seleciona ferramentas no Illustrator?
4 Descreva três maneiras de alterar a exibição de um painel.
5 Como você salva localizações de painel e preferências de visibilidade?
6 Descreva a utilidade de se organizar janelas de documento.
7 Descreva como obter informações adicionais sobre o Illustrator.

Respostas

1 Você pode selecionar comandos do menu View para ampliar ou reduzir um documento ou ajustá-lo à tela; também pode utilizar as ferramentas Zoom do painel Tools e clicar ou fazer uma área de seleção em um documento para expandir ou reduzir a visualização. Além disso, você pode utilizar atalhos pelo teclado para ampliar ou reduzir a exibição do trabalho. Você também pode utilizar o painel Navigator para rolar pelo trabalho ou alterar a ampliação sem utilizar a janela Document.

2 Selecione uma prancheta pelo seu número no menu Artboard Navigation. Clique nos botões Next, Previous, First ou Last para navegar entre pranchetas.

3 Para selecionar uma ferramenta, você tanto pode clicar nela no painel Tools, como pode pressionar o atalho de teclado dela. Por exemplo, você pode pressionar V para selecionar a ferramenta Selection do teclado. As ferramentas selecionadas permanecem ativas até você clicar em uma ferramenta diferente.

4 Você pode clicar na guia de um painel ou escolher Window > [nome do painel] para tornar o painel visível. Pode arrastar a guia de um painel para separar o painel do seu grupo, pode removê-lo de um encaixe e criar um novo grupo ou arrastar o painel para outro grupo. Você pode também arrastar a barra de título de um grupo de painéis para mover o grupo inteiro. Dê um duplo clique na guia de um painel para alternar entre os vários tamanhos do painel. Também, pressione Shift+Tab para ocultar ou exibir todos os painéis.

5 Escolha Window > Workspace > Save Workspace para criar áreas de trabalho personalizadas e facilitar a localização dos controles de que você precisa.

6 Organizar as janelas de documentos permite dispor as janelas lado a lado ou colocar grupos de documentos em cascata. Isso pode ser útil se você estiver trabalhando com vários arquivos do Illustrator e precisar comparar ou compartilhar o conteúdo entre eles.

7 O Adobe Illustrator contém ajuda (Help), atalhos pelo teclado, algumas informações adicionais e ilustrações coloridas. O Illustrator também tem uma ajuda sensível ao contexto sobre ferramentas, comandos e serviços online para informações adicionais sobre serviços, produtos e dicas do Illustrator.

2 SELECIONANDO E ALINHANDO

Visão geral da lição

Nesta lição, você vai aprender a:

- Diferenciar entre as várias ferramentas de seleção
- Agrupar e desagrupar itens
- Trabalhar no modo de isolamento
- Trabalhar com guias inteligentes
- Clonar itens com a ferramenta Selection
- Bloquear e ocultar itens para se organizar
- Salvar seleções para uso futuro
- Utilizar ferramentas e comandos para alinhar formas básicas entre si

Esta lição levará aproximadamente uma hora para ser concluída. Se necessário, remova a pasta da lição anterior de seu disco rígido e copie a pasta Lesson02.

Nesta lição, você vai aprender a localizar e selecionar objetos utilizando ferramentas de seleção, e também a proteger outros objetos ocultando-os e bloqueando-os. Além disso, vai aprender a alinhar objetos entre si e entre a prancheta.

Introdução

Ao alterar cores ou tamanho e adicionar efeitos ou atributos, você deve primeiro selecionar o objeto ao qual serão aplicadas as alterações. Nesta lição, você verá os fundamentos do uso das ferramentas de seleção. Técnicas de seleção mais avançadas que utilizam camadas são discutidas na Lição 8, "Trabalhando com Camadas".

1 Para que as ferramentas e os painéis funcionem exatamente como descritos nesta lição, exclua ou desative (renomeando) o arquivo de preferências do Adobe Illustrator CS4. Consulte "Restaurando as preferências padrão", na página 15.

2 Inicie o Adobe Illustrator CS4.

● **Nota:** Se você ainda não copiou os arquivos desta lição para o seu disco rígido a partir da pasta Lesson02 do CD do *Adobe Illustrator CS4 Classroom in a Book*, faça isso agora. Veja "Copiando os arquivos do Classroom in a Book", na página 14.

3 Escolha File > Open e abra o arquivo L2start_01.ai da pasta Lesson02, localizada na pasta Lessons de seu disco rígido. Escolha View > Fit Artboard In Window.

Utilize a ferramenta Selection

A ferramenta Selection do painel Tools permite selecionar objetos inteiros.

1 Selecione a ferramenta Selection (▶) no painel Tools. Posicione o cursor sobre as diferentes formas sem clicar. O ícone que aparece quando você passa sobre os objetos (▶.) indica que, sob o cursor, há um objeto que pode ser selecionado. Quando você posiciona o mouse sobre um objeto, ele é delineado em azul.

2 Posicione o cursor sobre a borda de um dos aviões pretos. Uma palavra como path (path ou demarcador) ou anchor (âncora) pode aparecer porque as guias inteligentes são selecionadas por padrão. Guias inteligentes são guias temporárias que ajudam a alinhar, editar e transformar objetos ou pranchetas; elas são discutidas mais detalhadamente no Capítulo 3, "Criando e editando formas".

3 Clique no avião no canto superior esquerdo. Uma caixa delimitadora com oito alças aparece.

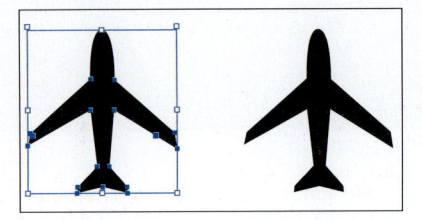

A caixa delimitadora é utilizada para transformações como redimensionamento e rotação. Ela também indica que esse item está selecionado e pronto para ser modificado. A cor da caixa delimitadora indica em qual camada o objeto está. Camadas são discutidas em mais detalhes na Lição 8.

4 Utilizando a ferramenta Selection, clique no avião da direita e observe que agora a seleção do avião esquerdo foi removida e apenas o segundo avião está selecionado.

5 Adicione o avião da esquerda à seleção mantendo a tecla Shift pressionada e clicando nele. Agora os dois aviões estão selecionados.

● **Nota:** Para selecionar um item sem preenchimento, clique no contorno (borda).

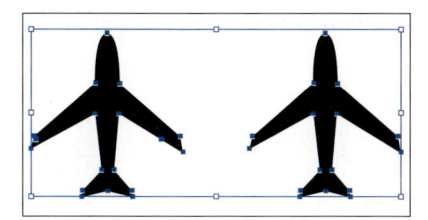

Adicione outros itens a uma seleção mantendo a tecla Shift pressionada.

▶ **Dica:** Para selecionar todos os objetos, escolha Select > All. Para selecionar todos os objetos em uma prancheta apenas, escolha Select > All In Active Artboard. Para aprender mais sobre pranchetas, consulte o Capítulo 3.

6 Reposicione os aviões em qualquer lugar no documento clicando no centro de um dos aviões selecionados e arrastando-os. Como os dois estão selecionados, eles são movidos juntos.

Enquanto você arrasta, observe as linhas verdes que aparecem. Essas linhas são chamadas guias de alinhamento e permanecem visíveis porque as guias inteligentes estão selecionadas (View > Smart Guides). Quando você arrasta, os objetos são alinhados a outros objetos na prancheta. Observe também a caixa cinza, ou rótulo de medida, que mostra a distância do objeto de sua posição original. Rótulos de medida aparecem porque as guias inteligentes estão selecionadas.

▶ **Dica:** Se você não quiser usar as guias inteligentes, desmarque-as escolhendo View > Smart Guides.

7 Remova a seleção dos aviões clicando na prancheta onde não há nenhum objeto ou escolha Select > Deselect.

8 Volte à última versão salva do documento pressionando a tecla F12 ou escolha File > Revert. Na caixa de diálogo Revert, clique em Revert.

Utilize a ferramenta Direct Selection

A ferramenta Direct Selection seleciona pontos ou segmentos de path dentro de um objeto. Você vai selecionar pontos de ancoragem e segmentos de path utilizando a ferramenta Direct Selection.

1 Com o mesmo arquivo aberto, alterne para a ferramenta Direct Selection (▧) no painel Tools. Sem clicar, mova o cursor sobre diferentes pontos dos aviões. Quando a ferramenta Direct Selection está sobre um ponto de ancoragem de um path ou objeto, um rótulo de âncora ou path aparece por padrão.

2 Clique no ponto do nariz do primeiro avião. Veja que somente o ponto que você selecionou está sólido, indicando que ele está selecionado, enquanto os outros pontos do avião estão vazios e não selecionados.

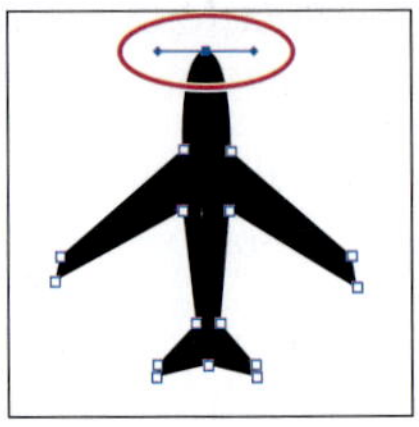

Observe as linhas de direção que se estendem a partir do ponto de ancoragem. Nas extremidades das linhas há pontos de direção. O ângulo e o comprimento das linhas de direção determinam a forma e o tamanho dos segmentos curvos. Mover os pontos de direção remodela as curvas.

● **Nota:** O rótulo cinza que aparece quando você arrasta o ponto de ancoragem tem os valores dx e dy. Dx indica a distância que o cursor avançou no eixo x (horizontalmente) e dy indica a distância que o cursor avançou no eixo y (verticalmente).

3 Com a ferramenta Direct Selection ainda selecionada, clique e arraste o ponto específico para baixo a fim de editar a forma do objeto. Tente clicar em outros pontos – assim, o ponto anterior é desmarcado.

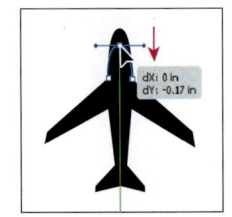

4 Volte à última versão salva escolhendo File > Revert. Na caixa de diálogo Revert, clique em Revert.

▶ **Dica:** Utilizando a tecla Shift, você pode selecionar vários pontos para movê-los em conjunto.

Preferências de seleção e de ponto de ancoragem

Você pode alterar as preferências de seleção e a maneira como os pontos de ancoragem aparecem na caixa de diálogo Preferences.

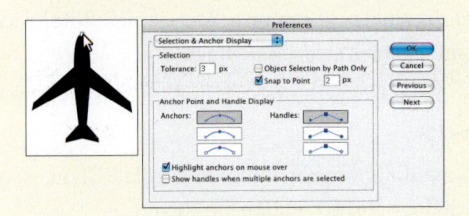

Escolha Edit > Preferences > Selection & Anchor Display (Windows) ou Illustrator > Preferences > Selection & Anchor Display (Mac OS). Você pode alterar o tamanho dos pontos de ancoragem (chamados âncoras na caixa de diálogo) ou a exibição das linhas de direção (chamadas alças).

Você também pode desativar o destaque dos pontos de ancoragem quando o cursor é posicionado acima deles. Ao mover o cursor sobre os pontos de ancoragem, eles são destacados. Destacar pontos de ancoragem dessa maneira torna mais fácil determinar o ponto que você está em vias de selecionar. Você aprenderá mais sobre os pontos de ancoragem e as alças de ponto de ancoragem na Lição 5, "Desenhando com as Ferramentas Pen e Pencil".

Crie seleções com um contorno de seleção

Algumas seleções podem ser mais fáceis de fazer criando-se uma área de seleção (*marquee*) em torno do objeto que você quer selecionar.

1 No mesmo arquivo, alterne para a ferramenta Selection (). Em vez de clicar com a tecla Shift pressionada para selecionar os dois aviões, posicione o cursor acima do avião na parte superior esquerda e, então, clique e arraste o cursor para baixo e para a direita para criar uma área de seleção que sobreponha apenas as partes superiores dos aviões.

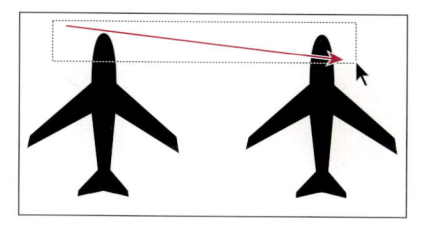

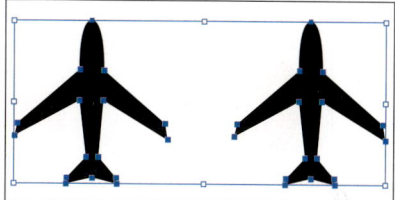

Ao arrastar com a ferramenta Selection, você só precisa incluir uma pequena parte de um objeto para incluí-lo na seleção.

2 Escolha Select > Deselect ou clique onde não há nenhum objeto.

3 Agora, utilize a ferramenta Direct Selection () para realizar a mesma ação. Clique fora do primeiro avião e arraste para selecionar o nariz dos aviões na linha superior.

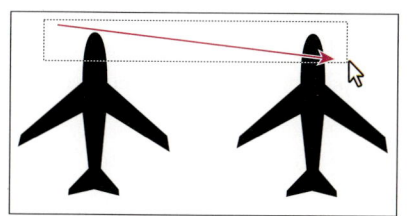

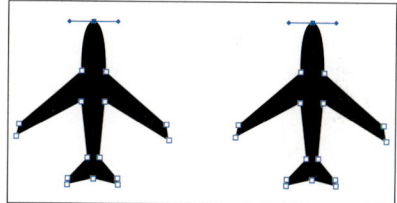

Arrastar ao longo dos pontos na parte superior com a ferramenta Direct Selection seleciona apenas esses pontos.

Somente os pontos da parte superior são selecionados. Clique em um dos pontos de ancoragem e arraste para ver como os aviões são reposicionados conjuntamente. Utilize esse método ao selecionar um só ponto. Dessa maneira, você não precisa clicar exatamente no ponto de ancoragem que quer editar.

4 Escolha Select > Deselect.

Crie seleções com a ferramenta Magic Wand

Você pode utilizar a ferramenta Magic Wand (varinha mágica) para selecionar todos os objetos de um documento que têm atributos de cor ou de preenchimento iguais ou parecidos.

▶ **Dica:** Você pode personalizar a ferramenta Magic Wand para selecionar objetos com base no peso do contorno, cor do contorno, opacidade ou modo de mesclagem dando um duplo clique na ferramenta Magic Wand no painel Tools. Você também pode alterar as tolerâncias utilizadas para identificar objetos semelhantes.

1 Selecione a ferramenta Magic Wand (✤) no painel Tools. Clique na maçã e observe que o peixe também é selecionado. Nenhuma caixa delimitadora (que cerca as duas formas) aparece porque a ferramenta Magic Wand continua selecionada.

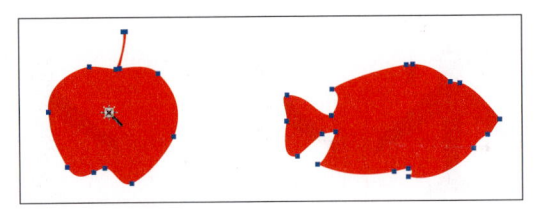

Ao selecionar com a ferramenta Magic Wand, os objetos com o mesmo preenchimento também são selecionados.

2 Clique em um dos bonés de beisebol com a ferramenta Magic Wand. Observe que os dois bonés são selecionados e que a maçã e o peixe são desmarcados.

3 Mantendo pressionada a tecla Shift, utilize a ferramenta Magic Wand para clicar na maçã. Isso adiciona a maçã e o peixe à seleção uma vez que eles têm a mesma cor de preenchimento (vermelha). Com a ferramenta Magic Wand ainda selecionada, mantenha pressionada a tecla Alt (Windows) ou Option (Mac OS) e clique na maçã novamente para desmarcar os objetos vermelhos. Solte as teclas.

4 Escolha Select > Deselect ou clique onde não há nenhum objeto.

Agrupe itens

É possível combinar objetos em um grupo para que eles sejam tratados como uma unidade. Você pode mover ou transformar vários objetos sem afetar seus atributos ou posições relativas.

1 Selecione a ferramenta Selection (▶). Clique fora do avião na parte superior direita e arraste um contorno de seleção que toque os dois aviões, o peixe e a maçã para selecionar os quatro objetos.

2 Escolha Object > Group e então escolha Select > Deselect.

3 Com a ferramenta Selection, clique na maçã. Como ela está agrupada com os outros três objetos, os quatro ficam selecionados. Observe que a palavra Group aparece no lado esquerdo do painel Control.

4 Escolha Select > Deselect.

Adicione a um grupo

Grupos também podem ser compostos – eles podem ser agrupados dentro de outros objetos ou de outros grupos para formar grupos maiores.

1 Com a ferramenta Selection (▶), clique em um avião para selecionar os objetos agrupados. Clique com a tecla Shift pressionada no boné esquerdo na terceira linha para adicioná-lo à seleção. Escolha Object > Group. A caixa de seleção é expandida para incluir o boné.

2 Clique com a tecla Shift pressionada no boné do lado direito na terceira linha e então escolha Object > Group.

   Você criou um grupo composto – um grupo dentro de um grupo. Compor grupos é uma técnica bastante comum.

3 Escolha Select > Deselect.

4 Com a ferramenta Selection, clique em um dos objetos agrupados. Todos os objetos no grupo são selecionados.

5 Clique em uma área em branco da prancheta para remover a seleção dos objetos.

6 Pressione e mantenha pressionada a ferramenta Direct Selection (▷) no painel Tools, e arraste-a para a direita para acessar a ferramenta Group Selection (▷⁺).

7 Clique uma vez no avião da esquerda para selecionar o objeto. Clique novamente para selecionar o grupo pai do objeto. A ferramenta Group Selection adiciona os grupos à seleção na ordem em que foram agrupados.

● **Nota:** Depois do passo 1, observe que a caixa de seleção também contorna o boné à direita na terceira linha. Procure os pontos de ancoragem para indicar se o objeto está de fato selecionado.

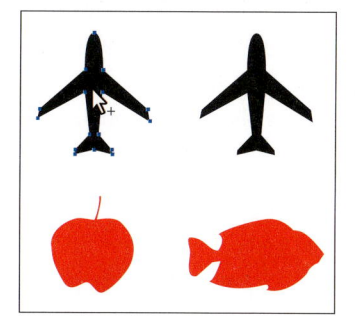

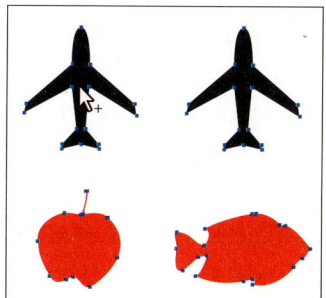

A ferramenta Group Selection adiciona o(s) grupo(s) pai(s) do objeto à seleção atual.

8 Escolha Select > Deselect.

9 Com a ferramenta Selection, clique em qualquer objeto para selecionar o grupo de objetos. Escolha Object > Ungroup para desagrupá-los. Você deve repetir essa ação para cada grupo. Nesta lição, para desagrupar completamente todos os objetos, você tem de escolher Object > Ungroup três vezes.

Trabalhe no modo de isolamento

O modo de isolamento isola grupos ou subcamadas para que você possa selecionar e editar com facilidade objetos específicos ou partes dos objetos. Ao utilizar o modo de isolamento, você não precisa se preocupar com a camada em que um objeto está, bloquear ou ocultar manualmente os objetos que você não quer que sejam afetados por suas edições. Todos os objetos fora do grupo isolado permanecem bloqueados para que eles não sejam afetados pelas edições. Um objeto isolado aparece na cor cheia, enquanto o restante do trabalho aparece opaco, permitindo que você saiba qual conteúdo editar.

▶ **Dica:** Para entrar no modo de isolamento, você também pode selecionar um grupo com a ferramenta Selection e clicar no botão Isolate Selected Object (⚄) no painel Control.

1 Com a ferramenta Selection (▶), clique em uma área em branco da prancheta para desmarcar e, então, arraste uma área de seleção em volta do peixe e da maçã para selecioná-los. Escolha Object > Group. A palavra Group aparece no painel Control indicando que um grupo agora está selecionado.

2 Com a ferramenta Selection, dê um duplo clique na maçã para entrar no modo de isolamento.

Na parte superior da janela Document, aparece uma seta cinza com as palavras Layer 1 e <Group>. Isso indica que você isolou um grupo de objetos que está na camada 1. Observe que o restante do conteúdo da página aparece mais opaco (você não pode selecioná-lo).

3 Clique no peixe para selecioná-lo. Arraste-o para a esquerda.

Quando você entra no modo de isolamento, os grupos são temporariamente desagrupados. Isso permite editar objetos do grupo sem precisar desagrupá-los.

▶ **Dica:** Para sair do modo de isolamento, você também pode clicar na seta cinza no canto superior esquerdo da janela de documento até que o modo de isolamento desapareça. Ou, clique no botão Exit isolation mode (⚄) no painel Control.

4 Dê um duplo clique fora dos objetos para sair do modo de isolamento.

5 Clique para selecionar o peixe. Observe que ele é mais uma vez agrupado com a maçã e agora você pode selecionar outros objetos da página.

6 Escolha Select > Deselect.

Selecione objetos semelhantes

Você também pode selecionar objetos com base na cor de preenchimento, cor do contorno, espessura do contorno, etc. O contorno de um objeto é a sua borda, e o preenchimento é uma cor aplicada à área interna. Agora, você vai selecionar vários objetos com a mesma cor de preenchimento.

1 Com a ferramenta Selection (▶), clique para selecionar o boné de beisebol na esquerda.

2 Clique na seta à direita do botão Select Similar Objects (⚄) do painel Control para exibir o menu. Escolha Fill Color para selecionar todos os objetos da prancheta com a mesma cor de preenchimento (laranja). Observe que os dois bonés são selecionados.

3 Escolha Select > Deselect.

4 Escolha File > Close e não salve o arquivo.

Aplique técnicas de seleção

Você agora vai usar algumas técnicas já discutidas neste capítulo e também outras opções de seleção.

1 Escolha File > Open e abra o arquivo L2start_02.ai da pasta Lesson02, localizada na pasta Lessons de seu disco rígido. Esse documento tem duas pranchetas pelas quais você navegará.

2 Pressione Shift+Tab para ocultar os painéis. Você também pode ocultar os painéis individualmente ou por grupos utilizando o menu Window.

3 Escolha 2 no menu Artboard Navigation no canto inferior esquerdo da janela Document. Certifique-se de que toda a prancheta esteja visível escolhendo View > Fit Artboard In Window. Para informações sobre como navegar por múltiplas pranchetas, consulte o Capítulo 1. A prancheta 2 exibe o trabalho final agrupado.

4 Escolha 1 no menu Artboard Navigation para voltar à primeira prancheta.

5 Escolha View > Zoom Out para ver as duas pranchetas.

6 Mantendo pressionada a barra de espaço para acessar temporariamente a ferramenta Hand (✋), clique e arraste as pranchetas para a esquerda até ver as duas completamente.

7 Escolha View > Smart Guides para desmarcar temporariamente as guias inteligentes.

8 Com a ferramenta Selection (▶), selecione a margarida na prancheta 1. Observe que ela é parte de um grupo de objetos e que a palavra Group aparece no painel Control. Para evitar pegar a alça de uma caixa de seleção e redimensionar acidentalmente as formas, clique e arraste o miolo amarelo do grupo da flor para deslizá-lo para o novo local, como já está a flor da esquerda.

9 Dê um duplo clique no miolo amarelo para entrar no modo de isolamento. Clique para selecionar a forma amarela-clara e arrastá-la para que permaneça mais centralizada nas outras duas formas.

10 Clique fora das formas para desmarcar o miolo amarelo.

11 Pressione Escape (Esc) para sair do modo de isolamento.

> ▶ **Dica:** Para navegar pelas pranchetas, você também pode clicar nos botões Previous ou Next, ou clicar nos botões First ou Last à esquerda e à direita do menu Artboard Navigation.

12 Utilizando a ferramenta Selection, arraste as pétalas (amarelas) e o miolo (marrom) do girassol para a sua posição, como mostrado na figura à direita.

13 Com a ferramenta Selection, clique e arraste sobre as formas de veia de folha abaixo e à direita das flores para selecionar as três formas. Escolha Object > Group.

14 Clique e arraste as veias agrupadas até a folha da direita. Clique em uma área em branco na prancheta para remover a seleção do grupo.

15 Selecione as formas amarela e marrom do girassol com a ferramenta Selection, clicando nelas com a tecla Shift pressionada. Escolha Object > Lock > Selection para mantê-las na posição. Você só pode selecionar as formas depois de escolher Object > Unlock All. Deixe-as bloqueadas por enquanto.

16 Selecione a ferramenta Zoom (🔍) no painel Tools e clique três vezes nas folhas da parte inferior das flores da prancheta atual (prancheta 1).

17 Pressione e mantenha pressionada a ferramenta Group Selection (▶) no painel Tools e arraste-a para a direita para acessar a ferramenta Direct Selection (▶). Clique no ponto de ancoragem na extremidade da folha esquerda. Quando o ponto individual está selecionado, ele aparece como um ponto sólido (ativo); os outros pontos de ancoragem permanecem vazios (inativos). Clique e arraste o ponto de ancoragem individual para alterar a posição.

Se você tiver dificuldade para acessar apenas um ponto de ancoragem, escolha Select > Deselect. Utilizando a ferramenta Direct Selection, clique e arraste um contorno de seleção ao redor do ponto, incluindo-o com o contorno de seleção.

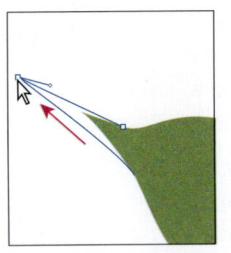

18 Selecione individualmente outros pontos de ancoragem na folha e mova-os para diferentes direções para remodelá-la.

19 Dê um duplo clique na ferramenta Hand ( ) no painel Tools para ajustar a prancheta na janela.

20 Selecione a ferramenta Selection. O miolo do girassol deve ter quatro pequenas elipses marrom-claras. Clique para selecionar uma das elipses. No painel Control, clique no botão Select Similar Objects ( ) para selecionar todas as quatro elipses. Escolha Object > Group. Arraste o grupo para a sua posição no centro do miolo do girassol.

● **Nota:** O botão Select Similar Objects lembra do último item do menu que você escolheu (cor de preenchimento para esta lição). Quando você clica no botão, ele seleciona os objetos com a mesma cor de preenchimento.

21 Utilizando a ferramenta Selection, mantenha pressionada a tecla Alt (Windows) ou Option (Mac OS) para copiar, ou clonar, o grupo de elipses. Com a tecla pressionada, arraste o grupo do miolo do girassol para o miolo da margarida. Solte o botão do mouse antes de soltar a tecla Alt ou Option.

● **Nota:** Se você também mantiver pressionada a tecla Shift ao clonar, o objeto clonado tem seus movimentos restringidos e é atraído para um ângulo exato de 45°, 90° ou 180°.

Pressione a tecla Alt ou Option e arraste para clonar, ou copiar, as formas da elipse no miolo.

22 Escolha File > Save e então escolha File > Close.

Técnicas avançadas de seleção

Ao trabalhar em uma arte complexa, pode ficar mais difícil controlar as seleções. Nesta seção, você vai combinar algumas técnicas que já aprendeu a recursos adicionais, que facilitam a seleção de objetos.

1 Abra o arquivo L2start_03.ai da pasta Lesson02, dentro da pasta Lessons.

2 As palavras grandes dessa arte dificultam a seleção dos itens em baixo delas. Utilizando a ferramenta Selection ( ), selecione a palavra "Fries" e escolha Object > Hide > Selection, ou pressione Ctrl+3 (Windows) ou Command+3 (Mac OS). A palavra é oculta para que você possa selecionar mais facilmente outros objetos.

● **Nota:** Utilizar o menu Select é a mesma coisa que escolher um valor no menu Select Similar Objects ( ) no painel Control.

3   Selecione uma estrela vermelha qualquer e escolha Select > Same > Fill & Stroke. Todas as outras estrelas vermelhas são selecionadas. Clique na cor de preenchimento no painel Control e selecione a cor branca no painel Swatches. Todas as estrelas mudam para branco.

4   Feche o painel Swatches pressionando Escape (Esc).

5   Selecione uma das formas dentro das batatas fritas e então escolha Select > Same > Stroke Weight. As batatas fritas tem um contorno de 1.5 pt, portanto, todos os contornos de 1.5 pt são selecionados.

6   Há outra prancheta à direita da prancheta atual. Escolha View > Zoom Out para ver ambas. Se necessário, mantenha pressionada a barra de espaço para selecionar temporariamente a ferramenta Hand ( ) e arrastar as pranchetas para a esquerda até ver as duas ao mesmo tempo.

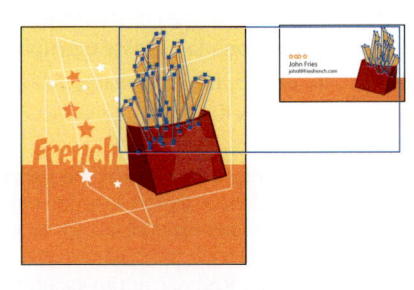

Quando você utiliza comandos de seleção semelhantes, objetos semelhantes em todas as pranchetas são selecionados por padrão.

7   Escolha 3 pt no menu Stroke Weight para aumentar a espessura do contorno.

▶ **Dica:** É útil nomear as seleções de acordo com o uso ou a função. No passo 8, se você nomear a seleção como 3 pt stroke, por exemplo, o nome pode confundir você se você alterar posteriormente a espessura do contorno do objeto.

8   Com a seleção anterior ainda ativa, escolha Select > Save Selection. Nomeie a seleção **french fries** e clique em OK. Você pode escolher essa seleção em um momento posterior.

9   Escolha Select > Deselect para remover a seleção dos objetos. Escolha Select > french fries parte inferior do menu Select para ativar a seleção. Altere a espessura do contorno para **2 pt** no painel Control.

10 Escolha Object > Show All. O texto Fries agora aparece e é selecionado. Mantenha o arquivo aberto com o texto Fries ainda selecionado para o próximo exercício.

Bloqueie objetos selecionados

Quando você cria trabalhos mais complexos, os objetos existentes podem ficar no path e dificultar a seleção de objetos. Além de ocultar objetos, uma técnica comum é bloquear o trabalho selecionado.

- **Para bloquear um objeto:** Selecione um objeto (ou objetos), escolha Object > Lock > Selection ou Ctrl+2 (Windows) ou Command+2 (Mac OS). Um objeto bloqueado não pode ser movido ou selecionado, embora ainda possa ser visto. Desbloqueie todos os objetos ao mesmo tempo escolhendo Object > Unlock All ou utilize Ctrl+Alt+2 (Windows) ou Command+Option+2 (Mac OS).

—Extraído do Illustrator Help

Alinhe objetos

Vários objetos talvez precisem ser alinhados ou distribuídos em relação a eles mesmos, à prancheta ou à área de corte. Nesta seção, você vai explorar as opções para alinhar objetos e alinhar pontos.

1 No arquivo L2start_03.ai, clique com a ferramenta Selection (▶) e a tecla Shift pressionada no texto French para selecionar os textos French e Fries. Clique no botão Horizontal Align Left (┠) no painel Control, ou se não vir as opções Align, clique na palavra Align no painel Control para abrir o painel Align. Observe que Fries se alinha à palavra French.

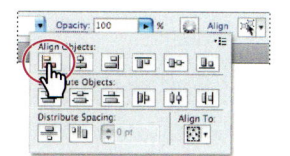

● **Nota:** As opções Align talvez não apareçam no painel Control, mas são indicadas pela palavra Align. O Illustrator ajusta o número máximo de opções possível no painel Control, dependendo da resolução de tela.

2 Escolha Edit > Undo Align para desfazer o alinhamento.

Alinhe a um objeto-chave

Um objeto-chave é um objeto com o qual você quer que outros objetos se alinhem. Você especifica um objeto-chave selecionando todos os objetos que você quer alinhar, incluindo o objeto-chave e então clicando no objeto-chave novamente. Quando selecionado, o objeto-chave tem um contorno azul e o ícone Align To Key Object aparece no painel Control e no painel Align.

3 Com os objetos do texto French e Fries ainda selecionados, clique em Fries com a ferramenta Selection. O contorno azul espesso indica que ele é o objeto-chave à qual outros objetos se alinham.

▶ **Dica:** No painel Align, você também pode escolher Align To Key Object na opção Align To. O objeto que está na frente torna-se o objeto-chave.

Fries é o objeto-chave.

4 Nas opções Align no painel Control ou no painel Align, clique no botão Horizontal Align Left (icon). Observe que French se move para se alinhar com Fries.

5 Escolha Select > Deselect.

Alinhe pontos

Agora, você vai alinhar dois pontos entre si, utilizando o painel Align.

1 Com a ferramenta Selection, clique com a tecla Shift pressionada nas palavras French e Fries e escolha Object > Hide > Selection.

2 Com a ferramenta Direct Selection (icon), clique no ponto inferior esquerdo da embalagem vermelha de batatas fritas e então clique com a tecla Shift pressionada para selecionar o ponto superior esquerdo. Você deve selecionar os pontos em certa ordem porque o último ponto de ancoragem selecionado é a âncora-chave. Outros pontos se alinham com o último ponto de ancoragem selecionado.

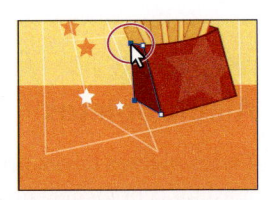

Clique com a tecla Shift pressionada para selecionar dois pontos de ancoragem.

3 Clique no botão Horizontal Align Left (icon) no painel Control.

● **Nota:** Se você não vir as opções Align, clique na palavra Align do painel Control para exibir o painel Align.

4 Escolha Object > Show All para exibir o texto novamente.

Distribua objetos

● **Nota:** As opções Distribute Spacing no painel Align distribuem o espaço entre os objetos, não nas bordas esquerda, central ou direita dos objetos.

▶ **Dica:** Você também pode atribuir um espaçamento específico entre objetos utilizando as opções Distribute Spacing.

Distribuir objetos permite selecionar vários objetos e distribuir o espaçamento entre eles igualmente. As opções Distribute também estão localizadas no painel Align. Por exemplo, se você tiver três estrelas e clicar em Horizontal Distribute Center, as estrelas das extremidades esquerda e direita não vão se mover, e a estrela do meio será reposicionada para que fique equidistante das outras estrelas.

1 Clique no botão Next (icon) no canto inferior esquerdo da janela Document para acessar a prancheta 2.

2 Escolha View > Fit Artboard In Window se a prancheta não estiver visível na janela Document.

LIÇÃO 2 | 89
Selecionando e Alinhando

3 Com a ferramenta Selection (▶), arraste o cursor sobre as quatro estrelas acima do texto John Fries para selecionar todas elas.

4 Clique no botão Horizontal Distribute Center (▯▯) do painel Control. Isso move as duas estrelas do centro para que o espaçamento entre elas seja igual. Escolha Select > Deselect.

5 Com a ferramenta Selection (▶), clique na estrela na extremidade direita. Mantenha o botão do mouse pressionado e arraste o cursor para a direita com a tecla Shift pressionada para manter a estrela alinhada verticalmente às outras estrelas. Arraste até que a borda direita da estrela esteja alinhada à letra s em John Fries.

Arraste com a tecla Shift pressionada a estrela na extremidade direita para a direita.

6 Selecione as quatro estrelas novamente e clique no botão Horizontal Distribute Center mais uma vez. Observe que, com a estrela na extremidade direita reposicionada, as duas estrelas do centro se movem para distribuir o espaçamento entre elas igualmente. Escolha Select > Deselect.

Alinhe à prancheta

Você também pode alinhar o conteúdo com a prancheta. Com esse método, cada objeto é alinhado separadamente à prancheta. Agora, você vai alinhar as palavras French e Fries ao centro da prancheta.

1 Clique no botão Previous (◀) no canto inferior esquerdo da janela Document para voltar à primeira prancheta.

2 Com a ferramenta Selection (▶), clique com a tecla Shift pressionada para selecionar as palavras French e Fries.

3 Escolha Object > Group para agrupar os objetos.

4 Clique no botão Align To Selection (▣) e escolha Align To Artboard no menu que aparece (se ainda não estiver selecionado). Configurar essa opção faz com que todos os futuros alinhamentos sejam alinhados à prancheta. Clique no botão Horizontal Align Center (▤) para alinhar os objetos ao centro horizontal da prancheta.

Depois de alinhar à prancheta.

5 Escolha File > Close sem salvar, a menos que você queira completar a seção Explore por conta própria.

● **Nota:** Para alinhar todo o conteúdo de um pôster, por exemplo, ao centro da prancheta, agrupar os objetos é um passo importante. O agrupar move os objetos conjuntamente, como um objeto único, em relação à prancheta. Se isso não for feito, centralizar tudo horizontalmente move todos os objetos para o centro, um independente do outro.

Sobre opções de alinhamento

O painel Align possui vários recursos que são muito úteis no Illustrator. Ele não apenas permite alinhar objetos, mas também distribui-los. Selecione os objetos a alinhar ou distribuir e, então, no painel Align, siga um destes passos:

- Para alinhar ou distribuir em relação à caixa delimitadora de todos os objetos selecionados, clique no botão para o tipo de alinhamento ou de distribuição que você quer.
- Para alinhar ou distribuir em relação a um dos objetos selecionados (um objeto-chave), clique nesse objeto novamente (desta vez, você não precisa manter a tecla Shift pressionada ao clicar). Clique no botão para o tipo de alinhamento ou de distribuição que você quer.

    Nota: *Para interromper o alinhamento e a distribuição em relação a um objeto, escolha Cancel Key Object no menu do painel Align.*

- Para alinhar com a prancheta ativa, clique no botão Align To Artboard ( ) ou clique no menu Align (seta à direita do botão Align To Artboard) e escolha Align To Artboard. Então, clique no botão para o tipo de alinhamento que você quer.

—Extraído do Illustrator Help

Explore por conta própria

1 Faça testes clonando uma estrela a partir do arquivo L2start_03.ai. Clone a forma várias vezes utilizando a tecla Alt ou Option.

2 Aplique diferentes cores e contornos às formas e selecione-as novamente utilizando o menu do item Select Same.

3 Selecione três estrelas em L2start_03.ai e experimente algumas opções de distribuição de objetos no painel Align.

4 Selecione três estrelas e clique em uma delas para configurá-la como o objeto-chave. Alinhe as outras estrelas selecionadas ao objeto-chave utilizando as opções de alinhamento no painel Align. Mantenha as estrelas selecionadas.

5 Escolha Object > Group.

6 Com a ferramenta Selection, dê um duplo clique em uma das estrelas do grupo para entrar no modo de isolamento.

7 Redimensione as estrelas clicando e arrastando a caixa delimitadora de cada uma.

8 Pressione Esc para sair do modo de isolamento.

9 Feche o arquivo sem salvar.

Perguntas de revisão

1 Como você pode selecionar um objeto que não possui preenchimento?

2 Identifique duas maneiras de selecionar um item em um grupo sem escolher Object > Ungroup.

3 Como você edita a forma de um objeto?

4 O que deve ser feito depois de se passar bastante tempo criando uma seleção que será utilizada repetidamente?

5 Se algo estiver bloqueando a visualização de uma seleção, o que você pode fazer?

6 Para alinhar objetos em relação à prancheta, o que deve ser selecionado no painel Align ou no painel Control antes de você escolher uma opção de alinhamento?

Respostas

1 Você pode selecionar itens que não possuem preenchimento clicando no contorno ou arrastando uma área de seleção sobre o objeto.

2 Utilizando a ferramenta Group Selection, você pode clicar uma vez para um item individual dentro de um grupo. Continue a clicar para adicionar os próximos itens agrupados à seleção. Leia a Lição 8 para ver como você pode utilizar camadas para criar seleções complexas. Você também pode dar um duplo clique no grupo para entrar no modo de isolamento, editar as formas conforme necessário e, então, sair do modo de isolamento pressionando Esc ou dando um clique duplo fora do grupo.

3 Utilizando a ferramenta Direct Selection, você pode selecionar um ou mais pontos de ancoragem individuais e fazer alterações na forma de um objeto.

4 Para qualquer seleção que você precise utilizar novamente, escolha Select > Save Selection. Atribua um nome à seleção e selecione-a novamente no menu Select.

5 Se algo estiver bloqueando seu acesso a uma seleção, escolha Object > Hide > Selection. O objeto não é excluído, apenas oculto na mesma posição até você escolher Object > Show All.

6 Para alinhar objetos à prancheta, é necessário primeiro selecionar a opção Align To Artboard.

3 CRIANDO E EDITANDO FORMAS

Visão geral da lição

Nesta lição, você vai aprender a:
- Criar um documento com múltiplas pranchetas
- Utilizar ferramentas e comandos para criar formas básicas
- Utilizar réguas e guias inteligentes como ajudas de desenho
- Dimensionar e duplicar objetos
- Unir e contornar objetos
- Trabalhar com comandos Pathfinder para criar formas
- Utilizar o Live Trace para criar formas

Esta lição levará aproximadamente uma hora e meia para ser concluída. Se necessário, remova a pasta da lição anterior de seu disco rígido e copie a pasta Lesson03.

Você pode criar documentos com múltiplas pranchetas e muitos tipos de objetos começando com uma forma básica e então editando-a para criar novas formas. Nesta lição, você vai adicionar e editar pranchetas e criar e editar algumas formas básicas para um manual técnico.

Introdução

Nesta lição, você vai criar várias ilustrações para um manual técnico.

1 Para que as ferramentas e os painéis funcionem como descrito nesta lição, exclua ou desative (renomeando) o arquivo de preferências do Adobe Illustrator CS4. Consulte "Restaurando as preferências padrão", na página 15.

2 Inicie o Adobe Illustrator CS4.

● **Nota:** Se você ainda não copiou os arquivos desta lição para o seu disco rígido a partir da pasta Lesson03 do CD do *Adobe Illustrator CS4 Classroom in a Book*, faça isso agora. Veja "Copiando os arquivos do Classroom in a Book", na página 14.

3 Escolha File > Open. Localize o arquivo chamado L3end.ai na pasta Lesson03 da pasta Lessons que você copiou para o seu disco rígido. Há duas pranchetas que contêm ilustrações para um manual técnico, incluindo uma chave de fenda e uma chave de parafuso e engrenagens dentadas. Você criará as ferramentas nesta lição. Escolha View > Fit All In Window e deixe o arquivo aberto para referência, ou escolha File > Close.

Crie um documento com várias pranchetas

Agora, você vai criar duas ilustrações para um manual técnico. O documento terá várias pranchetas.

● **Nota:** Ao digitar os valores nos campos, se a unidade correta estiver visível, você não precisará digitar o valor novamente.

1 Escolha File > New para criar um novo documento. Na caixa de diálogo New Document, digite **Tools** em Name, escolha Print no menu New Document Profile (se ainda não estiver selecionado) e altere Units para inches. Ao alterar as unidades, New Document Profile torna-se [Custom]. Mantenha a caixa de diálogo aberta para o próximo passo.

Perfis de inicialização de documento

Utilizando perfis de documento, você pode configurar um documento para diferentes tipos de saída, como impressa, Web, vídeo etc. Por exemplo, se estiver projetando o boneco de uma página Web, o que você fará nesta lição, utilize um perfil de documento Web, que exibe automaticamente o tamanho da página e as unidades em pixels, altere o modo de cores para RGB e os efeitos de rasterização para Screen (72 ppi).

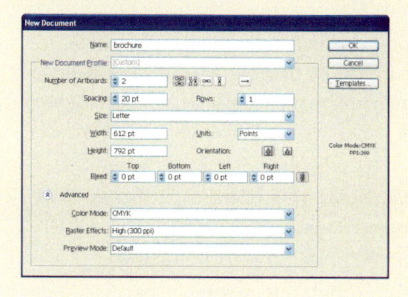

2 Altere a opção Number Of Artboards para 2 para criar duas pranchetas. Clique no botão Arrange By Row ( ) e certifique-se de que a seta Left To Right Layout ( ) esteja visível. No campo de texto Spacing, digite **1 in**. Clique na palavra Width e digite **7 in** no campo dela. Digite **8 in** no campo Height. Clique em OK.

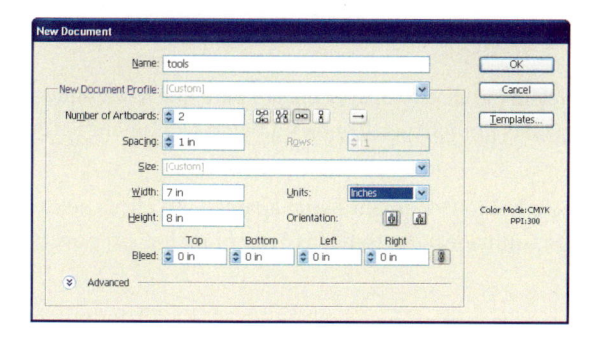

● **Nota:** O valor de espaçamento é a distância entre as pranchetas.

● **Nota:** À esquerda, a caixa de diálogo New Document mostra o perfil Print Document depois de personalizadas as opções. As opções Advanced (clique na seta à esquerda de Advanced para ativá-las) são sensíveis ao contexto, o que significa que elas mudam com base no perfil do documento escolhido.

3 Escolha File > Save As. Na caixa de diálogo Save As, confira se o nome do arquivo é tools.ai e escolha a pasta Lesson03. Deixe a opção Save As Type configurada como Adobe Illustrator (*.AI) (Windows) ou a opção Format configurada como Adobe Illustrator (ai) (Mac OS) e clique em Save. Na caixa de diálogo Illustrator Options, deixe as opções do Illustrator em suas configurações padrão e clique em OK.

Organizando múltiplas pranchetas lado a lado

O Illustrator CS4 permite criar múltiplas pranchetas. A definição das pranchetas requer que se entenda as as configurações iniciais de prancheta na caixa de diálogo New Document. Depois de especificar o número de pranchetas de seu documento, você pode definir a ordem em que quer organizá-las na tela. Elas são definidas desta maneira:

- **Grid By Row:** Organiza múltiplas pranchetas no número especificado de linhas. Escolha o número de linhas no menu Rows. O valor padrão cria a aparência mais quadrada possível com o número especificado de pranchetas.
- **Grid By Column:** Organiza múltiplas pranchetas no número especificado de colunas. Escolha o número de colunas no menu Columns. O valor padrão cria a aparência mais quadrada possível com o número especificado de pranchetas.
- **Arrange By Row:** Organiza pranchetas em uma linha reta.
- **Arrange By Column:** Organiza pranchetas em uma coluna reta.
- **Change To Right-To-Left Layout:** Organiza múltiplas pranchetas no formato especificado de linha ou coluna, mas exibe-as da direita para a esquerda.

—*Extraído do Illustrator Help*

● **Nota:** Se o botão Document Setup não aparecer no painel Control, você também pode escolher File > Document Setup.

4 Escolha Select > Deselect (se ele não estiver opaco) para que nada fique selecionado em nenhuma das pranchetas. Clique no botão Document Setup do painel Control.

Depois de desmarcar, o botão Document Setup aparece. Ao clicar nele, você pode alterar tamanho, unidades, sangrados etc. da prancheta depois que o documento é criado.

5 Na seção Bleed da caixa de diálogo Document Setup, altere o valor no campo Top para **0,13 in** clicando uma vez na seta para cima à esquerda do campo ou digitando o valor. Clique no campo Bottom ou pressione a tecla Tab para deixar todas as configurações Bleed iguais. Clique em OK.

Observe a linha vermelha que aparece em torno das duas pranchetas; ela indica a área do sangrado. Sangrados típicos para a impressão têm mais ou menos 1/8 de uma polegada.

O que é um sangrado?

O sangrado é a quantidade da arte que aparece fora da caixa delimitadora de impressão ou fora da prancheta. É possível incluir sangrados em seu trabalho como uma margem de segurança – para garantir que a tinta permaneça impressa até a borda da página depois de o material ser refilado.

—Extraído do Illustrator Help

Trabalhe com formas básicas

Você vai começar este exercício exibindo uma grade a ser usada como orientação para desenhar e configurar o espaço de trabalho.

1 Escolha Window > Workspace > Essentials.

2 Escolha View > Show Grid para exibir uma grade que seja útil para medir, desenhar e alinhar formas. Essa grade não será impressa com o trabalho. Escolha View > Snap To Grid. Agora as bordas dos objetos desenhados vão aderir, ou se alinhar, às linhas da grade.

3 Escolha View > Show Rulers ou pressione Ctrl+R (Windows) ou Command+R (Mac OS) para exibir as réguas na parte superior e na margem esquerda da janela se elas já não estiverem visíveis. As unidades da régua estão em polegadas devido à alteração que você fez na caixa de diálogo New Document.

▶ **Dica:** Você pode alterar as propriedades da grade, como cores e distância da linha de grade, escolhendo Edit > Preferences > Guides & Grid (Windows) ou Illustrator > Preferences > Guides & Grid (Mac OS).

Você pode alterar as unidades da régua para todos os documentos ou apenas para o documento atual. A unidade da régua é aplicada para medir, mover e transformar objetos, configurar a grade e o espaçamento das guias e criar elipses e retângulos. Ela não afeta as unidades dos painéis Character, Paragraph e Stroke. As unidades utilizadas nesses painéis são controladas pelas opções da caixa de diálogo Units & Display Performance nas preferências do programa (Edit > Preferences (Windows) ou Illustrator > Preferences (Mac OS)).

▶ **Dica:** Você pode alterar as unidades do documento atual clicando com o botão direito do mouse ou clicando com a tecla Ctrl pressionada na régua horizontal ou vertical e escolhendo uma nova unidade no menu de contexto.

Acesse as ferramentas de forma básica

Na primeira parte desta lição, você vai criar uma chave de fenda utilizando as ferramentas de forma básica. As ferramentas de forma estão organizadas sob a ferramenta Rectangle. Você pode separar esse grupo do painel Tools para exibi-lo como um painel separado flutuante.

1. Mantenha pressionado o botão do mouse na ferramenta Rectangle (□) até um grupo de ferramentas aparecer e, então, vá até o pequeno triângulo na extremidade direita e solte o botão do mouse.

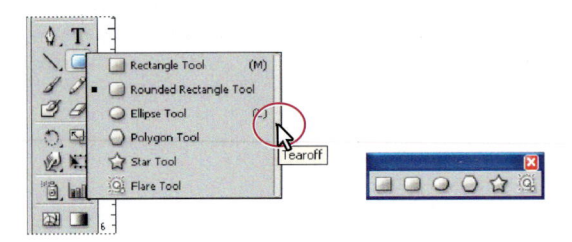

2. Mova o grupo de ferramentas Rectangle para fora do painel Tools.

Crie com formas

No Adobe Illustrator CS4, você controla a espessura e a cor das linhas que desenha configurando os atributos de contorno. Um contorno é a característica de desenho de uma linha, ou da borda de um objeto. Um preenchimento é a característica de desenho no interior de um objeto. As configurações padrão utilizam um preenchimento branco e um contorno preto para os objetos.

Primeiro, você vai desenhar uma série de formas que compõem as ilustrações. Você também vai utilizar guias inteligentes para alinhar seu desenho.

1. Escolha View > Fit Artboard In Window.

2. Confira se 1 está visível na área Artboard Navigation, o que indica que a primeira prancheta está selecionada.

3. Escolha Windows > Transform para exibir o painel Transform. Escolha Window > Info.

4. Selecione a ferramenta Rectangle (□) e comece a arrastar o ponteiro em forma de cruz em uma guia vertical da grade, mais ou menos no centro da prancheta. Arraste para desenhar um retângulo com aproximadamente 0.75 polegadas de altura e 2.5 polegadas de largura. Utilize o painel Info para determinar o tamanho. O retângulo será parte do corpo da primeira ilustração (uma chave de fenda). Observe que, enquanto você arrasta, a borda do retângulo adere às linhas de grade. Você também pode utilizar as réguas e a grade como guias.

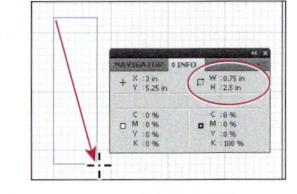

Ao soltar o botão do mouse, o retângulo é automaticamente selecionado e seu ponto de centro aparece. Todos os objetos criados com as ferramentas de forma têm um ponto de centro que você pode arrastar para alinhar o objeto a outros elementos de sua arte. Você pode deixar o ponto de centro visível ou invisível utilizando o painel Attributes, mas não pode excluí-lo.

● **Nota:** Os objetos que você desenha aderem, ou se alinham, às linhas de grade porque View > Snap To Grid está selecionado (indicado pela marca de verificação). Você pode desmarcar a opção de aderência e utilizar a grade como um guia visual escolhendo View > Snap To Grid novamente.

5 No painel Transform, observe a largura e a altura do retângulo. Se necessário, insira **0.75 in** no campo Width e **2.5 in** no campo Height.

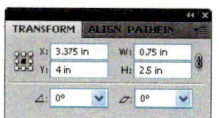

6 Feche o grupo de painéis Transform clicando no x do canto superior direito da barra de título do grupo (Windows) ou no ponto do canto superior esquerdo (Mac OS).

▶ **Dica:** Se a unidade **in** aparecer nos campos Width e Height do painel Transform, você pode simplesmente digitar um valor (.75) e o Illustrator supõe que trata-se de polegada.

Agora, desenhe outro retângulo centralizado dentro do primeiro retângulo para continuar a criar o corpo da chave de fenda.

7 Escolha View > Snap To Grid para desmarcar a aderência.

8 Escolha View > Hide Grid para ocultar a grade.

As guias inteligentes, selecionadas por padrão, serão usadas para alinhar e dimensionar objetos.

● **Nota:** Escolha View > Smart Guides se as guias inteligentes não estiverem selecionadas.

9 Com a ferramenta Rectangle ainda selecionada, posicione o cursor sobre o ponto central do retângulo que você acabou de desenhar. Observe que a palavra center aparece ao lado do cursor. Mantenha pressionada a tecla Alt (Windows) ou Option (Mac OS) e arraste para fora diagonalmente (para baixo e para a direita) a partir do ponto central para desenhar um retângulo centralizado dentro do outro retângulo. Não solte o botão do mouse ainda.

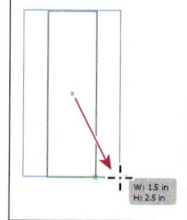

● **Nota:** À medida que você desenha com as ferramentas de forma, as guias inteligentes fornecem informações através de linhas verdes. Na maior parte do tempo, as linhas verdes indicam que os objetos aderem a outros objetos ou que as bordas dos objetos estão alinhadas horizontal ou verticalmente.

10 À medida que você arrasta, observe a dica da ferramenta que aparece (como uma caixa cinza), indicando a largura e a altura da forma enquanto você desenha. Arraste para baixo e para a direita até que a largura seja de aproximadamente 1.5 in e a altura 2.5 in. O cursor deve aderir à altura (em 2.5 in) e uma linha verde deve aparecer, indicando que você está aderindo à parte inferior do retângulo. Solte o botão do mouse e então a tecla Alt ou Option.

Manter pressionadas Alt ou Option ao arrastar a ferramenta Rectangle desenha o retângulo a partir do ponto de centro, em vez do canto superior esquerdo. À medida que você arrasta o cursor, as guias inteligentes aderem o cursor às bordas do retângulo existente, exibindo a palavra **path**. A nova forma que você desenhou está na parte superior da forma anterior.

● **Nota:** Se Snap To Grid estiver selecionado, você não poderá utilizar as guias inteligentes.

Você agora vai organizar a nova forma atrás da forma antiga.

11 Selecione a ferramenta Selection (▶) do painel Tools. Com o segundo retângulo ainda selecionado, escolha Object > Arrange > Send To Back. O retângulo maior agora deve estar atrás do menor.

Sobre guias inteligentes

Guias inteligentes são pop-ups e guias de encaixe temporários que aparecem quando você cria ou manipula objetos ou pranchetas. Elas ajudam a alinhar, editar e transformar objetos ou pranchetas em relação a outros objetos, pranchetas, ou a alinhar, encaixar e exibir valores delta ou de localização. Você pode escolher o tipo de guias e valores que aparecem com as guias inteligentes configurando as preferências Smart Guides.

Para ativar Smart Guides, escolha View > Smart Guides. Você pode utilizar Smart Guides assim:

- Ao criar um objeto com a caneta ou com ferramentas de forma, utilize as Smart Guides para posicionar os pontos de ancoragem de um novo objeto em relação a um objeto existente. Ou, ao criar uma nova prancheta, utilize guias inteligentes para posicioná-la em relação à outra prancheta ou a um objeto.
- Ao criar um objeto com as ferramentas Pen ou Shape, ou ao transformar um objeto, utilize as guias de construção das guias inteligentes para posicionar os pontos de ancoragem em ângulos predefinidos, como 45° ou 90°. Você configura esses ângulos nas preferências Smart Guides.
- Ao mover um objeto ou prancheta, utilize as guias inteligentes para alinhar a prancheta ou objeto selecionado a outros objetos ou pranchetas. O alinhamento baseia-se no ponto central ou na borda dos objetos ou pranchetas. As guias aparecem à medida que o objeto se aproxima da borda ou do ponto central de outro objeto.
- Ao girar ou mover um item, utilize as guias inteligentes para aderir ao último ângulo utilizado ou à opção de alinhamento mais próxima.
- Quando você transforma um objeto, as Smart Guides aparecem automaticamente para facilitar a transformação. Você pode alterar quando e como as Smart Guides aparecem configurando as preferências Smart Guide.

● **Nota:** Quando Snap to Grid está ativado, você não pode utilizar as Smart Guides (mesmo se o comando de menu estiver selecionado).

—*Extraído do Illustrator Help*

▶ **Dica:** Para inserir automaticamente valores idênticos de largura e de altura nas caixas de diálogo Ellipse ou Rectangle, digite o valor de largura ou de altura e, então, clique no nome do outro valor.

Além de arrastar o cursor com uma ferramenta para desenhar uma forma, você pode selecionar uma ferramenta e então dar um duplo clique na prancheta para abrir uma caixa de diálogo com as opções para essa ferramenta. Agora, você vai criar um retângulo arredondado para outra parte da ilustração, configurando as opções em uma caixa de diálogo.

12 Selecione a ferramenta Rounded Rectangle (◻) e clique uma vez no trabalho para abrir a caixa de diálogo Rounded Rectangle. Digite **1.5** no campo Width, pressione a tecla Tab e digite **0.5** no campo Height. Pressione a tecla Tab nova-

mente e digite **0.2** no campo Corner Radius. O raio determina a quantidade de curva dos cantos. Clique em OK.

Use as guias inteligentes para alinhar a nova forma às formas existentes.

13 Selecione a ferramenta Selection (▶) do painel Tools. Selecione um lugar qualquer dentro do retângulo arredondado e comece a arrastar o cursor em direção à borda direita dos retângulos. Não solte o botão do mouse ainda.

● **Nota:** Você consegue ver a caixa cinza que aparece quando arrasta a forma? Essa dica de ferramenta Smart Guide indica a distância x e y em que o cursor se moveu.

14 Arraste a forma para alinhá-la com o lado direito do retângulo maior. Uma guia inteligente verde vertical aparece no centro para indicar que o retângulo arredondado está centralizado sobre os outros retângulos. Quando o retângulo arredondado estiver centralizado horizontal e verticalmente com a parte inferior do retângulo maior, a palavra **intersect** aparecerá. Libere o botão do mouse e depois a tecla para soltar o retângulo arredondado sobre o retângulo maior.

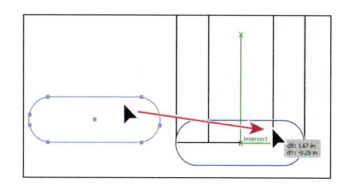

▶ **Dica:** A cor das guias inteligentes pode ser alterada em Edit > Preferences > Smart Guides (Windows) ou Illustrator > Preferences > Smart Guides (Mac OS).

15 Escolha Object > Arrange > Send To Back.

Você está trabalhando no modo de visualização. Essa visualização padrão de um documento permite ver como os objetos estão pintados (nesse caso, com um preenchimento branco e um contorno preto). Se os atributos de pintura desviarem a sua atenção, você pode trabalhar no modo de contorno.

16 Escolha View > Outline para mudar do modo de visualização para o modo de contorno.

Agora, crie outra forma duplicando o retângulo arredondado com a tecla Alt (Windows) ou a Option (Mac OS).

17 Selecione a ferramenta Selection (▶) no painel Tools e, com o retângulo arredondado ainda selecionado, mantenha pressionada a tecla Alt (Windows) ou Option (Mac OS) e arraste da borda inferior para baixo até que a palavra **intersect** apareça, indicando que o centro da forma está alinhado com a parte inferior do retângulo arredondado. Solte o botão do mouse e depois a tecla Shift.

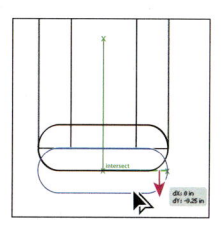

● **Nota:** Não arraste um ponto delimitador, ou a forma será distorcida.

● **Nota:** O modo de contorno remove todos os atributos de desenho, como contornos e preenchimentos coloridos, para agilizar a seleção e o redesenho do trabalho. Você não pode selecionar ou arrastar formas clicando no centro, uma vez que o preenchimento desapareceu temporariamente.

18 Com a ferramenta Selection, mantenha pressionada a tecla Alt (Windows) ou Option (Mac OS) e clique e arraste o ponto delimitador direito do retângulo arredondado em direção ao centro da forma (à esquerda) até que a borda direita permaneça alinhada com a borda direita do retângulo menor. A palavra **intersect** aparece com uma linha verde, indicando que está aderindo à forma do retângulo.

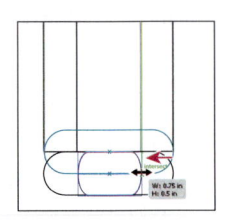

19 Com o novo retângulo arredondado ainda selecionado, escolha Object > Arrange > Send To Back.

Você pode controlar a forma dos polígonos, estrelas e elipses pressionando algumas teclas enquanto desenha. Você vai desenhar uma elipse para ser a parte superior da chave de fenda.

20 Selecione a ferramenta Elipse ( ) no grupo de ferramentas Rectangle e posicione o cursor sobre o canto superior esquerdo do retângulo maior. Observe que a palavra anchor aparece. Clique e comece a arrastar para baixo e para a direita. Não solte o botão do mouse ainda.

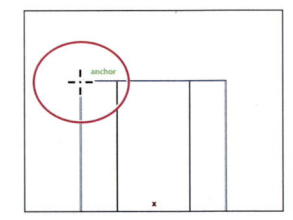

21 Arraste o cursor para baixo e para a direita até que ele toque a borda direita do retângulo maior e a palavra **path** apareça. Sem soltar o botão do mouse, arraste para cima ou para baixo até que a altura seja 1 in no rótulo de medida da guia inteligente que aparece. Não solte o botão do mouse ainda.

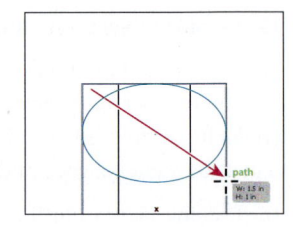

▶ **Dica:** Manter pressionada a tecla Shift limita as proporções da forma enquanto ela é desenhada. No caso da elipse, isso cria um círculo perfeito.

22 Mantenha pressionada a barra de espaço e arraste a elipse um pouco para cima, certificando-se de que, enquanto você arrasta para cima, ainda seja possível ver a palavra **path**. Isso faz com que a elipse continue alinhada à borda direita do retângulo maior. Solte o botão do mouse depois que a elipse estiver posicionada e dimensionada, como na figura à direita, e então solte as teclas.

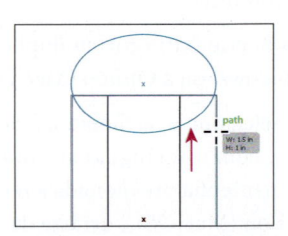

Mantenha pressionada a barra de espaço ao desenhar para reposicionar a elipse.

● **Nota:** Tenha certeza de que a largura é 1.5 in, que é a mesma altura do retângulo maior, e de que a altura é 1 in. Para verificar a largura, abra o painel Transform (Window > Transform). Clique na elipse e então clique no retângulo maior para ver se as larguras são as mesmas. Se não forem, corrija a elipse digitando o mesmo valor que o do retângulo maior.

23 Escolha Object > Arrange > Send To Back.

LIÇÃO 3
Criando e Editando Formas

24 Escolha Select > All In Active Artboard para selecionar as formas apenas nessa prancheta. Escolha Object > Group para agrupá-las.

Agora, você vai criar dois triângulos para a ponta da chave de fenda utilizando a ferramenta Polygon.

25 Escolha Select > Deselect.

26 Selecione a ferramenta Zoom e clique três vezes na parte inferior das formas da chave de fenda para ampliar.

27 Selecione a ferramenta Polygon ( ) no grupo de ferramentas Rectangle e posicione o cursor sobre o ponto central do retângulo arredondado na extremidade inferior (a palavra **center** aparece). Não se preocupe se ele não estiver centralizado perfeitamente; isso será corrigido mais tarde.

28 Arraste o cursor sem soltar o botão do mouse para começar a desenhar um polígono. Pressione a tecla de seta para baixo três vezes para reduzir o número de lados do polígono a um triângulo. Mantenha a tecla Shift pressionada para alinhar o triângulo. Sem soltar a tecla Shift, arraste para baixo e para direita até que o rótulo de medida da guia inteligente informe que a largura é **0.5 in**. Não solte o botão do mouse ou a tecla Shift ainda.

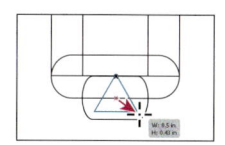

▶ **Dica:** Ao desenhar com a ferramenta Polygon, pressionar as teclas de seta para cima e para baixo muda o número de lados. Se você quiser alterar o número de lados rapidamente ao desenhar um polígono, mantenha pressionada uma das teclas de seta enquanto arrasta a forma para fora.

29 Mantenha pressionada também a barra de espaço e arraste o triângulo para baixo para posicioná-lo abaixo do grupo de objetos. Solte o botão do mouse quando o triângulo estiver posicionado abaixo das outras formas. Solte as teclas.

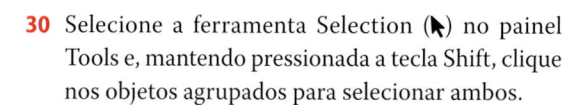

30 Selecione a ferramenta Selection ( ) no painel Tools e, mantendo pressionada a tecla Shift, clique nos objetos agrupados para selecionar ambos.

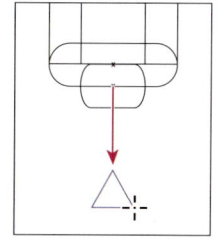

Mantenha pressionada a barra de espaço ao desenhar para reposicionar o triângulo.

● **Nota:** Como você ainda está no modo de contorno, talvez seja necessário arrastar o cursor para um local qualquer ou clicar nos seus contornos para selecionar os objetos.

31 No painel Control, clique no botão Horizontal Align Center ( ) para alinhar os objetos um em relação ao outro.

● **Nota:** Se você não vir as opções de alinhamento no painel Control, clique na palavra Align. Ou, escolha Windows > Align para abrir o painel Align.

32 Escolha Select > Deselect.

33 Com a ferramenta Selection, clique para selecionar a forma do triângulo. Dê um duplo clique na ferramenta Rotate ( ) do painel Tools para abrir a caixa de diálogo Rotate. Altere o valor do ângulo para **180** e clique em OK.

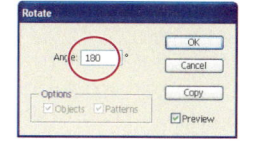

34 Selecione a ferramenta Zoom (🔍) no painel Tools e clique duas vezes na forma do triângulo para ampliá-lo.

35 Com a ferramenta Selection, clique no triângulo e escolha Edit > Copy e, então, Edit > Paste In Front para colar uma cópia diretamente sobre a parte superior.

36 Selecione a ferramenta Selection. Mantendo pressionada a tecla Alt (Windows) ou Option (Mac OS), redimensione o novo triângulo do ponto central no lado direito da caixa delimitadora até que o rótulo de medida de guia inteligente exiba uma largura de **0.15 in**.

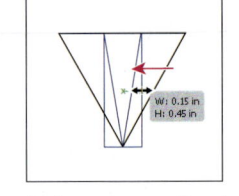

37 Com a ferramenta Selection, arraste o cursor sobre os dois triângulos e escolha Object > Group.

Redimensione o triângulo pressionando a tecla Alt ou Option.

38 Dê um duplo clique na ferramenta Hand (✋) do painel Tools para ajustar a prancheta na janela.

39 Escolha File > Save.

Dicas para desenhar polígonos, espirais e estrelas

Você pode controlar as formas dos polígonos, espirais e estrelas pressionando certas teclas enquanto desenha as formas. Ao arrastar a ferramenta Polygon, Spiral ou Star, escolha uma das opções abaixo para controlar a forma:

- Para adicionar ou subtrair lados em um polígono, pontos em uma estrela ou número de segmentos em uma espiral, mantenha pressionada a tecla de seta para cima ou para baixo enquanto cria a forma. Isso só funciona se o botão do mouse for mantido pressionado. Quando o botão do mouse é solto, a ferramenta permanece configurada como o último valor especificado.
- Para girar a forma, mova o mouse em um arco.
- Para manter um lado ou um ponto na parte superior, mantenha a tecla Shift pressionada.
- Para manter o raio interno constante, comece a criar uma forma e então pressione e mantenha pressionada a tecla Ctrl (Windows) ou Command (Mac OS).
- Para mover uma forma enquanto você desenha, mantenha pressionada a barra de espaço. Isso também funciona para retângulos e elipses.
- Para criar várias cópias de uma forma, mantenha pressionada a tecla ~ (til) ao desenhar.

Delineie contornos

Os paths, como as linhas, só podem ter uma cor de contorno e, por padrão, não podem ter uma cor de preenchimento. Se você criar uma linha no Illustrator e quiser aplicar um contorno e um preenchimento, pode delinear o contorno, o que converte a linha em uma forma fechada (ou path composto). Agora, você vai criar a haste da chave de fenda desenhando um segmento de linha. Você então vai delinear esse contorno para que possa aplicar um contorno e um preenchimento ao objeto.

▶ **Dica:** Delinear os contornos permite adicionar um degradê a um contorno ou separar o contorno e o preenchimento em dois objetos distintos.

1 Escolha Select > Deselect.

2 Com a ferramenta Selection (▶), clique e arraste os objetos agrupados que compõem a alça em direção ao topo da prancheta. Uma guia de construção inteligente aparece, limitando o movimento horizontalmente enquanto você arrasta para cima. À direita, você pode ver o trabalho até aqui.

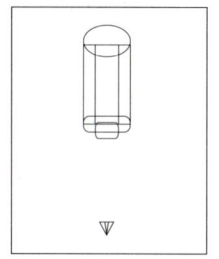

● **Nota:** Se a guia de construção não aparecer, verifique se as guias inteligentes estão selecionadas (View > Smart Guides) e se você está arrastando reto para cima.

3 Selecione a ferramenta Line Segment (\) no painel Tools.

4 Posicione o cursor na parte inferior da alça, no centro, até que a palavra **intersect** e uma linha vertical verde apareçam. Mantenha pressionada a tecla Shift para que a linha fique reta e clique e arraste para baixo. Não solte o botão do mouse ainda.

5 Pare de arrastar quando atingir os triângulos agrupados e a palavra **intersect** aparecer. Solte o botão do mouse e depois a tecla Shift.

● **Nota:** À medida que você arrasta para criar a linha, o rótulo de medida de guia inteligente pode mostrar um ângulo de 270 graus, mas sua distância (D:) pode ser mais curta ou mais longa. Sem problemas.

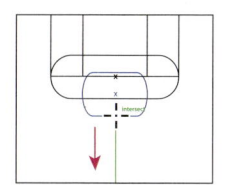

Arraste com a ferramenta Line Segment e com a tecla Shift pressionada.

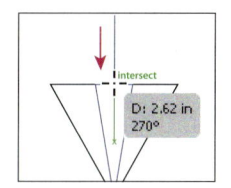

Arraste até a ponta da chave de fenda para criar a linha.

6 Com a linha ainda selecionada, digite **0.5 in** no campo Stroke Weight do painel Control. Pressione Enter ou Return para aceitar o valor. Observe que o valor muda para pontos. Confira se a cor de preenchimento é None (▧) e a cor do contorno é preta no painel Control.

● **Nota:** Se a linha tiver um preenchimento colorido inicialmente, um grupo mais complexo será criado quando você escolher Outline Stroke.

7 Escolha View > Preview para ver o contorno preto grosso na linha.

8 Escolha Object > Path > Outline Stroke para criar um retângulo preenchido com 0.5 polegadas de largura. Com a nova forma selecionada, clique na cor de preenchimento (■▼) no painel Control, altere a cor para branco e clique na cor de contorno (☐▼) para alterá-la para preto.

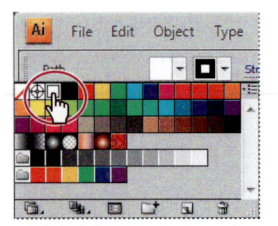

Configure as cores de contorno e preenchimento.

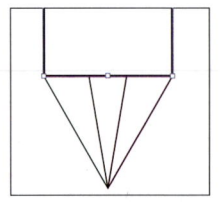

Alinhe o contorno do retângulo com a borda interna.

9 Com o objeto selecionado, abra o painel Stroke clicando no ícone Stroke (≡) no lado direito do espaço de trabalho.

10 No painel Stroke, selecione o botão Align Stroke To Inside (▣). Isso alinha o contorno à borda interna da forma.

● **Nota:** Talvez seja necessário ampliar para você ver a modificação.

11 Com a ferramenta Selection, selecione o grupo de triângulos e repita o mesmo passo para alinhar o contorno à borda interna das duas formas do grupo. O retângulo e o grupo de triângulos agora devem ter a mesma largura. Deixe o grupo de triângulos selecionado para o próximo exercício.

Alinhe o contorno

Se um objeto for um path fechado (como um círculo ou quadrado), selecione uma destas opções no painel Stroke para alinhar o contorno ao longo do path:

Align Stroke To Center (Alinhar contorno com a linha central)

Align Stroke To Inside (Alinhar contorno com a parte interna)

Align Stroke To Outside (Alinhar contorno com a parte externa)

● **Nota:** Se você tentar alinhar paths que utilizam diferentes alinhamentos de contorno, os paths podem não se alinhar precisamente. Certifique-se de que as configurações de alinhamento de path são as mesmas caso precise que as bordas tenham correspondência exata.

12 Escolha View > Smart Guides para desmarcar temporariamente as guias inteligentes.

13 Com a ferramenta Selection, clique com a tecla Shift pressionada no retângulo para adicioná-lo à seleção – assim, tanto os triângulos como o retângulo serão selecionados.

14 Clique e arraste o ponto central no lado direito da caixa delimitadora para a esquerda a fim de reduzir a largura dos triângulos e do retângulo. Enquanto arrasta, mantenha pressionada a tecla Alt (Windows) ou Option (Mac OS) para redimensionar os dois lados ao mesmo tempo. Solte o botão do mouse e depois a tecla Shift.

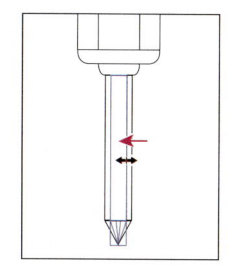

15 Escolha Select > All In Active Artboard e então Object > Group.

16 Escolha File > Save.

Trabalhe com segmentos de linha

Agora, você vai trabalhar com linhas retas e segmentos de linha para criar um parafuso para a chave de fenda. As formas podem ser criadas de várias maneiras no Illustrator, e a maneira mais simples normalmente é a melhor.

1 Com tools.ai aberto, selecione a ferramenta Hand ( ) no painel Tools e clique e arraste o cursor para cima para mover-se até a parte inferior da prancheta, tendo assim espaço para trabalhar.

2 Selecione a ferramenta Zoom ( ) no painel Tools e clique três vezes na ponta da chave de fenda para ampliá-la.

3 Escolha View > Smart Guides e certifique-se de que as guias inteligentes estejam selecionadas.

4 Escolha Essentials no seletor de espaço de trabalho no painel Control.

5 Selecione a ferramenta Ellipse ( ) no mesmo grupo da ferramenta Polygon ( ) no painel Tools. Desenhe uma elipse com largura de 0.6 in e altura de 0.3 in. Para ver o tamanho da forma enquanto você desenha, consulte o rótulo de medida que aparece.

6 Clique na cor de preenchimento no painel Control e selecione None ( ). Certifique-se de que a espessura do contorno seja 1 pt.

▶ **Dica:** Ampliar o trabalho dá um controle mais preciso em relação ao tamanho da forma enquanto você desenha.

● **Nota:** Ao arrastar para selecionar, certifique-se de não arrastar ao longo dos pontos das extremidades esquerda e direita da elipse.

7 Com a ferramenta Direct Selection (▷), arraste o cursor sobre a parte inferior da elipse para selecionar a metade inferior. Escolha Edit > Copy e Edit > Paste In Front para criar um novo path. Alterne para a ferramenta Selection e pressione a tecla de seta para baixo cerca de sete vezes para mover a nova linha para baixo.

8 Selecione a ferramenta Line Segment (\) no painel Tools. Mantenha pressionada a tecla Shift enquanto desenha uma linha do ponto de ancoragem esquerdo da elipse até o ponto de ancoragem esquerdo do novo path. Os pontos de ancoragem destacam-se quando a linha adere a eles. Repita isso no lado direito da elipse.

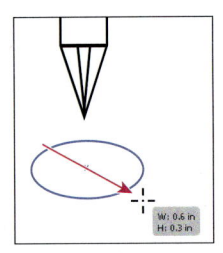

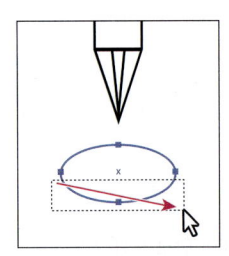

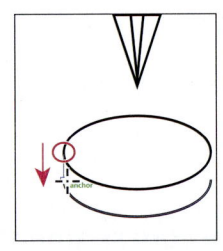

9 Escolha File > Save.

O próximo passo será selecionar os três segmentos de linha que compõem a cabeça do parafuso e uni-los a um só path.

Una os paths

Quando as extremidades de um path aberto estão selecionadas, você pode uni-las para criar um path fechado (como um círculo). Você também pode unir as extremidades de dois paths separados. Você vai unir os três paths abertos para criar um só path aberto.

1 Escolha Select > Deselect.

2 Escolha a ferramenta Direct Selection (▷) no painel Tools.

▶ **Dica:** Depois que as extremidades estão selecionadas, você também pode unir os paths escolhendo Object > Path > Join ou pressionando Ctrl+J ou Cmd+J.

3 Clique e arraste o lado esquerdo das formas, onde os dois paths da parte inferior se cruzam (veja a figura na próxima página) para selecionar as duas extremidades. Clique no botão Connect Selected End Points ( ) no painel Control. Isso abre a caixa de diálogo Join.

4 Na caixa de diálogo Join, veja se a opção Corner está selecionada e clique em OK.

5 Escolha Select > Deselect.

6 Repita os dois passos acima nos pontos onde o segmento de linha no lado direito e o path na parte inferior se cruzam.

7 Com a ferramenta Direct Selection ainda selecionada, mantenha pressionada a tecla Shift e clique nos dois pontos na parte superior do path selecionado

(à direita e à esquerda). Solte a tecla Shift. Clique no botão Connect Selected End Points ( ) do painel Control. Uma linha aparece unindo as duas extremidades.

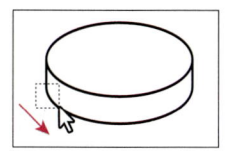

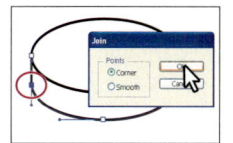

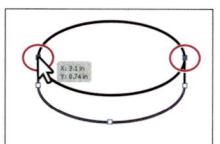

● **Nota:** Não é necessário unir os pontos neste passo se você apenas quiser preencher a forma com uma cor, pois um path aberto pode ter um preenchimento colorido. Unir os pontos é necessário se você quiser que um contorno apareça em torno de toda a área de preenchimento.

8   Selecione a ferramenta Selection ( ), clique em uma área em branco da prancheta e, então, selecione novamente o path que você acabou de unir.

9   Mude a cor de preenchimento no painel Control para cinza-claro (K=20).

10   Escolha Object > Arrange > Send To Back.

11   Clique no path da forma da elipse para selecioná-lo. No painel Control, clique na cor de preenchimento ( ) e escolha branco. Isso abrange a forma que você acabou de colocar na parte de trás.

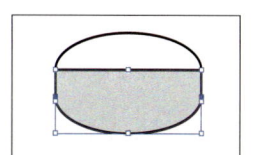

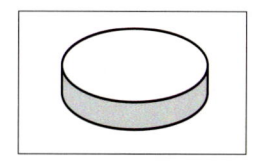

● **Nota:** Para selecionar paths sem preenchimento, você precisa selecioná-los clicando ou arrastando ao longo do path.

Una paths

Como mostrado abaixo, se as extremidades dos dois paths separados estiverem uma sobre a outra (chamadas pontos coincidentes), uma caixa de diálogo aparecerá quando você uni-los, o que permite especificar o tipo de junção que você quer: de canto ou suave, combinando os dois pontos.

Se as extremidades não forem coincidentes (forem separadas uma da outra) e você ligá-las, uma linha de união será desenhada entre elas, unindo-as.

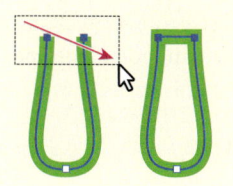

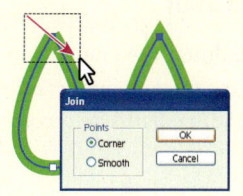

Pontos não coincidentes   Pontos coincidentes

Conclua esta parte da lição desenhando com a ferramenta Star.

12 Selecione a ferramenta Selection, mantenha pressionada a tecla Shift e clique nas duas formas para selecioná-las. Escolha Object > Group.

13 Com o grupo ainda selecionado, escolha Object > Lock > Selection. Isso bloqueia temporariamente o grupo para que ele não possa ser selecionado acidentalmente.

▶ **Dica:** O passo 14 utiliza vários comandos de teclado para trabalhar com estrelas. Examine e entenda cada um deles à medida que você desenha a estrela.

14 Selecione a ferramenta Star (☆) no mesmo grupo da ferramenta Ellipse (⬤), no painel Tools. Posicione o cursor no centro da forma da elipse. Observe que a palavra **center** aparece.

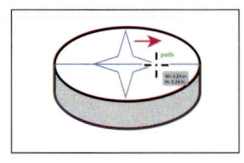

Clique e arraste para a direita para criar a forma de estrela. Sem soltar o botão do mouse, pressione a tecla de seta para baixo uma vez para que a estrela tenha quatro pontos. Mantenha pressionado Control (Windows) ou Command (Mac OS) e continue a arrastar para a direita. Isso mantém o raio interno constante. Sem soltar o botão do mouse, libere a tecla Control ou Command e então mantenha pressionada a tecla Shift. Redimensione arrastando o cursor até que a estrela se ajuste dentro da elipse (com aproximadamente 0.25 in de largura e de altura). Solte o botão do mouse e depois a tecla Shift.

Desenhe uma estrela utilizando vários comandos de teclado.

15 Selecione a ferramenta Selection. Mantendo pressionada a tecla Alt (Windows) ou Option (Mac OS), clique e arraste o ponto de ancoragem na parte superior central para baixo. Isso redimensiona os dois lados da estrela, dando-lhe uma aparência mais realista. Solte o botão do mouse e depois a tecla Shift.

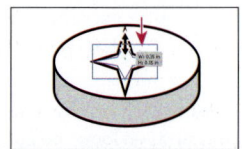

16 Mantendo pressionada a tecla Alt (Windows) ou Option (Mac OS), clique e arraste o ponto de ancoragem central no lado direito da estrela para a direita.

17 Altere Stroke Weight no painel Control para **0.5 pt**.

18 Escolha Object > Unlock All.

19 Escolha File > Save.

Utilize a ferramenta Eraser

A ferramenta Eraser apaga qualquer área de seu trabalho, independentemente da estrutura. Você pode utilizar a ferramenta Eraser em paths, paths compostos, paths dentro dos grupos Live Paint e paths de recorte.

1 Escolha Select > Deselect.

LIÇÃO 3
Criando e Editando Formas

2 Selecione a ferramenta Zoom (🔍) no painel Tools e clique duas vezes na estrela que você acabou de criar para ampliá-la.

3 Com a ferramenta Selection (▶), clique para selecionar a estrela.

4 Selecione a ferramenta Eraser (⌫) no painel Tools. Com o cursor na prancheta, pressione a tecla de abre colchete ([ ) várias vezes até que o diâmetro da borracha fique menor. Posicione o cursor logo à esquerda do ponto inferior da estrela, mantenha pressionada a tecla Shift e clique e arraste sobre o ponto inferior da estrela para cortar parte dele em uma linha reta. Repita para o ponto superior da estrela. O path permanece fechado (as extremidades apagadas são unidas).

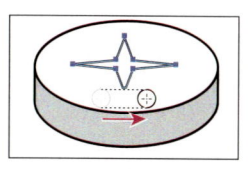

● **Nota:** Para apagar um objeto específico, selecione-o com a ferramenta Eraser. Ou então, deixe todos os objetos desmarcados para apagar qualquer objeto que a ferramenta tocar.

● **Nota:** Se você apagar e nada aparentemente acontecer, apague um pedaço maior da estrela nas partes superior e inferior. Ampliar também pode ser útil.

5 Escolha Select > Deselect.

6 Escolha View > Fit Artboard In Window.

7 Mantenha pressionada Ctrl+barra de espaço (Windows) ou Command+barra de espaço (Mac OS) para acessar temporariamente a ferramenta Zoom. Clique na ponta da chave de fenda (o grupo de triângulos na parte inferior) várias vezes para ampliar.

8 Solte as teclas para voltar à ferramenta Eraser. Pressione a tecla de fecha colchete ( ]) três vezes para aumentar o diâmetro da ferramenta Eraser. Arraste sobre parte inferior da ponta da chave de fenda em uma forma de "u" para criar uma ponta ligeiramente arredondada (não precisa ser perfeitamente redonda).

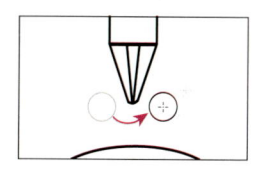

▶ **Dica:** Para alterar as preferências da ferramenta Eraser, como arredondamento e diâmetro, dê um clique duplo na ferramenta Eraser no painel Tools para abrir a caixa de diálogo Eraser Tool Options.

▶ **Dica:** Como muitas outras ferramentas no Illustrator, se o resultado não for o esperado, você sempre pode arrastar o cursor novamente ou escolher Edit > Undo Eraser e tentar mais uma vez.

9 Escolha View > Fit Artboard In Window.

10 Escolha Select > All In Active Artboard e então escolha Object > Group.

11 Escolha Select > Deselect e então escolha File > Save.

Combine objetos

Os comandos Pathfinder permitem combinar objetos para criar formas. Há dois tipos de comandos Pathfinder: Efeitos e modos de forma Pathfinder.

Os efeitos Pathfinder no painel Pathfinder permitem, por padrão, combinar formas de várias maneiras para criar paths ou grupos de paths. Quando um efeito Pathfinder é aplicado (como Merge), os objetos selecionados são transformados permanentemente. Se o efeito resultar em mais de uma forma, elas serão agrupadas automaticamente.

Os Shape Modes (ou modos de forma) criam paths como efeitos Pathfinder, mas também podem ser usados para criar formas compostas. Quando várias formas são selecionadas, clicar em um modo de forma pressionando a tecla Alt (Windows) ou Option (Mac OS) cria uma forma composta em vez de um path. Os objetos originais das formas compostas são preservados. Como resultado, você pode selecionar cada objeto dentro de uma forma composta, como mostrado abaixo.

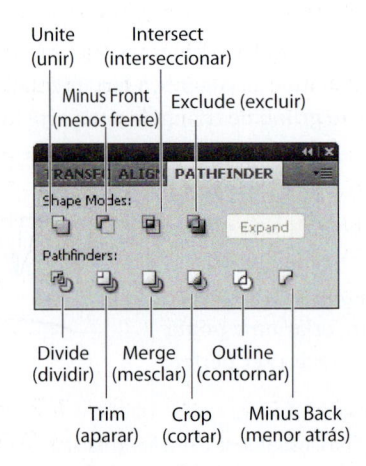

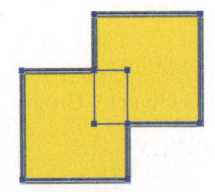

Unite (unir)
Intersect (interseccionar)
Minus Front (menos frente)
Exclude (excluir)
Divide (dividir)
Merge (mesclar)
Outline (contornar)
Trim (aparar)
Crop (cortar)
Minus Back (menor atrás)

Duas formas combinadas pressionando Alt (Windows) ou Option (Mac OS) e o modo de forma Unite.

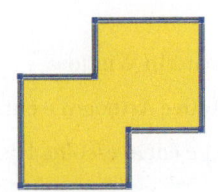

Duas formas combinadas com o modo de forma Unite.

Trabalhe com efeitos Pathfinder

Agora, você vai criar várias formas para uma chave de parafuso que utilizam os efeitos Pathfinder. Mas primeiro, você vai copiar algumas formas a partir de um documento existente.

1 Clique no botão Next (▶) na barra de status no canto inferior esquerdo da janela Document para ir para a segunda prancheta.

2 Escolha File > Open e abra o arquivo wrench.ai da pasta Lesson03.

3 Selecione a ferramenta Selection (▶) no painel Tools e escolha Select > All.

4 Escolha Edit > Copy. Feche o arquivo wrench.ai.

5 No arquivo tools.ai, escolha Edit > Paste e então escolha Select > Deselect.

6 Selecione a ferramenta Rectangle (▢) no mesmo grupo da ferramenta Star (☆) no painel Tools. Posicione o cursor na prancheta e clique. Quando a caixa de diálogo Rectangle se abrir, altere a largura para **0.8 in** e clique na palavra Height para que ela tenha o mesmo valor. Clique em OK.

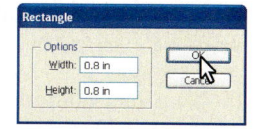

7 Com a ferramenta Selection, clique com a tecla Shift pressionada no círculo da parte superior da chave de parafuso e no retângulo. Solte a tecla Shift e clique no círculo mais uma vez indicando que ele é o objeto-chave. Observe o contorno azul em torno dele. No painel Control, clique no botão Horizontal Align Center (⊥) e no botão Vertical Align Top (⊤) para alinhar os objetos um ao outro.

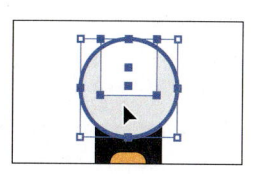

Configure o objeto-chave.

8 Escolha Window > Pathfinder.

9 Clique no botão Minus Front (◨) do painel Pathfinder para subtrair o retângulo do círculo. Observe que o preenchimento e o contorno são preservados.

10 Escolha Select > Deselect.

11 Selecione a ferramenta Polygon (⬠) no painel Tools. Clique na prancheta para abrir a caixa de diálogo Polygon. Altere o raio para **0.4 in** e os lados para **6**. Clique em OK.

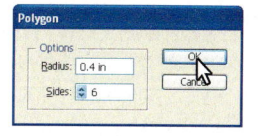

12 Com a ferramenta Selection, mantenha a tecla Shift pressionada e clique no círculo da parte inferior da chave. Clique no círculo mais uma vez para configurá-lo como o objeto-chave. No painel Control, clique no botão Horizontal Align Center (⊥) e no botão Vertical Align Center (⊣⊢) para alinhar os dois objetos um ao outro.

● **Nota:** Um path composto contém dois ou mais paths que são pintados para que os furos apareçam onde os paths se sobrepõem.

13 No painel Pathfinder, clique no botão Minus Front (□). Com a nova forma selecionada, observe as palavras Compound Path no lado esquerdo do painel Control.

14 Com a ferramenta Selection (▶), dê um duplo clique no path composto recém-criado para entrar no modo de isolamento. O restante do conteúdo da prancheta agora permanece opaco e não pode ser selecionado, e uma barra aparece na parte superior da janela de documento indicando que Compound Path está no Layer 1. O path composto também é desagrupado temporariamente para que você possa selecionar suas partes individualmente. Clique no contorno (a borda) do polígono (no centro do círculo) para selecioná-lo.

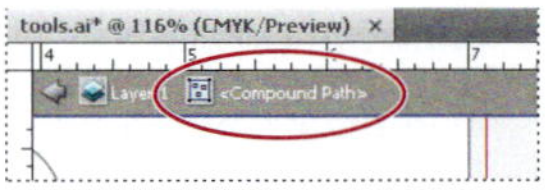

▶ **Dica:** Outra maneira de entrar no modo de isolamento é selecionar o objeto e clicar no botão Isolate Selected Object (⊡) do painel Control.

15 No painel Control, clique no botão Constrain Width And Height Proportions (⊠). Altere a largura para **1.125 in** clicando na seta à esquerda do campo três vezes. Isso também altera o valor da altura proporcionalmente.

16 Com a ferramenta Selection, dê um duplo clique fora das formas na prancheta para sair do modo de isolamento.

17 Clique para selecionar o retângulo que é o corpo da chave. Clique e arraste a parte inferior, centralize o ponto delimitador até ele aderir à margem superior do polígono. A palavra **intersect** aparece. Solte o botão do mouse.

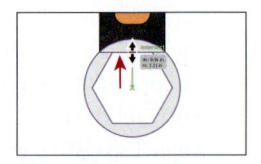

Clique e arraste para cima o ponto delimitador da parte central inferior.

18 Escolha Select > All In Active Artboard. Escolha Object > Group. Arraste a chave para o lado esquerdo da prancheta.

19 Escolha Object > Hide > Selection para que haja espaço para criar mais conteúdo.

Trabalhe com modos de forma

Agora, utilize efeitos Pathfinder e modos de forma para criar duas engrenagens dentadas.

1 Selecione a ferramenta Star (☆) no painel Tools. Clique e arraste o lado esquerdo da prancheta para criar uma estrela. Sem soltar o botão do mouse, pressione a tecla de seta para cima até que a estrela tenha 12 pontos. Mantenha pressionada a tecla Shift e arraste em direção ao centro ou para fora até que a largura e a altura tenham aproximadamente **3.42 in** na dica de ferramenta de medida. Solte o botão do mouse.

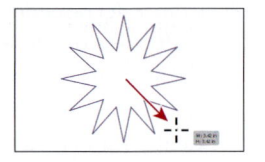

LIÇÃO 3 | 115
Criando e Editando Formas

▶ **Dica:** Como você está desenhando uma estrela, mantenha pressionada Ctrl ou Command e arraste para fora ou para o centro da estrela para aumentar ou diminuir o raio.

2. Clique na cor de preenchimento do painel Control e selecione branco no painel Swatches.

3. Selecione a ferramenta Ellipse (○) no painel Tools. Mantendo pressionada a tecla Alt (Windows) ou Option (Mac OS), clique no centro da estrela que você acabou de criar (a palavra **center** aparece). Na caixa de diálogo Ellipse, altere a largura e a altura para **2 in** e clique em OK.

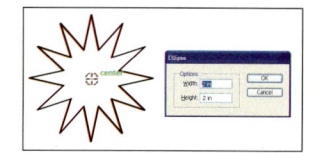

4. Com a ferramenta Selection, mantenha pressionada a tecla Shift e selecione a elipse e a estrela. Para que as formas sejam centralizadas uma sobre a outra, no painel Control, clique no botão Horizontal Align Center (⚏) e no botão Vertical Align Center (⊟) para alinhar os dois objetos um ao outro.

5. Com os objetos selecionados, clique no botão Merge (⬜) do painel Pathfinder (Window > Pathfinder). Observe que as formas são combinadas, mas o contorno desaparece. Com a forma selecionada, clique na cor de contorno no painel Control e selecione preto.

As formas são combinadas.

6. Selecione a ferramenta Elipse no painel Tools e clique no centro da estrela que você acabou de criar. Na caixa de diálogo Ellipse, altere a largura e a altura para **2.5 in** e clique em OK.

7. Com a ferramenta Selection, mantenha pressionada a tecla Shift e selecione a elipse e a estrela. No painel Control, clique no botão Horizontal Align Center (⚏) e no botão Vertical Align Center (⊟) para alinhar os dois objetos um ao outro. Esse é o dente A.

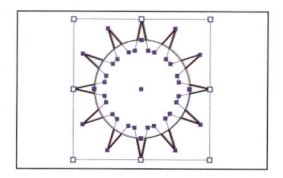

Neste ponto, você tem as duas formas selecionadas que serão combinadas para criar uma engrenagem.

Agora, você vai criar uma cópia das formas selecionadas para que haja duas engrenagens. Você vai combinar as formas para criar duas engrenagens, mas elas serão combinadas de duas maneiras diferentes.

8. Com as formas ainda selecionadas, escolha Edit > Copy e então Edit > Paste. Arraste as formas copiadas (chamadas Engrenagem B) para a direita da Engrenagem A. Mantenha as duas formas copiadas B selecionadas.

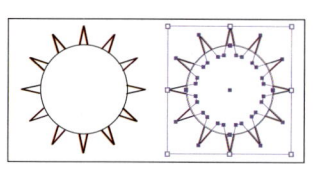

Engrenagem A   Engrenagem B

● **Nota:** Com as duas engrenagens na prancheta, o espaço fica apertado. Mais tarde, você vai movê-las para corrigir isso.

9   Clique no botão Intersect (■) na seção Shape Modes do painel Pathfinder para delinear o contorno da área de sobreposição.

10 Escolha Select > Deselect.

    O resultado é uma forma única da engrenagem. Observe que você não pode editar os objetos originais. Agora, combine as formas para a engrenagem A para que você possa editá-las, mesmo depois que serem combinadas.

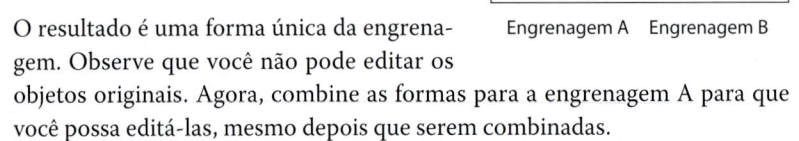

    Engrenagem A   Engrenagem B

11 Com a ferramenta Selection, clique e arraste o cursor sobre as formas que compõem a engrenagem A para selecioná-las.

12 Mantenha a tecla Alt (Windows) ou Option (Mac OS) pressionadas e clique no botão Intersect (■) do painel Pathfinder.

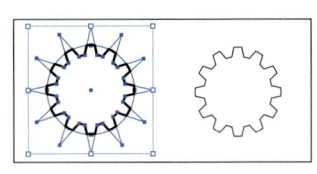

    Isso cria uma forma composta que delineia o contorno da área de sobreposição de ambos os objetos. Isso também significa que você ainda pode editar a elipse e a forma da estrela separadamente.

    Engrenagem A   Engrenagem B

● **Nota:** A espessura do contorno para a Engrenagem A foi exagerada na figura para que seja mais fácil de vê-lo.

▶ **Dica:** Para editar as formas originais em uma forma composta, você também pode selecioná-las individualmente com a ferramenta Direct Selection (▸).

13 Com a ferramenta Selection, dê um duplo clique na Engrenagem A para entrar no modo de isolamento.

14 Escolha View > Outline para que você possa ver as duas partes (a elipse e a estrela). Clique para selecionar o círculo se já não estiver selecionado.

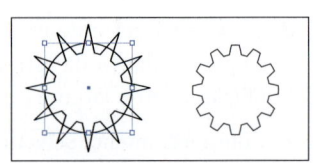

    Engrenagem A   Engrenagem B

● **Nota:** No modo de contorno, observe que a Engrenagem B ainda é uma forma única.

15 Pressionando Shift+Alt (Windows) ou Shift+Option (Mac OS), clique e arraste um canto da caixa delimitadora da elipse em direção ao seu centro para diminui-lo. Isso redimensiona a elipse a partir do centro. Arraste até que a largura e a altura tenham mais ou menos 2.3 in na dica da ferramenta de medida (mas não precisa ser exato). Solte o botão do mouse e depois as teclas.

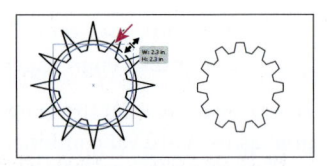

    Engrenagem A   Engrenagem B

● **Nota:** Redimensionar uma forma com precisão pode ser mais fácil quando você amplia. Você também pode alterar a largura e a altura da forma selecionada no painel Transform.

16 Escolha View > Preview.

17 Com a ferramenta Selection, dê um duplo clique fora da Engrenagem A para sair do modo de isolamento.

Expanda a Engrenagem A. Expandir uma forma composta mantém a forma do objeto composto, mas você não pode mais selecionar ou editar os objetos originais.

18 Clique para selecionar a Engrenagem A. Clique no botão Expand do painel Pathfinder. Feche o grupo do painel Pathfinder.

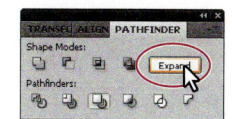

19 Escolha Select > Deselect.

20 Com a ferramenta Selection, clique e arraste os dentes para que estejam um sobre o outro no lado direito da prancheta.

21 Escolha Object > Show All. A chave de parafuso aparece.

22 Escolha View > Fit Artboard In Window.

É recomendável posicionar a chave de parafuso e as engrenagens para que se pareçam com a figura à direita.

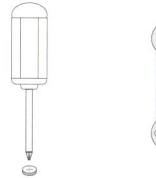

23 Escolha File > Save e então escolha File > Close.

Na próxima lição, você vai aprender a trabalhar com o Live Trace.

Utilize o Live Trace para criar formas

Nesta parte da lição, você vai aprender como trabalhar com o comando Live Trace. O Live Trace delineia a arte existente, como uma imagem rasterizada do Photoshop. Você pode então converter o desenho em paths vetoriais ou em um objeto Live Paint.

1 Escolha File > Open e abra o arquivo L3start_02.ai da pasta Lesson03.

2 Escolha File > Save As, nomeie o arquivo como snowboarding.ai e selecione a pasta Lesson03 na caixa de diálogo Save As. Deixe a opção Save As Type configurada como Adobe o Illustrator (*.AI) (Windows) ou a opção Format configurada como Adobe Illustrator (ai) (Mac OS) e clique em Save. Na caixa de diálogo Illustrator Options, deixe as opções do Illustrator em suas configurações padrão e clique em OK.

● **Nota:** Uma caixa de diálogo Missing Profile pode aparecer. Clique em OK para prosseguir.

3 Escolha View > Fit Artboard In Window.

4 Com a ferramenta Selection (▶), selecione o esboço do snowboarder.

Observe que as opções do painel Control mudam quando a imagem digitalizada é ativada. Ele mostra **Image** no lado esquerdo do painel Control e você pode ver a resolução (PPI: 150).

5 Clique no botão Live Trace do painel Control para converter a imagem bitmap (rasterizada) em uma imagem vetorial.

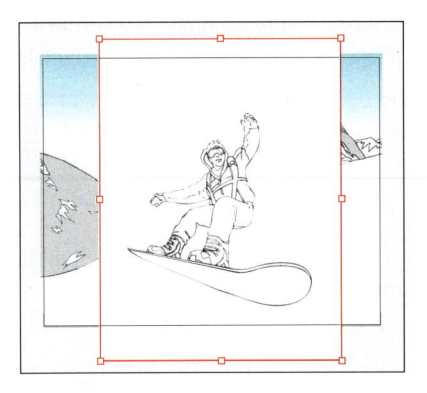

Rasterizada *versus* vetorial

Imagens rasterizadas (ou bitmap) utilizam uma grade retangular de elementos de imagem (pixels) para representar imagens. A cada pixel é atribuído um local específico e um valor de cor. Ao trabalhar com imagens bitmap, você edita pixels em vez de objetos ou formas.

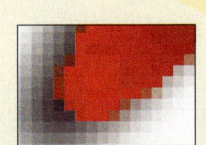

Imagem bitmap

Imagens vetoriais (às vezes chamadas formas vetoriais ou objetos vetoriais) são compostas de linhas e curvas definidas por objetos matemáticos chamados vetores, que descrevem uma imagem de acordo com suas características geométricas.

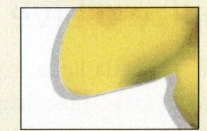

Imagem vetorial

—Extraído do Illustrator Help

▶ **Dica:** Na caixa de diálogo Tracing Options, a opção Ignore White não delineia as áreas que contêm um preenchimento branco. As áreas brancas tornam-se transparentes, o que é bastante útil ao se delinear uma imagem com um fundo branco.

Com o Live Trace, você pode visualizar suas modificações à medida que elas são feitas. Você pode alterar as configurações, ou mesmo a imagem original inserida, e então ver as atualizações imediatamente.

6 Clique no botão Tracing Options Dialog (▦) do painel Control e escolha Comic Art no menu pop-up Preset. Confira o Preview para visualizar predefinições e opções diferentes. Deixe a caixa de diálogo Tracing Options aberta.

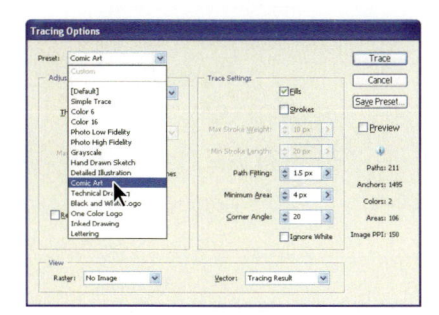

▶ **Dica:** Para mais informações sobre o Live Trace e as opções da caixa de diálogo Tracing Options, consulte "Tracing artwork" no Illustrator Help.

Como você pode ver, o recurso Live Trace pode interpretar desenhos em preto e branco e também imagens coloridas.

7 Na caixa de diálogo Tracing Options, altere Threshold para 220. Depois de testar outras configurações na caixa de diálogo Tracing Options, certifique-se de que a predefinição Comic Art esteja selecionada e clique em Trace.

O snowboarder agora é um objeto vetorial, mas os pontos de ancoragem e os paths ainda não são editáveis. Para editar o conteúdo, você deve expandir o objeto contorno.

● **Nota:** Threshold especifica um valor para gerar o resultado de uma vetorização preto e branco da imagem original. Todos os pixels mais claros que o valor Threshold são convertidos em branco e todos os pixels mais escuros que o valor Threshold são convertidos em preto.

8 Com o snowboarder ainda selecionado, clique no botão Expand do painel Control.

9 Escolha Object > Ungroup e então escolha Select > Deselect.

Nota: Se uma área branca qualquer for excluída acidentalmente, desfaça vários passos escolhendo Edit > Undo. Tente delinear novamente aumentando o valor Threshold para mais de 220 na caixa de diálogo Tracing Options.

10 Selecione a ferramenta Selection (▶) no painel Tools e então clique no fundo branco que cerca o snowboarder. Pressione Delete para remover a forma branca.

11 Com a ferramenta Selection, tente clicar para selecionar outras partes do snowboarder. Observe que ele é composto de muitas formas e paths.

12 Escolha File > Save e feche o arquivo.

Explore por conta própria

Experimente criando formas como círculos, estrelas ou retângulos. Clone uma forma várias vezes utilizando a tecla Alt ou Option.

Abra o arquivo tools.ai. Selecione as formas da engrenagem e crie uma elipse centralizada em uma delas. Clique no botão Minus Front (▣) do painel Pathfinder para criar um path composto.

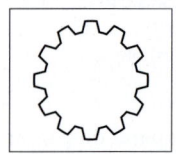

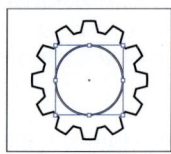

A engrenagem original.   Crie a elipse.   Crie o caminho composto.

No arquivo tools.ai, escolha File > Place e insira uma imagem rasterizada. Tente selecionar a imagem bitmap e então clique no botão Live Trace do painel Control. Escolha uma predefinição do menu Tracing Preset no painel Control.

Perguntas de revisão

1 Quais são as ferramentas básicas de forma? Descreva como separar um grupo de ferramentas de forma no painel Tools.
2 Como você seleciona uma forma sem nenhum preenchimento?
3 Como você desenha um quadrado?
4 Como você altera o número de lados de um polígono ao desenhar?
5 Como você combina várias formas em uma só?
6 Como você pode converter uma imagem bitmap em formas vetoriais editáveis?

Respostas

1 Há seis ferramentas básicas de forma: Ellipse, Polygon, Star, Flare, Rectangle e Rounded Rectangle. Para deslocar um grupo de ferramentas no painel Tools, posicione o cursor sobre a ferramenta que aparece no painel Tools e mantenha pressionado o botão do mouse até que o grupo de ferramentas apareça. Sem soltar o botão do mouse, arraste o cursor até o triângulo na parte inferior do grupo e então solte o botão do mouse para separar o grupo.
2 Itens sem um preenchimento devem ser selecionados clicando-se no seu contorno.
3 Para desenhar um quadrado, selecione a ferramenta Rectangle no painel Tools. Mantenha pressionada Shift e arraste o cursor para desenhar o quadrado ou clique na prancheta para inserir dimensões iguais para a largura e a altura na caixa de diálogo Rectangle.
4 Para alterar o número de lados de um polígono quando você desenha, selecione a ferramenta Polygon no painel Tools. Comece a arrastar para desenhar a forma e mantenha pressionada a tecla de seta para baixo a fim de reduzir o número de lados, e a tecla de seta para cima a fim de aumentar o número de lados.
5 Utilizando os comandos Pathfinder, você pode criar novas formas a partes da sobreposição de objetos. Você pode aplicar efeitos Pathfinder utilizando o menu Effects ou o painel Pathfinder.
6 Se quiser basear um novo desenho em uma parte existente do trabalho, você pode retraçá-la. Para converter a vetorização em paths, clique em Expand no painel Control ou escolha Object > Live Trace > Expand. Utilize esse método se quiser trabalhar com os componentes do trabalho vetorizados como objetos individuais. Os paths resultantes são agrupados.

4 TRANSFORMANDO OBJETOS

Visão geral da lição

Nesta lição, você vai aprender a:
- Adicionar e editar pranchetas em um documento existente
- Selecionar objetos individuais, objetos em um grupo e partes de um objeto
- Mover, dimensionar e rotacionar objetos utilizando métodos diferentes
- Trabalhar com guias inteligentes
- Refletir, cisalhar e distorcer objetos
- Ajustar a perspectiva de um objeto
- Aplicar um filtro de distorção
- Posicionar objetos precisamente
- Repetir transformações de uma maneira rápida e fácil

Esta lição levará aproximadamente uma hora para ser concluída. Se necessário, remova a pasta da lição anterior de seu disco rígido e copie a pasta Lesson04.

Você pode modificar objetos de várias maneiras ao criar uma arte, incluindo controle rápido e preciso do tamanho, forma e orientação. Nesta lição, você vai explorar a criação e a edição de pranchetas, os vários comandos Transform e as ferramentas e painéis especializados enquanto cria o trabalho.

Introdução

Nesta lição, você vai criar um logotipo e utilizá-lo em três partes do trabalho a fim de criar um papel timbrado, um envelope e um cartão de visitas. Antes de começar, restaure as preferências padrão do Adobe Illustrator e, então, abra o arquivo com a amostra do trabalho concluído para ver o que você criar.

1 Para que as ferramentas e os painéis funcionem como descritos nesta lição, exclua ou desative (renomeando) o arquivo de preferências do Adobe Illustrator CS4. Consulte "Restaurando as preferências padrão", na página 15.

2 Inicie o Adobe Illustrator CS4.

● **Nota:** Se você ainda não copiou os arquivos desta lição para o seu disco rígido a partir da pasta Lesson04 do CD do *Adobe Illustrator CS4 Classroom in a Book,* faça isso agora. Veja "Copiando os arquivos do Classroom in a Book", na página 14.

3 Escolha File > Open e abra o arquivo L4end.ai da pasta Lesson04, localizada na pasta Lessons de seu disco rígido.

Esse arquivo contém as três partes do trabalho final: um papel timbrado, um cartão de visitas (frente e verso) e um envelope. O logotipo Green Glow no canto superior esquerdo dos elementos foi redimensionado de um jeito diferente para o papel timbrado, o envelope e o cartão.

4 Escolha View > Zoom Out para reduzir a visualização do trabalho concluído. Ajuste o tamanho da janela Document e deixe o trabalho visível na tela enquanto você trabalha. Selecione a ferramenta Hand (🖐) para mover o trabalho para o local desejado na janela. Se não quiser deixar o arquivo aberto, escolha File > Close.

Para começar a trabalhar, você vai abrir as configurações de um arquivo existente para papel timbrado.

5 Escolha File > Open para abrir o arquivo L4start1.ai da pasta Lesson04, localizada na pasta Lessons de seu disco rígido. Esse arquivo foi salvo com as réguas visíveis, amostras personalizadas adicionadas ao painel Swatches e guias azuis para dimensionamento dos objetos utilizados para criar o logotipo.

6 Escolha File > Save As. Na caixa de diálogo Save As, nomeie o arquivo como **green_glow.ai** e navegue até a pasta Lesson04. Deixe a opção Save As Type configurada como Adobe Illustrator (*.AI) (Windows) ou a opção Format configurada como Adobe Illustrator (ai) (Mac OS) e clique em Save. Na caixa de diálogo Illustrator Options, deixe as opções do Illustrator em suas configurações padrão e clique em OK.

7 Escolha Window > Workspace > Essentials.

Trabalhe com pranchetas

Pranchetas representam as regiões que podem conter trabalho imprimível, semelhante a páginas do Adobe InDesign. Você pode utilizar pranchetas para cortar áreas para impressão ou para posicionar elementos – elas funcionam da mesma maneira que as áreas de corte no Illustrator CS3. Pranchetas múltiplas são úteis para criar várias coisas, como arquivos PDF de várias páginas, páginas impressas com diferentes tamanhos ou diferentes elementos, elementos independentes para sites Web, *storyboards* de vídeo ou itens individuais para animação.

Adicione pranchetas ao documento

Você pode adicionar e remover pranchetas sempre que quiser ao trabalhar em um documento. Pode criar pranchetas em diferentes tamanhos, redimensioná-las com a ferramenta Artboard e posicioná-las em qualquer lugar da janela Document. Todas as pranchetas são numeradas; o número aparece no canto superior esquerdo da prancheta quando a ferramenta Artboard é selecionada.

Este documento contém, por enquanto, uma prancheta para o papel timbrado. Você vai adicionar mais pranchetas para criar o cartão de visita e o envelope.

1 Escolha View > Fit Artboard In Window. Essa é a prancheta número 1.

2 Pressione Ctrl++ (Windows) ou Cmd++ (Mac OS) duas vezes para ampliar.

3 Pressionando a barra de espaço, clique e arraste a prancheta para a esquerda e para baixo até ver o canvas fora do canto superior direito da prancheta.

4 Selecione a ferramenta Artboard ( ) e, à direita da prancheta existente, alinhe o cursor com a margem superior da mesma até que a guia de alinhamento verde apareça. Arraste o cursor para baixo e para a direita a fim de criar uma prancheta com 3.5 polegadas (largura) por 2 polegadas (altura).

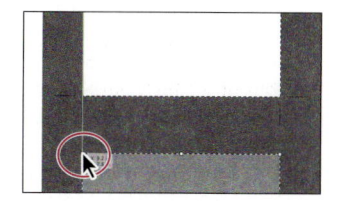

▶ **Dica:** Se você amplia com zoom uma prancheta, os rótulos de medida mostram incrementos menores.

Um rótulo de medida indica quando a prancheta tem o tamanho correto. Essa é a prancheta número 2.

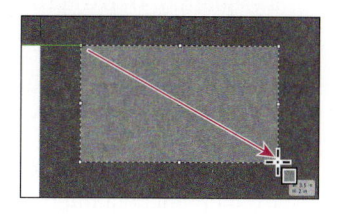

5 Clique no botão New Artboard ( ) do painel Control. Isso cria uma duplicata da última prancheta selecionada. Essa é a prancheta número 3.

● **Nota:** Se você não rolar até uma distância suficiente, não conseguirá ver a prancheta e o rótulo de medida que aparece.

6 Arraste o cursor abaixo da nova prancheta e alinhe-o com a borda esquerda da prancheta até que uma guia de alinhamento vertical apareça. Clique para criar uma cópia da prancheta.

Edite pranchetas

Você pode criar pranchetas múltiplas em seu documento, mas somente uma pode estar ativa em um determinado momento. Quando pranchetas múltiplas são definidas, você pode visualizar todas elas selecionando a ferramenta Artboard. Cada prancheta é numerada para referência fácil. Você pode editar ou excluir uma prancheta sempre que quiser e especificar pranchetas diferentes toda vez que imprimir ou exportar.

1 Utilizando a ferramenta Artboard ( ), selecione a prancheta na parte inferior direita e altere sua largura para **9.5 in** e altura para **4 in** no painel Control.

Ao redimensionar pranchetas utilizando a caixa de diálogo Artboard Options, elas são redimensionadas a partir de seu centro.

2 Escolha View > Fit All In Window.

3 Com a ferramenta Artboard, clique e arraste o cursor do centro da prancheta redimensionada para que a borda esquerda da terceira prancheta se alinhe à borda esquerda da segunda prancheta acima dela (uma guia de alinhamento verde aparece à esquerda). Deixe aproximadamente uma polegada de espaço entre a terceira prancheta e a prancheta acima dela.

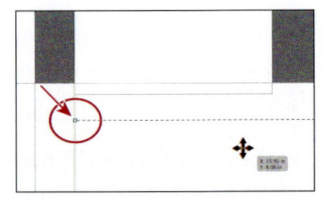

Redimensione a terceira prancheta.

▶ **Dica:** Para duplicar uma prancheta existente, arraste-a com a ferramenta Artboard e as teclas Alt (Windows) ou Option (Mac) pressionadas.

4 Com a ferramenta Artboard, clique no centro da prancheta inferior direita para selecioná-la. Arraste o ponto delimitador na parte inferior da prancheta até que a altura tenha 4.25 in no rótulo de medida.

▶ **Dica:** Para excluir uma prancheta, clique nela e pressione Delete, clique em Delete no painel Control ou clique no ícone Delete no canto superior direito da prancheta. Você pode excluir todas as pranchetas, exceto a última que sobrar.

Mova a prancheta redimensionada.

5 Com a prancheta superior direita selecionada (prancheta 2), clique no botão Artboard Options ( ) do painel Control para abrir a caixa de diálogo Artboard Options. Em Display Options, selecione Show Center Mark. Clique em OK.

6 Selecione a ferramenta Selection (▸) no painel Tools para ver a marca de centro. Observe o contorno preto em torno da prancheta, que indica a prancheta ativa no momento.

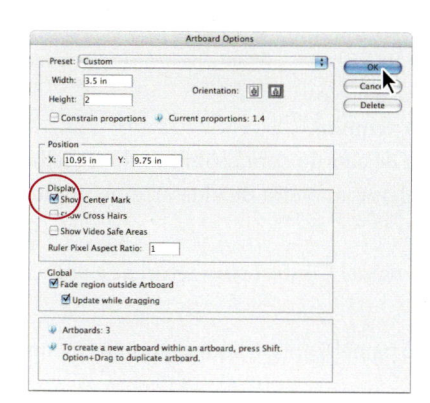

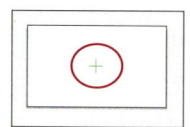

Agora, faça uma cópia da prancheta menor para a frente e para o verso de um cartão de visitas.

● **Nota:** Ao arrastar uma prancheta com conteúdo, por padrão a arte se move com a prancheta. Se quiser mover uma prancheta, mas não a arte dela, selecione a ferramenta Artboard e clique para desmarcar Move/Copy Artwork With Artboard (⬌).

7 Com a ferramenta Artboard, pressione Alt (Windows) ou Option (Mac OS) e arraste a prancheta 2 para a direita. Arraste até que a prancheta copiada limpe a original. Ao criar novas pranchetas, você pode inseri-las em qualquer lugar, e pode também sobrepô-las. Você só precisa deixar espaço entre elas para levar dar margem para um sangrado, se necessário.

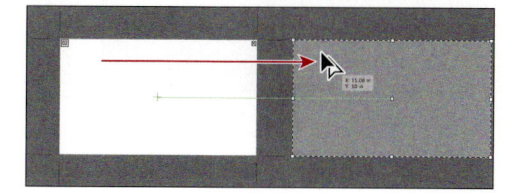

8 Escolha View > Fit All In Window para ver todas as pranchetas.

9 Com a ferramenta Artboard, clique para selecionar a prancheta 01.

▸ **Dica:** Clicar no ícone delete (⊠) no canto superior direito da prancheta a exclui.

10 Escolha Legal no menu Presets do painel Control.

O menu Presets permite alterar uma prancheta selecionada de acordo com um tamanho específico. Observe que os tamanhos no menu Preset incluem tamanhos Web (800x600, por exemplo) e tamanhos de vídeo (NTSC DV, por exemplo).

Altere a predefinição da prancheta para Legal

Você também pode ajustar a prancheta de acordo com os limites do trabalho ou da arte selecionada, o que é uma excelente maneira de ajustar uma prancheta para um logotipo, por exemplo.

11 Escolha Letter no menu Presets do painel Control para retornar a prancheta ao formato carta padrão.

12 Selecione a ferramenta Selection no painel Tools. Clique no botão Document Setup do painel Control.

▶ **Dica:** Você também pode acessar a caixa de diálogo Document Setup escolhendo File > Document Setup.

13 Na caixa de diálogo Document Setup, altere a opção Top Bleed para **0,125 in** clicando na seta para cima à esquerda do campo. Observe que todos os valores mudam junto, pois Make All Settings The Same ( ) está selecionado. Clique em Edit Artboards para confirmar as modificações e retornar à ferramenta Artboard.

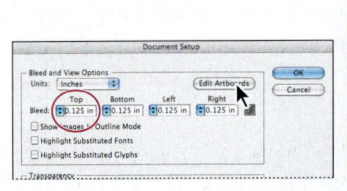

● **Nota:** Todas as modificações feitas na caixa de diálogo Document Setup são especificadas para o documento inteiro (todas as pranchetas).

14 Selecione a ferramenta Selection para parar a edição das pranchetas.

15 Escolha Window > Workspace > Essentials.

Agora que as pranchetas estão configuradas, você vai se concentrar na transformação do trabalho para criar o conteúdo das pranchetas.

Transforme o conteúdo

Transformar o conteúdo permite mover, girar, refletir, redimensionar e distorcer objetos. Os objetos podem ser transformados por meio do painel Transform, pelas ferramentas de seleção, ferramentas especializadas, pelos comandos Transform, pelas guias e guias inteligentes. Nesta parte da lição, você vai transformar o conteúdo utilizando vários métodos.

Trabalhe com réguas e guias

As réguas ajudam a inserir e medir objetos de maneira precisa. O ponto em que 0 aparece em cada régua é chamado origem, que algumas pessoas chamam de zero, ponto zero. A origem da régua pode ser redefinida com base na prancheta ativa. Há também dois tipos de réguas disponíveis: réguas de documento e réguas de prancheta. Guias são linhas não imprimíveis que ajudam a alinhar objetos. Você pode criar guias horizontais e verticais arrastando-as a partir das réguas.

● **Nota:** Por padrão, a origem da régua aparece no canto inferior esquerdo da janela Document, mas você pode alterar sua localização.

Agora, você vai deixar as réguas visíveis, redefinir o ponto de origem e criar uma guia.

1. Com a ferramenta Selection (▶), clique na prancheta superior direita, que é a parte de trás do cartão de visitas, para torná-la a prancheta ativa. Escolha View > Fit Artboard In Window.

▶ **Dica:** Em vez de clicar em uma prancheta para ativá-la, utilize os botões First, Next, Previous ou Last da barra de status para ativar uma prancheta.

2. Dê um duplo clique no canto superior esquerdo da janela Document onde as réguas se cruzam. Isso redefine a origem da régua para que apareça no canto inferior esquerdo da prancheta ativa.

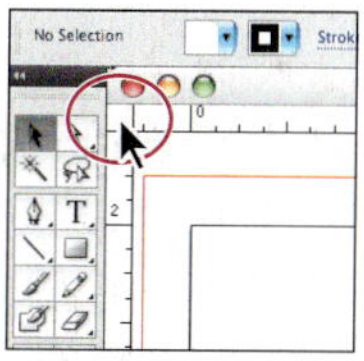

▶ **Dica:** Você também pode arrastar o cursor a partir do canto superior esquerdo onde as réguas se cruzam para a prancheta para configurar a origem da régua.

3. Clique no ícone do painel Layers (◆) no lado direito do espaço de trabalho. Clique para selecionar a coluna Visibility à esquerda do nome da camada Business card. Clique em Business card para selecioná-la. Qualquer novo conteúdo, incluindo guias, será inserido na camada selecionada.

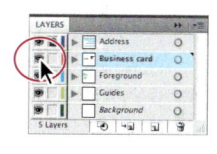

▶ **Dica:** Escolha File > Document Setup, ou, sem nada selecionado, clique no botão Document Setup do painel Control para alterar as unidades do documento. Você pode também clicar com o botão direito do mouse ou clicar com Option pressionado em qualquer régua para alterar as unidades.

4. Arraste o cursor com a tecla Shift pressionada da régua vertical para a direita para criar uma guia vertical em 1/4 de polegada na régua horizontal. A tecla Shift adere a guia às unidades da régua enquanto você arrasta.

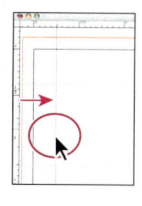

5. Escolha View > Guides > Lock Guides para impedir que elas sejam movidas acidentalmente.

6. Escolha File > Save.

Dimensione objetos

Os objetos são dimensionados quando você os expande ou reduz horizontalmente (ao longo do eixo x) e verticalmente (ao longo do eixo y) em relação a um ponto de referência fixo que você designar. Se você não designar uma origem, os objetos serão dimensionados a partir dos pontos de centro. Utilizaremos três métodos para dimensionar os objetos que comporão partes do cartão de visitas.

Primeiro, você vai configurar a preferência para redimensionar os contornos e efeitos. Você então vai redimensionar o fundo do logotipo arrastando sua caixa delimitadora e alinhando-o às guias fornecidas.

1 Escolha Edit > Preferences > General (Windows) ou Illustrator > Preferences > General (Mac OS) e selecione Scale Strokes & Effects. Isso dimensiona a largura do contorno de qualquer objeto dimensionado nesta lição. Clique em OK.

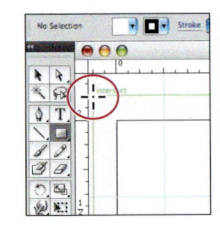

2 Selecione a ferramenta Rectangle (▢) no painel Tools. Posicione o cursor no canto superior esquerdo das guias sangradas vermelhas e clique quando a palavra intersect e as guias de alinhamento verdes aparecem.

3 Na caixa de diálogo Rectangle, altere a largura para **3.75 in** e a altura para **2.25 in**. Clique em OK.

4 Clique na cor de preenchiemento no painel Control e selecione a amostra do cartão de visitas.

5 Com o retângulo ainda selecionado, escolha Object > Hide > Selection, assim fica mais fácil editar o conteúdo.

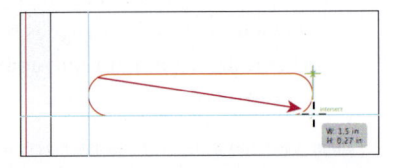

6 Selecione a ferramenta Rounded Rectangle (▢) no grupo Rectangle e, então, posicione o cursor na guia vertical alinhada com a marca de centro (fios verdes) até que uma guia de alinhamento horizontal apareça. Clique e arraste para baixo e para a direita até a parte inferior da guia horizontal até que a borda direita da forma esteja alinhada com a marca de centro. A largura no rótulo de medida é 1.5 in.

7 Selecione preto para a cor de preenchimento no painel Control.

● **Nota:** Pressionar Shift enquanto você arrasta limita o objeto proporcionalmente.

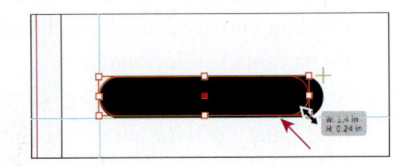

8 Com a ferramenta Selection (▶), arraste, com a tecla Shift pressionada, o canto inferior direito da caixa delimitadora do objeto para cima e para a esquerda até que a largura tenha aproximadamente 1.4 in no rótulo de medida.

● **Nota:** Se você não conseguir ver a caixa delimitadora, escolha View > Show Bounding Box.

Agora, você vai redimensionar o retângulo a partir da lateral.

9 Com o objeto ainda selecionado, pressione com Alt (Windows) ou Option (Mac OS) e arraste o ponto delimitador do centro inferior para baixo. Arraste somente até a guia horizontal inferior. Não precisa ser exato.

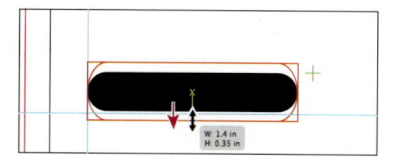

10 Escolha 1 no menu Artboard Navigation na barra de status.

11 Escolha View > Outline.

12 Com a ferramenta Selection, arraste um contorno de seleção sobre o texto abaixo da flor grande para selecionar tudo. Escolha Editar > Recortar.

13 Escolha 4 no menu Artboard Navigation da barra de status para retornar à prancheta do cartão.

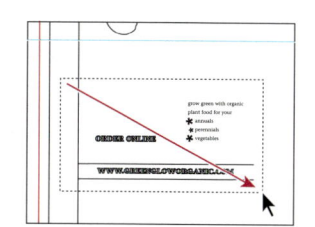

14 Escolha Edit > Paste. Escolha Select > Deselect.

15 Arraste, com a tecla Shift pressionada, uma guia vertical a partir da régua vertical até 1 ½ in na régua horizontal.

16 Com a ferramenta Selection, selecione o texto "Order Online" e arraste-o para que a borda direita se alinhe à nova guia da melhor maneira possível. Alinhe verticalmente o texto no centro do retângulo arredondado.

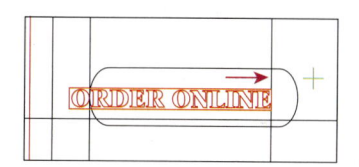

● **Nota:** Se for difícil ver o texto, utilize o modo de contorno e então retorne ao modo de preview.

17 Escolha View > Preview.

18 No painel Control, clique na palavra Transform. No painel Transform que aparece, clique no ponto de referência direito central de Reference Point Locator (⊞) para configurar o ponto de referência a partir do qual os objetos serão dimensionados. Clique para selecionar o ícone Constrain Width And Height Proportions (⊞) entre os campos W e H no painel Transform. Altere a largura para **1.1 in** e então pressione Enter ou Return para reduzir o tamanho do texto.

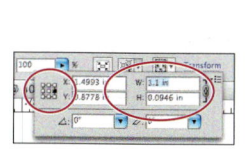

● **Nota:** Dependendo da resolução de tela, as opções Transform podem aparecer no painel Control. Se elas aparecerem, você pode configurar as opções diretamente no painel Control. A figura à esquerda aparece clicando-se na palavra Transform para exibir o painel Transform.

Agora, você vai posicionar uma cópia do retângulo arredondado e, então, utilizar a ferramenta Scale para redimensioná-lo e copiá-lo.

19 Com a ferramenta Selection, selecione o retângulo arredondado.

20 Dê um clique duplo na ferramenta Scale (🔲) do painel Tools.

21 Na caixa de diálogo Scale, selecione a opção Preview. Mude Vertical para **80%** e clique em Copy para criar uma cópia menor sobre o outro retângulo arredondado.

22 Mude a cor de preenchimento no painel Control para branco.

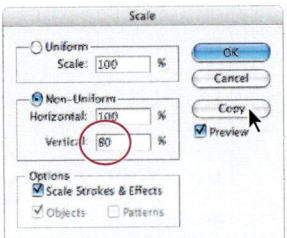

Reflita objetos

Quando você reflete um objeto, o Illustrator cria um reflexo do objeto em um eixo vertical ou horizontal invisível. Copiar um objeto ao refletir permite criar uma imagem espelhada desse objeto a partir de um ponto. Semelhante ao dimensionamento e à rotação, ao refletir um objeto, você ou designa o ponto de referência ou utiliza o ponto central do objeto por padrão. Você também pode alterar a orientação de um reflexo mudando o ângulo.

Agora, você vai inserir um símbolo em uma prancheta e utilizar a ferramenta Reflect para girá-lo e copiá-lo em 90° ao longo do eixo vertical e, então, vai dimensionar e rotacionar a cópia na posição.

▶ **Dica:** Para aprender mais sobre símbolos, consulte a Lição 13, "Trabalhando com Símbolos".

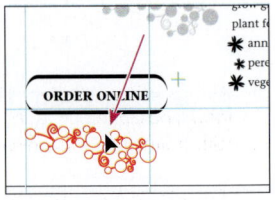

1 Clique no ícone do painel Symbols (♣) no lado direito do espaço de trabalho. Arraste o símbolo Floral até a prancheta do cartão de visita.

2 Com o símbolo selecionado, dê um duplo clique na ferramenta Scale (🔲) do painel Tools.

3 Na caixa de diálogo Scale, altere Uniform Scale para **30%** e clique em OK.

4 Selecione a ferramenta Selection (▶) e arraste o símbolo para baixo de "Order Online", alinhando a borda esquerda do símbolo à guia em 1/4 in. Não precisa ser exato.

5 Selecione a ferramenta Reflect (🔯) aninhada na ferramenta Rotate (🔄) no painel Tools e clique com Alt (Windows) ou Option (Mac OS) pressionada na borda direita do símbolo (a palavra edge deve aparecer).

LIÇÃO 4 | **133**
Transformando Objetos

● **Nota:** Não é necessário pressionar Alt ou Option, mas isso configura o ponto de reflexão na borda direita do símbolo.

6   Na caixa de diálogo Reflect, selecione Preview. Selecione Vertical e então clique em Copy.

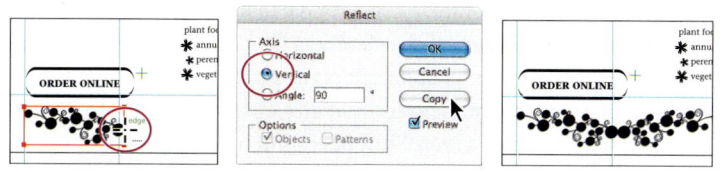

Clique com a ferramenta Reflect e as teclas Alt ou Option pressionadas. Selecione Vertical na caixa de diálogo Reflect e então clique em Copy.

● **Nota:** Você também pode arrastar o objeto selecionado com a ferramenta Reflect para refleti-lo.

Gire objetos

Os objetos são rotacionados em torno de um ponto de referência específico. Você pode girar objetos exibindo suas caixas delimitadoras e movendo o cursor para um canto externo. Quando o cursor de rotação aparecer, clique para girar o objeto em torno do ponto central. Você também pode girar objetos utilizando o painel Transform para especificar um ponto de referência e um ângulo de rotação.

Você vai girar os dois símbolos utilizando a ferramenta Rotate.

1   Com a ferramenta Selection (▶), selecione o símbolo da esquerda. Selecione a ferramenta Rotate (⟲) aninhada na ferramenta Reflect (⊳⊲) no painel Tools. Dê um duplo clique na ferramenta Rotate (⟲). Observe que o ponto de referência de símbolos (✥) é seu centro.

2   Na caixa de diálogo Rotate, confira se Preview esteja selecionado. Altere o ângulo para **20** e clique em OK para girar o símbolo em torno do ponto de referência.

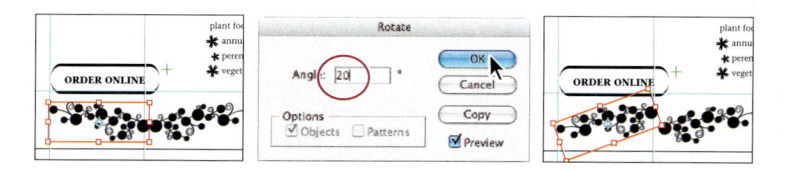

● **Nota:** Se selecionar um objeto e escolher a ferramenta Rotate, você pode pressionar Alt (Windows) ou Option (Mac OS) e clicar em qualquer lugar do objeto (ou da prancheta) para especificar um ponto de referência e abrir a caixa de diálogo Rotate.

3   Selecione a ferramenta Selection e clique no símbolo da direita.

4   Dê um duplo clique na ferramenta Rotate (⟲) do painel Tools.

5   Na caixa de diálogo Rotate, altere o ângulo para **−20** e então clique em OK.

6 Com a ferramenta Selection, clique com a tecla Shift pressionada para adicionar o símbolo da esquerda à seleção atual.

7 Escolha Object > Group.

8 Escolha View > Zoom Out duas vezes.

9 Selecione a ferramenta Rotate. Clique na parte inferior direita da borda do grupo para especificar o ponto de referência (✥). Clique e arraste o cursor a partir do lado esquerdo do grupo para cima e para a direita. Observe que o movimento fica restrito a um círculo que gira em torno do ponto de referência. Ao arrastar, pressione a tecla Shift para limitar a rotação a 45°. Quando o grupo for vertical e o rótulo de medida mostrar −90°, solte o botão do mouse e então a tecla.

10 Com a ferramenta Selection, arraste o grupo até a borda direita da prancheta e centralize-o verticalmente na prancheta. O posicionamento não precisa ser exato.

11 Arraste com a tecla Shift pressionada o ponto delimitador na metade esquerda do grupo a para a direita a fim de redimensioná-lo até que o grupo se ajuste dentro da parte superior e inferior das guias sangradas.

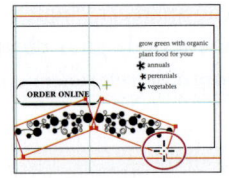

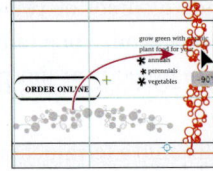

12 Com o grupo ainda selecionado, clique na palavra Opacity do painel Control e altere o modo de mesclagem da opacidade para Overlay.

13 Escolha Object > Show All para ver o fundo do cartão de visitas.

14 Escolha View > Guides > Hide Guides.

15 Escolha File > Save.

Distorça objetos

Você pode distorcer as formas originais dos objetos de diferentes maneiras utilizando várias ferramentas. Agora, você vai criar uma flor utilizando o efeito Twist para torcer a forma de uma estrela e, então, aplicando o filtro de distorção Pucker & Bloat para transformar seu centro.

1 Clique no botão First (⏮) da barra de status para navegar até a prancheta 1.

2 Com a ferramenta Selection (▸), clique para selecionar a flor grande abaixo do logotipo Green Glow.

3 Escolha Effect > Warp > Twist. Selecione Preview na caixa de diálogo Warp Options. Altere Bend para **60** e clique em OK.

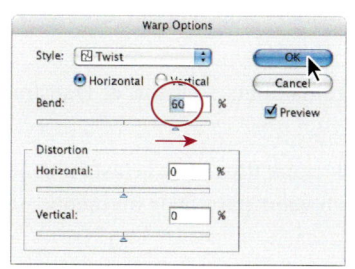

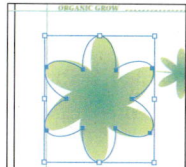

A distorção Twist é aplicada como um efeito, o que mantém a forma original e permite remover ou editar o efeito no painel Appearance. Leia mais sobre o uso de efeitos na Lição 11, "Aplicando efeitos".

Agora, você vai desenhar o miolo da flor que está centralizada na parte superior dela.

4 Com a flor selecionada, escolha Window > Attributes para abrir o painel Attributes. Clique no botão Show Center (▣) para exibir o ponto central da flor.

5 Feche o grupo de painéis Attributes.

6 Selecione a ferramenta Zoom (🔍) e clique na flor três vezes.

7 Selecione a ferramenta Star (☆), aninhada dentro da ferramenta Rounded Rectangle, e arraste o cursor a partir do ponto central para desenhar uma estrela sobre o centro da flor. Pressione a tecla de seta para cima uma vez para adicionar um ponto à estrela, deixando-a seis pontos, ou braços. Pressione a tecla Shift e arraste o cursor até que a estrela tenha aproximadamente 0,8 polegadas de altura (height) no rótulo de medida. Solte o botão do mouse e a tecla Shift e mantenha a estrela selecionada.

8 Clique na cor de preenchimento no painel Control e escolha a amostra verde-claro (12c 0m 47y 0k). Pressione Escape (Esc) para fechar o painel Swatches que aparece.

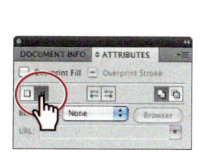

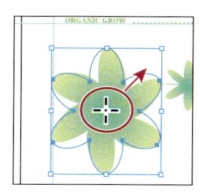

Agora, você vai distorcer a estrela utilizando o efeito Pucker & Bloat. Esse efeito distorce os objetos para dentro e para fora a partir dos seus pontos de ancoragem.

9   Selecione a ferramenta Zoom (🔍) no painel Tools e clique duas vezes na forma da flor para ampliá-la.

10 Com a estrela do centro selecionada, escolha Effect > Distort & Transform > Pucker & Bloat.

11 Na caixa de diálogo Pucker & Bloat, selecione Preview e arraste o controle deslizante para a esquerda para alterar o valor para mais ou menos −80%. Clique em OK.

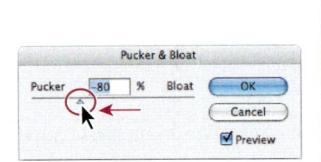

12 Escolha View > Smart Guides para desmarcar as guias inteligentes.

13 Com a ferramenta Selection, posicione o cursor fora do canto inferior direito da caixa delimitadora da estrela até que as setas de girar (↻) apareçam. Clique e arraste o cursor para baixo e para a esquerda até que os pontos da estrela estejam alinhados com as formas da flor.

Quando você gira ou distorce objetos em outros sentidos, a caixa delimitadora é girada ou distorcida junto. Quando necessário, você pode redefinir a caixa delimitadora para que ela se alinhe ao objeto novamente.

14 Com a forma ainda selecionada, escolha Object > Transform > Reset Bounding Box.

15 Com a ferramenta Selection, clique com a tecla Shift pressionada na flor atrás dela e na flor menor à direita para selecionar as três formas. Escolha Object > Group.

16 No painel Control, altere Opacity para **20**.

17 Com a ferramenta Selection, arraste o grupo de flores para o lado direito da prancheta até a metade inferior da página aproximadamente.

18 Escolha Select > Deselect e então File > Save.

Cisalhamento de objetos

O cisalhamento de um objeto inclina, ou desloca, os lados do objeto ao longo do eixo que você especificar, mantendo os lados opostos paralelos e deixando o objeto assimétrico.

Agora, copie e distorça a forma do logotipo.

1 Escolha View > Fit Artboard In Window.

2 Escolha View > Smart Guides para selecionar as guias inteligentes.

3 Selecione a ferramenta Zoom ( ) no painel Tools e arraste um contorno de seleção em torno do logotipo "green glow" no canto superior esquerdo da prancheta.

4 Selecione a ferramenta Selection ( ). Clique para selecionar a forma da flor acima do texto "green glow".

5 Escolha Edit > Copy e depois Edit > Paste In Front para colar uma cópia diretamente sobre o original.

6 Selecione a ferramenta Shear ( ), aninhada na ferramenta Scale ( ), no painel Tools. Posicione o cursor na borda inferior da flor e clique para configurar o ponto de referência. Arraste a flor da esquerda com a tecla Shift pressionada e pare antes que ela alcance a borda da prancheta. Solte o botão do mouse e depois a tecla Shift.

7 Altere a opacidade no painel Control para **20%**.

8 Escolha Object > Arrange > Send Backward para posicionar a cópia atrás da flor original.

▶ **Dica:** No painel Transform, você também pode alterar a escala, a distorção e a rotação, bem como a posição dos eixos x e y.

9 Com a ferramenta Selection, faça uma seleção em torno das duas flores, do texto "green glow" e do texto "organic grow" para selecionar todas as partes do logotipo. Cuide para não selecionar a linha pontilhada à direita do logotipo. Escolha Object > Group.

10 Escolha Select > Deselect.

11 Escolha File > Save.

Você completou o papel timbrado. Mantenha o arquivo aberto para que possa utilizar este trabalho mais tarde na lição.

Posicione objetos com precisão

Você pode utilizar as guias inteligentes e o painel Transform para mover objetos para coordenadas exatas nos eixos X e Y da página e para controlar a posição dos objetos em relação à borda da prancheta.

Você vai adicionar conteúdo ao envelope colando uma cópia do logotipo nele e, então, vai especificar as coordenadas exatas do envelope.

1 Escolha View > Fit All In Window para ver todas as pranchetas.

2 Utilizando a ferramenta Selection (), arraste com Alt (Windows) ou Option (Mac OS) pressionada o grupo do logotipo até a prancheta do envelope (prancheta 03).

3 Com a ferramenta Selection, clique na prancheta do envelope para torná-la ativa. Escolha View > Fit Artboard In Window.

4 Dê um duplo clique no canto superior esquerdo, onde as réguas se cruzam, para redefinir a origem da régua para o canto inferior esquerdo da prancheta ativa.

5 Com a ferramenta Selection, selecione novamente o grupo do logotipo copiado, clique em Align To Selection () no painel Control e escolha Align To Artboard no menu. Clique em Horizontal Align Left () e então em Vertical Align Top ().

6 Selecione a ferramenta Zoom () e arraste uma seleção no canto superior esquerdo da prancheta. Com a ferramenta Selection, arraste o grupo do logotipo do canto para baixo e para a direita. Ao arrastar, pressione Shift e, quando dX: 0.25 in e dY: –0.25 in aparecer no rótulo de medida, solte o botão do mouse e depois a tecla Shift.

7 Escolha Select > Deselect.

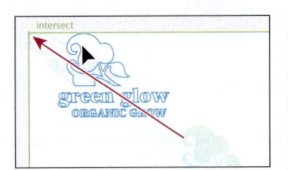

● **Nota:** O dY: –0.25 apareceu no rótulo de medida no passo anterior porque a origem da régua (0,0) inicia no canto inferior esquerdo da prancheta. Arrastar o conteúdo para baixo em uma prancheta fornece, por padrão, um valor negativo.

8 Escolha 4 no menu Artboard Navigation da barra de status para visualizar a parte de trás do cartão de visitas.

9 Com a ferramenta Selection, clique com a tecla Shift pressionada no texto e nas flores pequenas no canto superior direito do cartão.

10 Escolha Object > Group e então selecione Edit > Copy.

11 Escolha 3 no menu Artboard Navigation da barra de status para retornar à prancheta do envelope. Escolha Edit > Paste.

12 No painel Control, clique na palavra Transform e clique no ponto de referência na metade esquerda (▦) do painel Transform. Altere o valor X para **0.25 in** e Y para **2.1 in**. Pressione Enter ou Return para aplicar essas configurações.

● **Nota:** Dependendo da resolução de tela, a palavra Transform talvez não apareça no painel Control; as opções Transform aparecem no lugar.

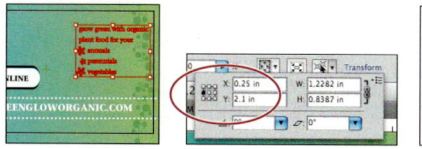

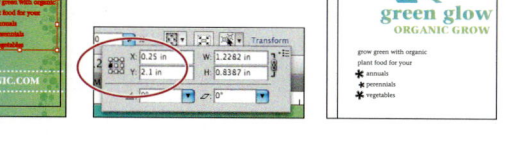

13 Clique fora do trabalho para remover a seleção dele e então escolha File > Save.

Altere a perspectiva

Utilize agora a ferramenta Free Transform para alterar a perspectiva do texto. Free Transform é uma ferramenta de inúmeros propósitos que, além de alterar a perspectiva de um objeto, combina as funções de dimensionamento, cisalhamento, reflexo e rotação.

1 Com a ferramenta Selection (▶), dê um duplo clique no logotipo "green glow" do canto superior esquerdo para colocar o logotipo no modo de isolamento.

2 Selecione o texto "organic grow" e escolha Edit > Copy.

3 Dê um duplo clique em uma área em branco da prancheta para sair do modo de isolamento.

4 Escolha Edit > Paste. Arraste o texto até a parte inferior da prancheta a aproximadamente 1 polegada da borda esquerda.

5 Dê um duplo clique na ferramenta Hand (✋) do painel Tools para ajustar a prancheta na janela.

6 Selecione a ferramenta Scale (), aninhada na ferramenta Shear () no painel Tools e clique com Alt (Windows) ou Option (Mac OS) pressionada no lado esquerdo do texto "organic grow" para configurar o ponto de origem. Na caixa de diálogo Scale, selecione Preview e então altere Uniform Scale para 300%. Clique em OK.

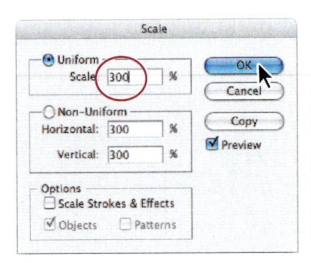

7 Com o texto selecionado, escolha a ferramenta Free Transform () no painel Tools.

8 Posicione o cursor duplo () sobre o canto inferior direito da caixa delimitadora do objeto. No restante deste passo você precisará ter muito cuidado, portanto, siga as orientações com atenção. Clique e arraste lentamente a alça do canto superior direito para cima. Ao arrastar, pressione Shift+Alt+Ctrl (Windows) ou Shift+Option+Command (Mac OS) para alterar a perspectiva do objeto. Solte o botão do mouse e depois as teclas.

● **Nota:** Se utilizar as teclas modificadoras ao clicar para selecionar, o recurso de perspectiva não funcionará.

Pressionar a tecla Shift enquanto arrasta redimensiona um objeto proporcionalmente. Pressionar a tecla Alt (Windows) ou Option (Mac OS) redimensiona um objeto a partir do seu ponto central. Pressionar Ctrl (Windows) ou Command (Mac OS) ao arrastar distorce um objeto a partir do ponto de ancoragem ou da alça da caixa delimitadora que você está arrastando.

● **Nota:** Depois de girar, a parte inferior do texto deve permanecer acima da parte inferior da prancheta. Se não permanecer, tente um valor diferente na caixa de diálogo Rotate.

9 Dê um duplo clique na ferramenta Rotate (), selecione Preview na caixa de diálogo Rotate e então altere o ângulo para **8°**. Clique em OK.

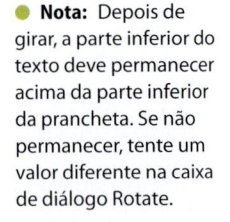

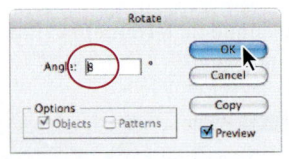

10 Se necessário, com a ferramenta Selection, arraste o texto até que sua parte inferior esteja acima da parte inferior da prancheta.

11 Mude Opacity para **30%** no painel Control.

12 Escolha Select > Deselect.

13 Escolha File > Save e mantenha o arquivo aberto.

Utilize o efeito Free Distort

Agora, você vai explorar um modo um pouco diferente de distorcer objetos. Free Distort é um efeito que permite distorcer uma seleção movendo qualquer um dos quatro pontos de canto.

1 Escolha File > Open para abrir o arquivo L4start2.ai da pasta Lesson04, localizada na pasta Lessons de seu disco rígido. Nesse arquivo está o conteúdo que você copiará para outro arquivo a ser criado.

2 Escolha File > New.

3 Na caixa de diálogo New Document, mude o nome para **business cards**, confira se Print está selecionado para New Document Profile, mude Units para **Inches**, altere Number Of Artboards para **8**, clique para selecionar o botão Grid By Column (), altere Spacing para **0 in**, Columns para **2**, Width para **3.25 in**, Height para **2 in** e Orientation para **landscape** (). Clique na seta para cima à esquerda do campo Top Bleed para deixar todos os valores de sangrado em **0.125 in**. Clique em OK.

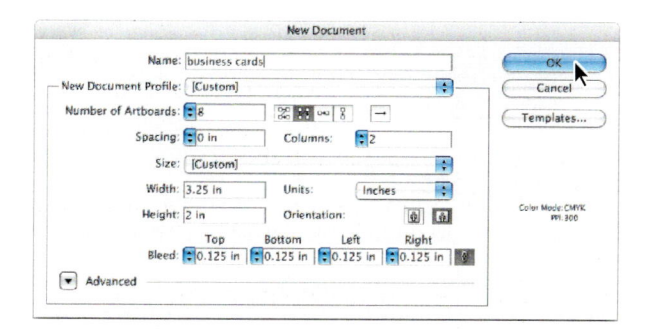

4 Com a ferramenta Selection (), clique na prancheta superior esquerda para ativá-la.

5 Escolha File > Save As. Na caixa de diálogo Save As, deixe o nome como **business cards.ai** e vá até a pasta Lesson04. Deixe a opção Save As Type configurada como Adobe Illustrator (*.AI) (Windows) ou a opção Format configurada como Adobe Illustrator (ai) (Mac OS) e clique em Save. Na caixa de diálogo Illustrator Options, deixe as opções do Illustrator em suas configurações padrão e clique em OK.

6 Clique no botão Arrange Documents () do painel Control e escolha 2-Up no menu para organizar os documentos lado a lado.

7 Clique na janela business cards.ai e escolha View > Fit Artboard In Window. Clique na janela L4start2.ai e escolha View > Fit Artboard In Window. Escolha Select > All para selecionar o conteúdo da prancheta L4start.ai. Escolha Object > Group. Arraste o conteúdo selecionado até a parte superior esquerda da prancheta do cartão de visita (prancheta 1).

8 Feche o documento L4start2.ai sem salvar.

9 No arquivo business cards.ai, Align To Artboard (▣) ainda deve estar selecionado no painel Control. Clique em Horizontal Align Center (🖫) e em Vertical Align Center (🖫) para alinhar o trabalho ao centro da prancheta.

10 Com a ferramenta Selection, dê um duplo clique no grupo de objetos para entrar no modo de isolamento. Clique para selecionar os chinelos.

11 Escolha Effect > Distort & Transform > Free Distort.

12 Na caixa de diálogo Free Distort, arraste uma ou várias alças para distorcer a seleção. Arrastamos os pontos de ancoragem para fora e os pontos inferiores para dentro em direção ao centro. Clique em OK.

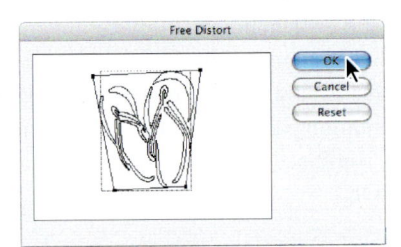

13 Dê um duplo clique fora do trabalho para sair do modo de isolamento e desmarcá-lo.

Faça várias transformações

Agora, você vai criar várias cópias do conteúdo do cartão de visitas.

1 Escolha View > Fit All In Window.

2 Escolha Select > All para selecionar todos os objetos de cada prancheta.

3 Escolha Object > Transform > Transform Each.

As opções Move da caixa de diálogo Transform Each permitem mover objetos em uma direção específica ou aleatória.

Mova uma cópia dos objetos selecionados.

4 Na caixa de diálogo Transform Each, selecione Preview, digite **3.5 in** no campo de texto Move Horizontal. Deixe as outras configurações como estão e clique em Copy (não clique em OK).

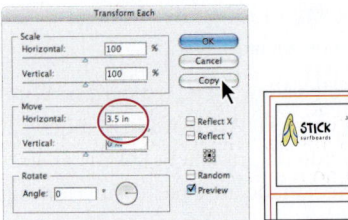

5 Pressione Ctrl+A (Windows) ou Command+A (Mac OS) para selecionar tudo nos dois cartões de visitas e clique com o botão direito do mouse (Windows) ou com Control pressionada (Mac OS) na janela Document para exibir um menu de atalho. Escolha Transform > Transform Each no menu de atalho.

6 Na caixa de diálogo Transform Each, digite **0 in** no campo de texto Move Horizontal e **–2.25 in** no campo de texto Move Vertical. Deixe as outras configurações como estão e clique em Copy (não clique em OK).

▶ **Dica:** Você também pode aplicar múltiplas transformações como um efeito, incluindo dimensionar, mover, girar e refletir um objeto. Depois de selecionar os objetos, escolha Effect > Distort & Transform > Transform. A caixa de diálogo é quase idêntica à caixa de diálogo Transform Each. Como efeito, transformar tem a vantagem de permitir que você altere ou remova a transformação a qualquer momento.

7 Escolha Object > Transform > Transform Again para criar mais uma transformação.

Você vai utilizar o atalho de teclado para repetir as transformações.

8 Pressione Ctrl+D (Windows) ou Command+D (Mac OS) para transformar, criando oito cartões.

9 Escolha Select > Deselect. Então, escolha View > Guides > Hide Guides para ocultar as guias vermelhas do sangrado e pressione Tab para ocultar o painel Tools e outros painéis abertos.

▶ **Dica:** Pressionar Shift+Tab alternadamente oculta ou exibe todos os painéis, exceto o painel Tools e o painel Control.

10 Escolha File > Save e então escolha File > Close.

▶ **Dica:** Para imprimir os cartões de visitas em uma só página, escolha File > Print e selecione Ignore Artboards para ajustar todas as pranchetas em uma página.

Explore por conta própria

1 No projeto do papel timbrado, copie e cole o grupo do logotipo "green glow" na prancheta 2.

2 Transforme o logotipo para que tenha **0,5 in** de largura.

3 Copie outro conteúdo, incluindo o botão "order online" da prancheta 4, para a prancheta 2.

4 Tente girar a flor no logotipo "green glow" dando um duplo clique no logo para entrar no modo de isolamento.

5 Selecione a flor e clique na palavra Transform do painel Control para exibir o painel Transform (ou clique em X, Y, W ou H). Selecione o ponto de referência de centro e escolha Flip Horizontal no menu do painel Transform.

Perguntas de revisão

1 Identifique duas maneiras de alterar o tamanho de uma prancheta ativa existente.

2 Como você pode selecionar e manipular objetos individuais em um grupo (da maneira descrita neste capítulo)?

3 Como você redimensiona um objeto? Explique como determinar o ponto a partir do qual o objeto é redimensionado. Como você redimensiona um grupo de objetos proporcionalmente?

4 Quais transformações você pode fazer utilizando o painel Transform?

5 O que o diagrama quadrado (▦) indica no painel Transform e como ele afeta as transformações?

6 Cite uma maneira fácil de alterar a perspectiva. Liste três outros tipos de transformações que você pode realizar com a ferramenta Free Transform.

Respostas

1 Dê um duplo clique na ferramenta Artboard e edite as dimensões da prancheta ativa na caixa de diálogo Artboard Options. Selecione a ferramenta Artboard e posicione o cursor sobre uma borda ou canto da prancheta e arraste para redimensionar.

2 Você pode dar um duplo clique no grupo com uma ferramenta de seleção para entrar no modo de isolamento. Isso desagrupa o conteúdo temporariamente, permitindo a edição do conteúdo de um grupo sem desagrupá-lo.

3 Você pode redimensionar um objeto de várias maneiras: selecionando-o e arrastando as alças na caixa delimitadora, utilizando a ferramenta Scale ou o painel Transform, ou escolhendo Object > Transform > Scale para especificar dimensões exatas. Você também pode dimensionar escolhendo Effect > Distort & Transform > Transform.

Para determinar o ponto de referência a partir do qual um objeto será dimensionado, selecione um ponto de referência a partir do localizador de ponto de referência no painel Transform ou na caixa de diálogo Transform Effect ou Transform Each, ou clique no trabalho com a ferramenta Scale. Pressione Alt (Windows) ou Option (Mac OS) e arraste a caixa delimitadora, ou dê um duplo clique na ferramenta Scale para redimensionar um objeto selecionado a partir do ponto de centro.

Pressione Shift e arraste uma alça de canto na caixa delimitadora para dimensionar um objeto proporcionalmente – isso também pode ser feito especificando-se um valor uniforme na caixa de diálogo Scale ou múltiplos das dimensões nos campos de texto Width e Height no painel Transform.

4 Utilize o painel Transform para fazer as transformações a seguir:
- Mover ou posicionar com precisão objetos em sua arte (especificando as coordenadas X e Y e o ponto de referência).
- Dimensionar (especificando a largura e a altura dos objetos selecionados).
- Girar (especificando o ângulo de rotação).
- Cisalhar (especificando o ângulo de distorção).
- Refletir (girando objetos selecionados vertical ou horizontalmente).

5 O diagrama quadrado no painel Transform indica a caixa delimitadora dos objetos selecionados. Selecione um ponto de referência no quadrado para indicar o ponto de referência a partir do qual os objetos, como um grupo, serão movidos, dimensionados, girados, cortados ou refletidos.

6 Uma maneira fácil de alterar a perspectiva dos objetos selecionados é escolher a ferramenta Free Transform, pressionar Shift+Alt+Ctrl (Windows) ou Shift+Option+Command (Mac OS) e arrastar uma alça na caixa delimitadora.

Outros tipos de transformações que você pode realizar com a ferramenta Free Transform são distorção, dimensionamento, cisalhamento, rotação e reflexão.

5 DESENHANDO COM AS FERRAMENTAS PEN E PENCIL

Visão geral da lição

Nesta lição, você vai aprender a:

- Desenhar linhas retas
- Utilizar camadas modelo
- Finalizar paths e dividir linhas
- Desenhar linhas curvas
- Selecionar e ajustar segmentos de curva
- Desenhar e editar com a ferramenta Pencil

Esta lição levará aproximadamente uma hora e meia para ser concluída. Se necessário, remova a pasta da lição anterior de seu disco rígido e copie a pasta Lesson05.

Embora seja preferível usar a ferramenta Pencil para desenhar e editar linhas de forma livre, a ferramenta Pen é excelente para desenhar linhas retas com precisão, curvas de Bézier e formas complexas. Você vai colocar em prática o uso da ferramenta Pen em uma prancheta em branco e utilizá-la para criar a ilustração de uma maçã.

Introdução

Na primeira parte desta lição, você vai aprender a manipular a ferramenta Pen em uma prancheta em branco.

1 Para que as ferramentas e os painéis funcionem como descritos nesta lição, exclua ou desative (renomeando) o arquivo de preferências do Adobe Illustrator CS4. Consulte "Restaurando as preferências padrão", na página 15.

2 Inicie o Adobe Illustrator CS4.

● **Nota:** Se você ainda não copiou os arquivos desta lição para o seu disco rígido a partir da pasta Lesson05 do CD do *Adobe Illustrator CS4 Classroom in a Book*, faça isso agora. Veja "Copiando os arquivos do Classroom in a Book", na página 14.

3 Abra o arquivo L5start_01.ai da pasta Lesson05, localizada na pasta Lessons no seu HD. A parte superior da prancheta mostra o path que você criará. Utilize a metade inferior da prancheta para este exercício.

4 Escolha File > Save As. Na caixa de diálogo Save, navegue até a pasta Lesson05 e abra-a. Digite **path1.ai** no campo de texto File Name. Escolha Adobe Illustrator (.AI) no menu Save As Type (Windows) ou escolha Adobe Illustrator (ai) no menu Format (Mac OS). Na caixa de diálogo Illustrator Options, deixe as configurações padrão como estão e clique em OK.

5 Pressione Ctrl+0 (zero) (Windows) ou Command+0 (Mac OS) para ajustar toda a prancheta na janela. Então, mantenha pressionada Shift e pressione Tab uma vez para fechar todos os painéis, exceto o painel Tools. Você não precisa dos painéis para esta lição.

6 Escolha View > Smart Guides para desmarcar as guias inteligentes.

● **Nota:** Se você vir uma cruz em vez do ícone de caneta, é porque a tecla Caps Lock está ativada. Caps Lock transforma ícones de ferramenta em cursores na forma de cruz para dar maior precisão.

7 Selecione a ferramenta Pen (●) no painel Tools. Observe o x ao lado do ícone de caneta (●x), indicando que um ponto inicial não foi selecionado. Clique na parte inferior da prancheta e mova o cursor para longe do ponto de ancoragem original. O "x" desaparece.

8 Clique à direita do ponto original para criar o próximo ponto de ancoragem no path.

● **Nota:** O primeiro segmento desenhado não fica visível até que você clique em um segundo ponto de ancoragem. Se aparecerem alças de direção, é porque você arrastou o cursor acidentalmente com a ferramenta Pen; escolha Edit > Undo e clique novamente. As alças de direção são utilizadas para dar uma nova forma aos paths curvos, e não são impressas.

9 Clique abaixo do ponto de ancoragem inicial para criar um padrão de ziguezague. Crie um ziguezague com seis pontos de ancoragem.

Uma das várias vantagens da ferramenta Pen é que você pode criar paths personalizados e continuar a editar os pontos de ancoragem que compõem o path.

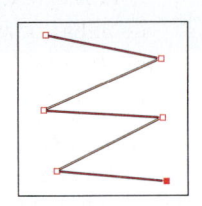

LIÇÃO 5 | 149
Desenhando com as Ferramentas Pen e Pencil

Você vai ver como as ferramentas Selection se relacionam com a ferramenta Pen.

10 Selecione a ferramenta Selection (▶) no painel Tools e clique no path em ziguezague. Observe que todos eles tornam-se sólidos, o que significa que todos eles estão selecionados. Clique e arraste o path para uma nova localização em qualquer lugar da prancheta. Todos os pontos de ancoragem se movem em conjunto, mantendo o path em ziguezague.

11 Desmarque o path com uma destas maneiras:
- Com a ferramenta Selection, clique em uma área vazia da prancheta.
- Escolha Select > Deselect.
- Com a ferramenta Pen selecionada, clique com a tecla Ctrl (Windows) ou Command (Mac OS) pressionada em uma área em branco da prancheta para desmarcar. Isso seleciona temporariamente a ferramenta Selection. Quando a tecla Ctrl ou Command for solta, você retorna à ferramenta Pen.
- Clique na ferramenta Pen uma vez. Mesmo que o path pareça ainda estar ativo, ele não vai conectar-se ao próximo ponto de ancoragem criado.

12 Selecione a ferramenta Direct Selection (▶) no painel Tools e clique em qualquer ponto do ziguezague, ou arraste uma seleção em volta de um ponto de ancoragem. O ponto de ancoragem selecionado fica sólido e os pontos de ancoragem não selecionados permanecem vazios.

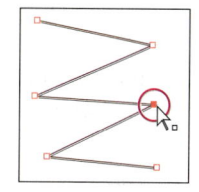

13 Com o ponto de ancoragem selecionado, clique e arraste para reposicioná-lo. O ponto de ancoragem se move, mas os outros permanecem parados. Utilize essa técnica para editar um path.

14 Escolha Select > Deselect. Por vezes, você talvez precise recriar apenas um segmento de linha em um path. Com a ferramenta Direct Select, clique em qualquer segmento de linha entre dois pontos de ancoragem e então escolha Edit > Cut para cortar apenas o path selecionado do ziguezague.

● **Nota:** Se o path em ziguezague desaparecer por inteiro, escolha Edit > Undo Clear e tente novamente.

15 Com a ferramenta Pen, posicione o cursor sobre um dos pontos de ancoragem que está conectado ao segmento de linha. Observe que a ferramenta Pen tem uma barra (/), indicando a continuação de um path existente. Quando você clica no ponto, ele fica sólido. Somente os pontos ativos aparecem sólidos.

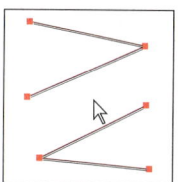

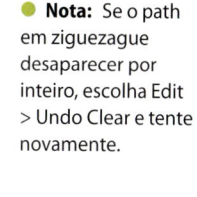

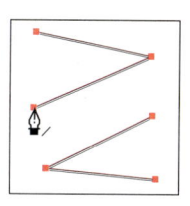

16 Posicione o cursor sobre o outro ponto que está conectado ao segmento de linha original. O cursor agora mostra um símbolo de mesclagem ao lado dele (), indicando que você está conectando outro path. Clique no ponto para reconectar os paths.

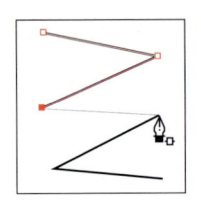

17 Escolha File > Save e então escolha File > Close.

Crie linhas retas

Na Lição 4, "Transformando Objetos", você aprendeu que utilizar a tecla Shift em combinação com ferramentas de forma restringe a forma dos objetos. A tecla Shift também restringe a ferramenta Pen a criar paths de 45°.

Agora, você vai aprender a desenhar linhas retas e limitar ângulos.

1 Abra o arquivo L5start_02.ai da pasta Lesson05, localizada na pasta Lessons de seu disco rígido. A parte superior da prancheta mostra o path que você criará. Utilize a metade inferior da página para este exercício.

2 Escolha File > Save As. Na caixa de diálogo Save, navegue até a pasta Lesson05 e abra-a. Nomeie o arquivo como **path2.ai**. Escolha Adobe Illustrator (.AI) no menu Save As Type (Windows) ou escolha Adobe Illustrator (ai) no menu Format (Mac OS). Na caixa de diálogo Illustrator Options, deixe as configurações padrão como estão e clique em OK.

3 Escolha View > Smart Guides para selecionar as guias inteligentes.

4 Selecione a ferramenta Pen () e clique uma vez na área de trabalho da página.

▶ **Dica:** Se as guias inteligentes estiverem desmarcadas, o rótulo de medida e a guia de construção não aparecerão. Sem guias inteligentes, pressione Shift e clique para criar linhas retas.

5 Mova o cursor em 1.5 in para a direita do ponto de ancoragem original, como indicado pelo rótulo de medida. Uma guia de construção verde aparece quando o cursor está alinhado verticalmente com o ponto de ancoragem anterior. Clique para configurar o segundo ponto de ancoragem.

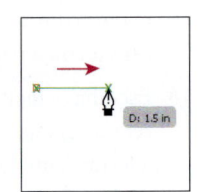

O rótulo de medida e a guia de construção são parte das guias inteligentes.

● **Nota:** Os pontos que você configura não precisam estar exatamente na mesma posição que a do path na parte superior da prancheta.

6 Configure mais três pontos clicando com o botão do mouse, criando a mesma forma que aquela na metade superior da prancheta. Para criar linhas em ângulo, pressione a tecla Shift, mova o cursor para a direita e para baixo e clique para configurar o ponto de ancoragem.

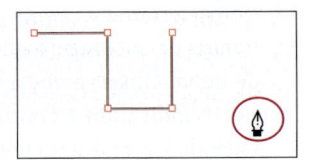

Pressione a tecla Shift enquanto clica para restringir o caminho.

7 Arraste o cursor e clique para configurar o último ponto de ancoragem da forma.

8 Escolha File > Save e feche o arquivo.

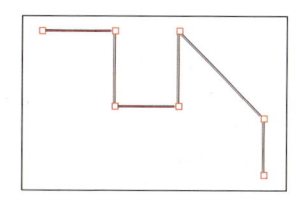

Crie paths em curva

Nesta parte da lição, você vai aprender a desenhar linhas curvas suaves com a ferramenta Pen. Em aplicativos de desenho vetorial como o Adobe Illustrator CS4, você desenha uma curva, chamada curva de Bézier, com pontos de controle. Configurando os pontos de ancoragem e arrastando as alças de direção, você pode definir a forma da curva. Embora essa maneira de desenhar curvas seja um pouco mais difícil de aprender, ela oferece controle maior e mais flexível sobre a criação de paths.

1 Escolha File > New para criar um novo documento no formato carta, deixando as configurações nos padrões de página. Utilize esse arquivo para praticar a criação de uma curva de Bézier.

2 No painel Control, clique na cor de preenchimento e selecione a amostra None (◲). Então, clique na cor do contorno e verifique se a amostra de cor preta está selecionada.

3 Certifique-se de que a espessura do contorno é 1 pt no painel Control.

4 Com a ferramenta Pen (✒), clique em qualquer lugar da página para criar o ponto de ancoragem inicial. Clique em outro local e arraste o cursor a fim de criar um path em curva.

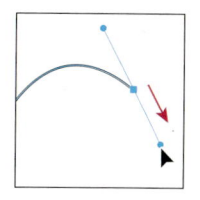

Clique e arraste para criar um path em curva.

Continue clicando e arrastando em locais diferentes da página. O objetivo deste exercício não é criar nada específico, mas fazer com que você se acostume ao uso da curva de Bézier.

Observe que, à medida que você clica e arrasta, alças de direção aparecem. Alças de direção consistem em linhas de direção que terminam em pontos de direção redondos. O ângulo e o comprimento das alças de direção determinam a forma e o tamanho dos segmentos curvos. As alças de direção não são impressas e não são visíveis quando a âncora está inativa.

5 Escolha Select > Deselect.

6 Selecione a ferramenta Direct Selection ( ) e clique em um segmento curvo para exibir as alças de direção. Se as guias inteligentes estiverem selecionadas, a palavra "path" aparecerá quando você clicar. Mover as alças de direção remodela a curva.

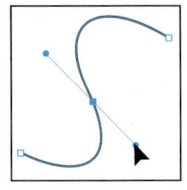

Selecione os pontos de ancoragem para acessar as alças de direção.

● **Nota:** Pontos de ancoragem são quadrados, e ficam preenchidos quando selecionados e vazios quando não selecionados. Os pontos de direção são redondos. Essas linhas e pontos não são impressos com o trabalho.

7 Escolha File > Close e não salve o arquivo.

Componentes de um path

Enquanto desenha, você cria uma linha chamada path. Um path é composto de um ou mais segmentos retos ou curvos. O início e o fim de cada segmento é marcado com pontos de ancoragem, que funcionam como alfinetes que prendem um fio no lugar. Um path pode ser fechado (por exemplo, um círculo) ou aberto, com extremidades distintas (por exemplo, uma linha ondulada). Você altera a forma de um path arrastando seus pontos de ancoragem, os pontos de direção no fim das linhas de direção que aparecem nos pontos de ancoragem ou o próprio segmento do path.

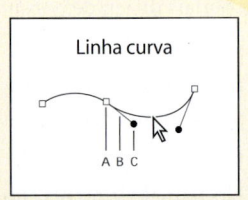

Linha curva

A. Ponto de ancoragem.
B. Linha de direção C. Alça (ou ponto) de direção.

Paths podem ter dois tipos de pontos de ancoragem: pontos angulares e pontos suaves. Em um ponto angular, o path muda repentinamente de direção. Em um ponto suave, os segmentos do path são conectados como uma curva contínua. Você pode desenhar um path usando qualquer combinação de pontos angulares ou suaves. Se desenhar o tipo de ponto errado, você sempre poderá alterá-lo.

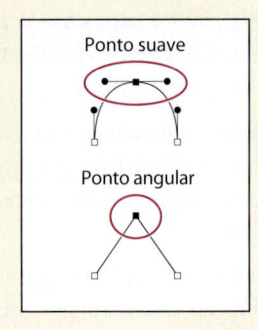

Ponto suave

Ponto angular

—Extraído do Illustrator Help

Construa uma curva

Agora, aprenda a controlar as alças de direção para manipular curvas.

1. Abra o arquivo L5start_03.ai da pasta Lesson05. Esse arquivo contém uma camada modelo que você pode traçar para praticar o uso da ferramenta Pen (✒). (Veja a Lição 8, "Trabalhando com Camadas", para informações sobre como criar camadas.) A área de trabalho abaixo do path é para você praticar mais sozinho.

2. Escolha File > Save As. Na caixa de diálogo Save As, navegue até a pasta Lesson05. Digite path3.ai no campo de texto File Name. Escolha Adobe Illustrator (.AI) no menu Save As Type (Windows) ou escolha Adobe Illustrator (ai) no menu Format (Mac OS). Na caixa de diálogo Illustrator Options, deixe as configurações padrão como estão e clique em OK.

3. Pressione Z para alternar para a ferramenta Zoom (🔍) e arraste uma seleção em torno da curva chamada A.

4. Escolha View > Smart Guides para desmarcá-las.

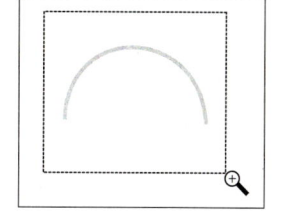

5. Selecione a ferramenta Pen (✒) no painel Tools. Clique na base esquerda do arco e arraste o cursor para cima a fim de criar uma linha de direção que percorre a mesma direção do arco. Isso fica mais fácil se você lembrar de sempre seguir a direção da curva. Solte o botão do mouse quando a linha de direção estiver um pouco acima do arco.

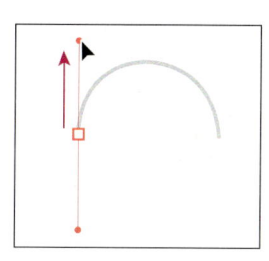

Quando uma curva sobe, a linha de direção também sobe.

● **Nota:** A prancheta pode rolar enquanto você arrasta o cursor. Se você perder a curva de vista, escolha View > Zoom Out até ver a curva e o ponto de ancoragem novamente. Pressionar a barra de espaço abre temporariamente a ferramenta Hand para você reposicionar o trabalho.

▶ **Dica:** Enquanto desenha com a ferramenta Pen, se cometer um erro, escolha Edit > Undo Pen para desfazer os pontos.

6. Clique na base inferior direita do path do arco e arraste o cursor para baixo. Solte o botão do mouse quando o ponto de direção da parte superior estiver um pouco acima do arco.

7. Se o path que você criou não estiver alinhado exatamente ao modelo, utilize a ferramenta Direct Selection (▷) para selecionar os pontos de ancoragem um de cada vez. Ajuste então as alças de direção até que seu path siga o modelo com maior exatidão.

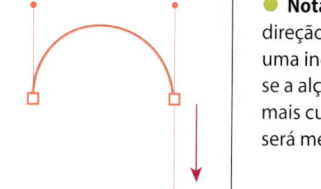

Para controlar o path, preste atenção ao local em que as alças de direção estão.

● **Nota:** Uma alça de direção mais longa cria uma inclinação maior; se a alça de direção for mais curta, a inclinação será menor.

8 Utilize a ferramenta Selection (▶) e clique na prancheta em um local em que não haja outro objeto, ou escolha Select > Deselect. Se você clicasse com a ferramenta Pen enquanto o path A ainda estivesse ativo, ele se ligaria ao próximo ponto que desenhasse. Remover a seleção do primeiro path permite criar um novo path.

▶ **Dica:** Para desmarcar objetos, você também pode pressionar Ctrl ou Command para alternar temporariamente para a ferramenta Selection ou Direct Selection, ou qualquer outra utilizada por último, e clicar em um ponto na prancheta onde não haja nenhum objeto.

9 Escolha File > Save.

10 Reduza a ampliação para ver o path B.

11 Utilizando a ferramenta Pen, clique e arraste a base esquerda do path B na direção do arco. Clique e arraste para baixo o próximo ponto quadrado, ajustando o arco com a alça de direção antes de soltar o botão do mouse.

● **Nota:** Não se preocupe se ele não for exato. Você pode corrigir a linha com a ferramenta Direct Selection quando o path estiver completo.

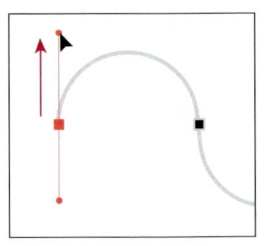

Clique e arraste para cima para criar o arco virado para cima.

● **Nota:** Por padrão, você pode desfazer uma série de ações – limitada apenas pela memória do seu computador – escolhendo repetidamente Edit > Undo, ou Ctrl+Z (Windows) ou Command+Z (Mac OS).

12 Continue ao longo do path, alternando entre clicar e arrastar para cima e para baixo. Posicione os pontos de ancoragem apenas onde há caixas quadradas. Se errar alguma coisa ao desenhar, desfaça a ação escolhendo Edit > Undo Pen.

13 Quando o path estiver finalizado, utilize a ferramenta Direct Selection e selecione um ponto de ancoragem. Quando a âncora é selecionada, as alças de direção aparecem e você pode reajustar a inclinação do path.

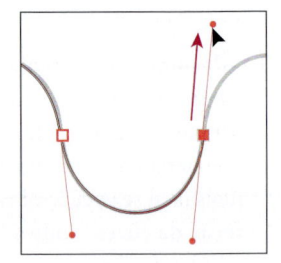

Alterne entre arrastar para cima e para baixo com a ferramenta Pen.

14 Pratique repetindo a criação desses paths na área de trabalho.

15 Escolha File > Save e então escolha File > Close.

Converta pontos curvos em pontos angulares

Ao criar curvas, as alças direcionais ajudam a determinar a inclinação do path. Retornar a um ponto angular exige um pouco mais de esforço. Na próxima parte da lição, você vai colocar em prática a conversão dos pontos de curva em pontos angulares.

1 Abra o arquivo L5start_04.ai da pasta Lesson05. Nessa página, é possível ver os paths que você criará. Utilize a seção na parte superior como modelo para

LIÇÃO 5 | 155
Desenhando com as Ferramentas Pen e Pencil

o exercício. Crie seus paths diretamente sobre os paths que você vê na página. A área de trabalho abaixo é para você praticar mais sozinho.

2 Escolha File > Save As. Na caixa de diálogo Save As, navegue até a pasta Lesson05. Digite **path4.ai** no campo de texto File Name. Escolha Adobe Illustrator (.AI) no menu Save As Type (Windows) ou escolha Adobe Illustrator (ai) no menu Format (Mac OS). Na caixa de diálogo Illustrator Options, deixe as configurações padrão como estão e clique em OK.

3 Utilize a ferramenta Zoom (🔍) e arraste um contorno de seleção ao redor do path A.

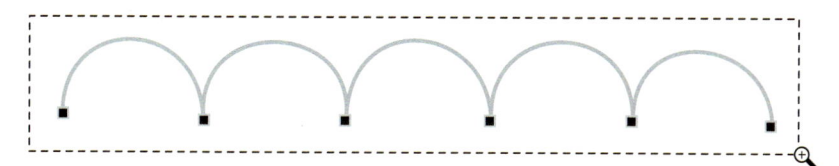

4 Selecione a ferramenta Pen (✒) e, pressionando a tecla Shift, clique no primeiro ponto de ancoragem e arraste-o para cima. Clique no segundo ponto de ancoragem e arraste-o para baixo sem soltar o botão do mouse. Enquanto arrasta para baixo, pressione a tecla Shift. Quando a curva parecer correta, solte o botão do mouse e então a tecla Shift.

● **Nota:** Pressionar a tecla Shift ao arrastar restringe o ângulo da alça a uma linha reta.

Agora, você vai dividir as linhas de direção para converter um ponto suave em um ponto angular.

5 Pressione Alt (Windows) ou Option (Mac OS) e posicione o cursor sobre o último ponto de ancoragem criado ou sobre seu ponto de direção. Procure o símbolo de circunflexo (^) e clique e arraste uma linha de direção para cima quando o circunflexo estiver visível. Solte o botão do mouse e então o tecla Alt ou Option. Se não conseguir ver o circunflexo (^), você criará um loop adicional.

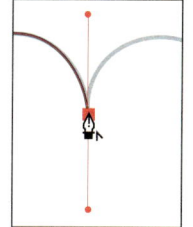

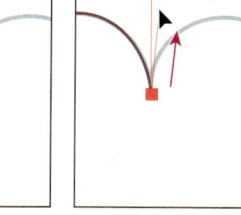

Quando o circunflexo estiver visível, clique e arraste.

▶ **Dica:** Depois de desenhar um path, você também pode selecionar pontos de ancoragem únicos ou múltiplos e clicar no botão Convert Selected Anchor Points To Corner (⌐) ou no botão Convert Selected Anchor Points To Smooth (⌐) do painel Control.

● **Nota:** Se você não clicar exatamente no ponto de ancoragem ou no ponto de direção no fim da linha de direção, uma caixa de aviso aparecerá. Clique em OK e tente novamente.

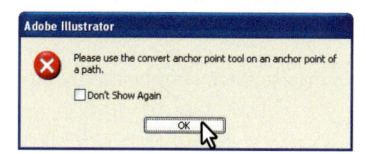

Você pode praticar o ajuste das alças de direção com a ferramenta Direct Selection depois que o path estiver finalizado.

6   Clique no próximo ponto quadrado e arraste-o para baixo. Solte o botão do mouse quando o path parecer correto.

7   Pressione Alt (Windows) ou Option (Mac OS) e, depois que o circunflexo (^) aparecer, arraste para cima o último ponto de ancoragem ou ponto de direção para a próxima curva.

▶ **Dica:** Os passos 8 e 9 são uma maneira de converter um ponto em um ponto angular ao desenhar um novo ponto.

8   Para o terceiro ponto de ancoragem, clique no próximo ponto quadrado no path e arraste para baixo até que o path pareça correto. Não solte o botão do mouse.

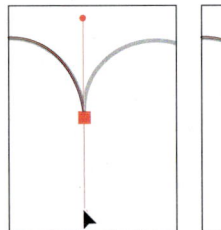

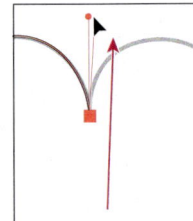

9   Pressione a tecla Alt (Windows) ou Option (Mac OS) novamente e arraste para cima até a próxima curva. Solte o botão do mouse e depois a tecla Shift.

10 Continue clicando e arrastando, utilizando a tecla Alt (Windows) ou Option (Mac OS) para criar pontos angulares, até que o path esteja completo. Utilize a ferramenta Direct Selection (▷) para fazer o ajuste fino do path e, então, remova a seleção dele.

11 Escolha File > Save.

12 Escolha View > Fit Artboard In Window. Você também pode utilizar Ctrl+0 (zero) (Windows) ou Command+0 (Mac OS). Utilize a ferramenta Zoom (🔍) para arrastar uma seleção ao redor do path B e para expandir sua visualização.

A seguir, você vai passar de uma curva para uma linha reta.

13 Com a ferramenta Pen, clique no primeiro ponto de ancoragem da esquerda e arraste para cima. Então, clique e arraste o cursor para baixo no segundo ponto de ancoragem. Você já deve estar à vontade com esse movimento para criar um arco. Passe, agora, da curva para uma linha reta. Apenas pressionar a tecla Shift e clicar não produz uma linha reta, uma vez que esse último ponto é um ponto de ancoragem curvo.

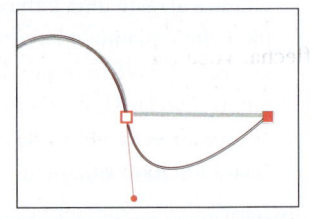

O path fica assim quando um ponto curvo não se transforma em um ponto de canto.

A figura neste passo mostra como o path se pareceria se você simplesmente clicasse com a ferramenta Pen no último ponto.

14 Para criar o próximo path como uma linha reta, clique no último ponto criado para excluir uma linha de direção do path. Clique com a tecla Shift pressionada para configurar o próximo ponto na direita, criando o segmento reto.

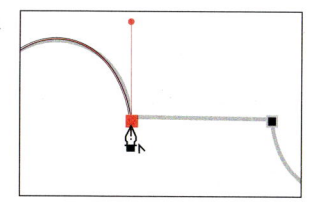

Clique no último ponto de ancoragem para forçar um path reto a partir dele.

15 Para o próximo arco, posicione o cursor sobre o último ponto criado (veja que o circunflexo aparece) e clique e arraste para baixo a partir do ponto que você acabou de criar. Isso cria uma linha de direção.

16 Clique no próximo ponto e arraste para cima para completar o arco virado para baixo. Clique no último ponto de ancoragem do arco.

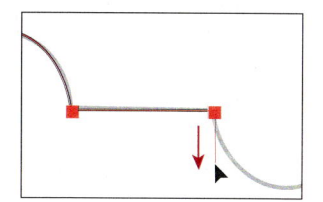

Clique no último ponto e arraste-o para longe a fim de criar uma linha de direção.

17 Clique com a tecla Shift pressionada no próximo ponto para criar o segundo segmento reto.

18 Clique e arraste para cima e então clique e arraste para baixo no último ponto para criar o arco final.

19 Pratique repetindo esses paths na parte inferior da prancheta. Utilize a ferramenta Direct Selection para ajustar seu path se necessário.

20 Escolha File > Save e então escolha File > Close.

Crie a ilustração da maçã

Nesta parte da lição, você vai criar a ilustração de uma maçã atravessada por uma flecha. Você vai usar o que aprendeu nos exercícios anteriores, além de aprender algumas técnicas a mais da ferramenta Pen.

1 Escolha File > Open e abra o arquivo L5end.ai da pasta Lesson05, localizada na pasta Lessons.

2 Escolha View > Zoom Out para diminuir o tamanho do trabalho concluído e ajustá-lo na tela enquanto você trabalha. (Utilize a ferramenta Hand ( ) para mover o trabalho para onde você quiser.) Se não quiser deixar a imagem aberta, escolha File > Close.

3 Escolha File > Open e abra o arquivo L5start.ai da pasta Lesson05.

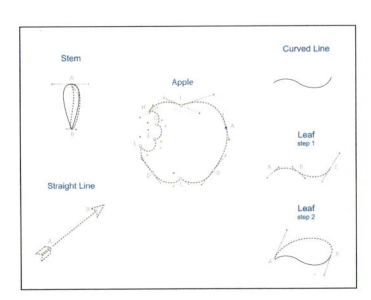

4 Escolha File > Save As, nomeie o arquivo como **apple.ai** e selecione a pasta Lesson05 na caixa de diálogo Save As. Escolha Adobe Illustrator (.AI) no menu Save As Type (Windows) ou escolha Adobe Illustrator (ai) no menu Format (Mac OS) e clique em Save. Na caixa de diálogo Illustrator Options, deixe as opções configuradas no padrão e clique em OK.

Crie a flecha

Você vai começar desenhando a linha reta para a flecha. A camada modelo permite desenhar diretamente sobre o trabalho.

1 Escolha View > Straight Line para ampliar o canto esquerdo do modelo.

Visualizações separadas foram salvas para mostrar diferentes áreas do modelo em uma ampliação mais alta.

▶ **Dica:** Para criar uma visualização personalizada, escolha View > New View. Para maiores informações, veja "To use multiple windows and views" no Illustrator Help.

2 Escolha View > Hide Bounding Box para ocultar as caixas delimitadoras dos objetos selecionados. Selecione a ferramenta Pen (✎) e posicione-a na linha tracejada da flecha. Observe que o cursor tem um x ao lado dele. Como você deve se lembrar, isso indica que seu próximo clique inicia um novo path.

● **Nota:** Ao desenhar com a ferramenta Pen, pode ser mais fácil desenhar paths sem nenhum preenchimento selecionado. Você também pode alterar o preenchimento e outras propriedades do path depois de começar a desenhar.

3 No painel Control, certifique-se de que None (⊘) está selecionado para cor de preenchimento e preto para a cor de contorno no painel Control. Também certifique-se de que a espessura do contorno é 1 pt.

4 Clique no ponto A da extremidade esquerda da linha para criar o ponto de ancoragem inicial – um pequeno quadrado sólido.

5 Clique no ponto B para criar o ponto de ancoragem final.

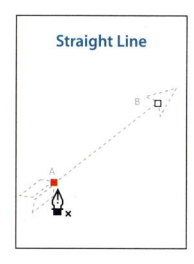

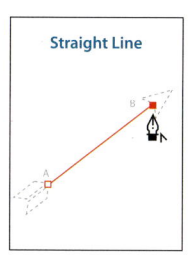

Quando você clica uma segunda vez, um circunflexo (^) aparece ao lado da ferramenta Pen. O circunflexo indica que você pode arrastar para fora uma linha de direção para criar uma curva clicando e arrastando a ferramenta Pen a partir desse ponto de ancoragem. O circunflexo desaparece quando você move a ferramenta Pen para fora do ponto de ancoragem.

6 Escolha Select > Deselect para concluir o path. Você precisa desmarcar antes de desenhar outras linhas que não estão conectadas a esse path.

Agora, você vai deixar a linha reta mais grossa mudando a espessura do contorno.

7 Com a ferramenta Selection (▸), clique na linha para selecioná-la.

8 No painel Control, altere Stroke Weight para **3 pt**.

Divida um path

Para continuar a flecha, você dividirá o path da linha usando a ferramenta Scissors e ajustará os segmentos.

1 Escolha View > Smart Guides para selecionar guias inteligentes.

2 Com a linha reta selecionada, clique e mantenha pressionada a ferramenta Eraser (⌫) no painel Tools para exibir a ferramenta Scissors (✂). Selecione essa ferramenta e clique no meio da linha para fazer um corte (a palavra "path" aparece).

Cortes com a ferramenta Scissors devem ser feitos em linhas ou curvas, e não em um ponto final.

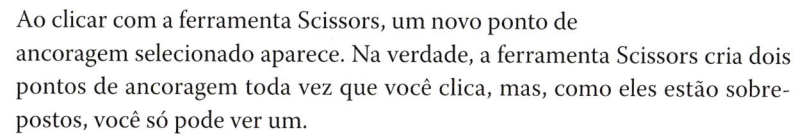

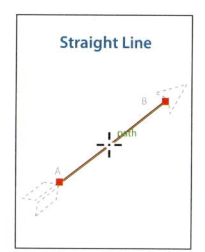

● **Nota:** Se você clicar no contorno de uma forma fechada (um círculo, por exemplo) com a ferramenta Scissors, ela corta o path para que fique aberto (um path com duas extremidades).

Ao clicar com a ferramenta Scissors, um novo ponto de ancoragem selecionado aparece. Na verdade, a ferramenta Scissors cria dois pontos de ancoragem toda vez que você clica, mas, como eles estão sobrepostos, você só pode ver um.

3 Selecione a ferramenta Direct Selection () e posicione-a sobre o corte que você acabou de fazer. O quadrado vazio (e a palavra "intersect") no cursor indica que ele está sobre o ponto de ancoragem. Selecione o novo ponto de ancoragem e arraste para cima para alargar a lacuna entre os dois segmentos divididos. À medida que você arrasta, observe que a palavra "path" aparece, indicando que o ponto de ancoragem está aderindo à linha. Deixe o path superior selecionado.

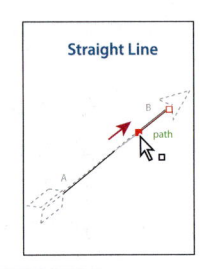

Adicione pontas de flecha

Você pode adicionar pontas de flecha e caudas a paths abertos aplicando um efeito. A vantagem de usar um efeito é que a seta muda dinamicamente de acordo com o contorno aplicado.

Quando um path com efeito de ponta de flecha é alterado, a ponta segue o path. Aprenda mais sobre efeitos e como utilizá-los na Lição 12, "Aplicando atributos de aparência e estilos gráficos".

Agora, você vai adicionar uma ponta de flecha ao ponto final de um segmento de linha e uma cauda ao ponto inicial do outro segmento.

1 Com o segmento de linha da parte superior selecionado, escolha Effect > Stylize > Add Arrowheads a partir do Illustrator Effects.

● **Nota:** O efeito Photoshop, que é o segundo comando em Effect > Stylize, aplica efeitos de pintura ou efeitos impressionistas a imagens RGB.

2 Na caixa de diálogo Add Arrowheads, deixe a seção Start configurada como None. Para a seção End, clique em um botão de seta para selecionar o estilo número 2 da ponta de seta (uma miniatura aparece na caixa de diálogo) e clique em OK.

3 Utilizando a ferramenta Selection (), selecione o segmento de linha da parte inferior e escolha Effect > Stylize > Add Arrowheads a partir do Illustrator Effects para abrir a caixa de diálogo Add Arrowheads. Selecione o estilo de número 17 de ponta de flecha na seção Start. Na seção End, selecione None clicando na seta esquerda e clique em OK para adicionar uma cauda ao ponto inicial da linha.

4 Escolha Select > Deselect e então File > Save.

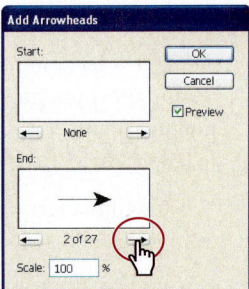

Desenhe curvas

A seguir, você vai revisar como desenhar curvas fazendo a maçã, seu caule e uma folha. Você vai examinar uma só curva e então desenhar uma série de curvas juntas utilizando as diretrizes de modelos para ajudá-lo.

Selecione uma curva

1 Escolha View > Smart Guides para desmarcar as guias inteligentes.

2 Escolha View > Curved Line para exibir a visualização de uma linha curva no modelo.

3 Utilizando a ferramenta Direct Selection (), clique em um dos segmentos da linha curva para visualizar seus pontos de ancoragem e suas alças de direção, que se estendem a partir dos pontos. A ferramenta Direct Selection permite selecionar e editar segmentos individuais da linha curva.

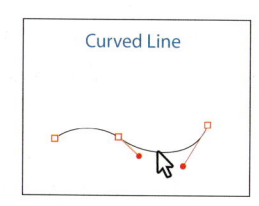

● **Nota:** Como você está gerando contornos sobre formas existentes, as guias inteligentes aderem a essas formas. Desmarque as guias inteligentes para facilitar o desenho.

Com uma curva selecionada, você também pode selecionar o contorno e o preenchimento da curva. Ao fazer isso, a próxima linha que você desenhar terá os mesmos atributos. Para mais detalhes sobre esses atributos, consulte a Lição 6, "Cor e pintura".

▶ **Dica:** Com a ferramenta Direct Selection, clique e arraste os vários pontos de direção (nas extremidades das linhas de direção) para alterar a forma das curvas.

Desenhe a folha

Agora, você desenhará a primeira curva da folha.

1 Escolha View > Leaf ou role para baixo para ver as guias para o passo 1 (step 1) de Leaf.

Em vez de arrastar a ferramenta Pen () para desenhar uma curva, você vai arrastá-la para configurar o ponto inicial e a direção da curva da linha.

2 Selecione a ferramenta Pen e posicione-a sobre o ponto A do modelo. Clique e arraste do ponto A para o ponto vermelho.

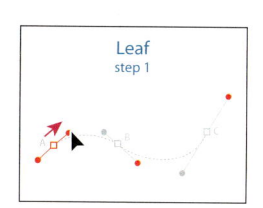

Agora, configure o segundo ponto de ancoragem e suas alças de direção.

3 Clique e arraste com a ferramenta Pen (✎) do ponto B até o próximo ponto vermelho. Os dois pontos de ancoragem são ligados por uma curva que segue as alças de direção que você criou. Observe que, se variar o ângulo ao arrastar, você modificará o grau da curva.

4 Para completar a linha curva, clique e arraste com a ferramenta Pen do ponto C até o último ponto vermelho.

5 Clique com Control (Windows) ou Command (Mac OS) pressionada longe da linha para terminar o path.

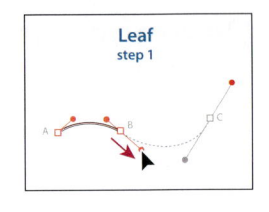

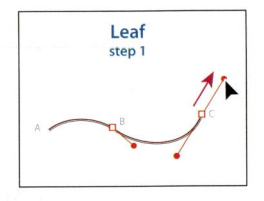

▶ **Dica:** Você também pode terminar um path clicando na ferramenta Pen, pressionando P para o atalho da ferramenta Pen ou escolhendo Select > Deselect.

Desenhe diferentes tipos de curvas

Você vai finalizar o desenho da folha adicionando-o a um segmento curvo existente. Mesmo depois que finalizar um path, você pode voltar à curva e modificá-la. A tecla Alt (Windows) ou Option (Mac OS) permite controlar o tipo de curva que você desenha.

1 Clique na seta à direita da barra de status no canto esquerdo inferior da janela Document e escolha Show > Current Tool.

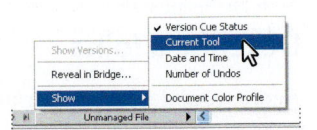

2 Role para baixo até o modelo para Leaf step 2.

Agora, adicione um ponto angular ao path. Um ponto angular permite alterar a direção da curva. Um ponto suave permite desenhar uma curva contínua.

3 Posicione a ferramenta Pen (✎) sobre o ponto A. A barra ao lado do ícone de caneta indica que você está alinhado com uma âncora e está continuando o path da linha existente, e não de iniciado uma nova linha.

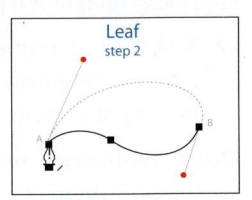

4 Pressione Alt (Windows) ou Option (Mac OS) e observe que a barra de status no canto inferior esquerdo da janela Document exibe Pen: Make Corner. Agora, pressione Alt (Windows) ou Option (Mac OS) e arraste a ferramenta Pen do ponto de ancoragem A até o ponto vermelho. Solte o botão do mouse e então a tecla Alt ou Option.

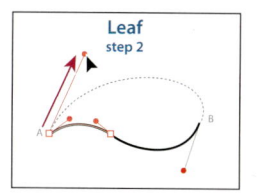

Clicar com Alt ou Option pressionadas e arrastar cria um ponto angular.

Até aqui, você desenhou curvas que são paths abertos. Agora, desenhe um path fechado em que o ponto de ancoragem final é desenhado no primeiro ponto de ancoragem do path. Exemplos de paths fechados incluem círculos e retângulos.

A seguir, você vai fechar o path utilizando um ponto suave.

5 Posicione o cursor sobre o ponto de ancoragem B do modelo. Um círculo aberto aparece ao lado da ferramenta Pen, indicando que clicar fechará o path. Clique e arraste a partir desse ponto para além do ponto vermelho abaixo do ponto B. Enquanto arrasta, preste atenção ao segmento de linha na parte superior que você está ajustando.

Observe as alças de direção que aparecem onde você fecha o path. As alças de direção nos dois lados de um ponto suave são alinhadas ao longo do mesmo ângulo.

● **Nota:** As linhas de modelo pontilhadas são apenas um guia. As formas que você cria não precisam seguir as linhas exatamente.

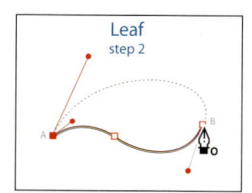

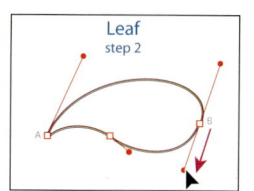

6 Clique com Control (Windows) ou Command (Mac OS) pressionada longe da linha e escolha File > Save.

Conversão entre pontos suaves e pontos angulares

Agora, você vai criar o caule da folha ajustando um path curvo. Você vai converter um ponto suave da curva em um ponto angular e um ponto angular em um ponto suave.

1 Escolha View > Stem para exibir uma visualização ampliada do caule.

2 Selecione a ferramenta Direct Selection ( ) e posicione o cursor sobre o ponto A no topo da curva. Quando um quadrado aberto aparecer ao lado do cursor, clique no ponto de ancoragem para selecioná-lo e exibir suas alças de direção vermelhas para o ponto suave.

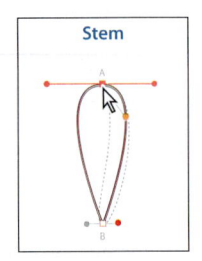

3 Selecione a ferramenta Convert Anchor Point ( ) no mesmo grupo da ferramenta Pen ( ) no painel Tools ou utilize o atalho pressionando a tecla Alt (Windows) ou Option (Mac OS) enquanto a ferramenta Pen é selecionada.

4 Utilizando a ferramenta Convert Anchor Point, selecione o ponto de direção esquerdo na linha de direção e arraste-o até o ponto dourado no modelo.

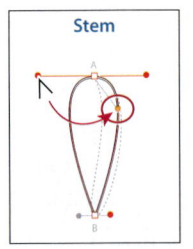

● **Nota:** Se uma caixa de diálogo aparecer, clique em OK e tente novamente. Também, se você clicar sem arrastar, a alça de direção desaparecerá.

Arrastar com a ferramenta Convert Anchor Point converte o ponto de ancoragem suave em um ponto angular e ajusta o ângulo da linha de direção esquerda.

5 Com a ferramenta Convert Anchor Point, selecione o ponto de ancoragem inferior e arraste do ponto B para o ponto vermelho a fim de converter o ponto angular em um ponto suave, arredondando a curva. Duas alças de direção surgem a partir do ponto de ancoragem, indicando que ele agora é um ponto suave.

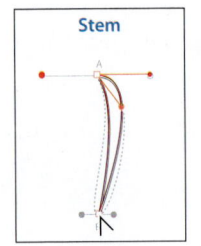

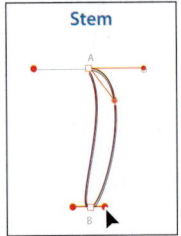

Utilize a ferramenta Convert Anchor Point para converter cantos em curvas.

Continue editando a forma do caule.

6   Com a ferramenta Direct Selection (), clique para selecionar o ponto A. No painel Control, clique no botão Cut Path At Selected Anchor Points (). Arraste o ponto de ancoragem selecionado para a esquerda.

7   Clique com a tecla Shift pressionada nos dois pontos do topo e então clique no botão Connect Selected End Points () do painel Control para criar uma linha reta ao longo da parte superior do caule.

8   Selecione o ponto de ancoragem da parte superior esquerda com a ferramenta Direct Selection e clique no botão Convert Selected Anchor Points To Smooth () do painel Control.

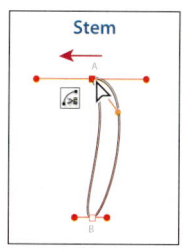

9   Clique e arraste a linha de direção da parte inferior do ponto superior esquerdo para a direita para que a forma siga as linhas de guia com mais precisão.

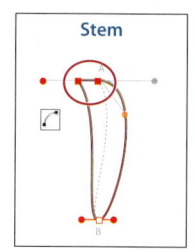

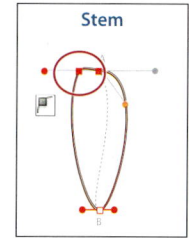

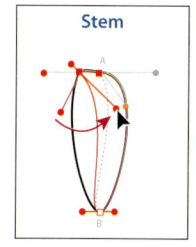

Corte o path e arraste o ponto de ancoragem esquerdo.

▶ **Dica:** Para unir o path, você também pode escolher Object > Path > Join, ou Ctrl+J ou Cmd+J.

Clique no botão Connect Selected End Points. Clique no botão Convert Selected Anchor Points To Smooth, então arraste a linha de direção.

10   Escolha File > Save.

Desenhe a forma da maçã

Agora, você vai desenhar um só objeto contínuo que consiste em pontos suaves e em pontos angulares. Toda vez que quiser alterar a direção de uma curva em um ponto específico, você pressionará Alt ou Option para criar um ponto angular.

1   Escolha View > Apple para visualizar a maçã ampliada.

Primeiro, você desenhará o lado oposto das marcas da mordida na maçã criando pontos suaves e pontos angulares.

2 Selecione a ferramenta Pen (⬥) no mesmo grupo da ferramenta Convert Anchor Point (⋀) no painel Tools. Iniciando no quadrado azul (ponto A), clique e arraste do ponto A até o ponto vermelho para configurar o ponto de ancoragem inicial e a direção da primeira curva.

● **Nota:** Você não precisa iniciar no ponto azul (ponto A) para desenhar essa forma. Você pode configurar pontos de ancoragem para um path com a ferramenta Pen no sentido horário ou anti-horário.

3 Com a ferramenta Pen, clique e arraste do ponto B até o ponto vermelho, criando a linha de direção que controla a próxima curva.

▶ **Dica:** No passo 4, primeiro você arrasta o cursor até o ponto vermelho. Isso configura a curva precedente. Depois que a curva estiver correspondendo ao modelo, pressionar a tecla Option ou Alt divide as linhas de direção e permite arrastar a próxima linha de direção para controlar a forma da próxima curva.

4 Clique e arraste do ponto C até o ponto vermelho e mantenha o botão do mouse pressionado. Com Alt (Windows) ou Option (Mac OS) pressionadas, arraste do ponto vermelho até o ponto dourado. Solte o botão do mouse e depois a tecla Shift. Isso divide as alças de direção.

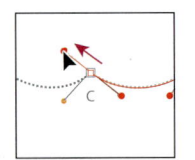

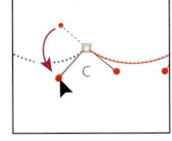

Arraste para ajustar a curva.

Clicar com Alt ou Option pressionadas e arrastar o ponto de direção configura a curva.

5 Com a ferramenta Pen, clique e arraste do ponto D até o ponto vermelho, criando a linha de direção que controla a próxima curva.

6 Com a ferramenta Pen, clique e arraste do ponto E até o ponto vermelho. Com Alt ou Option pressionadas, arraste a alça de direção do ponto vermelho até o ponto dourado.

7 Continue desenhando os pontos F, G, H e I arrastando primeiro do ponto de ancoragem para o ponto vermelho e, então, com Alt ou Option pressionada, arraste a alça de direção do ponto vermelho para o ponto dourado.

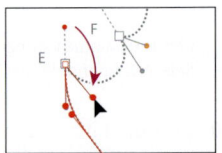

Divida as linhas de direção pressionando Alt (Windows) ou Option (Mac OS).

A seguir, você vai completar o desenho da maçã fechando o path.

8 Posicione a ferramenta Pen sobre o ponto A. Observe que um círculo aberto aparece ao lado do cursor de caneta, indicando que o path se fecha quando você clica.

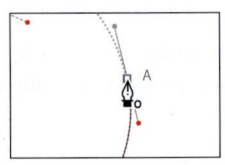

O cursor da ferramenta Pen tem um círculo aberto ao fechar um caminho.

9   Clique e arraste para baixo e um pouco para a direita até o ponto vermelho abaixo do ponto A. Observe que, à medida que você arrasta, outra linha de direção aparece acima do ponto. Ao arrastar, você está remodelando o path.

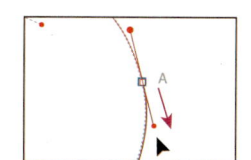

10 Com a tecla Ctrl (Windows) ou Command (Mac OS) pressionada, clique longe do path para remover a seleção dele e, então, escolha File > Save.

Edite curvas

Para ajustar as curvas que você desenhou, arraste um dos pontos de ancoragem da curva ou as alças de direção. Você também pode editar uma curva movendo a linha. Você vai ativar as guias inteligentes para ajudá-lo enquanto edita o path. Também vai ocultar a camada de modelo para que possa editar o path real.

1   Escolha View > Smart Guides para selecioná-las.

2   Escolha Essentials no seletor da área de trabalho no lado direito do painel Control. Então, clique no ícone do painel Layers ( ) no lado direito do espaço de trabalho para abrir o painel Layers. Clique no ícone Template Layer ( ) do painel Layers para desmarcar a visibilidade do layer modelo.

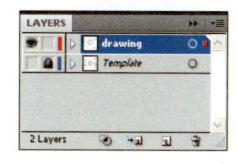

3   Selecione a ferramenta Direct Selection ( ) e clique no contorno da maçã quando a palavra path aparecer ao lado do cursor.

    Clicar com a ferramenta Direct Selection exibe as alças de direção da curva e permite ajustar a forma dos segmentos curvos individuais. Clicar com a ferramenta Selection ( ) seleciona o path inteiro.

4   Clique no ponto de ancoragem da parte inferior da maçã (ponto C na camada modelo) para selecioná-lo (a palavra "anchor" aparece quando você posiciona o cursor sobre o ponto de ancoragem da parte inferior). Pressione a tecla de seta para baixo a fim de deslocar o ponto para baixo.

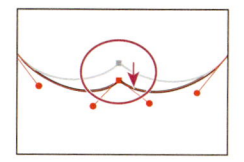

● **Nota:** Você também pode arrastar o ponto de ancoragem com a ferramenta Direct Selection.

5 Com a ferramenta Direct Selection, clique e arraste o cursor sobre a parte inferior da maçã para selecionar os três pontos de ancoragem dessa parte. Observe que, quando os três pontos estão selecionados, as alças desaparecem. No painel Control, clique em Show Handles For Multiple Selected Anchor Points (▣) para ver as linhas de direção dos três pontos. Isso permite editar os pontos de ancoragem em conjunto.

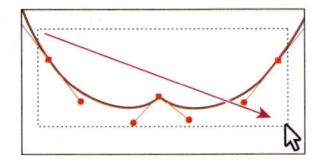

● **Nota:** Se você não selecionar os três ponto de primeira, tente arrastar o cursor sobre eles novamente. Se pelo menos um dos pontos de ancoragem estiver selecionado, você também poderá clicar com a ferramenta Direct Selection a tecla Shift pressionada nos outros pontos de ancoragem restantes para selecioná-los.

6 Com a ferramenta Direct Selection, clique e arraste o ponto de direção de baixo do ponto da esquerda. Alinhe o ponto de direção com a parte inferior da maçã. Quando a guia de alinhamento verde aparecer, solte o botão do mouse.

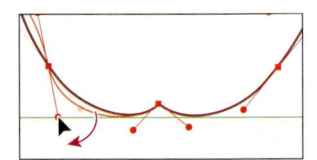

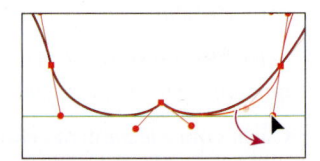

Gire a linha de direção esquerda e alinhe-a com a parte inferior da maçã.

7 Com a ferramenta Direct Selection, clique e arraste o ponto de direção de baixo do ponto da direita para a direita. Alinhe o ponto de direção com a parte inferior da maçã. Quando a guia de alinhamento verde aparecer, solte o botão do mouse.

Gire a linha de direção direita e alinhe-a com a parte inferior da maçã.

● **Nota:** As guias de alinhamento estão disponíveis porque as guias inteligentes estão selecionadas. Se você não conseguir vê-las, escolha View > Smart Guides.

8 Escolha Select > Deselect.

9 Escolha File > Save.

Exclua e adicione pontos de ancoragem

Ao trabalhar com paths, é recomendável adicionar apenas os pontos de ancoragem necessários. Um path com menos pontos é mais fácil de editar, exibir e imprimir. Você pode reduzir a complexidade de um path ou alterar sua forma

LIÇÃO 5
Desenhando com as Ferramentas Pen e Pencil

geral excluindo os pontos desnecessários. A seguir, você vai excluir um ponto de ancoragem e remodelar a mordida na maçã.

1 Selecione a maçã com a ferramenta Selection (▶).

2 Selecione a ferramenta Pen e posicione o cursor sobre o path onde a mordida está selecionada na maçã. Quando um sinal de adição (+) e a palavra "path" aparecerem ao lado da ferramenta Pen, clique para criar um novo ponto de ancoragem.

▶ **Dica:** Outra maneira de adicionar pontos de ancoragem é selecionar a ferramenta Add Anchor Point (⁂) no painel Tools, posicionar o cursor sobre um path e clicar para adicionar um ponto.

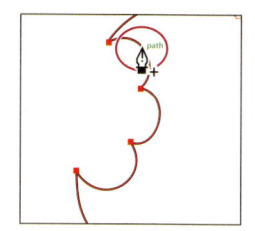

Arraste para remodelar o path.

3 Com a ferramenta Direct Selection, clique e arraste o ponto recém-criado para baixo e um pouco para a esquerda. Arraste as linhas de direção para a direita para criar um angular.

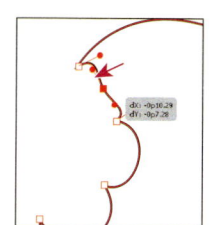

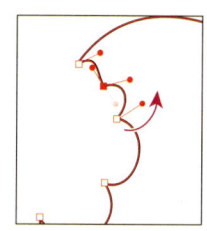

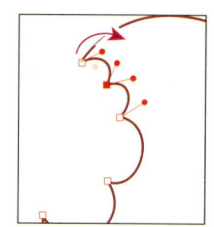

4 Repita os passos acima para adicionar outro ponto de ancoragem à parte inferior da mordida.

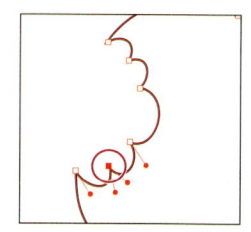

Agora, você vai excluir um ponto de ancoragem e remodelar a mordida.

● **Nota:** Você pode alcançar o mesmo efeito adicionando apenas um ponto de ancoragem e remodelando as curvas.

● **Nota:** Não utilize as teclas Delete, Backspace e Clear ou o comando Edit > Cut and Edit > Clear para excluir pontos de ancoragem, porque eles excluem o ponto e os segmentos de linha que ligam esse ponto.

5 Com a ferramenta Direct Selection, clique em um ponto da mordida na maçã para selecioná-lo. No painel Control, clique em Remove Selected Anchor Points ( ) para excluir o ponto de ancoragem.

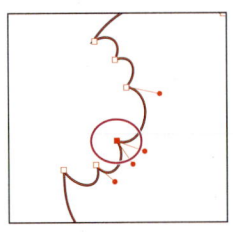

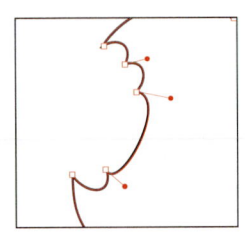

Selecione o ponto de ancoragem.

Clique em Remove Selected Anchor Points para excluir o ponto de ancoragem.

▶ **Dica:** Outra maneira de excluir pontos de ancoragem é selecionar a ferramenta Pen ( ) ou a ferramenta Delete Anchor Point ( ) no painel Tools, posicionar o cursor sobre o ponto de ancoragem e clicar para excluí-lo.

6 Com a ferramenta Direct Selection, arraste as alças de direção para os pontos de ancoragem restantes para que parte da mordida seja mais redonda.

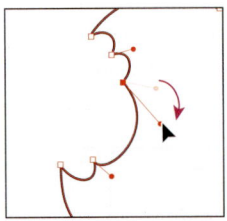

Arraste a alça de direção de cima para remodelar a curva.

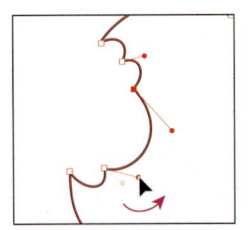

Arraste a alça de direção de baixo para remodelar a curva.

7 Escolha Select > Deselect.

8 Escolha File > Save.

Desenhe com a ferramenta Pencil

A ferramenta Pencil permite desenhar paths abertos e fechados, como se você estivesse usando lápis para desenhar no papel. Os pontos de ancoragem são criados à medida que você desenha e posicionados no path onde o Illustrator considera necessário. Entretanto, você pode ajustar os pontos quando o path estiver completo. O número de pontos de ancoragem especificado é determinado pelo comprimento e pela complexidade do path, e pelas configurações de tolerância na caixa de diálogo Pencil Tool Options. A ferramenta Pencil é melhor usada para desenhar formas livres e criar formas mais orgânicas.

A seguir, você vai desenhar algumas veias na folha.

1 Escolha View > Fit Artboard In Window.

LIÇÃO 5
Desenhando com as Ferramentas Pen e Pencil

2. Selecione a ferramenta Zoom ( ) no painel Tools e clique três vezes na folha no canto inferior direito da prancheta.

3. Dê um duplo clique na ferramenta Pencil ( ) do painel Tools. Na caixa de diálogo Pencil Tool Options, arraste o controle deslizante Smoothness para a direita até que o valor seja 100%. Assim, os paths desenhados com a ferramenta Pencil têm menos pontos e parecerem mais suaves. Clique em OK.

4. Com a ferramenta Pencil selecionada, clique na cor do contorno no painel Control e selecione preto no painel Swatches e, então, clique na cor de preenchimento no painel Control e escolha None ( ).

● **Nota:** No passo 4, as configurações padrão talvez já estejam definidas para as cores de contorno e de preenchimento.

5. Clique e arraste da extremidade esquerda da folha para a extremidade direita em um arco para criar uma linha de centro para a folha.

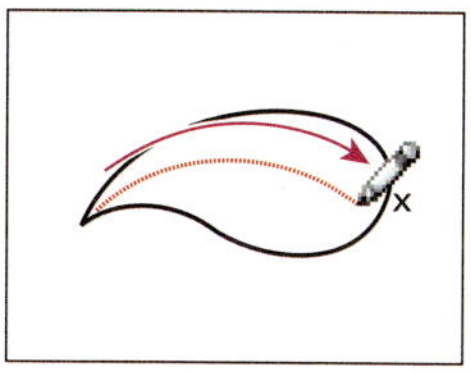

● **Nota:** O x que aparece à direita do cursor antes de você começar a desenhar indica que você está prestes a criar um novo path.

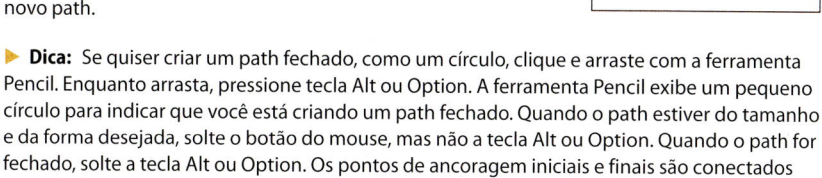

▶ **Dica:** Se quiser criar um path fechado, como um círculo, clique e arraste com a ferramenta Pencil. Enquanto arrasta, pressione tecla Alt ou Option. A ferramenta Pencil exibe um pequeno círculo para indicar que você está criando um path fechado. Quando o path estiver do tamanho e da forma desejada, solte o botão do mouse, mas não a tecla Alt ou Option. Quando o path for fechado, solte a tecla Alt ou Option. Os pontos de ancoragem iniciais e finais são conectados com a linha mais curta possível.

Observe que, enquanto você desenha, o path talvez não pareça perfeitamente suave. Ao soltar o botão do mouse, o path é suavizado com base no valor Smoothness que você configurar.

6. Posicione o cursor sobre o path recém-criado. Observe que o x não aparece mais ao lado do cursor da ferramenta Pencil, o que indica que, se arrastar para começar a desenhar, você editará a veia da folha em vez de desenhar um novo path.

Agora, configure mais opções da ferramenta Pencil.

7. Dê um duplo clique na ferramenta Pencil do painel Tools.

8. Na caixa de diálogo Pencil Tool Options, desmarque Edit Selected Paths. Altere o valor de Fidelity para 20 pixels. Clique em OK.

▶ **Dica:** Quanto mais alto o valor Fidelity, maior a distância entre os pontos de ancoragem (menos pontos de ancoragem serão criados). Menos pontos de ancoragem podem tornar o path mais suave e menos complexo.

9. Com a ferramenta Pencil, clique e arraste, iniciando na primeira veia e seguindo para fora para desenhar várias veias menores na folha.

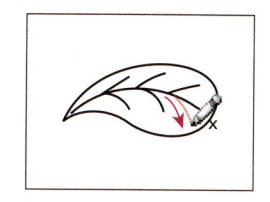

10. Selecione a ferramenta Selection e desenhe uma seleção ao redor da folha e das veias para selecioná-las. Escolha Object > Group.

11. Escolha Select > Deselect.

Edite com a ferramenta Pencil

Você também pode editar paths utilizando a ferramenta Pencil e adicionar formas e linhas de forma livre a qualquer forma. A seguir, você vai editar a forma do caule utilizando a ferramenta Pencil.

1 Dê um duplo clique na ferramenta Hand ( ) do painel Tools para ajustar a prancheta na janela.

2 Selecione a ferramenta Zoom ( ) e clique três vezes no caule no canto superior esquerdo da prancheta.

3 Com a ferramenta Selection, selecione o caule.

4 Dê um duplo clique na ferramenta Pencil. Na caixa de diálogo Pencil Tool Options, clique em Reset. Observe se a opção Edit Selected Paths está selecionada (isso é importante para os próximos passos). Mude Smoothness para **15%** e clique em OK.

● **Nota:** Dependendo de onde você começa a redesenhar o path e em qual direção arrasta, você talvez obtenha resultados inesperados. Por exemplo, você poderia transformar acidentalmente um path fechado em um path aberto, transformar um path aberto em um path fechado ou perder uma parte de uma forma.

5 Posicione a ferramenta Pencil no lado esquerdo superior do path do caule e observe o x desaparecer do cursor. Isso indica que você está prestes a redesenhar o path selecionado.

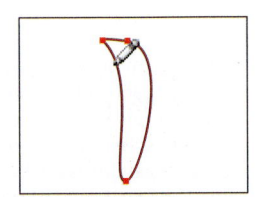

6 Arraste para cima e para a direita para arredondar o canto do caule. Quando o cursor retornar ao path, solte o botão do mouse para ver a forma.

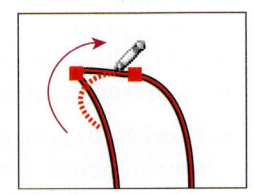

▶ **Dica:** Se o canto não parecer bom, escolha Edit > Undo Pencil ou tente arrastar com a ferramenta Pencil novamente ao longo da mesma área.

7 Escolha Select > Deselect.

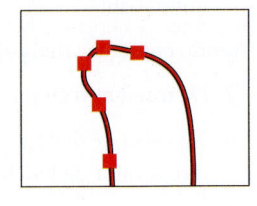

● **Nota:** Seu caule talvez não fique exatamente como o que você vê na figura à direita. Não tem problema.

8 Escolha File > Save.

Opções da ferramenta Pencil

As opções da ferramenta Pencil permitem alterar a maneira como a ferramenta funciona nos paths que você desenha ou edita. Dê um duplo clique na ferramenta Pencil para configurar qualquer uma das opções a seguir.

- **Fidelity:** Controla até onde você tem de mover o cursor antes de um novo ponto de ancoragem ser adicionado ao path. Quanto mais alto o valor, mais suave e menos complexo o path. Quanto menor o valor, mais as curvas responderão ao movimento do cursor, resultando em ângulos mais nítidos. A fidelidade pode variar de 0.5 a 20 pixels.

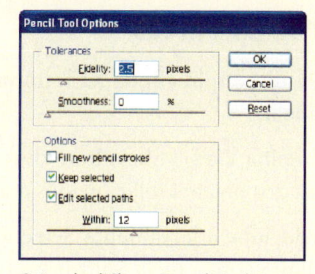

Caixa de diálogo Pencil Tool Options

- **Smoothness:** Controla a quantidade de suavização aplicada quando você desenha. A suavização pode variar de 0% a 100%. Quanto mais alto o valor, mais suave o path. Quanto menor o valor, maior o número de pontos de ancoragem criado e maior preservação das irregularidades da linha.
- **Fill New Pencil Strokes:** Aplica um preenchimento aos contornos do lápis que você desenha depois de marcar essa opção, mas não aos contornos existentes do lápis. Lembre-se de selecionar um preenchimento antes de desenhar os contornos do lápis.
- **Keep Selected:** Especifica se você quer manter o path selecionado depois de desenhá-lo. Esta opção é selecionada por padrão.
- **Edit Selected Paths:** Especifica se você pode alterar ou mesclar um path existente quando está a certa distância dele. Você especifica a distância com a opção Within.
- **Within:** Especifica dentro de quantos pixels o cursor precisa estar em relação a um path existente para editá-lo. Esta opção só está disponível quando a opção Edit Selected Paths está marcada.

—*Extraído do Illustrator Help*

Finalize a ilustração da maçã

Para completar a ilustração, você fará algumas modificações menores, vai montar e pintar os objetos. Depois, vai posicionar partes da flecha para dar a ilusão de que a maçã está atravessada por ela.

Monte as partes

1 Dê um duplo clique na ferramenta Hand (✋) para ajustar a prancheta na janela.

2 Escolha View > Show Bounding Box para que possa ver as caixas delimitadoras dos objetos selecionados enquanto os transforma.

3 Selecione a ferramenta Selection (▸) no painel Tools e clique com a tecla Shift pressionada para selecionar as duas linhas curvas não mais necessárias para a folha. Pressione Backspace (Windows) ou Delete (Mac OS) para excluí-las.

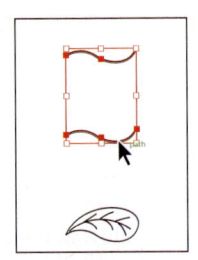

Agora, você vai diminuir o tamanho do caule e da folha e girá-los um pouco utilizando os comandos Transform.

4 Selecione o caule e escolha Object > Transform > Scale. Selecione Uniform e insira **50** no campo Scale. Selecione Scale Strokes & Effects Option e clique em OK.

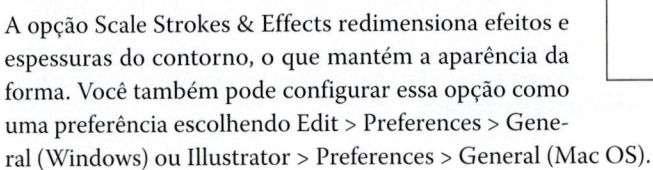

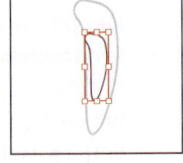

A opção Scale Strokes & Effects redimensiona efeitos e espessuras do contorno, o que mantém a aparência da forma. Você também pode configurar essa opção como uma preferência escolhendo Edit > Preferences > General (Windows) ou Illustrator > Preferences > General (Mac OS).

5 Escolha Object > Transform > Rotate. Insira **30** no campo Angle e clique em OK.

Agora, você vai repetir o dimensionamento e a rotação na folha.

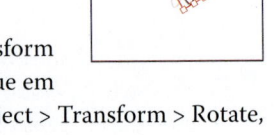

6 Selecione o grupo da folha. Escolha Object > Transform > Scale. Deixe as configurações como estão e clique em OK para dimensionar a folha em 50%. Escolha Object > Transform > Rotate, digite **30** (se não estiver no campo de texto Angle) e clique em OK.

Você também pode dimensionar e rotacionar objetos com as ferramentas Scale e Rotate, ou com a ferramenta Free Transform. Para mais informações, consulte a Lição 4, "Transformando Objetos".

7. Com a ferramenta Selection, mova o caule e a folha para a parte de cima da maçã.

8. Com a ferramenta Selection, selecione a forma da maçã e escolha o branco como cor de preenchimento no painel Control.

9. Selecione a flecha e mova suas partes sobre a maçã para que ela pareça estar entrando na parte da frente da maçã e saindo na parte de trás.

   Os objetos são organizados na ordem em que são criados, com o mais recente (a maçã) na frente.

● **Nota:** Se a flecha aparecer na frente da maçã, com as partes da dela selecionadas, escolha Object > Arrange > Send To Back.

10. Selecione a parte de baixo da flecha e então escolha Object > Arrange > Bring To Front para posicioná-la na frente da maçã.

11. Selecione a ferramenta Pencil e desenhe uma pequena forma de U onde a cauda da flecha perfura a maçã.

12. Altere Stroke Weight da forma de U selecionada para **1 pt** no painel Control, se já não estiver configurado.

13. Escolha Select > Deselect.

14. Escolha File > Save.

Pinte o trabalho

Na ilustração, os preenchimentos estão pintados com degradês personalizados, chamados Apple leaf, Apple stem e Apple body, fornecidos no painel Swatches. Adicionamos algumas linhas de detalhe ao caule e pintamos as veias na folha. Também criamos contornos na curva onde a flecha perfura a maçã.

1. Selecione um objeto e então clique na cor de preenchimento no painel Control para visualizar o painel Swatches. Utilize as amostras chamadas Apple leaf, Apple stem e Apple body para as partes apropriadas.

2. Escolha File > Save e então escolha File > Close.

Para saber como criar seus próprios degradês, consulte a Lição 9, "Mesclando Formas e Cores". Para aprender mais sobre as opções de pintura no Illustrator, consulte a Lição 6, "Cor e Pintura". Para prática adicional com a ferramenta Pen, tente vetorizar imagens com ela. À medida que for entendendo melhor a ferramenta Pen, você vai ficar mais eficiente em desenhar os tipos de curvas e formas que quer.

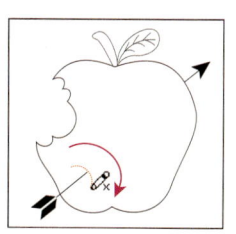

Explore por conta própria

Localize uma imagem, logotipo ou outro trabalho simples que você gostaria de criar e salve-o em um formato de arquivo de imagem que o Illustrator pode aceitar, como PDF, PSD, TIFF, EPS, JPG, etc.

1 Crie um novo documento do Illustrator, escolha o tamanho e o modo de cor com base nas suas necessidades ou simplesmente deixe as configurações padrão inalteradas.

2 Escolha File > Place. Navegue até localizar o trabalho que você deseja recriar, selecione-o e selecione Template. Clique em OK. A imagem é inserida em um modelo bloqueado com uma camada vazia no topo da ordem de empilhamento.

3 Selecione a ferramenta Pen ( ) e comece a utilizar as técnicas que você aprendeu nesta lição a fim de recriar a imagem.

Perguntas de revisão

1 Descreva como desenhar linhas retas, horizontais, verticais ou diagonais utilizando a ferramenta Pen.
2 Como você desenha uma linha curva utilizando a ferramenta Pen?
3 Como você desenha um ponto angular em uma linha curva?
4 Identifique duas maneiras de converter um ponto suave de uma curva em um ponto angular.
5 Qual ferramenta você utilizaria para editar um segmento em uma linha curva?
6 Como você pode alterar o modo como a ferramenta Pencil funciona?

Respostas

1 Para desenhar uma linha reta, clique duas vezes com a ferramenta Pen. O primeiro clique configura o ponto de ancoragem inicial e o segundo clique configura o ponto de ancoragem final da linha. Para restringir o movimento à uma linha reta vertical, horizontal ou ao longo de uma diagonal de 45 graus, pressione a tecla Shift ao clicar com a ferramenta Pen.

2 Para desenhar uma linha curva com a ferramenta Pen, clique e arraste para criar o ponto de ancoragem inicial e configurar a direção da curva e, então, clique para finalizar a curva.

3 Para desenhar um ponto angular em uma linha curva, pressione Alt (Windows) ou Option (Mac OS) e arraste a alça de direção no ponto final da curva para alterar a direção do path e, então, continue arrastando para desenhar o próximo segmento curvo no path.

4 Utilize a ferramenta Direct Selection para selecionar o ponto de ancoragem e, então, utilize a ferramenta Convert Anchor Point para arrastar uma alça de direção a fim de alterar sua direção. Outro método é escolher um ponto ou vários pontos com a ferramenta Direct Selection e então clicar em Convert Selected Anchor Points To Corner ( ) no painel Control.

5 Para editar um segmento em uma linha curva, selecione a ferramenta Direct Selection e arraste o segmento para movê-lo, ou arraste uma alça de direção em um ponto de ancoragem para ajustar o comprimento e a forma do segmento.

6 Dê um duplo clique na ferramenta Pencil para abrir a caixa de diálogo Pencil Tool Options, onde você pode alterar suavidade, fidelidade, etc.

6 COR E PINTURA

Visão geral da lição

Nesta lição, você vai aprender a:

- Utilizar modos e controles de cor
- Criar, editar e pintar com cores utilizando o painel Control e atalhos
- Atribuir nomes e salvar cores, criar grupos de cores e construir uma paleta de cores
- Utilizar o painel Color Guide e os recursos Edit Colors/Recolor Artwork
- Copiar atributos de pintura e de aparência de um objeto para outro
- Pintar com degradês e padrões

Esta lição levará aproximadamente uma hora e meia para ser concluída. Se necessário, remova a pasta da lição anterior de seu disco rígido e copie a pasta Lesson06.

Dê mais vida a sua ilustração usando cores e tirando proveito dos controles de cor do Illustrator CS4. Nesta lição repleta de informações, você descobrirá como criar e pintar preenchimentos e contornos, utilizar o painel Color Guide para inspiração, trabalhar com grupos de cor, recolorir o trabalho, criar moldes e muito mais.

Introdução

Nesta lição, você aprenderá os fundamentos das cores além de aprender a criar e editar cores utilizando os painéis Color e Swatches, entre muitas coisas mais.

1 Para que as ferramentas e os painéis funcionem como descritos nesta lição, exclua ou desative (renomeando) o arquivo de preferências do Adobe Illustrator CS4. Consulte "Restaurando as preferências padrão", na página 15.

2 Inicie o Adobe Illustrator CS4.

● **Nota:** Se você ainda não copiou os arquivos desta lição para o seu disco rígido a partir da pasta Lesson06 do CD do *Adobe Illustrator CS4 Classroom in a Book*, faça isso agora. Veja "Copiando os arquivos do Classroom in a Book", na página 14.

3 Escolha File > Open e abra o arquivo L6end.ai na pasta Lesson06 para ver a versão final do pôster. Deixe-o aberto para referência ou escolha File > Close.

4 Escolha File > Open. Na caixa de diálogo Open, navegue até a pasta Lesson06 na pasta Lessons. Abra o arquivo L6start.ai.

Esse arquivo contém alguns componentes. Você vai criar e aplicar cores conforme necessário para completar o pôster.

5 Escolha File > Save As. Na caixa de diálogo Save As, navegue até a pasta Lesson06 e nomeie-a **aquo_poster.ai**. Deixe a opção Save As Type configurada como Adobe Illustrator (*.AI) (Windows) ou a opção Format configurada como Adobe Illustrator (ai) (Mac OS) e clique em Save. Na caixa de diálogo Illustrator Options, deixe as opções do Illustrator em suas configurações padrão e clique em OK.

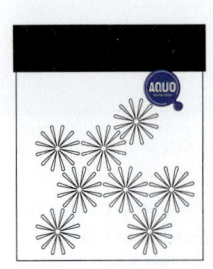

Compreenda as cores

Ao trabalhar com cores no Illustrator, você primeiro precisa entender os modelos e modos de cor. Ao aplicar cores a sua arte, tenha em mente a mídia final em que o trabalho será publicado (impressão ou Web, por exemplo), para que possa utilizar o modelo e as definições de cor corretos. Primeiro, você vai aprender a utilizar os modos de cor e os controles básicos de cor.

Modos de cor

Antes de iniciar uma nova ilustração, você precisa determinar qual modo de cor utilizar no trabalho – as cores CMYK ou RGB.

- **CMYK** – Cian, magenta, yellow e black (ciano, magenta, amarelo e preto) são as cores utilizadas na impressão em quatro cores. Essas quatro cores são combinadas e sobrepostas em um padrão reticular para criar uma variedade de outras cores. Selecione esse modo para impressão.
- **RGB** – Red, green, blue (vermelho, verde e azul) é o método natural de visualizar cores utilizando a luz. Selecione esse modo se estiver trabalhando em imagens para apresentações na tela ou para a Internet.

Selecione um modo de cor escolhendo File > New e selecionando o perfil de documento apropriado, como Print, que utiliza o modo de cores CMYK. O modo de cor pode ser alterado clicando-se na seta à esquerda de Advanced para que você possa ver as opções avançadas.

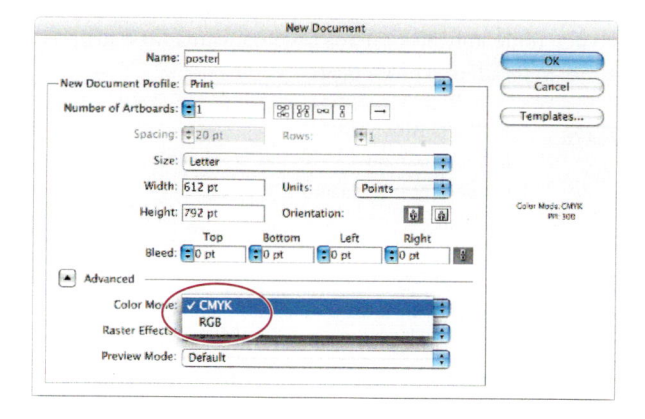

Quando um modo de cor é selecionado, os painéis aplicáveis se abrem com cores no modo CMYK ou RGB. Você pode alterar o modo de cor de um documento depois que um arquivo é criado escolhendo File > Document Color Mode e selecionando CMYK ou RGB no menu.

Entenda os controles de cor

Nesta lição, veremos o método tradicional de colorir objetos no Adobe Illustrator CS4. Isso inclui pintar objetos com cores, degradês e padrões utilizando uma combinação de painéis e ferramentas – painéis Control, Color, Swatches, Gradient, Stroke, Color Guide, o Color Picker e os botões de pintura no painel Tools. Começaremos examinando o trabalho concluído, ao qual as cores já foram adicionadas.

1 Selecione a ferramenta Selection (▶) e clique na forma azul no logotipo Aquo.

● **Nota:** Por conta da resolução de tela, seu painel Tools pode ter uma coluna dupla em vez de uma coluna simples padrão.

Objetos no Illustrator podem ter um preenchimento, um contorno ou ambos. No painel Tools, observe que a caixa Fill aparece no primeiro plano, indicando que ela está selecionada. Essa é a definição padrão. A caixa Fill é azul para esse objeto. Atrás da caixa Fill, a caixa Stroke mostra um contorno preto.

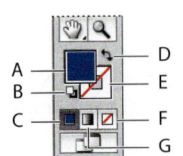

A. Caixa Fill
B. Botão Default Fill And Stroke
C. Botão Color
D. Botão Swap Fill And Stroke
E. Caixa Stroke
F. Botão None
G. Botão Gradient

2 Clique no ícone do painel Appearance (●) no lado direito do espaço de trabalho.

Os atributos Fill e Stroke do objeto selecionado também aparecem no painel Appearance. Você pode editar, excluir ou salvar atributos de aparência como estilos gráficos, que você pode aplicar a outros objetos, camadas e grupos. Você vai usar esse painel mais adiante nesta lição.

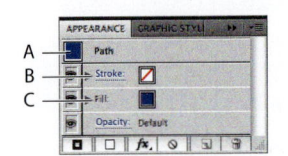

A. Objeto selecionado
B. Cor de traçado
C. Cor de preenchimento

▶ **Dica:** Pressione Shift e clique na barra do espectro de cores na parte inferior do painel Color para alternar entre diferentes modos de cor.

3 Clique no ícone do painel Color (🎨) no lado direito do espaço de trabalho. O painel Color exibe a cor atual de preenchimento e contorno. Os controles deslizantes CMYK mostram as porcentagens de ciano, magenta, amarelo e preto. Na parte inferior do painel Color está a barra do espectro de cores.

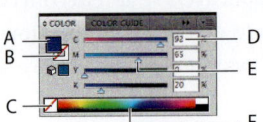

A. Caixa Fill
B. Caixa Stroke
C. Caixa None
D. Valor Color
E. Controle deslizante Color
F. Barra Color Spectrum

A barra do espectro de cores permite selecionar de um modo rápido e visual uma cor de preenchimento ou de contorno a partir de um espectro de cores. Você também pode escolher branco ou preto clicando na caixa de cores apropriada na extremidade direita da barra do espectro de cores.

4 Clique no ícone do painel Swatches (▦) no lado direito do espaço de trabalho. Você pode nomear e salvar cores, degradês e padrões de documento no painel Swatches para acesso instantâneo. Quando um objeto tem um preenchimento ou contorno que contém uma cor, degradê, padrão ou tom aplicado no painel Swatches, a amostra aplicada é destacada no painel Swatches.

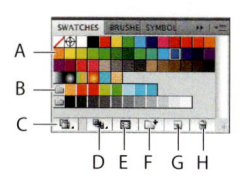

A. Amostra
B. Grupo de cores
C. Menu Swatch Libraries
D. Menu Show Swatch Kinds
E. Opções Swatch
F. New Color Group
G. New Swatch
H. Delete Swatch

5 Clique no ícone do painel Color Guide (▲) no lado direito do espaço de trabalho. Clique na amostra azul no canto superior esquerdo do painel para configurar a cor básica do objeto selecionado (rotulado A no diagrama abaixo) como o azul. Clique no menu Harmony Rules e escolha Complementary 2.

O Color Guide pode ajudar na escolha de cores enquanto você cria seu trabalho. Ele ajuda a selecionar tons de cor, cores análogas e muito mais. Através dele, você também pode acessar o recurso Edit Color, que permite editar e criar cores.

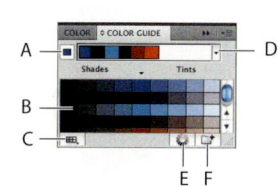

A. Configurado como a cor de base
B. Variações na cor
C. Limita as cores à biblioteca de amostras especificada
D. Menu Harmony Rules e grupo de cores ativas
E. Edit Colors ou Edit Or Apply Colors
F. Salve um grupo de cores no painel Swatches

6 Clique no ícone do painel Color (🎨). Utilizando a ferramenta Selection (▶), clique em várias formas no arquivo aquo_poster.ai para ver como os atributos de pintura aparecem no painel.

7 Deixe o arquivo aberto.

Crie cores

Você está trabalhando em uma arte no modo de cor CMYK, o que significa que pode criar suas próprias cores a partir de qualquer combinação de ciano, magenta, amarelo e preto. As cores podem ser criadas de várias maneiras, de acordo com o trabalho. Se quiser criar uma cor que seja própria da sua empresa, por exemplo, utilize uma biblioteca de amostras. Se estiver tentando corresponder cores no trabalho, utilize a ferramenta Eyedropper para obter uma amostra das cores ou o Color Picker para inserir valores exatos. A seguir, você vai criar cores com diferentes métodos e então vai aplicar essas cores a objetos.

Crie e salve uma cor personalizada

Você vai criar uma cor utilizando o painel Color e salvá-la como uma amostra no painel Swatches.

1 Escolha Select > Deselect.

● **Nota:** Se objetos estiverem selecionados quando a cor é criada, ela será aplicada ao objeto selecionado.

2 Se o painel Color não estiver visível, clique no ícone do painel Color (). Se os controles deslizantes CMYK não estiverem visíveis, escolha CMYK no menu do painel Color ().

3 Digite esses valores nos campos de texto CMYK: C=**9%**, M=**100%**, Y=**100%**, K=**2%**.

▶ **Dica:** Para salvar a cor que você criou no painel Color, você também pode clicar no botão New Swatch no painel Swatches para abrir a caixa de diálogo New Swatch.

4 Clique no ícone do painel Swatches () e escolha New Swatch no menu do painel Swatches ().

5 Na caixa de diálogo New Swatch, nomeie o fundo do logotipo colorido e clique em OK. Observe que a amostra é destacada no painel Swatches.

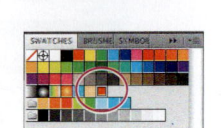

Novas cores adicionadas ao painel Swatches são salvas somente com o arquivo atual. Se você abrir um novo arquivo, ele exibirá a configuração padrão das amostras que vêm com o Adobe Illustrator CS4.

▶ **Dica:** Se quiser carregar amostras de um documento salvo para outro, clique no botão Swatch Libraries Menu () e escolha Other Library e, então, localize o documento com as amostras que você deseja importar.

● **Nota:** O painel Swatches que aparece quando você clica na cor Fill no painel Control é o mesmo painel Swatches.

6 Com a ferramenta Selection (), clique na forma de fundo do logotipo "aquo" para selecioná-la. Clique na cor de preenchimento no painel Control. Quando o painel Swatches aparecer, escolha a amostra do fundo do logotipo.

7 Clique na cor de contorno no painel Control e escolha None ().

8 Selecione a ferramenta Zoom (🔍) e arraste uma seleção sobre logotipo para ampliá-lo rapidamente.

Deixe a forma do fundo do logotipo aquo selecionada.

Edite uma amostra

Depois que uma cor é criada e salva no painel Swatches, você pode editá-la. Agora, você vai editar a amostra do fundo do logotipo que acabou de salvar.

1 Selecione a caixa de preenchimento no painel Tools.

2 Clique no ícone do painel Swatches (▦) no lado direito do espaço de trabalho para abrir o painel Swatches.

3 Com a forma ainda selecionada, dê um duplo clique na amostra do fundo do logotipo no painel Swatches. Na caixa de diálogo Swatch Options, altere o valor K (preto) para **10%**. Selecione Preview para ver as modificações no logotipo. Mude o valor de K para **3%** e clique em OK.

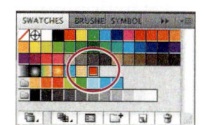

Ao criar uma amostra e então editá-la, os objetos com essa cor de amostra aplicada precisam ser selecionados para exibir a modificação. Altere a amostra do fundo do logotipo para uma cor global. Uma cor global atualiza automaticamente todo o trabalho quando você o edita, mesmo que os objetos que a utilizam estejam selecionados.

4 Dê um duplo clique na amostra do fundo do logotipo no painel Swatches para abrir a caixa de diálogo Swatch Options. Selecione Global e clique em OK.

5 Escolha Select > Deselect.

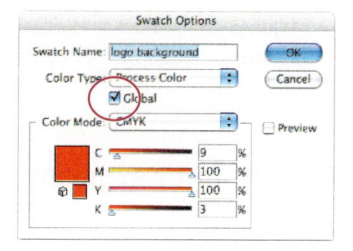

6 Dê um duplo clique na amostra do fundo do logotipo no painel Swatches novamente para abrir a caixa de diálogo Swatch Options. Altere o valor K (preto) para **10%**. Selecione Preview para ver as modificações. Mude o valor de K para **3%** e clique em OK.

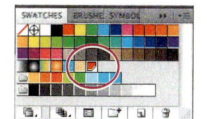

● **Nota:** O triângulo branco no canto inferior direito do ícone da amostra (▣) no painel Swatches indica uma cor global.

7 Escolha File > Save.

Utilize as bibliotecas de amostras do Illustrator

Nota: A maioria das bibliotecas (mas não todas) que vêm com o Illustrator são de cores CMYK.

Bibliotecas de amostra são conjuntos de cores predefinidas, como PANTONE®, TOYO, e bibliotecas temáticas, como Earthtone e Ice Cream. As bibliotecas aparecem como painéis separados e não podem ser editadas. Ao aplicar cores de uma biblioteca ao trabalho, as cores da biblioteca tornam-se uma amostra que é salva no painel Swatches para esse documento. Bibliotecas são um excelente ponto de partida para criar cores.

Digamos que a empresa Aquo sempre utilize amarelo para o texto no seu logotipo. Quando essa cor é definida, ela pode ser um amarelo intenso, escuro ou claro. Essa é a razão por que a maioria das impressoras e dos designers conta com um sistema de correspondência de cores, como o sistema PANTONE, para ajudar a manter a homogeneidade das cores e, em alguns casos, fornecer um espectro de cores mais amplo. Em seguida você criará uma cor especial utilizando a PANTONE solid coated.

Cores especiais *versus* cores de processo

Você pode designar as cores como especiais ou de processo, que correspondem aos dois principais tipos de tinta utilizados na impressão comercial.

- Uma cor de escala é impressa utilizando-se uma combinação das quatro tintas de escala padrão: ciano, magenta, amarelo e preto (CMYK).
- Uma cor especial é uma tinta pré-misturada que é utilizada no lugar de, ou junto com, tintas de processo CMYK. Uma cor especial requer uma chapa de impressão própria.

Crie uma cor especial

Nota: Quando você fecha o Illustrator e então o recarrega, o painel da biblioteca PANTONE não reabre. Para abrir o painel automaticamente quando o Illustrator se abre, escolha Persistent no menu do painel PANTONE Solid Coated.

Nesta seção, veremos como carregar uma biblioteca de cores, como o sistema de cores PANTONE, e como adicionar uma cor PANTONE (PMS) ao painel Swatches.

1. No painel Swatches, clique no botão Swatch Libraries Menu (). Escolha Color Books > PANTONE Solid Coated. A biblioteca PANTONE Solid Coated aparece em um painel separado.

2. Escolha Show Find Field no menu do painel PANTONE Solid Coated (). Digite 116 no campo Find. PANTONE 116 C é destacado. Clique na amostra destacada para adicioná-la ao painel Swatches. Feche o painel PANTONE Solid Coated.

A cor PANTONE aparece no painel Swatches.

3 Com a ferramenta Selection (↖), pressione Shift e clique na perna do "q" no texto Aquo e em NATURAL ENERGY para selecioná-los. Na cor de preenchimento (Fill) no painel Control, escolha a cor PANTONE 116 C para preencher o texto. Mude Stroke para None (⊘).

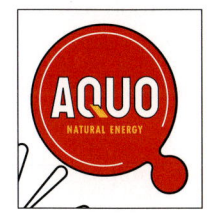

4 Escolha Select > Deselect.
5 Escolha File > Save. Mantenha o arquivo aberto.

Por que minha amostra PANTONE parece diferente das outras amostras no painel Swatches?

No painel Swatches, é possível identificar o tipo da cor usando ícones que aparecem ao lado do nome da cor. Você pode identificar amostras de cores especiais pelo ícone de cor especial (▣) quando o painel está no modo de exibição de lista, ou pelo ponto no canto inferior (▣) quando o painel está no modo de exibição thumbnail. Cores de processo não possuem ícone de cor especial ou ponto.

Por padrão, a amostra PANTONE solid coated é definida como uma cor especial, por isso o ponto. Uma cor spot não é criada a partir de uma combinação de tintas CMYK, mas a partir de uma cor de tinta sólida própria. Um operador de gráfica utiliza uma cor PMS (PANTONE Matching System) pré-misturada na gráfica, oferecendo cores mais consistentes.

Um triângulo indica que a cor é global. Se uma cor global for editada, todas as referências das cores utilizadas na ilustração serão atualizadas. Qualquer cor pode ser global, não apenas cores PANTONE. Para aprender mais sobre cores spot, escolha Help > Illustrator Help e procure "spot colors".

Utilize o Color Picker

O Color Picker permite selecionar cores em um campo e espectro de cores pela definição das cores numericamente ou com um clique em uma amostra. A seguir, você vai criar uma cor utilizando o Color Picker e então salvar essa cor como uma amostra no painel Swatches.

1 Dê um duplo clique na ferramenta Hand (✋) para ajustar a prancheta na janela.

2 Com a ferramenta Selection (▶), clique para selecionar as formas da estrela no fundo.

3 Dê um duplo clique na caixa de preenchimento no painel Tools para abrir o Color Picker.

▶ **Dica:** Dê um clique duplo na caixa Fill ou Stroke no painel Tools ou no painel Color para acessar o Color Picker.

▶ **Dica:** Se você trabalha com o Photoshop, provavelmente já conhece o Color Picker.

4 Na caixa de diálogo Color Picker, digite estes valores nos campos de texto CMYK: C=**0%**, M=**35%**, Y=**87%** e K=**0%**.

Observe que o controle deslizante na barra do espectro de cores e o círculo no campo de cores se moverem à medida que você digita os valores CMYK. O espectro de cores mostra o tom, e o campo de cores exibe a saturação (horizontalmente) e o brilho (verticalmente).

5 Selecione S (saturação) para alterar o espectro de cores exibido no Color Picker. A barra do espectro de cores muda para a saturação da cor laranja. Arraste o controle deslizante do espectro de cores até que o valor de S seja **90%** e clique em OK.

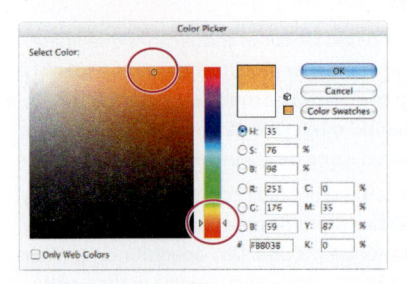

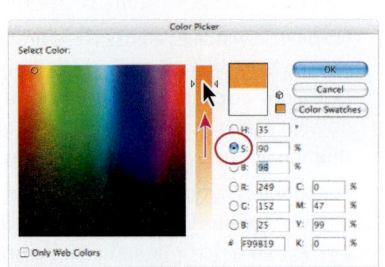

A estrela é preenchida com a cor laranja que você criou no Color Picker.

● **Nota:** O botão Color Swatches no Color Picker exibe as amostras no painel Swatches e permite selecionar uma delas. Você então pode voltar à visualização dos modelos de cores com a qual começou clicando no botão Color Models e editando os valores da amostra.

6 Altere a cor do contorno no painel Control para None (◻).

Agora, salve a cor no painel Swatches.

7 Abra o painel Swatches clicando no seu ícone de painel (▦).

8 Clique no botão New Swatch (□) na parte inferior do painel Swatches e nomeie a cor das estrelas na caixa de diálogo New Swatch. Selecione Global e clique em OK para ver a cor aparecer como uma amostra no painel Swatches.

9 Escolha File > Save.

Crie e salve tonalidades de uma cor

Um tom é uma versão mais clara de uma cor. Você pode criar um tom a partir de uma cor de processo global ou de uma cor especial. A seguir, você vai criar um tom da amostra das estrelas.

1 Com a estrela ainda selecionada na prancheta, clique no ícone do painel Color (🎨).

2 Verifique se a caixa Fill está selecionada no painel e então arraste o controle deslizante de tons para a esquerda a fim de alterar o valor do tom para **70%**.

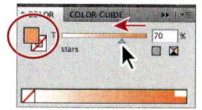

Mude o valor do tom.

3 Clique no ícone do painel Swatches (▦) no lado direito do espaço de trabalho. Clique no botão New Swatch (□) na parte inferior do painel para salvar o tom. Observe a amostra de tons no painel Swatches. Posicione o cursor sobre o ícone da amostra. O nome "stars 70%" aparece.

4 Escolha File > Save.

Copie atributos

1 Utilizando a ferramenta Selection (▶), selecione uma das estrelas que ainda não foi colorida e, então, com a tecla Shift pressionada, clique para adicionar todas as outras estrelas ainda não pintadas à seleção.

2 Utilizando a ferramenta Eyedropper (✒), clique na estrela pintada; todas as estrelas não pintadas incorporam os atributos dela.

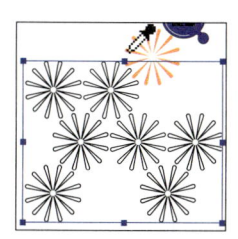

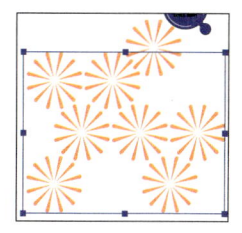

3 Com a ferramenta Selection, clique com a tecla Shift pressionada para selecionar a estrela original. Com todas as estrelas selecionadas, altere a opacidade para **30%** no painel Control.

4 Escolha Object > Group.

5 Escolha Select > Deselect e então File > Save.

Crie um grupo de cores

No Adobe Illustrator CS4, você pode salvar as cores em grupos de cores, que consistem em amostras de cores relacionadas no painel Swatches. É útil organizar as cores por seu uso, como agrupar todas as cores para o logotipo. Apenas as cores especiais, de processo e globais podem estar em um grupo. A seguir, você vai criar um grupo de cores utilizando as cores do logotipo que criou.

● **Nota:** Se os objetos estiverem selecionados quando você clicar no botão New Color Group, uma caixa de diálogo New Color Group expandida aparecerá. Nessa caixa de diálogo, você pode criar um grupo de cores a partir das cores do trabalho e convertê-las em cores globais.

1 No painel Swatches, clique em uma área em branco do painel para desmarcar as amostras de cores. Clique com a tecla Shift pressionada na amostra do fundo do logotipo e na amostra PANTONE 116 C criada antes para selecionar ambas.

2 Clique no botão New Color Group ( ) na parte inferior do painel Swatches para abrir a caixa de diálogo New Color Group. Mude Name para **logo** e clique em OK para salvar o grupo.

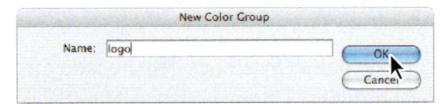

Agora, edite uma cor no grupo e adicione cor a ela.

3 Com a ferramenta Selection ( ), clique em qualquer cor na parte superior do painel Swatches para que o grupo de cores não fique mais selecionado no painel Swatches.

4 No painel Swatches, dê um duplo clique na cor de fundo do logotipo no grupo de cores do logo para abrir a caixa de diálogo Swatch Options. Altere C para **20%** e K para **0%**. Clique em OK.

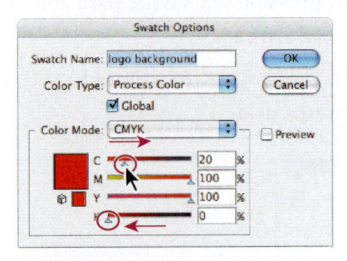

5 Clique na amostra K=90 e arraste-a entre o fundo do logotipo (vermelho) e as amostras PANTONE 116 C (amarela) no grupo de cores.

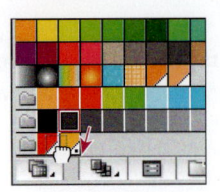

Observe que, depois de arrastar e soltar, você pode reordenar as amostras no grupo arrastando-as. Arraste a amostra K=90 para a direita da amostra PANTONE 116 C (amarelo).

6 Escolha File > Save.

As cores no logotipo agora foram salvas com esse documento como um grupo de cores. Você aprenderá como editar o grupo de cores mais adiante na lição.

Trabalhe com o painel Color Guide

O painel Color Guide pode servir de inspiração para a escolha de cores enquanto você cria sua arte. Ele ajuda a selecionar réguas harmônicas, como tons de cores, cores análogas, entre outras. Nesse painel, você também pode acessar o recurso Edit Color/Recolor Artwork, que permite editar e criar cores. Agora, utilize o painel Color Guide para selecionar diferentes cores para o logotipo e então salve essas cores como um grupo de cores no painel Swatches.

1 Com a ferramenta Selection (), arraste uma seleção sobre o logotipo aquo. Com Alt (Windows) ou Option (Mac OS) pressionadas, arraste uma cópia para fora da prancheta, para o lado direito.

2 Selecione a ferramenta Zoom () no painel Tools e clique duas vezes no logotipo copiado para ampliá-lo. Selecione Select > Deselect.

3 Com a ferramenta Selection, clique na forma do fundo vermelha do logotipo copiado. Certifique-se de que a caixa de preenchimento, Fill, está selecionada no painel Tools.

4 Clique no ícone do painel Color Guide () no lado direito do espaço de trabalho para abrir o painel. Clique no botão Set Base Color To The Current Color ().

Isso permite que o painel Color Guide sugira cores com base nas cores exibidas no botão Set Base Color To The Current Color.

Agora teste as cores no logotipo.

5 Escolha Right Complement no menu Harmony Rules à direita do botão Set Base Color To The Current Color no painel Color Guide.

6   Clique no botão Save Color Group To Swatch Panel (⬚⁺) para salvar as cores na régua harmônica Right Complement no painel Swatches.

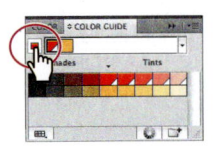

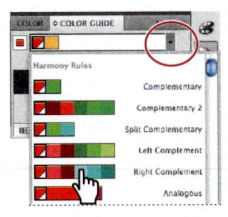

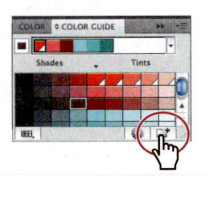

7   Clique no ícone do painel Swatches (▦). Role para baixo para ver o novo grupo adicionado. Você pode aplicar essas cores ao trabalho ou editá-las.

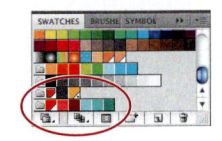

8   Clique no ícone Color Guide (▲) para abrir o painel Color Guide. A seguir, você testará as cores.

● **Nota:** Se escolher uma variação de cores diferente do que a sugerida, suas cores no restante desta seção serão diferentes.

9   Nas variações de cores no painel Color Guide, selecione a cor na terceira linha, quarta cor a partir da esquerda (ver a primeira figura abaixo). Observe que o logotipo copiado muda de cor. Clique no botão Set Base Color To The Current Color (■) para tentar um novo grupo de cores utilizando a régua harmônica Right Complement. Clique no botão Save Group To Swatch Panel (⬚⁺) para salvar as cores no painel Swatches.

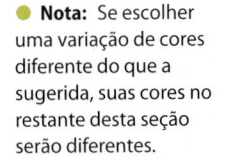

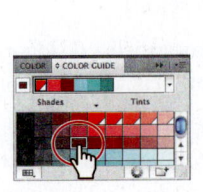

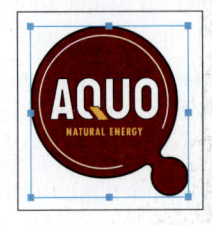

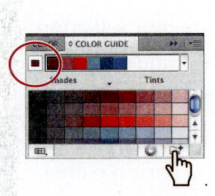

10   Escolha File > Save.

O próximo passo é editar as cores no grupo de cores antes de aplicá-las ao logotipo.

Edite um grupo de cores

O Adobe Illustrator CS4 tem várias ferramentas para trabalhar com cores. Ao criar grupos de cores no painel Swatches ou no painel Color Guide, você pode editá-las individualmente ou como um grupo na caixa de diálogo Edit Colors. Você também pode renomear o grupo de cores, reordenar as cores no grupo, adicionar ou remover cores etc. Nesta seção, você aprenderá a editar cores de um grupo de cores salvo utilizando a caixa de diálogo Edit Color.

1   Escolha Select > Deselect.

LIÇÃO 6 | **193**
Cor e Pintura

2 Clique no ícone do painel Swatches (▦). Clicar no botão Swatch Options (▣) na parte inferior do painel permite editar uma só cor selecionada.

3 Clique no ícone de pasta à esquerda do último grupo de cores para selecionar o grupo (talvez seja necessário rolar para baixo no painel Swatches). Observe que o botão Swatch Options (▣) muda para o botão Edit Color Group (✺) quando o grupo é selecionado.

▶ **Dica:** Para editar um grupo de cores, você também pode dar um duplo clique no ícone de pasta à esquerda do grupo de cores no painel Swatches.

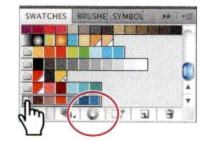

4 Clique no botão Edit Color Group (✺) para abrir a caixa de diálogo Edit Color.

5 Na caixa de diálogo Edit Colors, o grupo que você está prestes a editar é mostrado no topo. Renomeie o grupo para logo 2. No disco de cores, você vê marcadores (círculos) que representam cada cor no grupo. Clique e arraste a cor vermelha (circulada na figura abaixo, na direita) no sentido anti-horário até a área verde. Observe que todas as outras cores também mudam.

● **Nota:** O marcador maior no disco de cores com o círculo duplo é a cor de base no grupo de cores.

6 Altere Brightness (☼) arrastando o controle deslizante Adjust Brightness para a direita para deixar todas as cores mais vivas ao mesmo tempo.

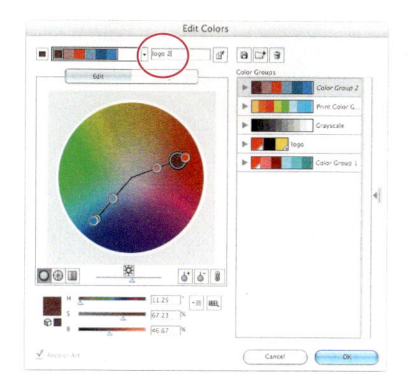

A seleção Recolor Art no fundo da caixa de diálogo Edit Colors está apagada porque nenhum trabalho está selecionado. Se há trabalho selecionado quando você abre essa caixa, ela é chamada de Recolor Artwork, e qualquer edição que você fizer também alterará o trabalho.

A seguir, você vai editar uma das cores no grupo e então salvar as cores como um novo grupo.

7   Clique no botão Unlink Harmony Colors ( ) na caixa de diálogo Edit Colors para editar as cores de modo independente (você deve ver o botão Link Harmony Colors ( )). As linhas entre os marcadores das cores (círculos) e o centro do disco de cores ficam pontilhadas, indicando que as cores podem ser editadas independentemente.

8   Clique e arraste o marcador vermelho claro para cima e para a esquerda no disco de cores para ajustar um pouco a cor. Quando selecionada, você pode editá-la usando os controles deslizantes HSB (hue, saturation e brightness – tom, saturação e brilho) abaixo do disco de cores.

9   Clique no botão Color Mode ( ) e escolha CMYK no menu se os controles deslizantes de CMYK já não estiverem visíveis. Clique para selecionar um dos marcadores verdes no disco de cores, como mostrado na figura da direita. Altere o valor K (preto) para **39** para mudar a cor. Observe o marcador da cor verde se mover no disco de cores. Arraste o controle deslizante C (ciano) para a direita para adicionar mais ciano. Tente ajustar outros controles deslizantes de cores e outras cores no grupo.

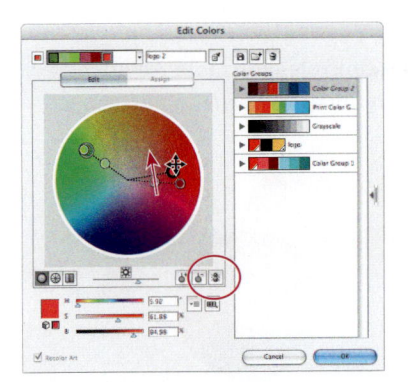

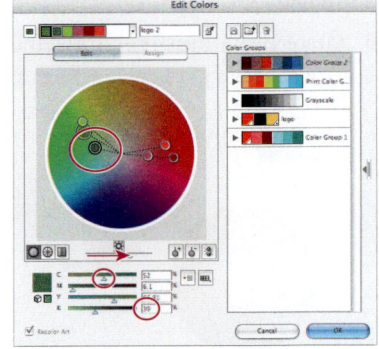

● **Nota:** Não se preocupe se os marcadores de cores na sua caixa de diálogo Edit Colors forem diferentes da figura acima.

▶ **Dica:** Para editar um grupo de cores e salvar as modificações sem criar um novo grupo, clique no botão Save Changes To Color Group ( ).

10 Clique no botão Color Mode ( ) e escolha HSB no menu para que da próxima vez que você editar as cores, ele utilize os controles deslizantes HSB.

11 Clique no botão New Color Group ( ) para salvar as cores que você editou como um novo grupo de cores chamado **logo 2**. Os grupos de cores que estão disponíveis no documento aparecem no lado direito da caixa de diálogo Edit Colors.

12 Clique em OK para fechar a caixa de diálogo Edit Colors e salvar o grupo de cores logo 2 no painel Swatches. Se aparecer uma caixa de diálogo, clique em Yes para salvar as alterações no grupo no painel Swatches.

13 Escolha File > Save.

Edite opções de cores

Utilize as opções na parte inferior da caixa de diálogo Edit Colors para editar as cores. A figura abaixo descreve resumidamente essas opções.

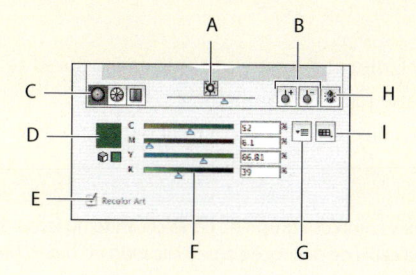

A Mostra a saturação e o tom no disco de cores.
B Adiciona e subtrai ferramentas marcadoras de cor.
C Opções de exibição de cores (disco de cores suaves, disco de cores segmentadas, barras de cores).
D Cor do marcador da cor selecionada ou barra de cores.
E O trabalho selecionado é recolorido quando esta opção está marcada (fica apagada quando o trabalho não está selecionado).
F Controles deslizantes de cor.
G Botão Color mode.
H Botão Unlink harmony colors (desvincula cores harmônicas).
I Limita o grupo de cores às cores de uma biblioteca de amostras.

Edite cores em um trabalho

Você pode editar todas as cores no trabalho selecionado pela caixa de diálogo Recolor Artwork. Você agora vai editar as cores no logotipo copiado, salvar as cores editadas como um grupo de cores e aplicar o grupo de cores a outro trabalho do documento.

1 Com a ferramenta Selection (▶), arraste uma seleção sobre o logotipo copiado na área de pintura para selecioná-lo inteiro.

2 Escolha Edit > Edit Colors > Recolor Artwork para abrir a caixa de diálogo Recolor Artwork.

Utilize a caixa de diálogo Recolor Artwork para reatribuir ou reduzir as cores em seu trabalho e criar e editar grupos de cores. Todos os grupos de cores que você cria para um documento aparecem na área de armazenamento Color Groups da caixa de diálogo Recolor Artwork e no painel Swatches. Você pode selecionar e utilizar esses grupos de cores sempre que quiser.

3 Na caixa de diálogo Recolor Artwork, clique no ícone Hide Color Group Storage ( ) no lado direito da caixa de diálogo.

4 Clique na guia Edit para editar as cores no trabalho utilizando um disco de cores.

5 Clique no ícone Link Harmony Colors ( ) para editar todas as cores ao mesmo tempo. Agora, o ícone deve se parecer com isto: .

▶ **Dica:** Se você quiser voltar às cores originais do logotipo, clique no botão Get Colors From Selected Art ( ).

6 Arraste com Shift pressionada o círculo da cor amarela para a área verde do disco de cores.

▶ **Dica:** Você pode salvar as cores editadas como um grupo de cores clicando no ícone Show Color Group Storage ( ), no lado direito da caixa de diálogo, e então clicando no botão New Color Group ( ).

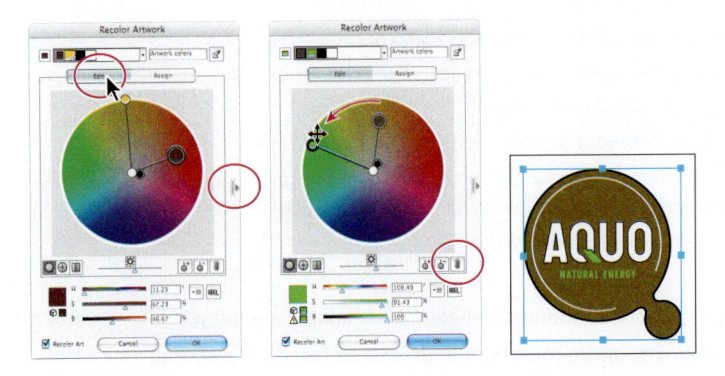

As opções de edição na caixa de diálogo Recolor Artwork são as mesmas da caixa de diálogo Edit Color. Em vez de editar as cores e criar grupos de cor para aplicar posteriormente, você edita dinamicamente as cores no trabalho selecionado. Observe a seleção Recolor Art no canto inferior esquerdo da caixa de diálogo. Quando você a seleciona, edita diretamente o trabalho selecionado.

7 Clique em OK.

8 Escolha File > Save.

No próximo passo, você vai pegar um grupo de cores de uma comunidade de usuários utilizando o painel Kuler.

Trabalhe com o painel Kuler

O painel Kuler é um portal para grupos de cores tematizadas, como o ice cream, criados por uma comunidade online de designers. Você pode navegar por vários grupos e fazer o download dos temas para edição ou uso. Também pode criar grupos de cores tematizadas para compartilhar com outras pessoas. A seguir, você vai fazer o download de um grupo de cores tematizadas para uma lata de refrigerante e aplicar as cores a ela.

1 Escolha Select > Deselect.

2 Escolha View > Fit Artboard In Window.

3 Escolha Window > Extensions > Kuler.

● **Nota:** Você precisa de uma conexão com a Internet para acessar os temas Kuler.

4 No painel Kuler, clique no menu Highest Rated e escolha Most Popular. O painel Kuler permite ver os temas mais recentes, os melhor avaliados, etc.

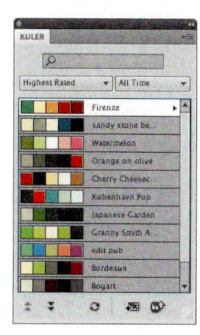

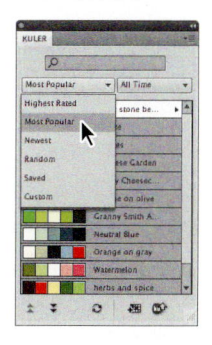

● **Nota:** Como os temas são atualizados constantemente e adicionados ao painel Kuler via Internet, seu painel Kuler pode exibir temas diferentes do que os mostrados nas figuras.

5 Para pesquisar os temas, digite **soda** no campo Search e pressione Enter ou Return. Com isso, são exibidos os temas relacionados a refrigerante.

6 Clique no tema City Soda no painel Browse (abaixo do campo de pesquisa). Se o tema City Soda não aparecer, selecione outro. Clique no botão Add Selected Theme To Swatches (![icon]) para adicioná-lo ao painel Swatches do documento aberto.

7 Selecione o tema Cola e clique no botão Add Selected Theme To Swatches (![]). Mais uma vez, se você não vir esse tema no painel Kuler, selecione outro.

8 Feche o painel Kuler.

9 Clique no ícone do painel Swatches (![]) para abrir o painel Swatches se ele já não estiver aberto. Observe que os dois novos grupos de cores aparecem na lista do painel das amostras (role para baixo, se necessário).

10 Escolha File > Save.

Opções do painel Kuler

O painel Kuler permite não apenas pesquisar, visualizar e salvar temas coloridos como grupos no painel Swatches, mas também visualizar temas online, salvar pesquisas etc. Eis algumas outras opções do painel Kuler:

Visualize um tema online no Kuler:

1 No painel Browse, selecione um tema nos resultados da pesquisa.

2 Clique no triângulo no lado direito do tema e selecione View Online in Kuler.

Salve pesquisas frequentes:

1 Selecione a opção Custom no primeiro menu pop-up do painel Browse.

2 Na caixa de diálogo que se abre, digite os termos da pesquisa e salve-os.

Quando quiser executar a pesquisa, selecione-a no primeiro menu pop-up.

Para excluir uma pesquisa salva, selecione a opção Custom no menu pop-up e limpe as pesquisas que você gostaria de excluir.

—*Extraído do Illustrator Help*

Atribua cores a seu trabalho

A guia Assign da caixa de diálogo Recolor Artwork permite atribuir cores a seu trabalho a partir de um grupo de cores. Você pode atribuir cores de várias maneiras, incluindo o uso de um novo grupo de cores escolhido no menu Harmony Rules. Agora, atribua novas cores a uma lata de refrigerante que está oculta no momento.

1 Clique no ícone do painel Layers ( ) no lado direito do espaço de trabalho.
2 No painel Layers, selecione a coluna Visibility à esquerda da camada Soda Can para exibir uma lata de refrigerante na prancheta.\

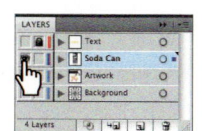

3 Com a ferramenta Selection ( ), clique para selecionar a área cinza atrás do logotipo "aquo" na lata. Isso seleciona um grupo de objetos, incluindo o padrão das formas na parte inferior da lata.
4 Escolha Edit > Edit Colors > Recolor Artwork.
5 Clique no ícone Show Color Group Storage ( ) para exibir os grupos de cores no lado direito da caixa de diálogo (se eles não estiverem visíveis).
6 Selecione o grupo de cores City Soda (ou o grupo de cores que você selecionou), salvo a partir do painel Kuler.
7 Se necessário, arraste a caixa de diálogo para longe da barra de título do trabalho para ver as modificações na lata.

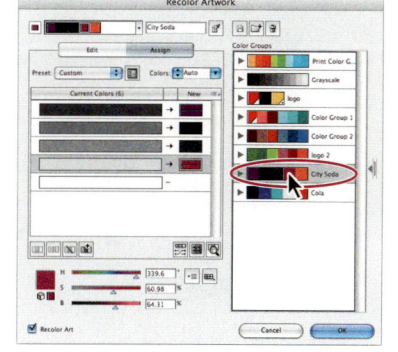

● **Nota:** Se as cores da lata de refrigerante não mudarem, verifique se Recolor Art está selecionado.

8 Selecione o grupo de cores logo 2 para aplicar essas cores à lata de refrigerante.

Na caixa de diálogo Recolor Artwork, observe que foram atribuídas novas cores às cores cinza do agrupo de latas. As cores do grupo são atribuídas às cores nos objetos da lata a partir das cores do grupo logo 2, aplicadas da esquerda para a direita. As cores na lata são listadas na área Assign da mais escura, no topo da lista, a mais clara, na base. As cores do grupo de cores são aplicadas em ordem.

9 Clique no ícone Hide Color Group Storage (◀) para ocultar os grupos de cores.

10 Na caixa de diálogo Recolor Artwork, clique e arraste a cor rosa para cima da cor verde-clara na coluna New. Isso alterna as cores verde e rosa no trabalho.

11 Arraste as cores de volta a sua ordem original.

As cores na coluna New mostram o que você vê no trabalho. Se clicar em uma das cores, veja os controles deslizantes HSB na parte inferior da caixa de diálogo que permitem editar essa cor.

12 Dê um duplo clique na cor verde no topo da coluna New.

13 Na caixa de diálogo Color Picker, clique no botão Color Swatches para ver as amostras do documento. Selecione o fundo do logotipo na lista Color Swatches. Clique em OK para retornar à caixa de diálogo Recolor Artwork.

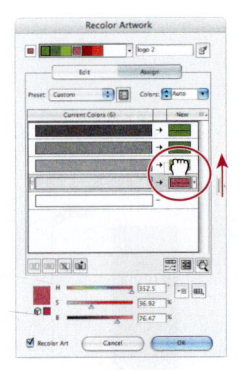

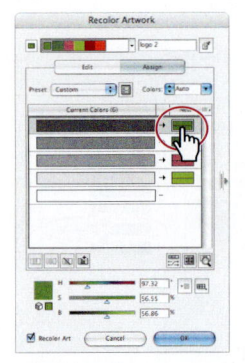

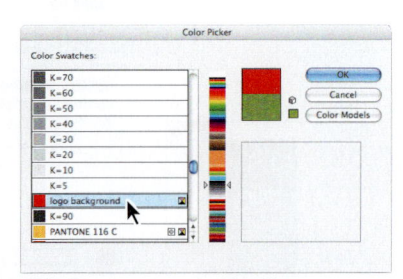

14 Arraste a caixa de diálogo Recolor Artwork até uma área livre para que você possa ver o trabalho, se quiser.

LIÇÃO 6 | **201**
Cor e Pintura

A seguir, você fará outras modificações nas cores da lata de refrigerante e então salvará as edições no grupo de cores logo 2.

15 Clique na seta entre o cinza-claro na coluna Current Color e o rosa na coluna New. No trabalho, o padrão da lata de refrigerante muda um pouco.

Clicando na seta entre uma cor atual e uma nova cor, você evita que a linha na cor atual (cinza-clara) seja reatribuída à nova cor (rosa).

16 Arraste essa barra cinza-clara para cima da barra cinza mais escura, no topo da lista de cores atual. Observe que o trabalho muda novamente.

Ao arrastar uma cor de uma linha para outra na mesma coluna, você diz ao Illustrator para aplicar a mesma nova cor (fundo do logotipo neste caso) a ambas as cores. A cor vermelha na coluna New é dividida em três seções diferentes (▬). A cor mais escura na linha (o cinza-escuro) é substituída pelo vermelho. A cor cinza mais clara é substituída por um tom proporcionalmente mais claro de vermelho.

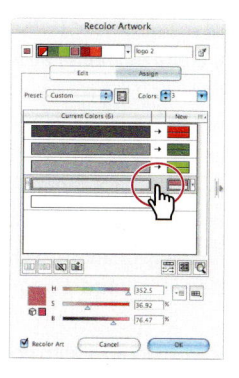

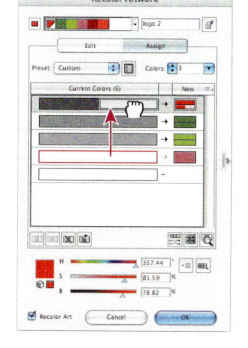

17 Clique no ícone Show Color Group Storage (▸) para exibir os grupos de cores no lado direito da caixa de diálogo.

18 Clique no botão Save Changes To Color Group (▣) para salvar as modificações no grupo de cores logo 2 sem fechar a caixa de diálogo.

Há muitas edições de cores que podem ser feitas para o trabalho selecionado na caixa de diálogo Recolor Artwork. Para aprender mais sobre tudo o que você pode fazer na caixa de diálogo Edit Colors/Recolor Artwork, pesquise "working with color groups" no Illustrator Help.

● **Nota:** Se quiser aplicar uma cor ao trabalho selecionado, escolha 1 no menu Colors acima da coluna New na caixa de diálogo Recolor Artwork. Apenas tome cuidado para finalizar os passos desta lição antes de tentar isso.

19 Clique em OK. As modificações que você fez no grupo de cores não são salvas no painel Swatches.

20 Escolha Select > Deselect e então File > Save.

Reatribua cores ao trabalho

Siga um destes passos para reatribuir as cores ao trabalho selecionado:

- Para atribuir uma cor atual a uma cor diferente, arraste a cor atual para cima ou para baixo na coluna Current Colors até que ela fique ao lado da nova cor desejada.
- Se uma linha contiver várias cores e você quiser mover todas elas, clique na barra seletora à esquerda da linha e arraste para cima ou para baixo.
- Para atribuir uma nova cor a uma linha diferente das cores atuais, arraste a nova cor para cima ou para baixo na coluna New. (Para adicionar uma nova cor ou remover uma cor da coluna New, clique com o botão direito do mouse na lista e escolha Add New Color ou Remove Color.)
- Para alterar uma cor na coluna New, clique com o botão direito do mouse nela e escolha Color Picker para configurar uma nova cor.
- Para evitar que uma linha das cores atuais seja reatribuída, clique na seta entre as colunas. Para incluí-la mais uma vez, clique no contorno.
- Para evitar que apenas uma cor atual seja reatribuída, clique com o botão direito do mouse na cor e escolha Exclude Colors, ou clique no ícone.
- Para reatribuir cores aleatoriamente, clique no botão Randomly Change Color Order. As novas cores movem-se aleatoriamente para diferentes linhas das cores atuais.
- Para adicionar uma linha à coluna Current Colors, clique com o botão direito do mouse e escolha Add A Row, ou clique no ícone.

—Extraído do Illustrator Help

Ajuste as cores

Agora, você vai transformar o logotipo aquo original em um logotipo CMYK. No momento, o amarelo é uma cor PANTONE que precisa passar para CMYK.

1 Selecione a ferramenta Selection (▶) e arraste uma seleção sobre o logotipo original, tendo o cuidado de não selecionar o grupo de estrelas.

2 Escolha Edit > Edit Colors > Convert To CMYK. As cores no logotipo selecionado, incluindo PANTONE 116 C amarelo, agora estão em CMYK.

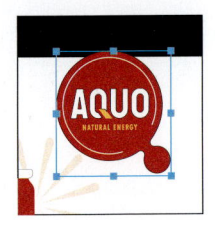

São várias as opções no menu Edit > Edit Colors para a conversão de cores, incluindo Recolor With Preset. Esse comando permite alterar a cor da arte selecionada utilizando algumas cores escolhidas, uma biblioteca de cores e um conjunto de cores harmônicas específico (como cores complementares). Para aprender mais sobre como ajustar as cores dessa maneira, pesquise "reduce colors in your artwork" no Illustrator Help.

3 Escolha Select > Deselect e então File > Save.

Pinte com degradês e padrões

Além de processar e aplicar cores spot, o painel Swatches também pode conter amostras de padrões e degradês. O Adobe Illustrator CS4 fornece amostras de cada tipo no painel padrão e permite que você crie seus próprios padrões e degradês. A seguir, você vai preencher uma forma com um degradê e então editá-lo.

Para aprender mais sobre como trabalhar com degradês, veja a Lição 9, "Mesclando formas e cores".

Você agora vai ativar a visibilidade de uma camada que contém um degradê.

1 Escolha Window > Workspace > Essentials.

2 Dê um duplo clique na ferramenta Hand (🖐) para ajustar a prancheta na janela.

3 Clique no ícone do painel Layers (◆).

4 No painel Layers, clique para selecionar a coluna Visibility à esquerda da camada Background. Clique no ícone de olho (👁) à esquerda das camadas Soda Can e Artwork para desmarcar a visibilidade.

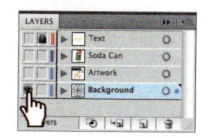

Utilize padrões

Você pode utilizar padrões predefinidos que vêm com o Adobe Illustrator CS4 ou criar seus próprios padrões. Nesta seção, você fará as duas coisas.

1 Clique no ícone do painel Swatches (▦). No painel Swatches, clique no botão do menu Swatch Libraries (📚) na parte inferior do painel e escolha Patterns > Basic Graphics > Basic Graphics_Dots para abrir a biblioteca de padrões.

2 Utilizando a ferramenta Selection (▶), selecione o grupo de formas que irradiam do centro da prancheta.

3 No painel Control, altere a cor de contorno para None (⃠).

4 Verifique se a caixa de preenchimento, Fill, está selecionada no painel Tools.

▶ **Dica:** Como alguns padrões fornecidos têm um fundo claro, você pode criar um segundo preenchimento para o objeto utilizando o painel Appearance. Para informações adicionais, consulte a Lição 12.

5 Selecione a amostra padrão 10 dpi 60% no painel Basic Graphics_Dots para preencher o grupo de objetos com o padrão.

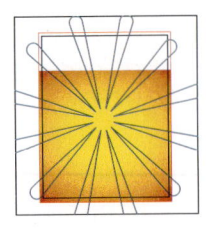

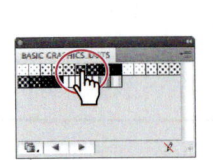

6 Feche o painel Basic Graphics_Dots.

7 Com o grupo de formas ainda selecionado, dê um duplo clique na ferramenta Scale ( ) do painel Tools para aumentar o tamanho do padrão sem afetar sua forma. Na caixa de diálogo Scale, desmarque Scale Strokes & Effects (se necessário) e Objects, o que seleciona Patterns. Altere o dimensionamento uniforme para **160** e clique em OK. Somente o padrão é expandido. Deixe o grupo selecionado.

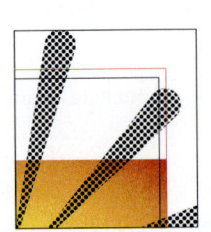

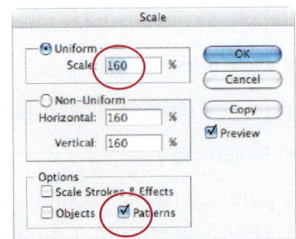

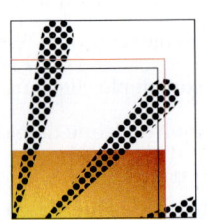

8 Clique no ícone do painel Transparency ( ) no lado direito do espaço de trabalho. Escolha Soft Light no menu Blending Mode. Altere a opacidade para **70%**.

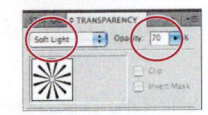

9 Para se livrar das formas que estão fora da área da página, crie uma máscara. Com a ferramenta Selection ( ), selecione o retângulo no fundo com o degradê aplicado e escolha Edit > Copy e, então, Edit > Paste In Front para colar uma cópia sobre a forma copiada.

● **Nota:** Para aprender mais sobre como trabalhar com máscaras, consulte a Lição 14.

10 Com a forma ainda selecionada, escolha Object > Arrange > Bring To Front.

11 Clique no ícone do painel Layers (◆) para abri-lo.

12 Clique na camada Background para selecioná-la e, então, clique no botão Make/Release Clipping Mask (▣) na parte inferior do painel Layers para mascarar os objetos com a forma que você acabou de organizar. Deixe o painel Layers aberto.

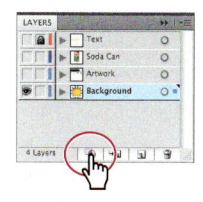

13 Escolha Select > Deselect.

14 Escolha File > Save.

Crie seu próprio padrão

Nesta seção da lição, você criará seu próprio padrão e o adicionará ao painel Swatches. Você então aprenderá a editar um padrão existente e a atualizá-lo no painel Swatches.

1 No painel Layers, clique para selecionar a coluna Visibility à esquerda da camada Artwork.

2 Com a ferramenta Selection (▶), clique na pequena forma para fora da margem direita da prancheta para selecioná-la.

3 Altere o preenchimento no painel Control para uma cor cinza-escura.

4 Clique no ícone do painel Swatches (▦) para exibi-lo. Com a ferramenta Selection, clique e arraste a forma selecionada para o painel Swatches. Você criou um novo padrão.

● **Nota:** Uma amostra de padrão pode ser composta de mais de uma forma. Por exemplo, para criar um padrão de flanela para uma camisa, você pode criar três retângulos ou linhas sobrepostas com cores diferentes. Selecione então as três formas e arraste-as como uma forma única para o painel Swatches.

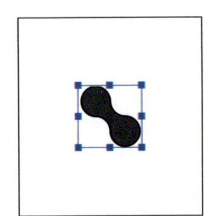

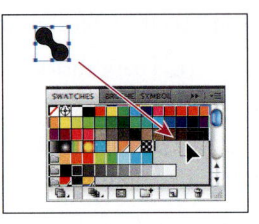

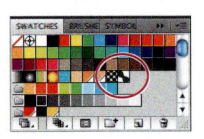

5 Dê um duplo clique na amostra de padrão que você adicionou e atribua o nome **background**. Clique em OK.

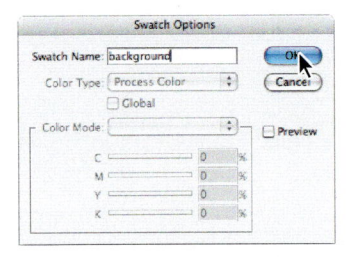

6 Com a ferramenta Selection, clique para selecionar a pequena forma usada para criar a amostra de padrões e a exclua.

7 No painel Layers, desmarque o ícone de olho (👁) à esquerda da camada Artwork para ocultar seu conteúdo.

Aplique um padrão

Você pode atribuir um padrão utilizando diversos métodos. Nesta lição, você vai usar o painel Swatches para aplicar o padrão. Você também pode aplicar o padrão utilizando a cor de preenchimento no painel Control.

1 Selecione a ferramenta Selection (▶) e clique no grupo de formas que irradiam do centro da prancheta a fim de selecionar o grupo.

▶ **Dica:** À medida que você adiciona mais amostras personalizadas, pode ser interessante visualizar o painel Swatches de acordo com o nome das amostras. Para alterar a visualização, escolha List View no menu do painel Swatches.

2 Selecione a amostra do padrão a partir da cor de preenchimento (fill) no painel Control.

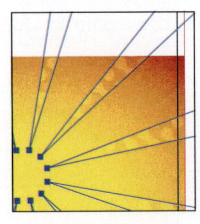

3 Escolha Select > Deselect e então File > Save.

Edite um padrão

Você pode editar um padrão salvo e então atualizar todas as instâncias de seu trabalho.

1 No painel Layers, selecione a coluna Visibility à esquerda da camada Artwork para visualizar seu conteúdo na prancheta. Selecione então a camada Artwork para que possa adicionar conteúdo a ela.

2 Clique no ícone do painel Swatches (▦).

3 Utilizando a ferramenta Selection (▸), clique e arraste a amostra do fundo no painel Swatches para um local vazio no lado direito da prancheta.

Isso insere a forma que você utilizou para criar o padrão na prancheta ou canvas.

4 Com a ferramenta Selection, selecione a forma na prancheta e escolha Object > Ungroup.

5 Escolha Select > Deselect.

6 Selecione a forma com a ferramenta Selection.

7 Escolha None (⌀) a partir da cor de contorno no painel Control.

A seguir, você vai editar a forma e utilizá-la para atualizar a amostra de padrões.

8 Dê um duplo clique na ferramenta Scale (▦) no painel Tools. Mude Uniform Scale para **60%** e clique em OK.

9 Certifique-se de que a caixa de preenchimento, Fill, esteja selecionada no painel Tools.

10 Clique no ícone do painel Gradient (▭) no lado direito do espaço de trabalho. Escolha Radial Gradient 1 no menu Gradient (▯).

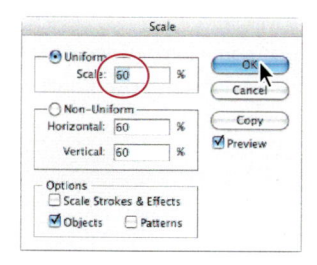

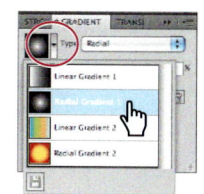

11 No painel Gradient, clique para selecionar a interrupção de cor preta (ver a próxima figura). Altere a opacidade para **30%**.

12 Clique no ícone do painel Swatches (▦). Com a ferramenta Selection, selecione a forma e, com Alt (Windows) ou Option (Mac OS) pressionada, arraste-a de volta para o topo da amostra de padrão na camada Background no painel Swatches. A amostra é atualizada.

13 Selecione a forma que você editou para criar o padrão atualizado (que está fora da prancheta) e a exclua.

14 Abra o painel Layers e deixe todas as camadas visíveis selecionando a coluna Visibility à esquerda das camadas Soda Can e Text.

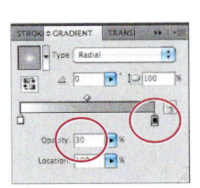

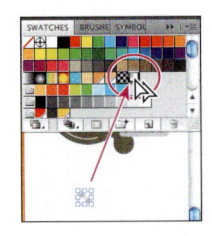

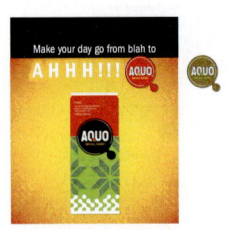

15 Escolha File > Save e então escolha File > Close.

Trabalhe com o Live Paint

O Live Paint permite pintar elementos vetoriais de maneira intuitiva ao detectar e corrigir automaticamente lacunas que poderiam afetar o modo como os preenchimentos e os contornos são aplicados. Em vez de planejar cada detalhe de uma ilustração, é possível trabalhar como se você estivesse colorindo a arte a mão no papel.

1 Escolha File > Open e abra o arquivo L6start2.ai da pasta Lesson06.

2 Escolha File > Save As. Na caixa de diálogo Save As, atribua ao arquivo o nome **snowboarder.ai** e navegue até a pasta Lesson06. Deixe a opção Save As Type configurada como Adobe o Illustrator (*.AI) (Windows) ou a opção Format configurada como Adobe Illustrator (ai) (Mac OS) e clique em Save. Na caixa de diálogo Illustrator Options, deixe as opções do Illustrator em suas configurações padrão e clique em OK.

3 Utilize a ferramenta Selection (▶) para selecionar a imagem a traço do snowboarder e escolha Object > Live Paint > Make. Isso cria um grupo Live Paint que agora você pode pintar.

Há algumas lacunas a serem fechadas antes de pintar. Lacunas são pequenos espaços nas formas que fazem com que a tinta vaze entre uma forma e outra.

4   Antes de começar a pintar, escolha Object > Live Paint > Gap Options.

5   Na caixa de diálogo Gap Options, selecione Gap Detection, se já não estiver selecionado. A Gap Preview Color é configurada para destacar em vermelho.

6   Escolha Medium Gaps no menu Paint Stops At. Isso evita que a tinta se espalhe em algumas lacunas maiores à medida que você pinta. Altere Gap Preview Color para Green. Examine o trabalho movendo a caixa de diálogo Gap Options para uma área livre, se necessário. Qualquer lacuna encontrada é mostrada em verde. Clique em OK.

▶ **Dica:** O botão Close Gaps With Paths fecha as lacunas detectadas inserindo paths no trabalho. Essa é uma opção bem útil para o trabalho a traço.

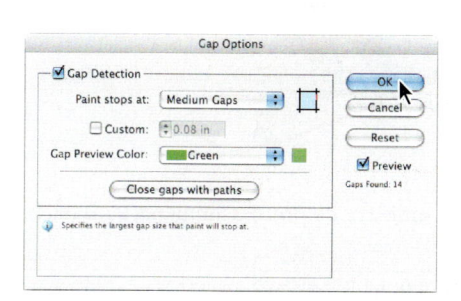

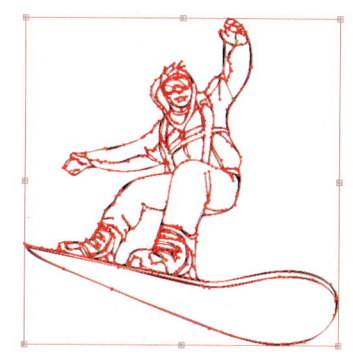

7   Selecione a ferramenta Paint Bucket ( ) no painel Tools. Antes de pintar, clique na cor de preenchimento no painel Control e selecione a amostra (vermelha) de Snowboarder no painel Swatches.

8   Clique no ícone do painel Color Guide ( ) no lado direito do espaço de trabalho. Escolha Left Complement no menu Harmony Rules. Clique no botão Save Color Group To Swatch Panel ( ).

9   Abra o painel Swatches ( ) para ver o grupo de cores. Talvez seja necessário rolar para baixo para vê-lo. Clique na cor vermelha (a última cor da esquerda) no grupo de cores para selecioná-la e pinte sempre com as cores desse grupo.

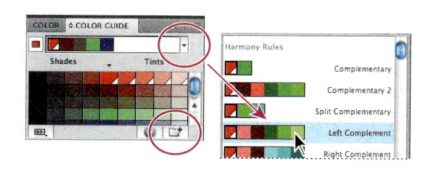

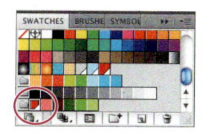

10 Mova o mouse sobre a perna esquerda do snowboarder. À medida que você move o cursor sobre os objetos Live Paint, eles são destacados e três amostras de cor aparecem acima do cursor. Elas representam as três amostras, uma ao lado da outra, no grupo do painel Swatches que você acabou de criar. Clique quando parte da perna for destacada. Clique na outra perna para também pintá-la.

● **Nota:** Você também pode olhar o painel Swatches para ver qual cor do grupo está selecionada e mudar para outra cor clicando nela no painel Swatches.

11 Mova o cursor sobre o snowboard. Clique na tecla de seta para esquerda a fim de alternar para a cor verde-clara no grupo. Clique para aplicar a cor ao snowboard.

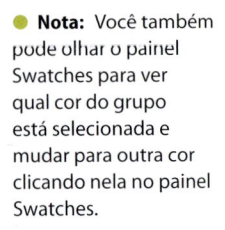

12 No painel Swatches, selecione a amostra de preto. Clique para preencher a borda superior do snowboard.

13 Com a ferramenta Selection (), clique e arraste uma seleção sobre a trilha na neve à esquerda do snowboarder, cuidando para incluir todas as partes. Escolha Object > Live Paint > Make.

14 Selecione um azul-claro como cor de preenchimento no painel Control.

Se o Live Paint Bucket estiver selecionado quando você clicar para preencher o rasto na neve com a cor, você logo perceberá que cada parte é um objeto separado. Para facilitar a seleção de uma série de objetos em um grupo Live Paint, utilize a ferramenta Live Paint Selection. Você pode clicar com a tecla Shift pressionada para selecionar vários objetos a colorir ou arrastar o cursor sobre os objetos.

15 Selecione a ferramenta Live Paint Selection () do painel Tools e clique e arraste o cursor sobre a metade esquerda da trilha na neve. Selecione outro azul no painel Swatches para pintar a seleção.

16 Escolha Select > Deselect.

17 Abra o arquivo L6end2.ai e use-o como um guia para terminar de pintar este trabalho. Você pode utilizar as cores do exemplo ou criar sua própria interpretação. Também mova a trilha na neve para o lado esquerdo do snowboard, onde ela deve ficar.

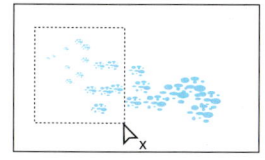

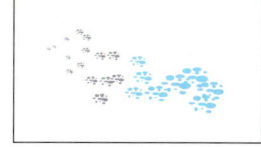

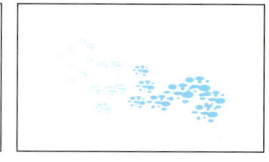

É útil ampliar para ver os detalhes. Não se preocupe se você preencher uma região com a cor errada – basta escolher a cor correta e preencher novamente.

18 Quando concluir, escolha File > Save e feche todos os arquivos abertos.

Edite regiões do Live Paint

Quando você cria um grupo Live Paint, os paths permanecem editáveis. Quando você move ou ajusta um path, as cores aplicadas não ficam onde estavam, como ocorre nas pinturas em um meio natural ou em softwares de edição de imagem. Em vez disso, elas são automaticamente reaplicadas às novas regiões formadas pelos paths editados.

A seguir, você vai criar um novo arquivo e uma ilustração simples.

1 Escolha File > New e crie um novo documento de tamanho carta. Clique em OK.

2 Selecione a ferramenta Ellipse ( ) no mesmo grupo da ferramenta Rectangle ( ) no painel Tools. Pressionando a tecla Shift, crie um círculo na prancheta. O tamanho do círculo não é importante.

3 Com a ferramenta Selection ( ), pressione a tecla Alt (Windows) ou Option (Mac OS) para clonar o círculo e arraste-o para a direita para que o círculo duplicado se sobreponha o círculo original.

4 Escolha Select > All. No painel Control, escolha None ( ) tanto para a cor de preenchimento como para a cor de contorno.

5 Selecione a ferramenta Live Paint Bucket ( ) e cruze a área de sobreposição. Quando os círculos forem destacados, clique uma vez para ativar a forma do centro como um grupo Live Paint.

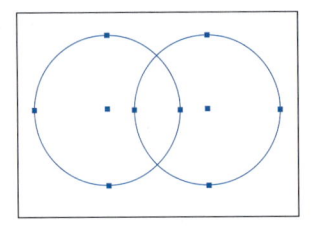

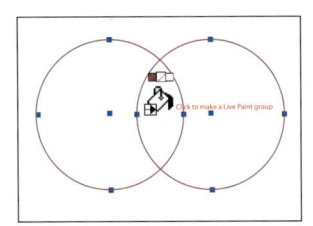

6 Selecione uma cor no painel Swatches e clique no grupo Live Paint central para colori-lo. Selecione outra cor no painel Swatches e clique dentro do grupo Live Paint esquerdo. Repita utilizando uma cor diferente para o grupo Live Paint direito.

● **Nota:** A ferramenta Selection seleciona um grupo Live Paint inteiro. A ferramenta Direct Selection seleciona os paths individuais dentro de um grupo Live Paint. Por exemplo, clicar uma vez com a ferramenta Selection seleciona o grupo Live Paint inteiro e clicar uma vez com a ferramenta Direct Selection ou com a ferramenta Group Selection seleciona os paths que compõem o grupo Live Paint.

7 Escolha Select > Deselect. Escolha a ferramenta Direct Selection ( ) no painel Tools. Clique no círculo esquerdo e clique para selecionar o ponto de ancoragem direito. Arraste-o para a direita. Observe que a área da intersecção é dinâmica – ela altera o preenchimento com base na relação entre os dois círculos.

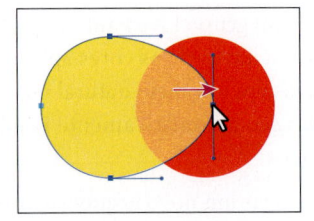

Você pode usar diferentes ferramentas de seleção, dependendo do que quer pintar. Por exemplo, utilize a ferramenta Live Paint Selection ( ) para aplicar diferentes degradês sobre diferentes faces em um grupo Live Paint e utilize a ferramenta Selection ( ) para aplicar o mesmo degradê a um grupo Live Paint inteiro.

8 Escolha Select > Deselect. Selecione a ferramenta Selection e dê um duplo clique no círculo direito para entrar no modo de isolamento. Clique e arraste um dos círculos. Observe que você pode editar cada círculo de modo independente, e a área de intersecção permanece dinâmica.

9 Dê um duplo clique fora dos círculos para fechar o modo de isolamento.

10 Escolha File > Close e não salve o arquivo.

Explore por conta própria

1. Escolha File > Open. Na caixa de diálogo Open, navegue até a pasta Lesson06, na pasta Lessons. Abra o arquivo color.ai.
2. Com a ferramenta Selection, selecione as letras no centro do pôster.
3. Preencha as letras com uma cor da cor de preenchimento (Fill) no painel Control e então salve a cor como uma amostra no painel Swatches clicando com a tecla Ctrl (Windows) ou Command (Mac OS) pressionada no botão New Swatch. Nomeie a cor como **text**.
4. Com a amostra aplicada ao preenchimento de texto, crie um tom para a cor text e então salve-o no painel Swatches.
5. Aplique um contorno de 3 pt ao texto e pinte-o com o tom salvo, certificando-se de que o preenchimento do texto é apenas a cor text, não o tom.
6. Selecione a ferramenta Elipse no painel Tools e crie um círculo na prancheta. Selecione uma amostra a partir da cor de preenchimento no painel Control. Crie um padrão a partir do círculo que você desenhou.
7. Aplique o padrão à forma da estrela atrás do texto.
8. Edite o padrão e redimensione o preenchimento do padrão nas formas da estrela dando um duplo clique na ferramenta Scale.
9. Escolha File > Close sem salvar.

Perguntas de revisão

1 Descreva pelo menos três maneiras de preencher um objeto com uma cor.
2 Como você pode salvar uma cor?
3 Como você atribui um nome a uma cor?
4 Como você atribui uma cor transparente a um objeto?
5 Como você pode escolher harmonias de cores para as cores?
6 Aponte duas coisas que a caixa de diálogo Edit Colors/Recolor Artwork permite fazer.
7 Como você adiciona amostras de padrões ao painel Swatches?

Respostas

1 Para preencher um objeto com uma cor, selecione esse objeto e a caixa Fill no painel Tools. Então, siga um destes procedimentos:
   - Dê um duplo clique na caixa Fill ou Stroke no painel Control para acessar o Color Picker.
   - Arraste os controles deslizantes de cor ou digite os valores nas caixas de texto do painel Color.
   - Clique em uma amostra de cor no painel Swatches.
   - Selecione a ferramenta Eyedropper e clique em uma cor do trabalho.
   - Escolha Window > Swatch Libraries para abrir outra biblioteca de cores e clique em uma amostra de cor do painel Color Library.

2 Você pode salvar uma cor para pintar outros objetos em seu trabalho adicionando-a ao painel Swatches. Selecione a cor e faça isto:
   - Arraste-a da caixa Fill e solte-a sobre o painel Swatches.
   - Clique no botão New Swatch na parte inferior do painel Swatches.
   - Escolha New Swatch no menu do painel Swatches .

   Você também pode adicionar cores a partir de outras bibliotecas de cores selecionando-as no painel Color Library e escolhendo Add To Swatches no menu desse painel.

3 Para atribuir um nome a uma cor, dê um duplo clique na amostra de cor no painel Swatches ou selecione e escolha Swatch Options no menu desse painel. Digite o nome da cor na caixa de diálogo Swatch Options.

4   Para pintar uma forma com uma cor semitransparente, selecione a forma e preencha-a com uma cor qualquer. Ajuste a porcentagem de opacidade no painel Transparency ou no painel Control para menos de 100%.

5   O painel Color Guide é uma ferramenta que pode servir de inspiração enquanto você cria seu trabalho. O painel sugere cores harmônicas com base na cor atual no painel Tools.

6   Utilize a caixa de diálogo Edit Colors/Recolor Artwork para criar e editar grupos de cores e também para reatribuir ou reduzir as cores em seu trabalho, entre outras coisas.

7   Crie um padrão (padrões não podem conter outros padrões) e arraste-o para o painel Swatches.

7 TRABALHANDO COM TEXTO

Visão geral da lição

Nesta lição, você vai aprender a:
- Importar texto
- Criar colunas de texto
- Alterar atributos de texto
- Utilizar e salvar estilos
- Obter uma amostra da formatação de texto
- Dispor o texto em torno de um elemento gráfico
- Dar nova forma ao texto com distorção
- Criar texto em paths e formas
- Criar contornos de texto

Esta lição levará aproximadamente uma hora para ser concluída. Se necessário, remova a pasta da lição anterior de seu disco rígido e copie a pasta Lesson07.

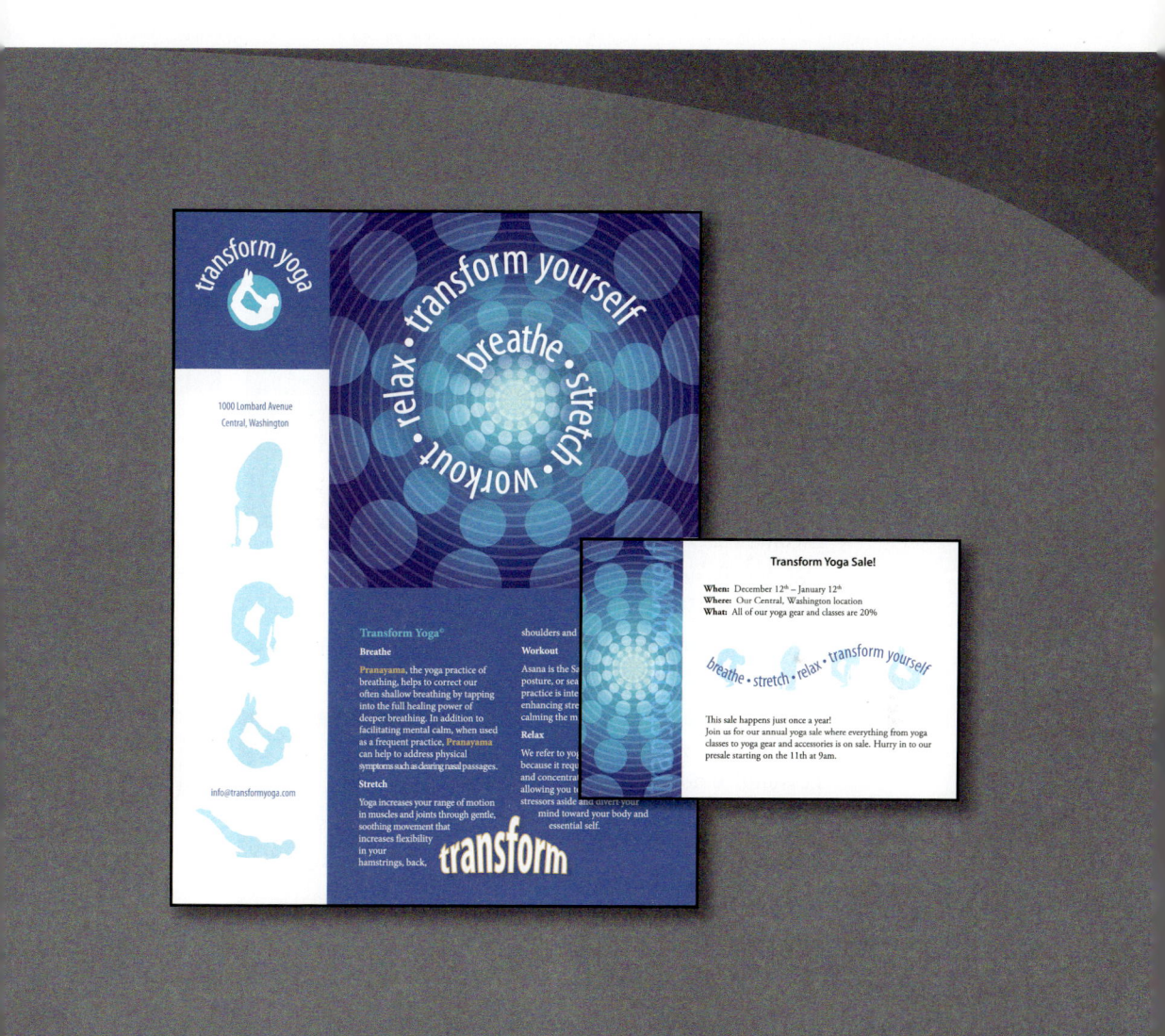

O texto, como um elemento de design, tem um papel importante nas suas ilustrações. Como ocorre com outros objetos, o texto pode ser pintado, dimensionado, girado e assim por diante. Nesta lição, você vai aprender a criar texto básico e efeitos de texto interessantes no Illustrator CS4.

Introdução

Você vai trabalhar em um arquivo durante esta lição, mas antes de começar, restaure as preferências padrão do Adobe Illustrator CS4. Abra o arquivo do trabalho desta lição para ver a ilustração.

1 Para que as ferramentas e os painéis funcionem como descritos nesta lição, exclua ou desative (renomeando) o arquivo de preferências do Adobe Illustrator CS4. Consulte "Restaurando as preferências padrão", na página 15.

2 Inicie o Adobe Illustrator CS4.

● **Nota:** Se você ainda não copiou os arquivos desta lição para o seu disco rígido a partir da pasta Lesson07 do CD do *Adobe Illustrator CS4 Classroom in a Book*, faça isso agora. Veja "Copiando os arquivos do Classroom in a Book", na página 14.

3 Escolha File > Open. Localize o arquivo chamado L7end.ai na pasta Lesson07 dentro da pasta Lessons que você copiou para o seu disco rígido. Nesta lição, você vai criar o texto deste pôster. Deixe-o aberto para referência ou escolha File > Close.

4 Escolha File > Open. Na caixa de diálogo Open, navegue até a pasta Lesson07, na pasta Lessons. Abra o arquivo L7start.ai.

Esse arquivo já contém outros componentes que não são texto. Você criará todos os elementos de texto para completar o pôster.

5 Escolha File > Save As. Na caixa de diálogo Save As, navegue até a pasta Lesson07 e nomeie o arquivo yoga.ai. Deixe a opção Save As Type configurada como Adobe Illustrator (*.AI) (Windows) ou a opção Format configurada como Adobe Illustrator (ai) (Mac OS) e clique em Save. Na caixa de diálogo Illustrator Options, deixe as opções do Illustrator em suas configurações padrão e clique em OK.

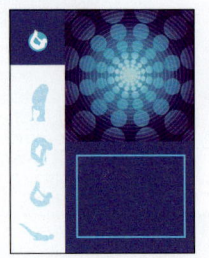

6 Escolha View > Smart Guides para desmarcar as guias inteligentes.

7 Escolha Window > Workspace > Essentials.

Trabalhe com texto

Alguns dos aspectos mais poderosos do Adobe Illustrator são os recursos de texto. Você pode adicionar uma só linha de texto ao trabalho, criar colunas e linhas de texto como no Adobe InDesign, fazer o texto fluir em uma forma ou ao longo de um path e trabalhar com formas de letra como objetos gráficos.

Você pode criar o texto de três maneiras diferentes: como texto pontual, área de texto e como texto ao longo de um path. Eis uma descrição curta de cada tipo de texto:

- **Texto pontual** é uma linha horizontal ou vertical do texto que inicia onde você clica e aumenta à medida que você insere caracteres. Cada linha do texto é independente – a linha se expande ou se comprime enquanto que você o edita sem recorrer. Inserir texto dessa maneira é útil para adicionar um cabeçalho ou algumas palavras a seu trabalho.

- **Área de texto** utiliza os limites de um objeto para controlar o fluxo de caracteres, horizontal ou verticalmente. Quando o texto atinge um limite, ele quebra de linha automaticamente para se ajustar dentro da área definida. Inserir texto dessa maneira é útil quando você quer criar um ou vários parágrafos, como em uma brochura.

- **Texto ao longo de um path** flui próximo à borda de um path aberto ou fechado. Ao inserir texto horizontalmente, os caracteres permanecem paralelos à linha de base. Ao inserir texto verticalmente, os caracteres permanecem perpendiculares à linha de base. De uma maneira ou de outra, o texto flui na direção em que os pontos foram adicionados ao path.

A seguir, você vai criar o texto pontual e então a área de texto. Mais adiante nesta lição, você também vai criar texto ao longo de um path.

Crie texto pontual

Ao digitar texto diretamente em um documento, selecione a ferramenta Type e clique onde deseja ver o texto. Você pode começar a digitar quando o cursor aparecer. A seguir, você vai inserir um subtítulo à prancheta 1 (de 2).

1 Selecione a ferramenta Zoom (🔍) no painel Tools e clique três vezes na figura da ioga na parte inferior à esquerda.

2 Selecione a ferramenta Type (T) e clique acima e à esquerda da figura da ioga na parte inferior. O cursor aparece na prancheta. Digite **info@transformyoga.com**.

Clicar com a ferramenta Type cria o texto pontual. O texto pontual é uma linha do texto que só é interrompida quando você para de digitar ou pressiona Return ou Enter. Ele é bem útil para cabeçalhos.

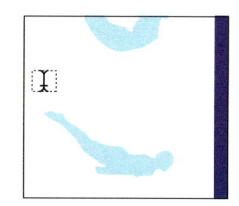

3 Selecione a ferramenta Selection (↖) no painel Tools e observe que o texto possui uma caixa delimitadora em torno dele. Clique e arraste o ponto delimitador da direita para a direita. Veja que o texto aumenta à medida que você arrasta.

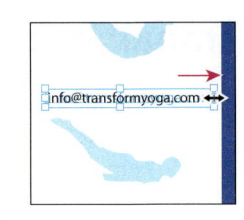

● **Nota:** O texto pontual redimensionado, como no passo 3, ainda é imprimível, mas o tamanho da fonte talvez não seja um número inteiro (como 12 pt).

4 Escolha Edit > Undo Scale.

Crie uma área de texto

Para criar uma área de texto, clique com a ferramenta Type e arraste para criar o objeto de área de texto em que você quer o texto. Quando o cursor aparecer, é só digitar. Você também pode converter uma forma ou objeto existente em um objeto de texto clicando com a ferramenta Type na forma ou dentro da borda do objeto. Agora, você vai criar a área de texto e inserir um endereço.

1 Com a ferramenta Selection (↖), mantenha pressionada a barra de espaço e arraste a prancheta para baixo para ampliar a primeira figura de cima na área branca, no lado esquerdo da prancheta.

2 Selecione a ferramenta Type (T) e então clique e arraste da esquerda superior para a direita inferior para criar um retângulo acima da figura. O cursor aparece no novo objeto de texto.

3 Digite **1000 Lombard Ave. Central, Washington**. O texto recorre (quebra de linha) dentro do objeto de texto. Você agora vai ajustar a maneira como o texto recorre.

● **Nota:** Por enquanto, mantenha as configurações padrão de formatação de texto.

● **Nota:** Se o texto já tiver recorrido, tente arrastar a borda da caixa delimitadora para ver o efeito.

4 Selecione a ferramenta Selection e observe se a caixa delimitadora aparece em torno do endereço. Clique e arraste o ponto delimitador central da lateral direita para a direita e para a esquerda, observando como o texto recorre dentro do objeto. Arraste até que apenas o texto 1000 Lombard Ave. apareça na primeira linha.

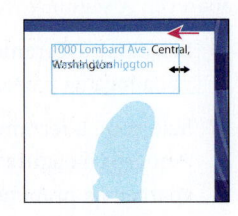

5 Escolha Select > Deselect.

6 Escolha File > Save.

Área de texto *versus* texto pontual

Qual é a diferença visual entre o texto pontual e a área de texto? Com a ferramenta Selection, clique para selecionar o texto e sua caixa delimitadora.

A área de texto tem duas caixas extras, chamadas portas. As portas são utilizadas para fazer fluir o texto entre uma área de texto e a seguinte. Trabalhar com portas e encadeamento será abordado mais adiante nesta lição. Texto pontual, quando selecionado, não tem portas, mas tem um ponto antes da primeira letra na primeira linha.

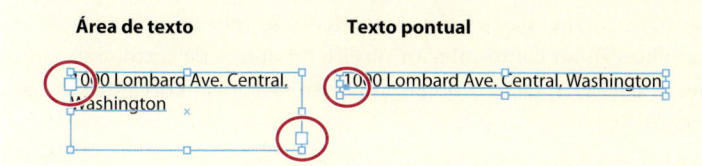

Área de texto   **Texto pontual**

Importe um arquivo de texto simples

Você pode importar texto para o trabalho a partir de um arquivo criado em outro aplicativo. O Illustrator suporta os seguintes formatos para importação de texto:

- Microsoft Word para Windows 97, 98, 2000, 2002, 2003 e 2007
- Microsoft Word para Mac OS X e 2004
- RTF (Rich Text Format)
- Texto simples (ASCII) com codificação ANSI, Unicode, Shift JIS, GB2312, Chinese Big 5, Cyrillic, GB18030, Greek, Turkish, Baltic e Central European

Também é possível copiar e colar texto, mas a formatação talvez se perca quando o texto for colado. Uma das vantagens de importar texto a partir de um arquivo, em vez de copiar e colar, é que o texto importado retém a formatação de caracteres e de parágrafo. Por exemplo, o texto em um arquivo RTF retém as especificações de fonte e estilo no Illustrator.

Agora, você vai inserir o texto a partir de um arquivo de texto simples.

1 Dê um duplo clique na ferramenta Hand (🖑) para ajustar a prancheta na janela. Escolha View > Smart Guides para selecionar as guias inteligentes.

2 Antes de importar o texto, crie um objeto de área de texto selecionando a ferramenta Type (T) e clicando e arrastando do canto superior esquerdo da caixa de guia para o canto inferior direito.

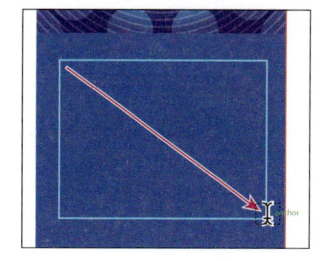

● **Nota:** Se você inserir o texto sem uma área de texto, ele será inserido em uma área de texto criada automaticamente. A área de texto abrange, por padrão, a maior parte da prancheta.

3 Escolha File > Place. Navegue até a pasta Lesson07, na pasta Lessons, selecione o arquivo L7copy.txt e clique em Place.

4 Na caixa de diálogo Text Import Options estão as opções que você pode configurar antes de importar texto. Deixe as configurações padrão inalteradas e clique em OK.

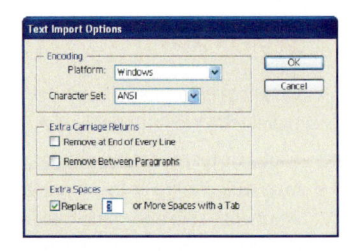

Agora o texto é inserido em um objeto de texto. Não se preocupe com a formatação do texto – você aprenderá a aplicar atributos mais adiante nesta lição. Além disso, se você vir um sinal de adição vermelho (⊞) no canto inferior direito do objeto de texto, isso indica que o texto não se ajusta ao objeto de texto. Você vai corrigir isso mais adiante também.

5 Escolha File > Save e deixe esse arquivo aberto.

Crie colunas de texto

Você pode facilmente criar colunas e linhas de texto utilizando as opções Area Type.

1 Se o objeto de texto não estiver mais selecionado, utilize a ferramenta Selection (▶) para selecioná-lo.

● **Nota:** Se o cursor ainda estiver no objeto de texto, não será necessário selecionar a área de texto com a ferramenta Selection para acessar as opções Area Type.

2 Escolha Type > Area Type Options.

3 Na caixa de diálogo Area Type Options, selecione Preview. Na seção Columns da caixa de diálogo, altere Number para 2 e clique em OK.

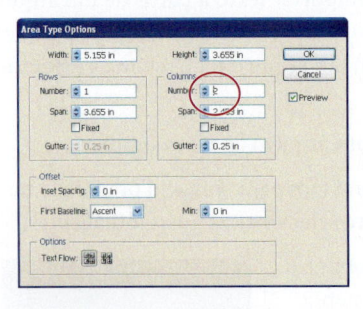

4 Escolha Select > Deselect.

5 Escolha File > Save. Deixe esse documento aberto.

Opções de área de texto

Você pode utilizar as opções Area Type para criar linhas e colunas de texto. Veja as opções adicionais:

- **Number** especifica o número de linhas e de colunas que você quer que o objeto contenha.
- **Span** especifica a altura de linhas individuais e a largura de colunas individuais.
- **Fixed** determina o que acontece à faixa de linhas e colunas se você redimensionar a área de texto. Se essa opção estiver selecionada, o redimensionamento da área poderá alterar o número de linhas e colunas, mas não sua largura. Deixe essa opção desmarcada se quiser que a largura das linhas e das colunas mude quando redimensionar a área de texto.
- **Gutter** especifica a distância entre as linhas ou colunas.
- **Inset** controla a margem entre o texto e o path delimitador. Essa margem é conhecida como margem ou espaçamento interno (inset).
- **First Baseline** controla o alinhamento da primeira linha do texto em relação à parte superior do objeto.
- **Text Flow** determina como o texto flui entre as linhas e colunas.

—Extraído do Illustrator Help

Entenda o fluxo de texto

O próximo passo é inserir um documento do Microsoft Word (.doc) a uma forma de retângulo para criar a área de texto na segunda prancheta do arquivo atualmente aberto, yoga.ai. Desse modo, o texto será acrescentado a um cartão postal que acompanha o pôster.

1 Clique no botão Next da barra de status na parte inferior esquerda da janela Document para acessar a segunda prancheta. Escolha View > Fit Artboard In Window se não visualizar o cartão postal inteiro.

2 Selecione a ferramenta Rectangle (▫) no painel Tools.

3 Pressione D para configurar o preenchimento (branco) e o contorno (preto) padrão.

4 Clique e arraste o canto superior esquerdo da guia quadrada no centro da prancheta para baixo e para a direita a fim de criar um retângulo com aproximadamente 1 polegada de altura. A palavra path aparece quando o cursor adere à guia.

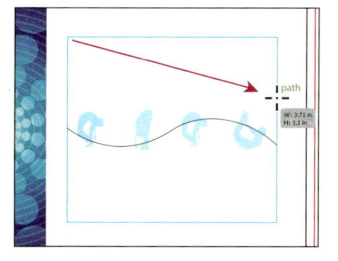

● **Nota:** O quadrado que aparece depois que você arrasta pode ter um preenchimento e/ou contorno preto que engloba o conteúdo. Quando a forma é convertida em uma área de texto, o preenchimento e o contorno mudam para None.

● **Nota:** Ao manter pressionada a ferramenta Type no painel Tools, você vê a ferramenta Area Type. A ferramenta Area Type converte objetos em áreas de texto. Não é necessário alternar para essa ferramenta.

5   Selecione a ferramenta Type (T) e faça com que ela cruze a forma do retângulo. A palavra path aparece quando você está suficientemente perto da borda do retângulo. O cursor de inserção de texto está entre parênteses ($\mathcal{I}$), indicando que, quando você clicar, o cursor aparecerá dessa forma. Clique para inscrever o cursor.

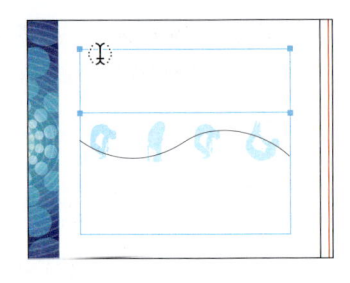

6   Com o cursor ainda ativo no retângulo, escolha File > Place e navegue até a pasta Lesson07, na pasta Lessons de seu disco rígido. Selecione o arquivo yoga_pc.doc e então clique em Place. Você está inserindo um documento nativo do Microsoft Word, portanto, há outras opções a configurar.

● **Nota:** Talvez haja mais ou menos texto aparecendo na área de texto. Não se preocupe com isso, uma vez que você vai redimensionar a área de texto mais adiante na lição.

7   Na caixa de diálogo Microsoft Word Options, verifique se Remove Text Formatting está desmarcado para manter a formatação do Word. Deixe as configurações restantes no padrão. Clique em OK. O texto aparece no quadrado.

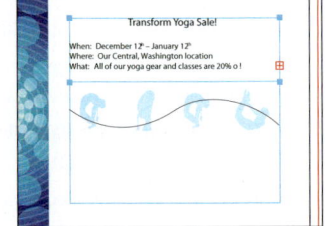

Observe o sinal de adição vermelho que aparece no canto inferior direito do objeto de texto. Isso indica que o texto não se ajusta ao objeto. Você corrigirá isso na próxima seção.

● **Nota:** Ao inserir um documento do Word sem selecionar Remove Text Formatting, os estilos de parágrafo utilizados no Word são importados para o Illustrator. Estilos de parágrafo são discutidos mais adiante.

Trabalhe com texto excedente e refluxo de texto

Cada objeto de área de texto contém uma porta de entrada e uma porta de saída. As portas permitem vincular o objeto a outros objetos e criar uma cópia vinculada do objeto de texto. Uma porta vazia indica que todo o texto está visível e que o objeto não está vinculado. Um sinal de adição vermelho (⊞) em uma porta de saída indica que o objeto contém texto adicional, chamado texto excedente.

Há dois métodos principais para corrigir texto excedente:
- Encadear o texto com outro objeto de texto
- Redimensionar o objeto de texto

Encadeie texto

Para encadear, ou continuar, o texto entre um objeto e o seguinte, você precisa de vincular os objetos. Objetos de texto vinculados podem ter qualquer forma, mas o texto precisa ser inserido em um objeto ou ao longo de um path, e não em um ponto. A seguir, você vai encadear o texto excedente a outro objeto de texto.

1 Utilize a ferramenta Selection (▶) para selecionar o objeto de texto.

2 Com a ferramenta Selection, clique na porta de saída do objeto de texto selecionado. O cursor se transforma no ícone de texto carregado ( ).

● **Nota:** Se você der um duplo clique, um novo objeto de texto aparecerá. Se isso acontecer, arraste o novo objeto para o local correto ou escolha Edit > Undo Link Threaded Text e o ícone de texto carregado reaparecerá.

3 Clique e arraste logo abaixo das figuras da ioga, iniciando na borda esquerda da caixa de guia e arrastando para baixo até o canto direito da caixa.

● **Nota:** Com o ícone de texto carregado, você pode apenas clicar na prancheta em vez de arrastar para criar um novo objeto de texto.

4 Escolha File > Save.

Com o objeto de texto na parte inferior ainda selecionado, observe a linha entre os dois objetos. Essa linha é o encadeamento, informando que os dois objetos estão conectados. Observe a porta de saída (▶) do objeto na parte superior e a porta de entrada (▶) do objeto na parte inferior. A seta indica que o objeto está vinculado a outro objeto.

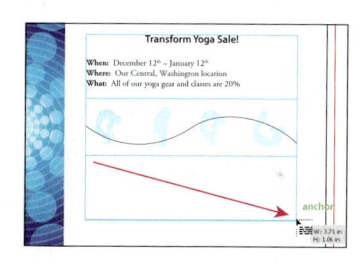

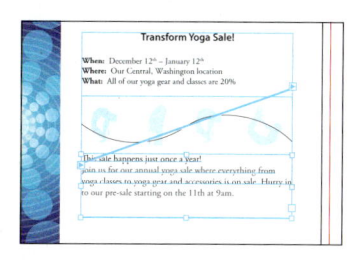

▶ **Dica:** Outro método para encadear texto entre objetos é selecionar um objeto de área de texto, selecionar o objeto (ou objetos) ao qual você quer vinculá-lo e, então, escolher Type > Threaded Text > Create.

● **Nota:** Seu texto talvez não se pareça exatamente com a figura. Não tem problema. Na próxima parte da lição, você redimensionará as áreas de texto.

● **Nota:** Se você excluir o segundo objeto de texto (criado no passo 3), o texto será conectado novamente ao objeto original como texto excedente. Embora não fique visível, o texto excedente não é excluído.

Redimensione objetos de texto

Nesta próxima lição, você verá como redimensionar objetos de texto para dar espaço a texto adicional.

1 Selecione a ferramenta Selection (▶) e clique no texto do objeto da área de texto de cima.

2 Dê um duplo clique na porta de saída (▶) no canto inferior direito do objeto de texto.

Dê um clique duplo na porta de saída para quebrar o encadeamento.

Como os objetos de texto estão encadeados, um duplo clique na porta de saída ou na porta de entrada quebra a conexão entre eles. Qualquer texto encadeado entre os dois objetos de texto flui de volta ao primeiro objeto. O objeto na parte inferior continua lá, mas não tem nenhum contorno ou preenchimento.

3 Escolha View > Smart Guides para desmarcá-las.

4 Utilizando a ferramenta Selection, clique e arraste a alça central inferior da caixa delimitadora para baixo até logo acima das figuras. O tamanho do objeto de texto muda verticalmente. Observe que, quanto mais para baixo você arrasta, mais texto é exibido.

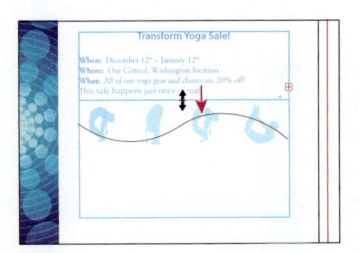

5 Com a ferramenta Selection, clique na porta de saída (⊞) no canto inferior direito do objeto de texto de cima. O cursor se transforma no ícone de texto carregado (▤).

6 Escolha View > Outline para exibir o objeto de texto na parte inferior.

7 Posicione o cursor sobre o ícone de texto carregado ( ), sobre a borda inferior do objeto de texto. O cursor muda para ( ). Clique para encadear os dois objetos em conjunto.

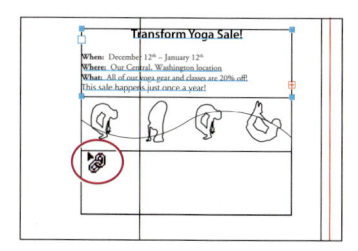

8 Escolha View > Preview.

9 Escolha Select > Deselect.

10 Com a ferramenta Selection, clique para selecionar o objeto de texto na parte superior. Arraste a alça inferior central para cima até que o texto "This sale happens just once a year!" não mais esteja destacado em azul. Isso indica que ele será movido para o próximo objeto de texto quando o botão do mouse for solto. Libere o botão do mouse para ver o texto.

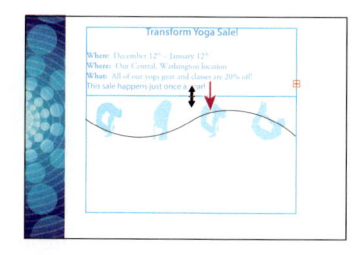

Quando os objetos de texto são encadeados, você pode movê-los para qualquer lugar e a conexão entre eles permanece. Você pode até mesmo encadear entre pranchetas. Quando os objetos de texto são redimensionados, especialmente aqueles no início do encadeamento, o texto pode refluir.

11 Escolha File > Save.

▶ **Dica:** Você pode criar formas únicas do objeto de texto desmarcando o objeto e escolhendo a ferramenta Direct Selection ( ). Clique e arraste a borda ou o canto do objeto de texto para ajustar a forma do path. Esse método é mais fácil de utilizar quando View > Hide Bounding Box está selecionado. Ajustar o path de texto com a ferramenta Direct Selection é fácil quando você está na visualização Outline (de contorno).

● **Nota:** Se você editar o objeto de texto seguindo a dica anterior, escolha Edit > Undo antes de prosseguir.

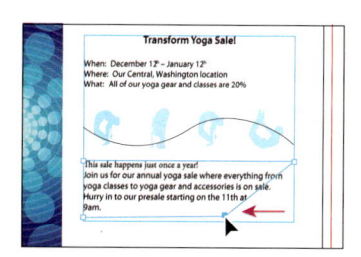

Com a ferramenta Direct Selection, você pode clicar e arrastar a alça na metade inferior da caixa delimitadora para redimensionar o objeto de texto.

Formate texto

A seguir, descubra como alterar atributos de texto, por exemplo, tamanho, fonte e estilo. Você pode alterar rapidamente a maioria dos atributos no painel Control.

1 Com o arquivo yoga.ai ainda aberto, clique no botão Previous (◀) da barra de status para retornar à prancheta 1 (o pôster).

2 Escolha View > Fit Artboard In Window se o pôster não estiver totalmente visível na janela.

▶ **Dica:** Se você der um duplo clique no texto com a ferramenta Selection ou Direct Selection, a ferramenta Type será selecionada.

3 Selecione a ferramenta Type (T) no painel Tools e insira o cursor em qualquer lugar da área de texto de duas colunas que você criou antes.

4 Escolha Select > All, ou pressione Ctrl+A (Windows) ou Command+A (Mac OS) para selecionar todo o texto do objeto de texto.

Nesta seção, você vai aprender dois métodos diferentes de selecionar uma fonte.

Primeiro, você vai alterar a fonte do texto selecionado utilizando o menu Font do painel Control.

5 Clique na seta à direita do menu Font e role até encontrar Adobe Garamond Pro, e selecione-a.

● **Nota:** A fonte Adobe Garamond Pro está na seção G do menu.

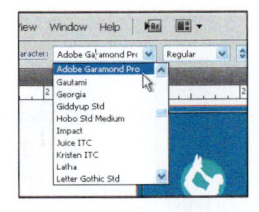

● **Nota:** Talvez seja necessário clicar na seta na parte inferior da lista de fontes para rolar pela lista.

6 Com o texto ainda selecionado, escolha Type > Font para ver uma lista das fontes disponíveis. Selecione Myriad Pro> Regular. Rolar para baixo até localizar essa fonte talvez demore um pouco, especialmente se sua lista de fontes for longa.

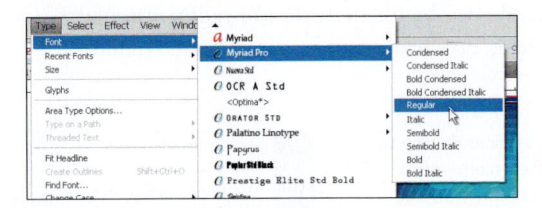

7 Certifique-se de que o texto ainda está selecionado e então siga as próximas instruções. O próximo é o método mais dinâmico para selecionar uma fonte.

- Clique na palavra Character no painel Control para mostrar o painel Character.
- Com a fonte selecionada no painel Character, comece a digitar o nome Minion Pro. O Illustrator filtra a lista e preenche o campo com o nome.
- Pressione Enter ou Return para aceitar a fonte.

▶ **Dica:** Para manter o painel Character aberto, escolha Window > Type > Character.

8 Clique na seta do menu Font Style para ver os estilos disponíveis para a fonte Minion Pro e certifique-se de que Regular está selecionado.

Estilos de fonte são específicos a cada família de fontes. Mesmo tendo a família de fontes Myriad Pro em seu sistema, talvez você não tenha os estilos negrito e itálico dessa família.

Fontes instaladas pelo Illustrator CS4

As fontes abaixo e a documentação que as acompanha estão instaladas e incluídas na pasta Documentation do DVD do Illustrator CS4 ou no arquivo de download, se você fez o download do Illustrator CS4 na Adobe Store. Para clientes que utilizam a versão *trial*, as fontes só estarão disponíveis após a compra.

Adobe® Caslon® Pro
Adobe® Garamond® Pro
Bell Gothic Std
Birch Std
Cooper Black Std
Giddyup Std
Letter Gothic Std
MESQUITE STD
Myriad Pro
OCRA Std
Prestige Elite Std
ROSEWOOD STD
Tekton Pro
Adobe Kaiti Std
KozGoPro
KozMinPro

Blackoak Std
Brush Script Std
Chaparral Pro
CHARLEMAGNE STD
ECCENTRIC STD
Hobo Std
Adobe Fangsong Std
LITHOS PRO
Minion Pro
Nueva Std
ORATOR STD
Poplar Std
STENCIL STD
TRAJAN PRO
* Kozuka Mincho Pr6N
* Kozuka Gothic Pr6N

* On DVD only

O que é OpenType?

Se você costuma transferir arquivos entre diferentes plataformas, deve construir seus arquivos de texto utilizando o formato OpenType.

OpenType é um formato de arquivo-fonte para várias plataformas desenvolvido em conjunto pela Adobe e a Microsoft. A Adobe converteu toda a Adobe Type Library para esse formato e agora oferece milhares de fontes OpenType.

As duas principais vantagens do formato OpenType são a compatibilidade entre diferentes plataformas (o mesmo arquivo de fonte funciona nos computadores Macintosh e Windows) e a capacidade de suportar conjuntos de caracteres expandidos e recursos de layout, que fornecem suporte linguístico mais rico e controle tipográfico avançado.

Fontes OpenType podem incluir um conjunto de caracteres expandidos e recursos de layout, fornecendo um suporte linguístico ainda mais amplo e um controle tipográfico mais preciso. Podemos distinguir as fontes Adobe OpenType com mais recursos pela palavra "Pro", que é parte do nome da fonte e aparece nos menus de fontes dos aplicativos. Fontes OpenType podem ser instaladas e utilizadas junto com fontes Postscript Type 1 e Truetype.

—Do documento Adobe.com/type/opentype

Altere o tamanho da fonte

1 Se o texto de duas colunas não estiver ativo, utilize a ferramenta Type (T) para posicionar o cursor no objeto de área de texto e escolha Select > All.

2 Digite **13 pt** no campo Font Size no painel Control. Observe o texto mudar. Selecione 12 pt no menu Font Size. Deixe o texto selecionado.

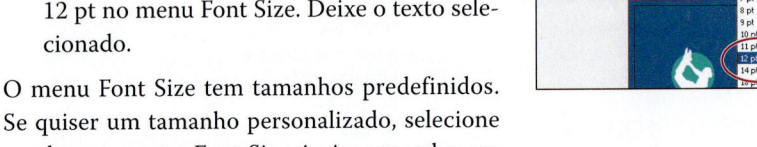

O menu Font Size tem tamanhos predefinidos. Se quiser um tamanho personalizado, selecione o valor no campo Font Size, insira um valor em pontos e pressione Enter ou Return.

▶ **Dica:** Você pode alterar o tamanho da fonte do texto selecionado dinamicamente utilizando atalhos pelo teclado. Para aumentar o tamanho da fonte em incrementos de 2 pt, pressione Ctrl+Shift +> (Windows), ou Command+Shift +> (Mac OS). Para reduzir o tamanho da fonte, pressione Ctrl+Shift + <(Windows) ou Command+Shift + <(Mac OS).

Altere a cor da fonte

Você pode alterar a cor do preenchimento e do contorno do texto selecionado. Neste exemplo, você mudará somente o preenchimento.

1 Com o texto ainda selecionado, clique na cor de preenchimento no painel Control. Quando o painel Swatches aparecer, selecione White. O preenchimento do texto muda para branco.

2 Com a ferramenta Type, clique e arraste para selecionar a primeira linha do texto, "Transform Yoga", no objeto da área de texto, ou dê um clique triplo no texto.

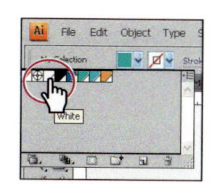

▶ **Dica:** Dê um duplo clique para selecionar uma palavra; um clique triplo para selecionar um parágrafo inteiro. O fim de um parágrafo é definido como o local em que um retorno incondicional é inserido.

3 Mude a cor de preenchimento no painel Control para Aqua.

4 Mantenha a primeira linha do texto selecionada. Selecione o texto no campo Font Size do painel Control e altere o tamanho da fonte digitando 13. Pressione Enter ou Return.

5 Escolha Bold no menu Font Style do painel Control para alterar o estilo da fonte do texto selecionado.

6 Escolha Select > Deselect.

7 Escolha File > Save.

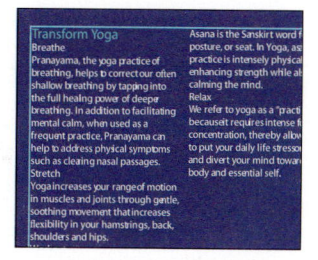

Altere atributos de texto adicionais

No painel Character, que você pode acessar clicando na palavra Character sublinhada em azul no painel Control, é possível alterar vários outros atributos de texto. Nesta lição, você vai aplicar alguns atributos, embora haja outros que valem a pena investigar para aprender as diferentes maneiras de formatar o texto.

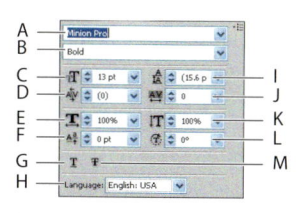

A. Fonte
B. Estilo de Fonte
C. Tamanho de Fonte
D. Kerning
E. Escala Horizontal
F. Deslocamento em relação à linha de base
G. Sublinhado
H. Idioma
I. Entrelinha
J. Tracking
K. Escala vertical
L. Rotação de caractere
M. Tachado

▶ **Dica:** Para retornar o valor de entrelinha ao padrão, escolha Auto no menu Leading.

1. Com a ferramenta Type, clique no endereço acima da figura de cima no lado esquerdo da prancheta. Com o cursor no texto, dê um clique triplo para selecionar o parágrafo inteiro.

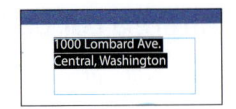

2. Selecione a ferramenta Zoom (🔍) e clique no texto selecionado várias vezes para ampliar.

3. Clique em Character no painel Control para mostrar o painel Character. Clique na seta para cima à esquerda do campo Leading algumas vezes para aumentar a entrelinha para 16 pt. Mantenha o painel Character aberto.

   Observe que a distância vertical entre as linhas muda. Entrelinha é o espaço entre as linhas, seu ajuste é útil para encaixar o texto em uma área de texto.

   Agora, você vai alterar o espaçamento entre as letras.

4. Com o texto ainda selecionado, clique no ícone Tracking do painel Character para selecionar o campo Tracking. Digite 60 e pressione Enter ou Return.

   ● **Nota:** Se o texto tornar-se texto excedente, como indicado pelo sinal de adição vermelho, você pode ajustá-lo reduzindo o valor de Tracking ou alterando o tamanho do objeto dá área de texto com a ferramenta Selection.

   O tracking altera o espaçamento entre os caracteres. Um valor positivo separa as letras horizontalmente; um valor negativo agrupa as letras.

5. Dê um duplo clique na ferramenta Hand (✋) do painel Tools para ajustar a prancheta na janela.

6. Selecione a ferramenta Zoom no painel Tools e arraste um contorno de seleção ao redor do título "Transform Yoga", na parte superior da primeira coluna do objeto de texto.

7. Selecione a ferramenta Type (T) no painel Tools e clique para posicionar o cursor no final do título "Transform Yoga".

8. Escolha Type > Glyphs para abrir o painel Glyphs.

   O painel Glyphs é utilizado para inserir caracteres de texto, como símbolos de marca comercial (™) ou pontos de marcador (•). Ele mostra todos os caracteres (glifos) disponíveis para uma dada fonte.

   Agora, você vai inserir um símbolo de direitos autorais.

9. No painel Glyphs, role para baixo até ver um símbolo de direitos autorais (©). Dê um duplo clique no símbolo para inseri-lo no cursor de inserção de texto. Feche o painel Glyphs.

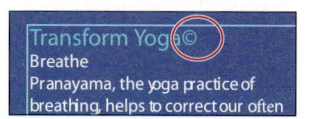

▶ **Dica:** O painel Glyphs permite selecionar outras fontes no campo em sua parte inferior. Você também pode aumentar o tamanho dos ícones de glifo clicando na montanha maior ( ), no canto inferior direito, ou reduzir o tamanho deles clicando na montanha menor ( ).

10 Com a ferramenta Type, selecione o símbolo de direitos autorais (©) que você acabou de inserir.

11 Escolha Window > Type > Character para abrir o painel Character.

12 Escolha Superscript no menu do painel Character (▼≡).

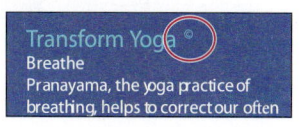

13 Clique com a ferramenta Type entre "Ioga" e o símbolo de direitos autorais para inserir o cursor.

14 Escolha **75** no menu Kerning do painel Character. Feche o grupo de painéis Character e escolha File > Save.

▶ **Dica:** Para remover as modificações de kerning, insira o cursor no texto e escolha Auto no menu Kerning.

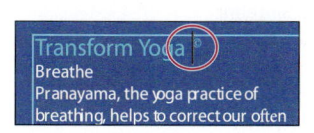

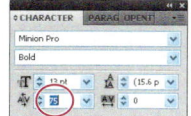

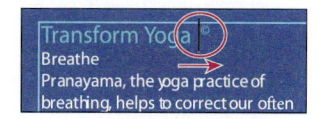

O kerning é semelhante ao tracking, mas ele adiciona ou subtrai espaço entre um par de caracteres. Ele é útil para situações como essa, quando você está trabalhando com um glifo.

Altere atributos de parágrafo

Assim como ocorre com os atributos de caractere, você pode configurar atributos de parágrafo, como alinhamento ou recuo, antes de inserir um novo texto, ou pode redefinir esses atributos para alterar a aparência do texto existente. Se selecionar vários paths e contêineres de texto, poderá configurar os atributos deles de uma só vez.

Agora, você vai adicionar mais espaço antes de todos os parágrafos no texto da coluna.

1 Escolha View > Fit Artboard In Window.

2 Utilizando a ferramenta Type (T), posicione o cursor em qualquer coluna do texto e escolha Select > All.

3 Clique na palavra Paragraph no painel Control para abrir o painel Paragraph.

4 Digite **5** no campo de texto Space After Paragraph (no canto inferior direito) e pressione Enter ou Return. Ao trabalhar com grandes objetos de texto, é recomendável configurar um valor de espaçamento após os parágrafos em vez de pressionar a tecla Return.

5 Escolha Select > Deselect.

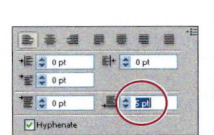

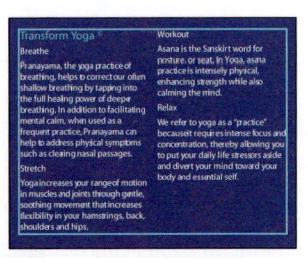

● **Nota:** Seu texto talvez não se pareça exatamente com a figura acima. Não se preocupe.

6 Com a ferramenta Type, clique no endereço acima da figura do iogue de cima no lado esquerdo da prancheta para inserir o cursor.

7 Clique no botão Align Center (≡) no painel Control.

● **Nota:** Se você não vir as opções de alinhamento no painel Control, clique na palavra Paragraph sublinhada em azul para abrir o painel Paragraph.

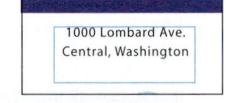

8 Escolha Select > Deselect.

9 Escolha File > Save.

Opções de configuração de documento

Escolhendo File > Document Setup, você pode acessar a caixa de diálogo Document Setup. Nessa caixa de diálogo, há muitas opções de texto, incluindo as opções Highlight Substituted Fonts e Highlight Substituted Glyphs, que estão na seção Bleed And View Options.

Em Type Options, na parte inferior da caixa de diálogo, você pode configurar o idioma do documento, modificar aspas simples e duplas, editar Superscript, Subscript, Small Caps, etc.

Salve e utilize estilos

Estilos possibilitam uma formatação uniforme do texto e são úteis quando os atributos de texto têm de ser atualizados globalmente. Depois que um estilo é criado, você só precisa editar o estilo salvo. Então, todo o texto formatado com esse estilo é atualizado.

Há dois tipos de estilo no Adobe Illustrator CS4:

- **Paragraph** – Retém os atributos de texto e de parágrafo e os aplica a um parágrafo inteiro.
- **Character** – Mantém os atributos de texto e os aplica ao texto selecionado.

Crie e utilize um estilo de parágrafo

1 Utilizando a ferramenta Type (T), selecione o subtítulo "Breathe". Escolha Bold no menu Font Style do painel Control.

2 Com a ferramenta Type, posicione o cursor no texto "Breathe". Você não precisa selecionar o texto para criar um estilo de parágrafo, mas tem de posicionar o ponto de inserção de texto na linha de texto com os atributos que você quer salvar (▼≡).

3 Escolha Window > Type > Paragraph Styles e escolha New Paragraph Style no menu do painel.

4 Na caixa de diálogo New Paragraph Style, digite o nome Subhead e clique em OK. Os atributos de texto utilizados no parágrafo foram salvos em um estilo de parágrafo chamado Subhead.

5 Aplique o novo estilo de parágrafo selecionando o texto "Breathe" e então selecionando o estilo Subhead no painel Paragraph Styles. Os atributos de texto são aplicados ao texto selecionado.

● **Nota:** Se você vir um sinal de adição (+) à direita do nome do estilo, o estilo contém uma substituição. Uma substituição é qualquer formatação que não corresponde aos atributos definidos pelo estilo, por exemplo, se você alterou o tamanho da fonte para o parágrafo selecionado. Pressione a tecla Alt ou Option ao selecionar o nome do estilo para substituir os atributos existentes se você vir o sinal de adição (+).

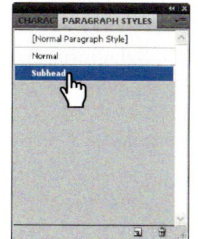

Observe o estilo Normal no painel Paragraph Styles. Quando você inseriu o documento do Word anteriormente nesta lição, o estilo Normal do Word foi importado para o documento do Illustrator.

6 Selecione o texto "Stretch" e, com Alt (Windows) ou Option (Mac OS) pressionada, clique no estilo Subhead do painel Paragraph Styles. Repita esse passo para aplicar o estilo também ao texto "Workout" e "Relax".

Crie e utilize um estilo de caractere

Enquanto os estilos de parágrafo aplicam atributos a um parágrafo inteiro, estilos de caractere só podem ser aplicados ao texto selecionado.

1 Utilizando a ferramenta Type (T), selecione a primeira ocorrência do texto "Pranayama" na primeira coluna do texto do parágrafo.

2 Escolha Bold no menu Font Style do painel Control.

Agora, você vai salvar esses atributos como um estilo de caractere e os aplicar a outras ocorrências no texto.

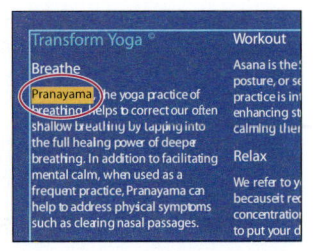

3 No grupo de painéis Paragraph Styles, clique na guia do painel Character Styles.

4 No painel Character Styles, pressione Alt (Windows) ou Option (Mac OS) e clique no botão Create New Style (□). Pressionar a tecla Alt ou Option e clicar no botão New Style permite nomear o estilo com o mesmo nome que ele é adicionado ao painel. Você também pode dar um duplo clique em um estilo para nomeá-lo e editá-lo.

5 Atribua ao estilo o nome Bold e clique em OK. O estilo registra os atributos aplicados ao seu texto selecionado.

Agora, você vai aplicar esse estilo de caractere a outro texto.

6 Com o texto "Pranayama" ainda selecionado, pressione Alt (Windows) ou Option (Mac OS) e clique no estilo chamado Bold no painel Character Styles para atribuir o estilo a esse texto. Lembre-se, pressionar a tecla Alt ou Option e clicar remove todos os atributos existentes do texto que não são parte do estilo de caractere.

7 Selecione a próxima ocorrência de "Pranayama" e aplique o estilo Bold novamente.

● **Nota:** Você precisa selecionar a palavra inteira, e não apenas posicionar o cursor no texto.

8 Escolha Select > Deselect.

Talvez você decida alterar as cores de todo o texto formatado com o estilo de caractere Bold. Utilizando estilos (de caractere ou parágrafo), você pode alterar os atributos de texto do estilo original e todas as instâncias serão atualizadas.

A seguir, você vai alterar a cor do estilo de caractere Bold.

9 Dê um duplo clique no estilo Bold no painel Character Styles. Na caixa de diálogo Character Style Options, clique na categoria Character Color e confira se a caixa Fill está selecionada. Clique na amostra Mustard no painel Swatches que aparece.

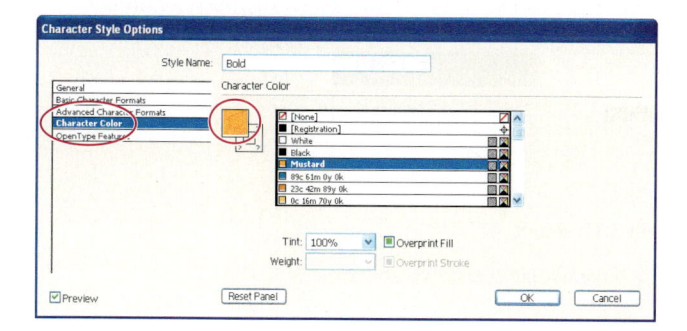

10 Marque a caixa de seleção Preview, no canto inferior esquerdo da caixa de diálogo Character Style Options, se já não estiver marcada. À medida que você altera a formatação do estilo, o texto que utiliza o estilo Bold muda automaticamente.

11 Clique em OK e feche o grupo de painéis Character Style.

12 Escolha File > Save. Deixe o arquivo aberto.

Obtenha uma amostra da formatação de texto

Utilizando a ferramenta Eyedropper, você pode obter rapidamente uma amostra dos atributos de texto e aplicá-los ao texto sem criar um estilo.

1 Escolha View > Fit Artboard In Window.

2 Com a ferramenta Zoom (Q), clique e arraste uma seleção sobre o texto "1000 Lombard Ave. Central, Washington", acima da primeira figura de cima na esquerda.

3 Utilizando a ferramenta Type (T), dê um clique triplo para selecionar o parágrafo.

4 No painel Control, altere a cor de Fill para azul (C=89, M=61, Y=0, K=0), Font para Myriad Pro (se ainda não estiver selecionada) e Font Style para Condensed.

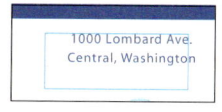

● **Nota:** Se "Central" aparecer na primeira linha do texto, utilize a ferramenta Type para inserir o cursor antes de "Central" e pressione Shift+Enter ou Shift+Return para adicionar uma quebra de linha condicional, posicionando o texto na próxima linha.

5 Dê um duplo clique na ferramenta Hand (✋) para ajustar a prancheta na janela.

6 Escolha View > Smart Guides para selecioná-las.

7 Com a ferramenta Type, selecione o texto "info@transformyoga.com" acima da figura de baixo na parte esquerda da prancheta.

● **Nota:** Se você posicionar o cursor sobre o texto quando as guias inteligentes estiverem selecionadas, uma linha aparecerá abaixo desse texto, indicando que você está clicando no lugar correto para obter uma amostra da formatação.

8   Selecione a ferramenta Eyedropper ( ) no painel Tools e clique em qualquer lugar da linha do texto "1000 Lombard Ave. Central, Washington". Uma letra "T" aparece acima do cursor de conta-gotas. Os atributos são imediatamente aplicados ao texto selecionado. Se o endereço de email mudar para a esquerda, mova-o para sua posição original com a ferramenta Selection.

9   Escolha Select > Deselect.

10 Escolha File > Save. Deixe o arquivo aberto.

Remodele texto com uma distorção de envelope

É legal distorcer o texto, pois isso permite dar a ele uma forma mais interessante. Uma distorção de envelope permite ajustar o texto em uma forma que você cria ou que é criada para você. Um envelope é um objeto que distorce ou remodela os objetos selecionados. Você pode utilizar uma forma de distorção predefinida ou uma grade de malha como um envelope, ou pode criar e editar a sua própria forma utilizando objetos da prancheta.

1   Selecione a ferramenta Type (T) no painel Tools. Antes de digitar, no painel Control, altere a família de fontes para Myriad Pro (se ainda não estiver escolhida), o estilo de fonte para Bold Condensed e o tamanho de fonte para 48 pt.

● **Nota:** É recomendável ampliar.

2   Com a ferramenta Type, clique uma vez no pôster abaixo das duas colunas de texto. O posicionamento exato não é importante. Um cursor aparece.

3   Digite a palavra transform.

4   Selecione a ferramenta Selection ( ). Se o texto no pôster sobrepor o texto nas duas colunas acima, arraste-o até que ele não mais se sobreponha. Mude a cor de preenchimento no painel Control para branco.

▶ **Dica:** Com a ferramenta Type selecionada, você pode alternar temporariamente para a ferramenta Selection pressionando Ctrl ou Command.

5   Com o texto selecionado com a ferramenta Selection, clique no botão Make Envelope ( ) no painel Control. Na caixa de diálogo Warp Options, selecione Preview. O texto aparece como um arco.

6. Escolha Arc Upper no menu Style. Arraste o controle deslizante Bend para a direita para vê-lo curvar-se para cima ainda mais. Você pode testar várias combinações diferentes. Arraste os controles deslizantes Horizontal e Vertical Distortion para ver o efeito sobre o texto. Depois de utilizar essa caixa de diálogo, arraste os controles deslizantes Distortion até **0%** e clique em OK.

● **Nota:** O botão Make Envelope (🔲) não aplica um efeito. Ele só converte o texto em um objeto de envelope. O mesmo resultado visual é alcançado escolhendo Effect > Warp > Arc Upper. Para informações adicionais sobre envelopes, consulte "Reshape using envelopes" no Illustrator Help.

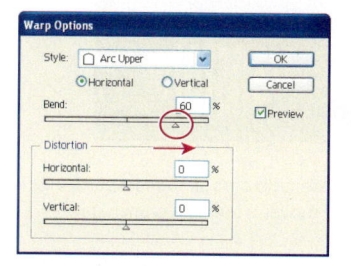

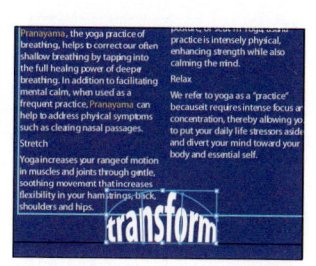

7. Utilize a ferramenta Selection para mover o objeto de envelope (texto distorcido) até que a parte inferior do texto distorcido esteja alinhada mais ou menos com a parte inferior das duas colunas do texto.

   Se quiser fazer alguma modificação, edite o texto e a forma separadamente. A seguir, você vai editar o texto "transform" e então a forma de distorção.

8. Com o texto distorcido ainda selecionado, clique no botão Edit Contents (🔲) do painel Control. Essa é maneira como você edita o texto na forma distorcida.

9. Utilizando a ferramenta Type, posicione o cursor sobre o texto distorcido. Observe a linha azul e o texto "transform" azul. As guias inteligentes mostram o texto original. Clique em "transform" para inserir o cursor e, então, dê um duplo clique para selecioná-lo.

● **Nota:** Se der um duplo clique com a ferramenta Selection, e não com a ferramenta Type, você entrará no modo de isolamento. Pressione Esc para sair do modo de isolamento.

10. Digite workout e veja que o texto se distorce automaticamente na forma do arco para cima. Escolha Edit > Undo Typing para voltar ao texto original.

● **Nota:** Pode parecer estranho que o texto que você está editando apareça por cima da forma distorcida. Isso apenas indica que o texto está sendo forçado na forma, mas continua editável como texto.

11. No painel Control, altere Stroke Weight para **0,75 pt** e a cor de contorno para **Mustard**. Pressione Escape para fechar o painel Swatches.

Observe que os atributos são aplicados ao texto distorcido. Agora, você vai editar a forma de distorção.

12 Com a ferramenta Selection, certifique-se de que o texto distorcido ainda está selecionado. Clique no botão Edit Envelope ( ) do painel Control.

13 Selecione Bulge no menu Select Warp Style do painel Control. Observe as outras opções do painel Control, como Horizontal, Vertical e Bend. Escolha Arc Upper para retornar à forma do arco superior.

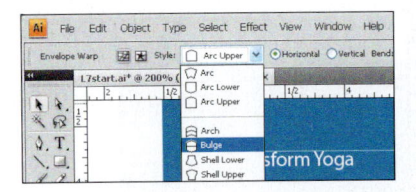

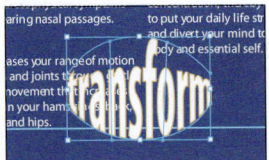

● **Nota:** Talvez seja necessário reposicionar o texto distorcido para alinhá-lo à parte inferior das colunas do texto. Alterar o estilo de distorção pode mover o texto na prancheta.

14 Escolha a ferramenta Direct Selection ( ) no painel Tools. Observe os pontos de ancoragem em torno da forma distorcida. Primeiro, clique para selecionar o ponto de ancoragem acima do "n" em "transform". Arraste o ponto selecionado para cima a fim de mudar a forma da distorção.

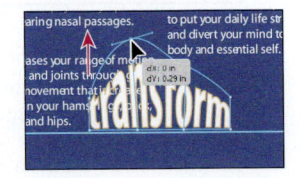

▶ **Dica:** Para remover o texto da forma distorcida, selecione o texto com a ferramenta Selection e escolha Object > Envelope Distort > Release. Isso fornece dois objetos: o texto e a forma do arco para cima.

15 Escolha Edit > Undo Move para retornar a forma à forma do arco para cima.

Agora, você vai adicionar um efeito de sombra projetada ao texto distorcido.

16 Alterne para a ferramenta Selection e clique em "transform".

17 Escolha Effect > Stylize > Drop Shadow nos efeitos do Illustrator. Na caixa de diálogo Drop Shadow Options, altere Opacity para **30%**, X Offset para **3 pt**, Y Offset para **3 pt**, Blur para **3 pt** e clique em OK.

18 Escolha Select > Deselect e File > Save. Deixe o arquivo aberto.

Faça o texto contornar um objeto

Você pode criar efeitos interessantes e criativos contornando o texto ao redor de um objeto. A seguir, você vai contornar texto ao redor do texto distorcido.

1 Com a ferramenta Selection, clique para selecionar o texto distorcido, "transform".

2 Escolha Object > Text Wrap > Make. O texto das duas colunas contorna o texto distorcido, "transform".

● **Nota:** Para contornar o texto ao redor de um objeto, o objeto de contorno deve estar na mesma camada que o texto e estar posicionado logo acima do texto na hierarquia de camadas.

3 Com a ferramenta Selection, clique e arraste "transform" para ver o efeito sobre o texto das duas colunas.

4 Se o texto estiver atingindo áreas onde você não quer que ele flua, escolha Object > Text Wrap > Text Wrap Options. Na caixa de diálogo Text Wrap Options, altere Offset para **4** e selecione Preview para ver a modificação. Clique em OK.

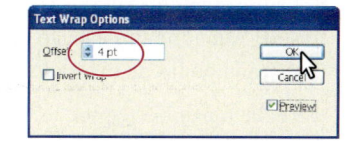

5 Utilizando a ferramenta Selection, reposicione "transform" para criar um fluxo de texto mais apropriado. Para este exemplo, não há problemas se parte de seu texto exceder a área de texto.

6 Escolha Select > Deselect.

7 Escolha File > Save. Mantenha o arquivo aberto.

Crie texto em paths e formas

Utilizando as ferramentas Type, você pode digitar em paths e formas para fazer o texto fluir ao longo de um path aberto ou fechado.

1 Clique no botão Next (▶) da barra de status da janela Document para acessar a segunda prancheta.

2 Escolha View > Fit Artboard In Window se o cartão postal não estiver visível por inteiro.

3 Com a ferramenta Selection (▶), selecione o path ondulado que cruza as figuras de yogues.

▶ **Dica:** Para alternar rapidamente entre as ferramentas Selection e Type, pressione Ctrl ou Command.

4 Com a ferramenta Type (**T**), posicione o cursor no lado esquerdo do path para ver um ponto de inserção com uma linha ondulada (⸺). Clique quando esse cursor aparecer. Os atributos de contorno mudam para None e um cursor aparece. Não digite o texto ainda.

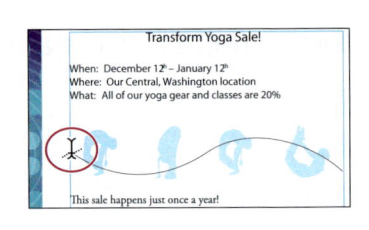

5 Altere o tamanho da fonte para **20 pt** no painel Control. Altere a cor de Fill para azul (C=89, M=61, Y=0, K=0). Certifique-se de que a fonte é Myriad Pro e altere o estilo da fonte para Condensed.

6 Digite **breathe** e pressione a barra de espaço para adicionar um espaço. Observe que o texto recém-digitado segue o path.

7 Escolha Type > Glyphs e localize um ponto de marcador no painel Glyphs. Dê um duplo clique para inserir o ponto. Mantenha o painel Glyphs aberto. Insira um espaço após o marcador.

8 Digite **stretch • relax • transform yourself**. Adicione um espaço antes e depois de cada ponto de marcador.

9 Feche o painel Glyphs.

● **Nota:** Se o texto não se ajustar ao path, uma pequena caixa com um sinal de adição (+) aparecerá na parte inferior da caixa delimitadora. Você pode diminuir o tamanho da fonte ou aumentar a linha, entre outras opções.

10 Escolha Select > Deselect.

11 Clique no texto que você acabou de digitar com a ferramenta Type. No painel Control, certifique-se de que o botão Align Center (▤) está selecionado para centralizar o texto no path.

● **Nota:** Você pode aplicar qualquer formatação de caractere e parágrafo que preferir ao texto no path.

12 Com a ferramenta Selection, verifique se o marcador de texto ainda está selecionado. No painel Control, altere Opacity para **60%** para deixar o texto semitransparente.

● **Nota:** Se você não vir as configurações de opacidade no painel Control, abra o painel Transparency escolhendo Window > Transparency.

13 Escolha Select > Deselect e então File > Save.

Agora, você vai colocar o texto em um path fechado.

1 Clique no botão Previous na barra de status da janela Document para acessar a primeira prancheta.

2   Escolha View > Fit Artboard In Window se o pôster não estiver visível por inteiro. Selecione a ferramenta Zoom ( ) no painel Tools e clique três vezes no círculo azul no canto superior esquerdo do pôster para ampliar.

3   Com a ferramenta Selection ( ), selecione o círculo azul esverdeado atrás da figura da iogue.

Agora, você vai copiar o círculo azul para que possa adicionar texto a ele. Você está criando uma cópia porque adicionar mais texto ao círculo removeria o contorno e o preenchimento dele. Lembre-se, adicionar texto a um path remove o contorno e o preenchimento do path.

4   Dê um duplo clique na ferramenta Scale ( ) do painel Tools para abrir a caixa de diálogo Scale. Na caixa de diálogo Scale, altere Uniform Scale para **130** e clique em Copy para criar uma cópia do círculo. Isso torna uma cópia 130% maior do que o círculo original.

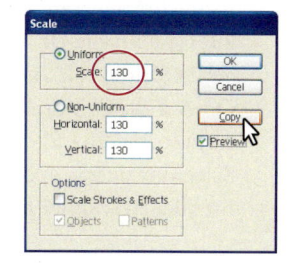

● **Nota:** Leia mais sobre a transformação de objetos na Lição 4.

5   Mude para a ferramenta Type. Enquanto pressiona Alt (Windows) ou Option (Mac OS), cruze o lado esquerdo do círculo. O ponto de inserção com uma linha ondulada ( ) aparece. Clique, mas não digite. O path agora está sem contorno e preenchimento, mas o texto terá um preenchimento preto, e um cursor está sobre o path.

● **Nota:** Se não quiser utilizar Alt ou Option, selecione a ferramenta Type On A Path mantendo pressionada a ferramenta Type no painel Tools.

6   No painel Control, altere o tamanho da fonte para **30 pt**, a fonte para Myriad Pro (se ainda não estiver selecionada), o estilo da fonte para Condensed e a cor de preenchimento para branco.

7   Clique no botão Align Left ( ) do painel Control.

8   Digite **transform yoga**. O texto flui no path circular.

9   Para ajustar o posicionamento no path, mude para a ferramenta Selection. O objeto de texto é selecionado. Colchetes aparecem no começo do texto, no fim do path e no ponto intermediário entre os colchetes inicial e final.

● **Nota:** Talvez pareça haver apenas dois colchetes. Isso ocorre porque os colchetes de abertura e fechamento estão um ao lado do outro no lado esquerdo do círculo.

10 Posicione o cursor sobre o colchete do centro até que um pequeno ícone (⌐) apareça ao lado do cursor. Arraste o colchete central ao longo do lado externo do path. Pressione Ctrl (Windows) ou Command (Mac OS) para evitar que o texto gire para o outro lado do path. Posicione o texto de modo que ele fique relativamente centralizado na parte superior do círculo.

Crie uma intersecção na forma fechada com a ferramenta Type enquanto pressiona Alt ou Option.

11 Com o objeto de texto do path selecionado com a ferramenta Selection, escolha Type > Type On A Path > Type On A Path Options. Na caixa de diálogo Type On A Path Options, selecione Preview e então escolha Skew no menu Effect.
Selecione outras opções no menu Effect e então altere o efeito para Rainbow. Escolha Descender no menu Align To Path. Clique em OK.

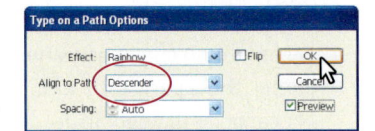

● **Nota:** Leia mais sobre as opções Type On A Path no Illustrator Help. Pesquise "Creating type on a path".

12 Escolha Select > Deselect.
13 Escolha File > Save e deixe o arquivo aberto.

Crie textos em curva

Ao criar trabalhos para propósitos diversos, é uma boa ideia criar textos em curvas para que o destinatário final não precise de suas fontes para abrir e utilizar o arquivo corretamente. É recomendável manter um original de seu trabalho, pois você não pode alterar o texto em curvas de volta para texto editável.

1 Clique no botão Next na barra de status da janela Document para acessar a segunda prancheta.

2 Escolha View > Fit Artboard In Window se o cartão postal não estiver visível por inteiro.

3 Selecione a ferramenta Type (T) no painel Tools e clique fora da borda esquerda da prancheta do postal.

4 Altere a cor de preenchimento no painel Control para azul (C=89, M=61, Y=0, K=0).

5 Digite **transform yourself**.

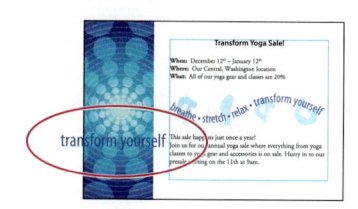

6 Dê um duplo clique na ferramenta Rotate (↻) do painel Tools. Na caixa de diálogo Rotate, digite **90** no campo Angle. Clique em OK. O texto é girado a **90** graus no sentido anti-horário.

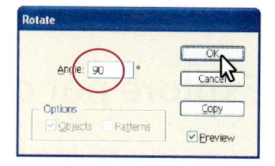

7 Com a ferramenta Selection (▶), posicione o texto no canto inferior direito da imagem com fundo azul, na esquerda.

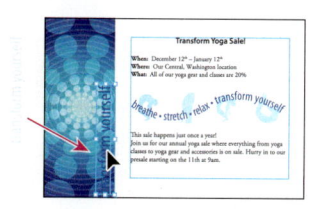

8 Utilizando a ferramenta Selection, clique com a tecla Shift pressionada e arraste a alça direita superior da caixa delimitadora para ampliar proporcionalmente o texto de acordo com a altura do cartão postal.

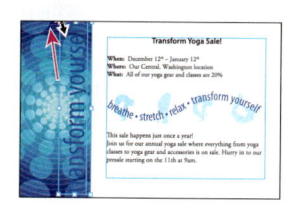

● **Nota:** Se o descendente das letras aparecer na área branca à direita, arraste o texto para a esquerda.

Clique com a tecla Shift pressionada e arraste para redimensionar o texto proporcionalmente.

9 Clique na palavra Opacity no painel Control para abrir o painel Transparency. Escolha Screen no menu Blending Mode.

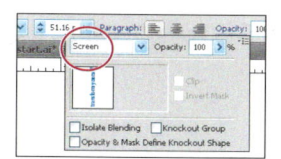

▶ **Dica:** Uma vantagem de criar texto em curvas é que eles permitem preencher o texto com um degradê. Se você quiser um preenchimento degradê e também quiser manter o controle sobre a edição do texto, selecione o texto com a ferramenta Selection e escolha Effect > Path > Outline Object.

10 Com a área de texto ainda selecionada com a ferramenta Selection, escolha Type > Create Outlines. O texto não mais está vinculado a uma fonte específica. Em vez disso, ele agora é um vetor, quase como qualquer outra arte vetorial em sua ilustração. Escolha Select > Deselect.

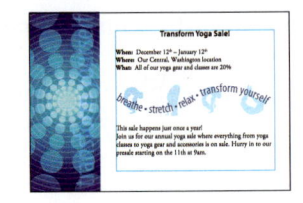

11 Escolha File > Save.

Explore por conta própria

Teste os recursos de texto integrando paths a ilustrações. Utilize o clip-art fornecido na pasta Lesson07 e tente algumas destas técnicas de texto:

- pizza.ai – Utilizando a ferramenta Pen, crie paths representando o calor que sai da fatia. Crie texto em paths ondulados e aplique níveis variados de opacidade.

- airplane.ai – Finalize a faixa que segue o avião com seu próprio texto.

Vá mais adiante com o projeto utilizando essa arte em um anúncio de uma página com os seguintes elementos de texto:

- Utilizando o arquivo placeholder.txt da pasta Lesson07, crie uma área de texto de três colunas.

- Utilize o elemento gráfico da pizza ou do avião para fazer o texto contornar um objeto.

- Crie um título na parte superior da sua página com um texto fazendo uma curva.

- Crie um estilo de parágrafo.

- No pôster da ioga, escolha View > Outline para ver todos os paths na página. Observe uma forma em espiral no topo da página. Tente adicionar texto a esse path em espiral e escolha Type > Type On A Path > Type On A Path Options para alterar os atributos.

Perguntas de revisão

1 Identifique dois métodos para criar uma área de texto no Adobe Illustrator CS4.
2 Quais são as duas vantagens de utilizar uma fonte OpenType?
3 Qual é a diferença entre um estilo de caractere e um estilo de parágrafo?
4 Quais são as vantagens e desvantagens de converter texto em curvas?

Respostas

1 Eis os vários métodos para criar áreas de texto:
   - Com a ferramenta Type, clique na prancheta e comece a digitar quando o cursor aparecer. Uma área de texto é criada para acomodar o texto.
   - Com a ferramenta Type, clique e arraste para criar uma área de texto. Digite quando um cursor aparecer.
   - Com a ferramenta Type, clique em um path ou forma fechada para convertê-lo em texto sobre path ou área de texto. Pressionar Alt ou Option e clicar ao interseccionar o contorno de um path fechado cria texto em torno da forma.

2 As duas principais vantagens das fontes OpenType são a compatibilidade entre diferentes plataformas (elas funcionam da mesma maneira no Windows e no Mac OS) e o suporte a conjuntos de caracteres amplamente expandidos e a recursos de layout, o que fornece suporte linguístico mais rico e controle tipográfico avançado.

3 Um estilo de caractere só pode ser aplicado ao texto selecionado. Um estilo de parágrafo é aplicado a um parágrafo inteiro. Estilos de parágrafo são mais apropriados para recuos, margens e entrelinhas.

4 Converter texto em curvas elimina a necessidade de enviar as fontes junto com o arquivo ao compartilhá-las com outras pessoas. Você também pode preencher o texto com um degradê e criar efeitos interessantes em letras individuais. Entretanto, ao criar textos em curvas, você deve levar em consideração o seguinte:
   - O texto não é mais editável. O conteúdo e a fonte não podem ser alterados para o texto contornado. É melhor salvar uma camada com o texto original ou utilizar o efeito Outline Object.
   - Fontes bitmaps e fontes protegidas não podem ser convertidas em curvas.
   - Transformar texto em curvas com um tamanho de fonte menor que 10 pontos não é recomendável. Quando o texto é convertido em curvas, ele perde suas dicas – instruções incorporadas a fontes geométricas para ajustar suas formas para que possam ser exibidas ou impressas otimizadas em vários tamanhos. Ao redimensionar texto, ajuste o corpo antes de convertê-lo em curvas.
   - Você deve converter todo texto na seleção em curvas; você não pode converter uma letra individual dentro de uma string de texto. Para converter uma letra individual em um contorno, crie uma área de texto separada contendo apenas essa letra.

8 TRABALHANDO COM CAMADAS

Visão geral da lição

Nesta lição, você vai aprender a:

- Trabalhar com o painel Layers
- Criar, reorganizar e bloquear camadas, camadas aninhadas e grupos
- Mover objetos entre camadas
- Colar camadas de objetos de um arquivo para outro
- Mesclar camadas em uma só camada
- Aplicar uma sombra projetada a uma camada
- Criar uma máscara de recorte de camada
- Aplicar um atributo de aparência a objetos e a camadas
- Isolar o conteúdo em uma camada

Esta lição levará aproximadamente 45 minutos para ser concluída. Se necessário, remova a pasta da lição anterior de seu disco rígido e copie a pasta Lesson08.

Camadas permitem organizar seu trabalho de acordo com níveis distintos que podem ser editados e visualizados individualmente ou em conjunto. Todo documento do Illustrator tem pelo menos uma camada. Criar várias camadas em seu trabalho permite controlar a maneira como o trabalho será impresso, exibido e editado.

Introdução

Nesta lição, você vai completar a arte de um relógio de parede enquanto explora as várias possibilidades do uso do painel Layers.

1 Para que as ferramentas e os painéis funcionem como descritos nesta lição, exclua ou desative (renomeando) o arquivo de preferências do Adobe Illustrator CS4. Consulte "Restaurando as preferências padrão", na página 15.

2 Inicie o Adobe Illustrator CS4.

● **Nota:** Se você ainda não copiou os arquivos desta lição para o seu disco rígido a partir da pasta Lesson08 do CD do *Adobe Illustrator CS4 Classroom in a Book*, faça isso agora. Veja "Copiando os arquivos do Classroom in a Book", na página 14.

3 Escolha File > Open e abra o arquivo L8end.ai da pasta Lesson08, localizado na pasta Lessons de seu disco rígido.

● **Nota:** Não se preocupe se o painel Layers de seu espaço de trabalho não parecer exatamente com a figura abaixo. Agora, você só precisa ficar à vontade com o painel.

Camadas separadas são utilizadas para os objetos que compõem a moldura, o mostrador, os ponteiros e os números do relógio, como indicado pelos nomes das camadas listadas no painel Layers. Abaixo, você pode ver o painel Layers (Window > Layers) e as descrições dos ícones.

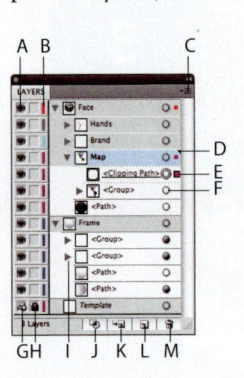

A. Coluna Visibility
B. Cor da camada
C. Menu do painel Layers
D. Indicador da camada atual
E. Coluna Selection
F. Coluna Target
G. Ícone Template Layer
H. Coluna Edit (lock/unlock)
I. Seta Expand/Collapse
J. Make/Release Clipping Mask
K. Create New Sublayer (criar nova subcamada)
L. Create New Layer (criar nova camada)
M. Excluir seleção

4 Escolha View > Fit Artboard In Window. Se preferir, você pode deixar o arquivo aberto para referência visual. Caso contrário, escolha File > Close.

Para começar o trabalho, você vai abrir um arquivo existente que está incompleto.

5 Escolha File > Open e abra o arquivo L8start.ai da pasta Lesson08, localizada na pasta Lessons de seu disco rígido.

6 Escolha File > Save As, nomeie o arquivo como **clock.ai** e selecione a pasta Lesson08. Deixe a opção Save As Type configurada como Adobe Illustrator (*.AI) (Windows) ou a opção Format configurada como Adobe Illustrator (ai) (Mac OS) e clique em Save. Na caixa de diálogo Illustrator Options, deixe as opções do Illustrator em suas configurações padrão e clique em OK.

Sobre camadas

Ao criar uma arte complexa, é difícil monitorar todos os itens na sua janela de documento. Os itens pequenos ficam ocultos sob os itens maiores e torna-se difícil selecionar o trabalho. Camadas são um meio de gerenciar todos os itens que compõem sua arte. Pense nas camadas como pastas que contêm os elementos do trabalho. Se reorganizar as pastas, você alterará a ordem de empilhamento dos itens no trabalho. Você pode mover itens entre pastas e criar subpastas dentro das pastas.

A estrutura das camadas no seu documento pode ser tão simples ou complexa quanto você quiser. Por padrão, todos os itens são organizados em uma só camada pai, mas você pode criar novas camadas e mover itens dentro delas, ou mover elementos entre uma camada e outra sempre que quiser. O painel Layers oferece um jeito fácil de selecionar, ocultar, bloquear e alterar os atributos de aparência do trabalho.

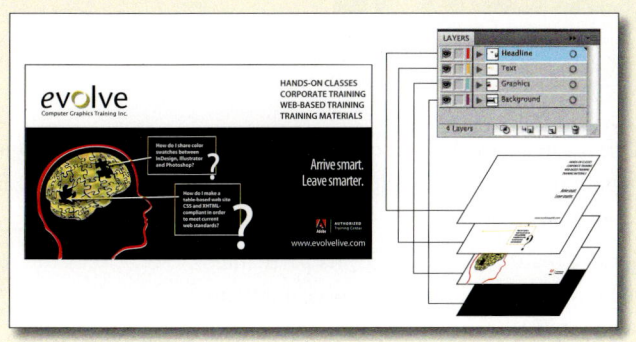

Exemplo de arte composta e do modo como as camadas são divididas individualmente.

—*Extraído do Illustrator Help*

Crie camadas

Por padrão, todo documento começa com uma camada. Você pode renomear e adicionar camadas enquanto cria seu trabalho. Posicionar objetos em camadas separadas permite selecioná-las e editá-las facilmente. Por exemplo, inserindo texto em uma camada separada, é possível alterar todo o texto de uma vez sem afetar o restante do trabalho.

Você vai agora mudar o nome da camada padrão e criar uma camada e uma subcamada.

1 Se o painel Layers não estiver visível, clique no ícone do painel Layers (◆) no lado direito do espaço de trabalho ou escolha Window > Layers.

Layer 1 (o nome padrão para a primeira camada) é destacado, indicando que ela está ativa. A camada também possui um triângulo (▼) no canto superior direito, indicando que os objetos na camada podem ser editados.

2 No painel Layers, dê um duplo clique no nome da camada para abrir a caixa de diálogo Layer Options. Digite **Clock** no campo de texto Name e então clique em OK.

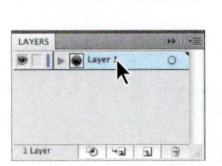

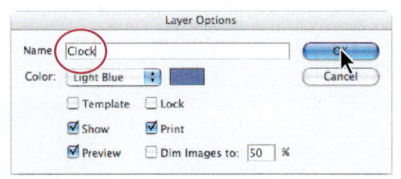

Agora, você vai criar uma camada para os elementos do mostrador do relógio e uma subcamada para os números do relógio. Subcamadas ajudam a organizar o conteúdo dentro de uma camada.

3 Clique no botão Create New Layer (🗋) na parte inferior do painel Layers ou escolha New Layer no menu do painel Layers (▼≡).

4 Dê um duplo clique em Layer 2. Na caixa de diálogo Layer Options, mude o nome para **Face**, verifique se a cor vermelha está selecionada no menu Color e clique em OK.

A nova camada Face é adicionada acima da camada Clock e torna-se ativa.

● **Nota:** Para criar uma nova subcamada sem configurar opções ou nomear a subcamada, clique no botão Create New Sublayer sem utilizar Alt ou Option. Camadas e subcamadas que não estão nomeadas são numeradas em sequência, por exemplo, Layer 2.

5 Clique na camada Clock uma vez e, então, com Alt (Windows) ou Option (Mac OS) pressionadas, clique no botão Create New Sublayer (↳🗋) na parte inferior do painel Layers para criar uma nova subcamada. A caixa de diálogo Layer Options aparece.

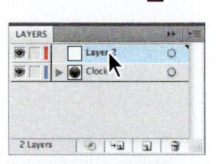

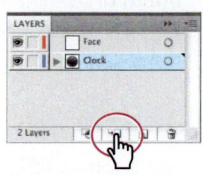

Clique com Alt ou Option pressionadas para criar uma subcamada.

Quando você cria uma nova subcamada, a camada é aberta para mostrar as subcamadas existentes.

Uma subcamada é uma camada dentro de outra camada. Subcamadas são utilizadas para organizar o conteúdo dentro de uma camada sem agrupá-lo ou desagrupá-lo.

6 Na caixa de diálogo Layer Options, altere o nome para Numbers e clique em OK. A nova subcamada aparece logo abaixo do nome de sua camada, Clock, e é selecionada.

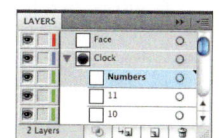

Camadas e cores

Por padrão, o Illustrator atribui uma cor (até nove cores) para cada camada no painel Layers. As cores são exibidas ao lado do nome da camada. As mesmas cores são exibidas na janela da ilustração na caixa delimitadora, no path, nos pontos de ancoragem e no ponto de centro de um objeto selecionado.

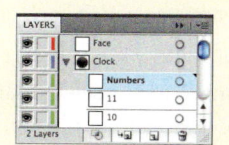

Cada camada e subcamada podem ter uma cor exclusiva.

Você pode utilizar essa cor para localizar rapidamente uma camada correspondente do objeto no painel Layers, e pode alterar a cor da camada de acordo com suas necessidades.

—*Extraído do Illustrator Help*

Mova objetos e camadas

Ao reorganizar as camadas no painel Layers, você pode reordenar os objetos com camadas em seu trabalho. Também pode mover objetos selecionados de uma camada, ou subcamada, para outra. Camadas mais ao topo da lista do painel Layers estão na frente, na prancheta, dos objetos nas camadas mais abaixo na lista. Comece movendo os números do relógio para uma subcamada própria.

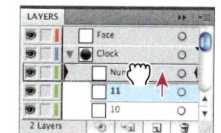

1 No painel Layers, clique e arraste a linha para o objeto 11 e arraste-o até a subcamada Numbers. Solte o botão do mouse quando vir os triângulos pretos em uma das extremidades da subcamada Numbers. Os triângulos indicam que você está adicionando algo a essa camada. Observe a seta que aparece à esquerda da subcamada Numbers depois que você solta o botão do mouse. Isso indica que a subcamada contém elementos.

▶ **Dica:** Manter as camadas e subcamadas fechadas pode facilitar a navegação pelo conteúdo no painel Layers.

2 Clique no triângulo à esquerda da miniatura da sub-camada Numbers para abrir a subcamada e ver seu conteúdo.

3 Repita o passo 1 para todos os números restantes no painel Layers, organizando melhor o painel Layers e facilitando a localização do conteúdo mais tarde.

4 Clique no triângulo à esquerda da subcamada Numbers para ocultar seu conteúdo. Ocultar o conteúdo da subcamada e/ou camada facilita o trabalho com o painel Layers.

▶ **Dica:** Para selecionar várias camadas ou subcamadas rapidamente, selecione uma camada e então clique com a tecla Shift pressionada nas camadas adicionais.

5 Escolha File > Save.

Agora, você vai mover o mostrador do relógio para a camada Face, à qual, mais tarde, você vai adicionar o mapa, os ponteiros e a marca do relógio. Você também renomeará a camada Clock para que ela reflita a nova organização do trabalho.

6 Com a ferramenta Selection (▶), clique atrás dos números para selecionar o mostrador do relógio. No painel Layers, um objeto nomeado <Path> torna-se ativo, como mostrado pelo indicador de arte selecionada (■) à direita da camada <Path>.

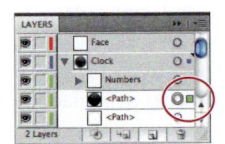

Indicador de arte selecionada mostrando que <Path> está selecionada.

7 Clique e arraste o indicador de arte selecionada (■) na subcamada <Path> do painel Layers para cima à direita do ícone de alvo (O) na camada Face.

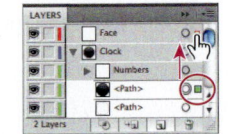

Essa ação move o objeto <Path> para a camada Face. A cor das linhas de seleção no trabalho muda para a da camada Face, que, neste caso, é vermelha.

Como a camada Face está na parte superior da camada Clock e da subcamada Numbers, os números do relógio estão encobertos. A seguir, você vai mover a subcamada Numbers para uma camada diferente e renomear a camada Clock.

8 Escolha Select > Deselect.

9 No painel Layers, arraste a subcamada Numbers sobre a camada Face. Solte o botão do mouse quando vir a barra indicadora com triângulos pretos em uma das extremidades da camada Face no painel Layers.

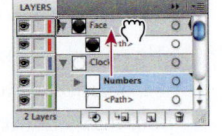

Agora você pode ver os números novamente, porque eles estão no topo da camada (Face).

10 Dê um duplo clique na camada Clock para exibir a caixa de diálogo Layer Options. Mude o nome da camada para Frame e clique em OK.

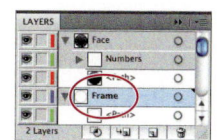

11 Escolha File > Save.

Bloqueie camadas

Ao editar objetos em uma camada, utilize o painel Layers para bloquear outras camadas e evitar que selecione ou altere o restante do trabalho.

Agora, bloqueie todas as camadas, menos a subcamada Numbers, para que possa editar facilmente os números do relógio sem afetar os objetos de outras camadas. Camadas bloqueadas não podem ser selecionadas nem editadas de maneira alguma.

1 Clique no triângulo à esquerda da camada Frame para ocultar a exibição da camada.

2 Selecione a coluna de edição à direita do ícone de olho na camada Frame para bloquear a camada. O ícone de cadeado (🔒) indica que a camada e todo o seu conteúdo estão bloqueados.

3 Repita o passo anterior para a subcamada <Path>, abaixo da subcamada Numbers.

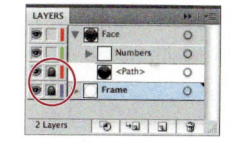

Você pode desbloquear camadas individualmente desmarcando o ícone de cadeado (🔒). Clicar mais uma vez na coluna de edição bloqueará a camada.
Pressionar Alt (Windows) ou Option (Mac OS) enquanto clica na coluna de edição bloqueia e desbloqueia alternadamente todas as outras camadas.

Altere o tamanho do texto (corpo) e da fonte dos números.

4 Clique na coluna Selection à direita da subcamada Numbers no painel Layers para selecionar todo o conteúdo dessa camada.

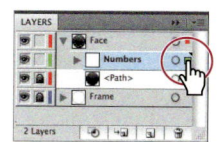

A subcamada Numbers agora mostra um quadrado verde, indicando que tudo nessa subcamada está selecionado. Na prancheta, você também pode ver que os números estão selecionados.

Agora, mude a fonte, o estilo da fonte e o tamanho da fonte dos números selecionados.

5 No painel Control, escolha Myriad Pro no menu Font, Semibold no menu Font Style e digite 28 no campo Font Size.

● **Nota:** Myriad Pro é uma fonte OpenType que está incluída no Illustrator CS4.

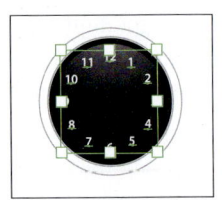

6 Utilize o painel Color (![]) se quiser alterar a cor dos números selecionados.

Com a camada Numbers selecionada, você pode alterar a fonte, o estilo da fonte e o tamanho da fonte dos números.

7 No painel Layers, remova a seleção dos ícones de cadeado (![]) ao lado das camadas <Path> e Frame para desbloqueá-las.

8 Escolha Select > Deselect.

9 Escolha File > Save.

Visualize as camadas

O painel Layers permite ocultar camadas, subcamadas ou objetos individuais da visualização. Quando uma camada está oculta, seu conteúdo também é bloqueado e não pode ser selecionado nem impresso. Você também pode utilizar o painel Layers para exibir camadas ou objetos individualmente no modo de visualização ou no modo de contorno.

A seguir, você vai editar a moldura do relógio utilizando uma técnica de pintura para criar um efeito tridimensional na moldura.

▶ **Dica:** Pressionar Alt ou Option e clicar no ícone de olho da camada oculta e exibe alternadamente uma camada. Ocultar camadas evita que elas sejam alteradas.

1 No painel Layers, clique na camada Frame para selecioná-la e, então, com Alt (Windows) ou Option (Mac OS) pressionadas, clique no ícone de olho (![]) à esquerda do nome da camada Frame para ocultar as outras camadas.

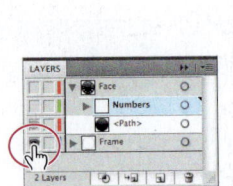

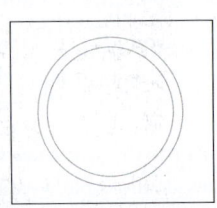

Clique com Alt ou Option pressionadas no ícone de olho para desmarcar a exibição de todas as outras camadas.

2 Utilizando a ferramenta Selection (↖), na prancheta, clique dentro do círculo da moldura para selecioná-lo. Clique com Shift pressionada no círculo maior para adicioná-lo à seleção.

3 Com os dois círculos selecionados, clique na cor de preenchimento no painel Control e, então, selecione a amostra clock.frame no painel Swatches para os círculos com um degradê personalizado.

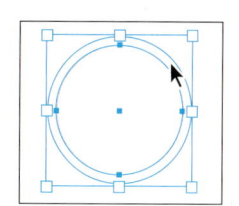

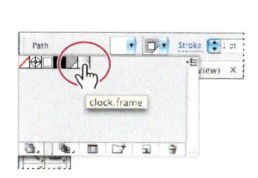

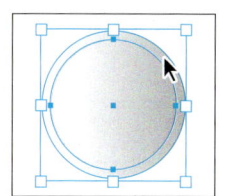

4 Clique com a tecla Shift pressionada no círculo maior para desmarcá-lo. O círculo interno permanece selecionado.

5 Selecione a ferramenta Gradient (▭) no painel Tools. Arraste a ferramenta em uma linha vertical de cima para baixo para alterar a direção do degradê. Solte o botão do mouse.

A ferramenta Gradient só funciona nos objetos selecionados preenchidos com degradês. Para aprender mais sobre a ferramenta Gradient, veja a Lição 9, "Mesclando formas e cores".

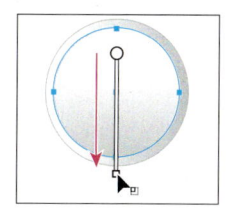

● **Nota:** Ao selecionar a ferramenta Gradient pela primeira vez, uma linha horizontal aparece no círculo selecionado. Essa é a direção padrão do preenchimento de degradê.

6 Escolha Select > Deselect e então File > Save. Tente selecionar o círculo maior e mudar a direção do degradê com a ferramenta Gradient.

7 No painel Layers, escolha Show All Layers no menu do painel (▾≡).

À medida que edita os objetos do trabalho em camadas, você pode exibir algumas camadas no modo de contorno, mantendo as outras camadas no modo de exibição.

8 Com a tecla Ctrl (Windows) ou Command (Mac OS) pressionada, clique no ícone de olho (👁) ao lado da camada Face para mudar para o modo de contorno nessa camada.

Isso permite que você veja o círculo preenchido com degradê atrás do mostrador do relógio. Exibir uma camada no modo de contorno também é útil para visualizar os pontos de ancoragem ou pontos de centro dos objetos sem selecioná-los.

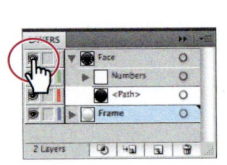

Clique com a tecla Ctrl/Command pressionada no ícone de olho para entrar no modo de contorno.

9 Com Control (Windows) ou Command (Mac OS) pressionada, clique no ícone de olho (👁) ao lado da camada Face para retornar ao modo de exibição dessa camada. Escolha Select > Deselect.

Cole camadas

Para completar o relógio, você vai copiar e colar as partes finais do trabalho a partir de outro arquivo. Você pode colar um arquivo em camadas em outro arquivo e manter as camadas intactas.

1 Escolha File > Open e abra o arquivo Details.ai, localizado na pasta Lesson08, dentro da pasta Lessons de seu disco rígido.

2 Para ver como os objetos em cada camada estão organizados, clique com Alt (Windows) ou Option (Mac OS) pressionadas nos ícones de olho do painel Layers para exibir alternadamente cada camada e ocultar as outras. Você também pode clicar nos triângulos (▶)

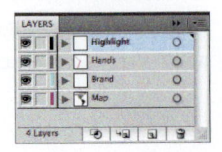

à esquerda dos nomes das camadas para expandi-las e recolhê-las para uma inspeção mais detalhada. Quando terminar, certifique-se de que todas as camadas estejam visíveis e recolhidas.

3 Escolha Select > All e então Edit > Copy para selecionar e copiar os detalhes do relógio para a área de transferência.

4 Escolha File > Close. Se uma caixa de diálogo de aviso aparecer, clique em No (Windows) ou Don't Save (Mac OS) para fechar o arquivo Details.ai sem salvar nenhuma modificação.

5 No arquivo clock.ai, escolha Paste Remembers Layers no menu do painel Layers (▼≡). Uma marca de seleção ao lado da opção indica que ela está selecionada.

Marcar a opção Paste Remembers Layers indica que, quando várias camadas de outro arquivo são coladas no trabalho, elas são adicionadas como camadas individuais no painel Layers. Se a opção não estiver marcada, todos os objetos são colados na camada ativa.

6 Escolha Edit > Paste in Front para colar os detalhes no relógio. Escolha Select > Deselect.

O comando Paste In Front cola os objetos da área de transferência em uma posição igual a do arquivo original Details.ai. A opção Paste Remembers Layers faz com que as camadas original Details.ai sejam coladas como quatro camadas separadas na parte superior do painel Layers (Highlight, Hands, Brand, Map).

Agora, você vai reposicionar algumas das camadas.

7 Feche todas as camadas abertas mudando a seta dos nomes de camada para a esquerda. Mova a camada Frame para acima da camada Highlight e, então, a camada Face para acima da camada Frame. Se necessário, arraste a parte inferior do painel Layers para baixo para todas as camadas.

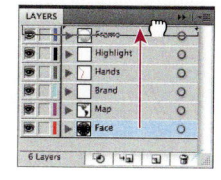

▶ **Dica:** Quando você arrasta as camadas no painel Layers, o painel rola para cima ou para baixo automaticamente.

Solte o botão do mouse quando a barra indicadora com triângulos pretos se estender por toda a largura de coluna acima das camadas Highlight e Frame. (Queremos criar uma camada separada, não uma subcamada.) Se houver conteúdo ainda selecionado na prancheta, escolha Select > Deselect.

Agora, você vai mover as camadas Hands e Brand para a camada Face, e a camada Highlight para frente da camada Frame.

8 No painel Layers, selecione a camada Highlight e arraste-a para cima entre as camadas Face e Frame.

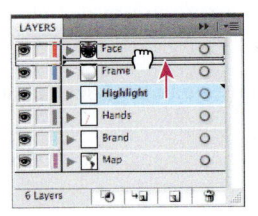

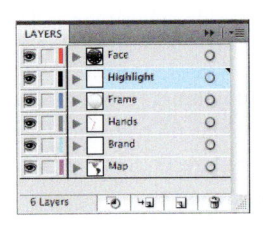

9 Clique na seta à esquerda da camada Face para exibir as subcamadas.

10 Clique na camada Hands e, com a tecla Shift pressionada, clique na camada Brand.

11 Arraste as camadas selecionadas para cima entre as subcamadas Numbers e <Path>. Quando a barra de inserção aparecer entre subcamadas, solte o botão do mouse para transformar as camadas Hands e Brand em subcamadas da camada Face.

● **Nota:** Você talvez precise redimensionar o painel Layers clicando e arrastando a parte inferior dele para baixo a fim de ver melhor a camada.

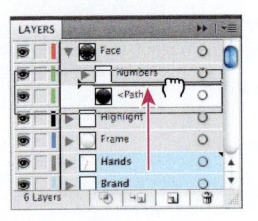

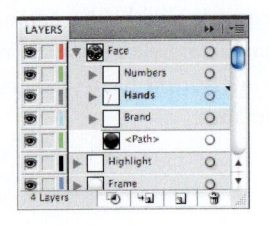

12 Escolha File > Save.

Crie máscaras de recorte

O painel Layers permite criar máscaras de recorte para controlar a maneira como o trabalho em uma camada (ou em um grupo) é ocultado ou revelado. Uma *máscara de recorte* é um objeto ou grupo de objetos cuja forma mascara o trabalho abaixo dela, de modo que apenas o trabalho dentro da forma permaneça visível.

Agora, você vai criar uma máscara de recorte com uma forma de círculo na camada Face. Você vai agrupá-la com a subcamada Map para que apenas o mapa apareça através do círculo.

1 Arraste a parte inferior do painel Layers para baixo para revelar todas as camadas.

2 No painel Layers, arraste a camada Map para cima até que as linhas duplas da barra de inserção sejam destacadas acima da subcamada <Path>, dentro da camada Face. Solte o botão do mouse quando a barra indicadora aparecer.

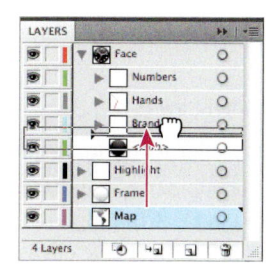

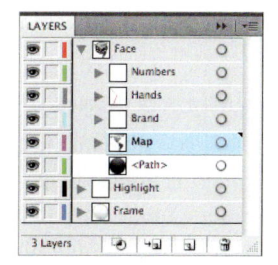

No painel Layers, um objeto que mascara deve estar acima dos objetos que está mascarando. Como você quer mascarar apenas o mapa, copie o objeto circular <Path> para cima da subcamada Map antes de criar a máscara de recorte.

3 Clique na coluna de seleção do painel Layers à direita da subcamada <Path>. Observe que o path é selecionado na prancheta.

4 Mantenha pressionada Alt (Windows) ou Option (Mac OS), clique e arraste o indicador de arte selecionada (■) na subcamada <Path> para a direita do ícone de alvo (O) na subcamada Map.

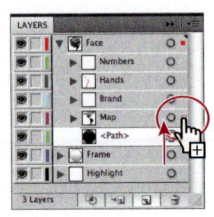

5 Clique no triângulo (▶) à esquerda da subcamada Map no painel Layers para expandir a visualização da camada.

6 Certifique-se de que a subcamada <Path> está acima da subcamada Map, movendo-a se necessário. (Máscaras de recorte devem ser o primeiro objeto em uma camada ou grupo.)

7 Escolha Select > Deselect.

● **Nota:** Não é necessário desmarcar para completar os próximos passos, mas pode ser útil para visualizar o trabalho.

8 Selecione a subcamada Map para destacá-la no painel Layers.

● **Nota:** Talvez você não consiga ver o nome inteiro <Clipping Path> no painel Layers.

9 Clique no botão Make/Release Clipping Mask (◧) na parte inferior do painel Layers. Observe que todas as linhas de divisão da subcamada agora estão pontilhadas e que o primeiro nome do path mudou para <Clipping Path>. O nome do path de corte também está sublinhado para indicar que ele é uma máscara de forma. Na prancheta, a subcamada <Path> recortou as partes do mapa que se estendiam para fora do mostrador do relógio.

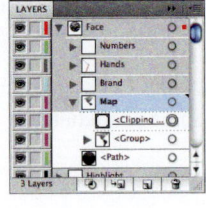

10 Clique no triângulo ao lado da subcamada Map para ocultar as camadas no painel Layers.

11 Escolha File > Save.

Mescle camadas

Para simplificar o trabalho, você pode mesclar camadas. A mesclagem de camadas combina o conteúdo de todas as camadas selecionadas em uma só camada.

1 Clique na subcamada Numbers do painel Layers para destacá-la e, então, clique com Shift pressionada para destacar a subcamada Hands.

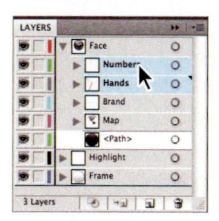

Clique com Shift pressionada para selecionar as subcamadas Hands e Numbers.

● **Nota:** As camadas só podem ser mescladas com outras camadas do mesmo nível hierárquico no painel Layers. Da mesma forma, as subcamadas só podem ser mescladas com outras subcamadas na mesma camada e no mesmo nível hierárquico. Os objetos não podem ser mesclados com outros objetos.

Observe que o indicador de camada (◥) mostra a última camada destacada como a camada ativa. A última camada que você seleciona determina o nome e a cor da camada mesclada.

2 Escolha Merge Selected no menu do painel Layers (▼≡) para mesclar a camada Numbers com a subcamada Hands.

Os objetos nas camadas mescladas retêm a ordem de empilhamento original e são adicionados acima dos objetos na camada de destino.

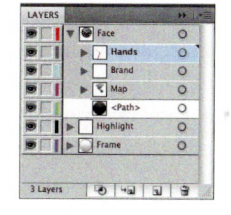

3 Agora, clique na camada Highlight para selecioná-la e, então, clique com a tecla Shift pressionada na camada Frame.

4 Escolha Merge Selected no menu do painel Layers (▼≡) para mesclar os objetos da camada Highlight com a camada Frame.

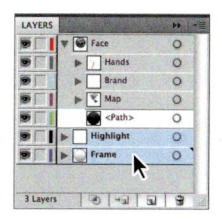

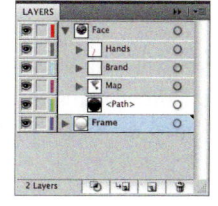

5 Escolha File > Save.

Para consolidar camadas e grupos

A mesclagem e o achatamento de camadas são semelhantes pelo fato de que ambos permitem consolidar objetos, grupos e subcamadas em uma só camada ou grupo. Com a mesclagem, você pode selecionar os itens que quer consolidar; com o achatamento, todos os itens visíveis no trabalho são consolidados em uma só camada. Com qualquer uma dessas opções, a ordem de empilhamento do trabalho permanece a mesma, mas outros atributos no nível da camada, como máscaras de recorte, não são preservados.

- Para achatar camadas, clique no nome da camada em que você quer consolidar no trabalho. Então, selecione Flatten Artwork no menu do painel Layers.

—Extraído do Illustrator Help

Aplique atributos de aparência a camadas

Você pode aplicar atributos de aparência, como estilos, efeitos e transparência, a camadas, grupos e objetos utilizando o painel Layers. Quando um atributo de aparência é aplicado a uma camada, qualquer objeto nela recebe esse atributo. Se um atributo de aparência só for aplicado a um objeto específico em uma camada, ele afetará apenas esse objeto, não a camada inteira. Para aprender mais sobre como trabalhar com atributos de aparência, consulte a Lição 12, "Aplicando atributos de aparência e estilos gráficos".

Você vai aplicar um efeito a um objeto de uma camada. Depois, vai copiar esse efeito para outra camada a fim de alterar os objetos dela.

1 No painel Layers, recolha a camada Face e expanda a camada Frame para revelar todo o seu conteúdo.

2 Clique para selecionar a parte inferior da subcamada <Path> na camada Frame.

3 Clique no ícone de alvo (◎) à direita da última subcamada <Path> da lista. Clicar no ícone de alvo indica que você quer aplicar uma alteração no efeito, estilo ou transparência.

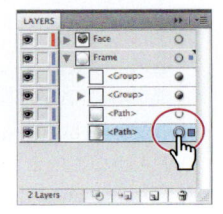

● **Nota:** Clicar no ícone de alvo também seleciona o(s) objeto(s) na prancheta.

4 Escolha Effect > Stylize > Drop Shadow em Illustrator Effects. Na caixa de diálogo Drop Shadow, deixe as configurações em seus valores padrões e clique em OK. Uma sombra projetada aparece na borda externa do relógio.

● **Nota:** Há dois comandos Stylize no menu Effect. Escolha o primeiro, que está em Illustrator Effects.

Observe que o ícone de alvo (●) agora é um sombreado na parte inferior da subcamada <Path>, indicando que foram aplicados atributos de aparência ao objeto.

5 Clique no ícone do painel Appearance (●) no lado direito do espaço de trabalho para revelar o painel Appearance. Se o painel Appearance não estiver visível, escolha Window > Appearance. Observe que Drop Shadow foi adicionada à lista dos atributos de aparência do objeto selecionado.

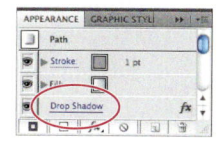

6 Altere Stroke Weight para **0 pt** no painel Control.

7 Escolha Select > Deselect.

Você agora vai usar o painel Layers para copiar um atributo de aparência para uma camada para editá-lo.

8 Clique no ícone do painel Layers no lado direito do espaço de trabalho para abrir o painel Layers. Clique na seta à esquerda da camada Face para revelar o seu conteúdo. Se necessário, arraste a parte inferior do painel para baixo para exibir a lista inteira. Certifique-se de que os triângulos à esquerda das subcamadas Hands, Brand e Map estão fechados.

9 Com a ferramenta Selection (▶), clique nos ponteiros do relógio no trabalho para selecioná-los.

10 Escolha Locate Object no menu do painel Layers (▼≡). Isso seleciona e rola até o grupo (<Group> aparece no painel Layers) que contém os ponteiros do relógio no painel Layers. Talvez você precise rolar pelo painel Layers para o próximo passo.

11 Com Alt (Windows) ou Option (Mac OS) pressionadas, arraste o ícone de alvo sombreado da última subcamada <Path> na camada Frame para o ícone de alvo da subcamada dos ponteiros do relógio <Group>, sem soltar o botão do mouse. O cursor de mão com um sinal de adição indica que a aparência está sendo copiada.

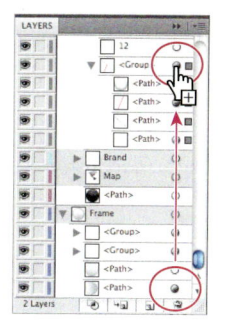

● **Nota:** Você pode arrastar e copiar o ícone de alvo sombreado para qualquer camada ou subcamada a fim de aplicar as propriedades localizadas no painel Appearance.

12 Quando o ícone de alvo da subcamada <Group> ficar cinza, solte o botão do mouse e então a tecla Alt ou Option. A sombra projetada agora é aplicada à subcamada <Group> inteira, como indicado pelo ícone de alvo sombreado.

Agora, edite o atributo de sombra projetada para o texto e os ponteiros do relógio, para suavizar o efeito.

13 Clique no triângulo à esquerda da subcamada <Group>, abaixo da camada Hands, para fechá-lo.

14 No painel Layers, clique no ícone de alvo (●) da subcamada <Group> que contém os ponteiros do relógio. Isso seleciona automaticamente os objetos na subcamada <Group> e remove a seleção do objeto na camada Frame.

15 No painel Appearance, role para baixo se necessário e clique nas palavras Drop Shadow.

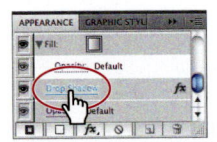

16 Na caixa de diálogo Drop Shadow, altere X Offset, Y Offset e Blur para **3 pt**. Clique em OK.

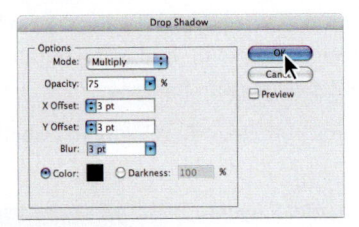

17 Escolha Select > Deselect.

18 Escolha File > Save.

Para mais informações sobre como abrir arquivos Photoshop em camadas no Illustrator e trabalhar com arquivos Illustrator em camadas no Photoshop, consulte a Lição 14, "Combinando elementos gráficos do Illustrator CS4 com outros aplicativos da Adobe".

Isole camadas

Quando uma camada está no modo de isolamento, os objetos dessa camada permanecem isolados para que você possa editá-los sem afetar outras camadas. A seguir, você vai entrar no modo de isolamento de uma camada e fazer algumas edições simples.

1 Abra o painel Layers clicando no ícone do painel Layers.

2 Clique nos triângulos à esquerda das subcamadas para fechar todas elas. Certifique-se de que as subcamadas da camada Face estão visíveis.

3 Clique para selecionar a subcamada Map no painel Layers.

4 Escolha Enter Isolation Mode no menu do painel Layers (▼≡).

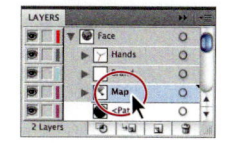

No modo de isolamento, o conteúdo da subcamada Map aparece sobre todos os objetos na prancheta. O restante do conteúdo na prancheta permanece opaco e bloqueado.

O painel Layers agora exibe uma camada chamada Isolation Mode e uma subcamada que contém o conteúdo do mapa.

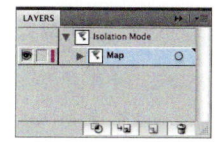

O painel Layers no modo de isolamento

5 Selecione a ferramenta Selection (▶) e clique no mapa na prancheta para selecioná-lo.

6 Escolha View > Smart Guides para remover a seleção delas temporariamente.

7 Arraste o mapa para cima para que o mapa fique acima no topo do círculo interno preto.

8 Pressione Escape (Esc) para sair do modo de isolamento. Observe que agora o conteúdo está desbloqueado e que o painel Layers exibe todas as camadas e subcamadas novamente.

9 Escolha Select > Deselect.

10 Escolha File > Save.

11 Escolha File > Close.

Agora que o trabalho está completo, talvez você queira posicionar todas as camadas em uma só camada e excluir as camadas vazias. Chamamos isso de achatamento. Disponibilizar o trabalho em um arquivo com uma só camada pode evitar acidentes, como camadas ocultas e partes do trabalho que não são impressas.

▶ **Dica:** Para achatar camadas específicas sem excluir as camadas ocultas, selecione as camadas que você quer achatar e então escolha Merge Selected no menu do painel Layers.

Para uma lista completa de atalhos que você pode utilizar com o painel Layers, veja "Keyboard Shortcuts" no Illustrator Help.

Explore por conta própria

Quando você imprimir um arquivo em camadas, somente as camadas visíveis serão impressas, e na mesma ordem em que aparecem no painel Layers – com exceção das camadas modelo que não serão impressas mesmo se estiverem visíveis. Camadas modelo são bloqueadas e desativadas, mas podem ser visualizadas. Os objetos nas camadas modelo não são impressos nem exportados.

Agora que você sabe como trabalhar com camadas, tente criar um trabalho em camadas vetorizando uma imagem em uma camada modelo. Para praticar, você pode usar a imagem bitmap de um peixe dourado, seu próprio trabalho ou fotografias.

1 Escolha File > New para criar um novo arquivo para seu trabalho.

2 Escolha File > Place. Na caixa de diálogo, selecione o arquivo goldfish.eps, localizado na pasta Lesson08, na pasta Lessons de seu disco rígido; ou localize seu arquivo contendo o trabalho ou a imagem que você quer utilizar como modelo e clique em Place para adicionar o arquivo importado à Layer 1.

3 Crie a camada modelo escolhendo Template no menu do painel Layers ou escolhendo Options para Layer 1 e selecionando Template na caixa de diálogo Layer Options.

4 Clique no botão Create New Layer para criar uma nova camada para desenhar.

5 Com Layer 2 ativa, utilize qualquer ferramenta de desenho para traçar sobre o modelo, criando um novo trabalho.

6 Crie camadas adicionais para separar e editar vários componentes do novo trabalho.

7 Se quiser, exclua a camada modelo depois de terminar a fim de reduzir o tamanho do arquivo.

▶ **Dica:** Você pode criar visualizações personalizadas de seu trabalho com algumas camadas ocultas e outras camadas visíveis e exibir cada visualização em uma janela separada. Para criar uma visualização personalizada, escolha View > New View. Para exibir cada visualização em uma janela separada, escolha Window > New Window.

Para informações sobre visualizações personalizadas, pesquise "To use multiple windows and views" no Illustrator Help.

Perguntas de revisão

1 Identifique duas vantagens do uso de camadas.
2 Como você oculta camadas? Como exibe camadas individuais?
3 Descreva como reordenar camadas em um arquivo.
4 Como você pode bloquear camadas?
5 Qual é o propósito da alteração da cor de seleção de uma camada?
6 O que acontece se você colar um arquivo em camadas em um outro arquivo? Por que a opção Paste Remembers Layers é útil?
7 Como você move objetos de uma camada para outra?
8 Como você cria uma máscara de recorte de camada?
9 Como você aplica um efeito a uma camada? Como pode editar esse efeito?
10 Qual é o objetivo de entrar no modo de isolamento?

Respostas

1 As vantagens do uso de camadas ao se criar um trabalho incluem: proteger a arte que não se quer alterar, ocultar a arte que não está sendo usada para não atrapalhar o trabalho e controlar o que é impresso.

2 Para ocultar uma camada, clique para desmarcar o ícone de olho à esquerda do nome da camada. Selecione a coluna em branco da extremidade esquerda (a coluna Visibility) para exibir uma camada.

3 Você reordena camadas selecionando o nome de uma camada no painel Layers e arrastando a camada para a nova localização. A ordem das camadas no painel Layers controla a ordem da camada no documento – quanto mais acima no painel mais à frente no trabalho.

4 Você pode bloquear camadas de várias maneiras diferentes:

- Clicando na coluna de edição à esquerda do nome da camada. Um ícone de cadeado aparece, indicando que a camada está bloqueada.
- Escolhendo Lock Others no menu do painel Layers para bloquear todas as camadas, exceto a camada ativa.
- Ocultando uma camada para protegê-la.

5 A cor de seleção controla a maneira como os pontos de ancoragem e linhas de direção selecionados são exibidos em uma camada, e facilita a identificação das diferentes camadas em seu documento.

6 Os comandos "paste" colam, por padrão, arquivos ou objetos em camadas copiados de diferentes camadas para a camada ativa. A opção Paste Remembers Layers mantém as camadas originais intactas quando os objetos são colados.

7 Selecione os objetos que você quer mover e arraste o indicador de arte selecionada (à direita do ícone de alvo) para outra camada no painel Layers.

8 Crie uma máscara de recorte em uma camada selecionando a camada e clicando no botão Make/Release Clipping Mask. O primeiro objeto na lista da camada torna-se a máscara de recorte.

9 Clique no ícone de alvo da camada à qual você quer aplicar um efeito. Escolha um efeito no menu Effect. Para editar o efeito, certifique-se de que a camada está selecionada e, então, dê um duplo clique no efeito no painel Appearance. A caixa de diálogo do efeito se abre e você pode alterar seus valores.

10 O modo de isolamento isola os objetos para que você possa selecionar e editar facilmente o conteúdo em uma camada ou subcamada.

9 MESCLANDO FORMAS E CORES

Visão geral da lição

Nesta lição, você vai aprender a:
- Criar e salvar degradês
- Adicionar cores a um degradê
- Ajustar a direção de uma mesclagem de degradê
- Ajustar a opacidade da cor em uma mesclagem de degradê
- Criar mesclagens de cores suaves entre objetos
- Mesclar as formas dos objetos em passos intermediários
- Modificar uma mesclagem, seu path, forma e cores

Esta lição levará aproximadamente uma hora para ser concluída. Se necessário, remova a pasta da lição anterior de seu disco rígido e copie a pasta Lesson09.

Preenchimentos de degradê são mesclagens graduais de duas ou mais cores. Utilizando a ferramenta Gradient e o painel Gradient, você pode criar ou modificar um preenchimento de degradê. Com a ferramenta Blend, você pode mesclar as formas e as cores dos objetos em um novo objeto mesclado ou em uma série de formas intermediárias.

Introdução

Você vai explorar várias maneiras de criar seus próprios degradês e de mesclar cores e formas utilizando o painel Gradient e a ferramenta Blend.

Antes de começar, restaure as preferências padrão do Adobe Illustrator. Abra o arquivo de trabalho desta lição para ver o que você vai fazer.

1. Para que as ferramentas e os painéis funcionem como descritos nesta lição, exclua ou desative (renomeando) o arquivo de preferências do Adobe Illustrator CS4. Consulte "Restaurando as preferências padrão", na página 21.

2. Inicie o Adobe Illustrator CS4.

● **Nota:** Se você ainda não copiou os arquivos desta lição para o seu disco rígido a partir da pasta Lesson09 do CD do *Adobe Illustrator CS4 Classroom in a Book*, faça isso agora. Veja "Copiando os arquivos do Classroom in a Book", na página 20.

3. Escolha File > Open e abra o arquivo L9end.ai da pasta Lesson09, localizada na pasta Lessons de seu disco rígido.

4. O texto, o fundo, o vapor e o café líquido são preenchidos com degradês. Os objetos que compõem os grãos coloridos na xícara de café e os grãos de café à esquerda da xícara foram mesclados para criar novos objetos.

5. Escolha View > Zoom Out para diminuir o tamanho do trabalho se quiser deixá-lo na tela enquanto trabalha. (Utilize a ferramenta Hand ( ) para mover o trabalho para onde você quiser na janela.) Se não quiser deixar a imagem aberta, escolha File > Close.

Para começar a trabalhar, você vai abrir um arquivo já existente.

6. Escolha File > Open e abra o arquivo L9start.ai da pasta Lesson09, localizada na pasta Lessons de seu disco rígido.

7. Escolha File > Save As, atribua ao arquivo o nome **coffee.ai** e selecione a pasta Lesson09 no menu Save In. Deixe a opção Save As Type configurada como Adobe Illustrator (*.AI) (Windows) ou a opção Format configurada como Adobe Illustrator (ai) (Mac OS) e clique em Save. Na caixa de diálogo Illustrator Options, deixe as opções do Illustrator em suas configurações padrão e clique em OK.

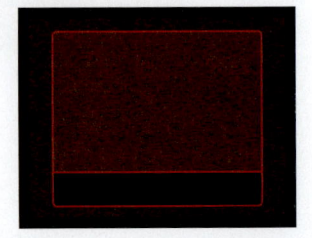

Trabalhe com degradês

Um preenchimento em degradê é uma mesclagem gradual de duas ou mais cores. Você pode criar seus próprios degradês ou utilizar os degradês fornecidos com o Adobe Illustrator, editá-los e salvá-los como amostras para uso posterior.

Você pode utilizar o painel Gradient (Window > Gradient) ou a ferramenta Gradient ( ) para aplicar, criar e modificar os degradês. No painel Gradient, a caixa Gradient Fill exibe as cores atuais do degradê e o tipo de degradê. Ao clicar nela, o objeto selecionado é preenchido com o degradê. O menu Degradê ( ) lista os degradês padrão e os salvos.

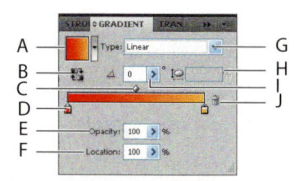

A. Caixa Gradient Fill
B. Cores reversas
C. Controle deslizante de degradê
D. Interrupção de cor
E. Opacity
F. Location
G. Tipo de degradê
H. Aspect Ratio
I. Ângulo
J. Excluir interrupção

Por padrão, o painel inclui uma interrupção de cor inicial e final. Você pode adicionar mais interrupções de cor clicando abaixo do controle deslizante de degradê. Dar um duplo clique em uma interrupção de cor abre um painel onde você pode escolher uma cor a partir das amostras, dos controles deslizantes de cor ou com o conta-gotas.

No painel Gradient, o limite do degradê da esquerda no controle deslizante de degradê marca a cor inicial; o limite do da direita marca a cor final. Um limite de degradê é o ponto em que uma cor muda para a outra.

Crie e aplique um degradê linear

Para começar a lição, você vai criar um preenchimento degradê para o fundo.

1 Escolha Essentials no seletor de espaço de trabalho no painel Control.

2 Escolha View > Fit Artboard In Window.

3 Utilizando a ferramenta Selection ( ), clique para selecionar o retângulo arredondado no plano de fundo da prancheta.

O fundo é pintado com uma cor de preenchimento marrom e um contorno vermelho, como mostrado nas caixas Fill e Stroke na parte inferior do painel Tools. A caixa Gradient, abaixo das caixas Fill e Stroke, exibe o último degradê utilizado. O preenchimento de degradê padrão é um degradê preto e branco. Se você selecionar um objeto preenchido por um degradê ou uma amostra de degradês no painel Swatches, o preenchimento no painel Tools muda para o da amostra ou objeto selecionado.

4 Clique na caixa Gradient (▣) na parte inferior do painel Tools.

O degradê preto e branco padrão aparece na caixa Fill e é aplicado ao preenchimento do fundo selecionado.

5 Escolha Window > Gradient se o painel Gradient não estiver visível no lado direito do espaço de trabalho.

6 No painel Gradient, dê um duplo clique na interrupção branca de degradê na extremidade à esquerda para selecionar a cor inicial do degradê. A ponta do limite de degradê aparece mais escura, indicando que ele está selecionado.

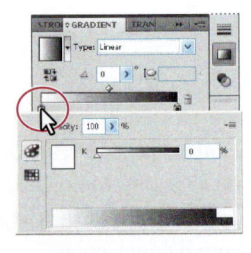

Um novo painel aparece quando você dá um duplo clique em uma interrupção de cor. Nesse painel, você pode alterar a cor da interrupção utilizando amostras ou o painel Color.

7 No painel que aparece abaixo do painel Gradient, clique no botão Swatches (▦). Clique para selecionar a amostra chamada Light Brown. Observe a modificação do degradê na prancheta. Pressione Esc para fechar o painel com as amostras.

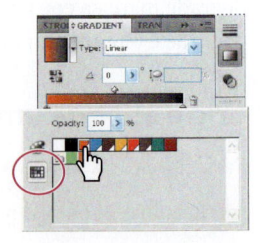

8 Dê um duplo clique na interrupção da cor preta no painel Gradient para editar a cor.

▶ **Dica:** Para mover entre campos de texto, pressione Tab. Pressione Enter ou Return para aplicar o último valor digitado.

9 No painel que aparece abaixo do painel Gradient, clique no botão Color (🎨) para abrir o painel Color. Escolha CMYK no menu do painel (▼≡) se já não estiver visível. Altere os valores para C=**45**, M=**62**, Y=**82** e K=**44**. Pressione Enter ou Return para voltar ao painel Gradient.

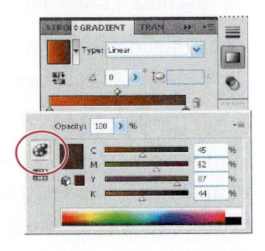

A seguir, você vai salvar o degradê no painel Swatches.

LIÇÃO 9 | **277**
Mesclando Formas e Cores

10 Para salvar o degradê, clique no botão do menu Degradê ( ) e então clique no botão Save To Swatches Library ( ), na parte inferior do painel que aparece.

O menu Gradient lista todos os degradês padrão e pré-salvos que você pode escolher. Agora, você vai renomear a amostra de degradês no painel Swatches.

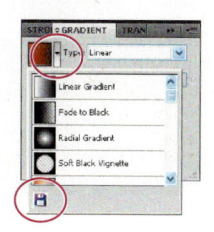

▶ **Dica:** Você pode salvar um degradê selecionando um objeto com um preenchimento de degradê, clicando na caixa Fill do painel Tools e então clicando no botão New Swatch ( ) na parte inferior do painel Swatches.

11 Clique no ícone do painel Swatches no lado direito do espaço de trabalho para abrir o painel Swatches. Lá, dê um duplo clique em New Gradient Swatch 1 para abrir a caixa de diálogo Swatch Options. Digite Background no campo Swatch Name e clique em OK.

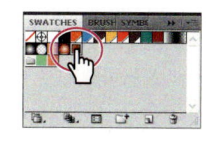

12 Para exibir apenas as amostras de degradês no painel Swatches, clique no botão Show Swatch Kinds Menu ( ) e escolha Show Gradient Swatches.

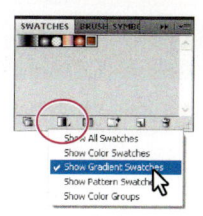

13 Com o retângulo ainda selecionado na prancheta, experimente alguns degradês diferentes clicando neles no painel Swatches. Clique no degradê Background que você acabou de salvar para conferir se ele foi aplicado antes de passar para o próximo passo.

Observe que alguns degradês têm várias cores. Você vai aprender a criar um degradê com várias cores mais adiante nesta lição.

14 Escolha Select > Deselect.

15 Escolha File > Save.

Ajuste a direção e o ângulo de uma mesclagem de degradê

Depois de pintar um objeto com um preenchimento degradê, você pode ajustar a direção, a origem e os pontos iniciais e finais de um degradê utilizando a ferramenta Gradient. Agora, ajuste o preenchimento do degradê do fundo.

1 Utilize a ferramenta Selection (◢) para selecionar o retângulo no fundo.

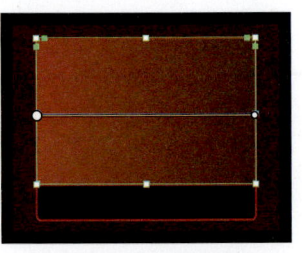

2 Selecione a ferramenta Gradient (▭) no painel Tools.

A ferramenta Gradient só funciona nos objetos selecionados que estão preenchidos com um degradê. Observe a barra horizontal de degradê que aparece no meio do retângulo. A barra indica a direção do degradê, o círculo maior mostra o ponto inicial do degradê e o círculo menor é o ponto final.

Uma barra de degradê aparece quando você seleciona a ferramenta Gradient.

● **Nota:** Se você mover o cursor para áreas diferentes do controle deslizante do degradê, o cursor talvez mude. Isso indica funcionalidade diferente.

3 Mova o cursor sobre a barra de degradê. Ele se transforma no controle deslizante de degradê, parecido com o do painel Gradient. Você pode utilizar o controle deslizante de degradê para editar cores e outras características do degradê sem abrir o painel Gradient.

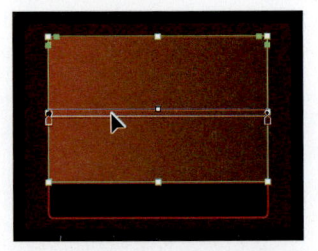

A barra de degradê transforma-se no controle deslizante de degradê.

4 Com a ferramenta Gradient, clique com a tecla Shift pressionada e arraste de cima para baixo sobre o retângulo para alterar a posição e a direção das cores iniciais e finais do degradê. Manter pressionada a tecla Shift força o degradê em ângulos de 45 graus.

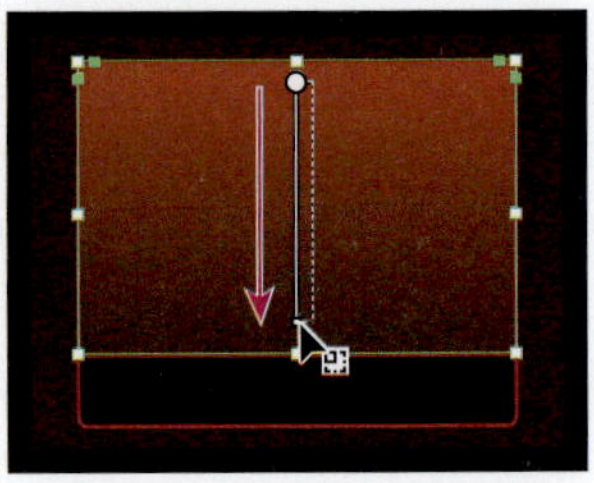

Pratique a alteração do degradê no retângulo. Por exemplo, arraste o cursor sobre o retângulo para criar um degradê curto com mesclagens de cores distintas; arraste por um trecho mais longo por fora do retângulo para criar um degradê mais longo com mesclagens de cores mais sutis. Você também pode arrastar para cima para trocar as cores e inverter a direção da mesclagem.

Agora, você vai girar e reposicionar o degradê.

5 Com a ferramenta Gradient, posicione o cursor fora da interrupção de cor de baixo do controle deslizante de degradê. Um ícone de rotação ( ) aparece. Clique e arraste para a direita para girar o degradê no retângulo.

A barra de degradê e o degradê giram, mas a barra permanece no centro do retângulo quando você solta o botão do mouse.

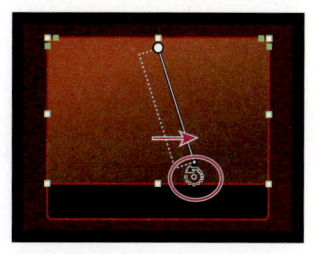

Gire o degradê.

Agora, altere a rotação no painel Gradient.

6 Clique no ícone Gradient ( ) no lado direito do espaço de trabalho para mostrar o painel Gradient, se ele já não estiver visível. Altere o ângulo de rotação no campo Angle para **–90** para retornar o degradê à vertical. Pressione Enter ou Return para aceitar o valor.

7 Com o retângulo de fundo ainda selecionado, escolha Object > Lock > Selection.

8 Escolha File > Save.

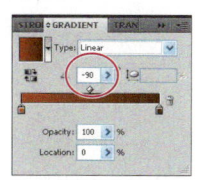

● **Nota:** Inserir a rotação de degradê no painel Gradient, em vez de ajustá-la diretamente na prancheta, é útil quando você quer ter grande precisão.

Crie um degradê radial

Você pode criar degradês lineares ou radiais. Os dois tipos de degradês têm uma cor inicial e final. Com um degradê radial, a cor inicial (limite de cor da extremidade esquerda da barra de degradê) do degradê define o ponto de centro do preenchimento, que se irradia do centro para fora até a cor final (limite de cor na extremidade direita). Você agora vai criar e editar um degradê radial.

9 Abra o painel Layers clicando no ícone do painel Layers. Clique para selecionar a coluna Visibility à esquerda da camada Coffee Cup (talvez seja necessário rolar pelo painel Layers).

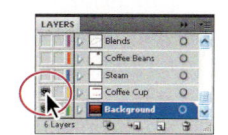

10 Utilize a ferramenta Selection ( ) para selecionar a elipse marrom na parte de cima da xícara de café. Esse é o café na xícara.

11 Selecione a ferramenta Zoom ( ) no painel Tools e clique várias vezes na xícara para ampliá-la.

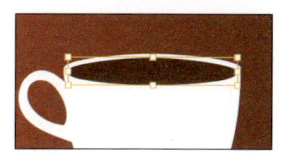

12 Com a elipse selecionada, clique na caixa Gradient (▮) na parte inferior do painel Tools para aplicar o último degradê selecionado (o degradê Background). O painel Gradient aparece no lado direito do espaço de trabalho.

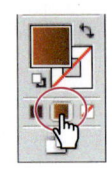

O degradê linear que você criou e salvou anteriormente preenche a elipse. Agora, transforme o degradê linear em um degradê radial e então edite-o.

13 No painel Gradient, escolha Radial no menu Type para converter o degradê em um degradê radial. Mantenha a elipse selecionada.

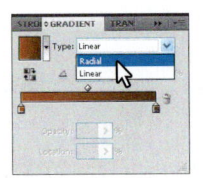

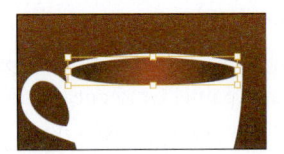

Altere cores e ajuste o degradê

Depois de preencher um objeto com um degradê, você pode utilizar a ferramenta Gradient para adicionar ou editar degradês, incluindo alterar a direção, as cores e a origem, além de poder mover os pontos iniciais e finais de um degradê.

A seguir, você vai usar a ferramenta Gradient para ajustar a cores as interrupções de cor.

1 Selecione a ferramenta Zoom (🔍) e clique uma vez para ampliar a elipse na parte superior da xícara de café.

2 Com a ferramenta Gradient (▮), posicione o cursor sobre a barra de degradê para exibir o controle deslizante de degradê, que tem um círculo tracejado em torno dele, indicando que ele é um degradê radial. Dê um duplo clique na interrupção de cor da extremidade direita para editar a cor. No painel que aparece, clique no botão Color (🎨), se já não estiver selecionado.

3 Clique com a tecla Shift pressionada e arraste o controle deslizante Cyan um pouco para a direita para escurecer as cores gerais. Pressione Enter ou Return para aceitar a modificação e fechar o painel.

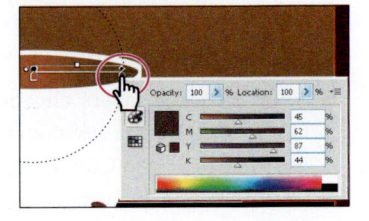

Arraste com Shift pressionada o controle deslizante Cyan.

4 No controle deslizante de degradê na prancheta, dê um duplo clique na interrupção de cor da extremidade esquerda. No painel que aparece, clique no botão Color (![]) e altere o tom para **50%** arrastando o controle deslizante de tom para a esquerda (ou digitando **50** no campo Tint). Pressione Enter ou Return para aceitar a modificação da cor e fechar o painel.

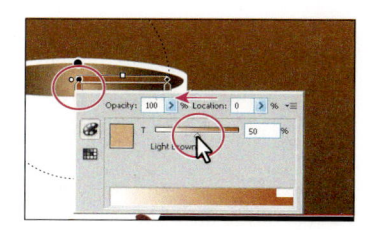

Agora, você vai alterar o Aspect Ratio, a origem e o raio do degradê.

5 No painel Gradient, altere Aspect Ratio para 20 e pressione Enter ou Return para confirmar a modificação.

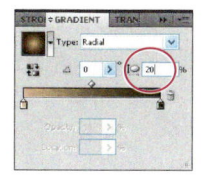

● **Nota:** A proporção entre largura/altura é um valor entre 0.5 e 32767%. À medida que a proporção entre largura/altura fica menor, a elipse nivela e alarga-se.

A proporção entre largura e altura muda um degradê radial para um degradê elíptico. Isso faz o café parecer mais realista.

Edite o Aspect Ratio utilizando a ferramenta Gradient.

6 Com a ferramenta Gradient, clique e arraste o círculo preto na parte de cima do path pontilhado para cima para modificar o Aspect Ratio. Ao soltar o botão do mouse, observe o degradê na elipse. Se o painel Gradient não estiver visível, clique no ícone do painel. O Aspect Ratio agora é maior do que o 20 configurado anteriormente.

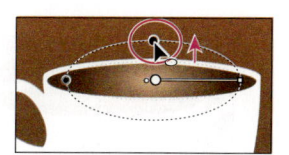

Aumente a proporção entre largura/altura.

7 Arraste o círculo preto para baixo para que o Aspect Ratio tenha mais ou menos 14% no painel Gradient.

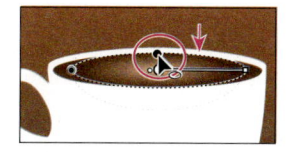

A seguir, você vai arrastar o controle deslizante de degradê para reposicionar o degradê na elipse.

Diminua a proporção entre largura e altura.

8   Com a ferramenta Gradient, clique e arraste o controle deslizante de degradê um pouco para baixo para mover o degradê na elipse.

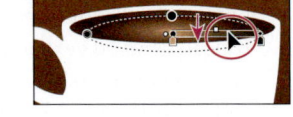

9   Escolha Edit > Undo Gradient para movê-lo para trás.

10 Escolha File > Save.

Você agora vai alterar o raio e a origem do degradê.

▶ **Dica:** Para alterar o raio, você também pode arrastar a segunda interrupção de cor para a direita ou para a esquerda.

11 Com a ferramenta Gradient, posicione o cursor sobre a elipse para exibir o controle deslizante de degradê. Clique e arraste o círculo preto no lado esquerdo do path pontilhado para a direita para diminuir o raio. Isso encurta a transição entre as interrupções de cor nas extremidades esquerda e direita.

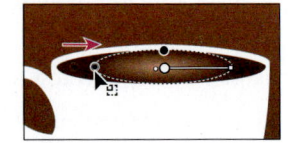

Tente arrastar o círculo preto no lado esquerdo do path pontilhado para a esquerda e a direita para ver o efeito sobre o degradê. Cuide para deixá-lo adequado à figura depois de terminar de testar. Agora, você vai mudar a origem do degradê.

12 Com a ferramenta Gradient, clique e arraste o pequeno ponto branco à esquerda da interrupção de cor esquerda para o esquerdo. Esse ponto reposiciona o centro do degradê (a interrupção de cor na extremidade esquerda) sem mover a barra de degradê inteira e altera o raio do degradê.

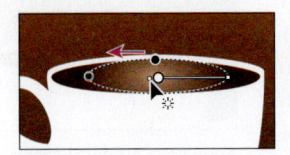

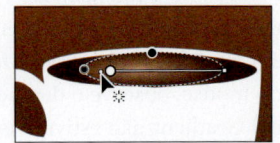

Cada degradê tem pelo menos duas interrupções de cor. Editando a combinação de cores de cada limite e adicionando interrupções de cor no painel Gradient, ou utilizando a ferramenta Gradient, você pode criar degradês personalizados.

Agora, você vai adicionar uma terceira cor à elipse do café e então vai editá-la.

13 Com a ferramenta Gradient, posicione o cursor sobre a borda inferior do controle deslizante de degradê. O cursor muda para uma seta branca com um sinal de adição (⮕₊). Clique um pouco abaixo do controle, no centro, para adicionar outra interrupção de cor.

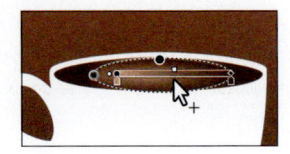

14 Dê um duplo clique na nova interrupção de cor para editá-la. No painel que aparece, clique no botão Swatches (▦) e selecione a amostra marrom-escuro (C=46, M=72, Y=87, K=44). Pressione Enter ou Return para aceitar a modificação da cor e fechar o painel.

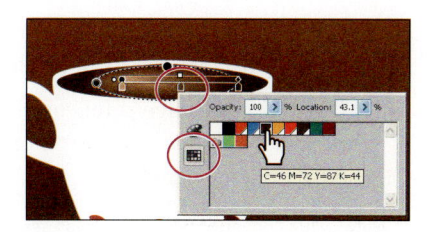

Agora que há três interrupções de cor, você ajustará as cores reordenando-as.

15 Com a ferramenta Gradient, clique e arraste a interrupção de cor da esquerda para a direita, parando antes da interrupção de cor do meio.

16 Arraste a interrupção de cor no meio para a esquerda do controle deslizante para trocar as duas cores.

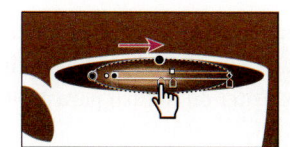

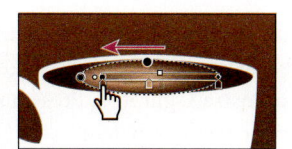

Arraste a interrupção de cor da esquerda para a direita, e a interrupção de cor do meio para a esquerda.

17 Escolha Select > Deselect e então File > Save.

Aplique degradês a vários objetos

Você pode aplicar um degradê a vários objetos selecionando todos eles, aplicando uma cor de degradê e então arrastando sobre os objetos com a ferramenta Gradient. Agora, você vai pintar texto que foi convertido em curvas com um preenchimento degradê linear e, então, editar as suas cores.

1 Escolha View > Fit Artboard In Window.

2 Clique no ícone do painel Layers para abrir o painel Layers. Clique para selecionar a coluna Visibility à esquerda da camada Logo (talvez seja necessário rolar para cima no painel Layers). Clique no ícone de olho (👁) à esquerda da camada Background para desmarcar a visibilidade dessa camada.

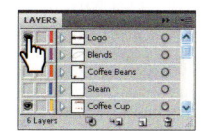

● **Nota:** O texto, os grãos de café e a elipse continuam visíveis.

3 Utilize a ferramenta Selection (🔧) e clique para selecionar o texto Mike's Coffee.

O texto Mike's Coffee já foi convertido em curvas para que você possa preenchê-lo com um degradê.

● **Nota:** Para converter texto em curvas, selecione-o com a ferramenta Selection e escolha Type > Create Outlines. Veja a Lição 7, "Trabalhando com texto" para informações adicionais.

As formas do Mike's Coffee são agrupadas. Agrupando as letras, você pode preencher de uma vez só todas elas com o mesmo degradê. Agrupá-las permite editar o preenchimento do degradê de uma maneira global.

● **Nota:** Observe que todas letras são preenchidas com o degradê de maneira independente. Você pode ajustar isso com a ferramenta Gradient.

4 Clique no ícone do painel Gradient (▢) para abrir o painel Gradient. Clique no botão do menu Gradient (▸) e então selecione Linear Gradient para aplicar um degradê preto e branco.

5 No painel Gradient, dê um duplo clique na interrupção de cor da esquerda para selecioná-la e ajustar a cor inicial do degradê. Clique no botão Swatches (▦) e selecione a amostra Light Red. Pressione Enter ou Return para aceitar a modificação da cor e fechar o painel.

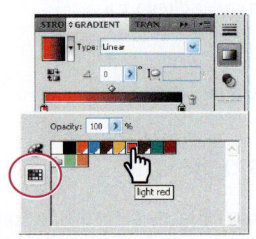

Agora, você vai ajustar o degradê das letras para que ele se mescle ao longo de todas as letras, e vai adicionar cores intermediárias ao degradê para criar um preenchimento com múltiplas mesclagens entre as cores.

6 Selecione a ferramenta Gradient (▢) no painel Tools. Clique com a tecla Shift pressionada e arraste o cursor sobre as letras de cima para baixo para aplicar o degradê a todas elas.

A seguir, você vai adicionar uma cor ao degradê acrescentando uma interrupção de cor. Quando você adiciona um limite de cor, um novo losango aparece acima do controle deslizante de degradê para marcar o novo ponto intermediário de cor.

7 No painel Gradient, clique na barra de cor abaixo do controle deslizante de degradê para adicionar um limite entre os outros limites de degradê.

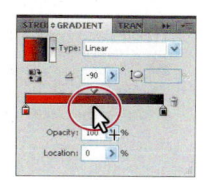

8 Dê um duplo clique na nova interrupção de cor para editar a cor. No painel que aparece, clique no botão Swatches e selecione a amostra Dark Red. Pressione Enter ou Return para fechar o painel.

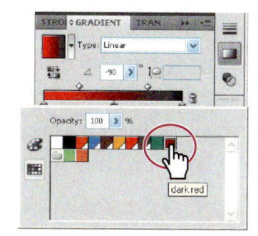

9 Para ajustar o ponto intermediário entre as cores, arraste o ícone de losango entre as interrupções das cores vermelho-escura e preta para a direita. Isso fornece ao degradê mais vermelho e menos preto.

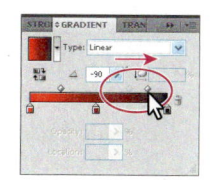

● **Nota:** Você pode excluir uma cor em um degradê arrastando o limite do degradê para baixo e para fora do painel Gradient.

Você vai inverter as cores do degradê.

10 Com o texto ainda selecionado, clique no botão Reverse Gradient (▩) no painel Gradient. As interrupções de cor das extremidades esquerda e direita mudam de posição. Você também pode inverter as cores em um degradê desenhando no sentido contrário com a ferramenta Gradient, entre outras maneiras.

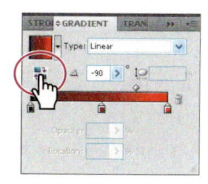

Uma outra maneira de aplicar uma cor ao degradê é obtendo uma amostra da cor do trabalho utilizando a ferramenta Eyedropper ou arrastando uma amostra de cor sobre um limite de cor.

11 Selecione o limite do degradê central no painel Gradient. Selecione a ferramenta Eyedropper (🖋) no painel Tools. No trabalho, clique com a tecla Shift pressionada no grão de café na margem direita da xícara de café.

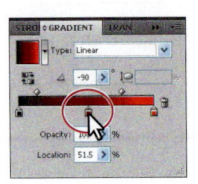

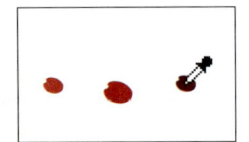

Clicar com a tecla Shift pressionada na ferramenta Eyedropper aplica a amostra de cor à caixa de degradê selecionada no degradê, em vez de substituir todo o degradê pela nova cor no trabalho selecionado. Tente obter uma amostra das outras áreas do trabalho, terminando com a cor roxa do grão de café.

Agora, salve o novo degradê.

12 Clique no botão do menu Gradient (≡) e clique no botão Save To Swatches Library (💾) na parte inferior do painel que aparece.

13 Abra o painel Layers clicando no ícone do painel Layers no lado direito do espaço de trabalho. Clique para selecionar a coluna Visibility à esquerda da camada Background.

14 Escolha Select > Deselect e então File > Save.

Adicione transparência a degradês

Você pode definir a opacidade das cores utilizadas nos degradês. Especificando diferentes valores de opacidade para as diferentes interrupções de cor de seu degradê, você pode criar degradês que apareçam ou desapareçam gradualmente e exibem ou ocultam imagens subjacentes. A seguir, você vai criar um reflexo espelhado da xícara de café e aplicar um degradê que fica gradualmente transparente.

1 Utilizando a ferramenta Selection (▶), clique para selecionar a xícara de café.

2 Escolha Object > Transform > Transform Each. Na caixa de diálogo Transform Each, clique no ponto central inferior do localizador de ponto de referência (▦). Escolha Reflect X e mude Angle para **180**. Selecione Preview para ver as modificações. Clique em Copy para refletir, girar e copiar a xícara de café.

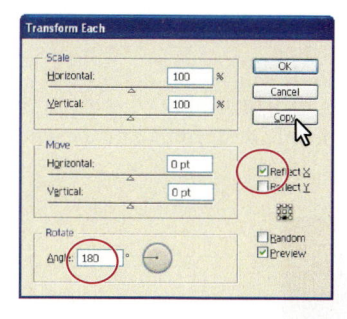

3 Com a cópia da xícara de café ainda selecionada, abra o painel Gradient clicando no ícone do painel Gradient. Clique no botão do menu Gradient ( ) e então selecione Linear Gradient. Isso preenche a xícara com um degradê preto e branco.

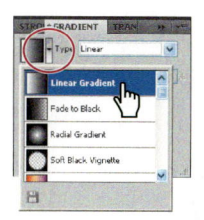

▶ **Dica:** Há dois degradês com transparência, Fade to Black e Soft Black Vignette. Esses degradês podem ser excelentes pontos de partida para mudar gradualmente para transparente.

Selecione o degradê linear.

4 No campo Angle, altere o valor para **–90**. Dê um duplo clique na interrupção de cor da direita (preta). No painel que aparece, clique no botão Swatches ( ) e selecione a amostra de cor branca.

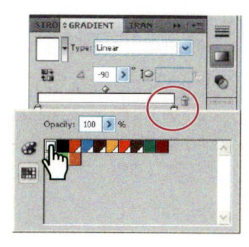

● **Nota:** Parece meio estranho criar um degradê de branco para branco. Você vai alterar a transparência da interrupção de cor da direita para 0% para que a xícara de café pareça desaparecer gradualmente.

5 Pressione Enter ou Return para aceitar a modificação da cor e voltar ao painel Gradient.

6 Clique na interrupção de cor da direita. Digite **0** no campo Opacity ou clique na seta à direita do campo e arraste o controle deslizante para a esquerda. Pressione Enter ou Return.

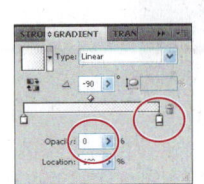

7 Clique na interrupção de cor da esquerda no painel Gradient e altere Opacity para **70**.

8 Selecione a ferramenta Gradient (▨) no painel Tools. Clique e arraste de cima para baixo sobre o reflexo selecionado até um pouco acima da borda externa do retângulo vermelho-escuro do fundo.

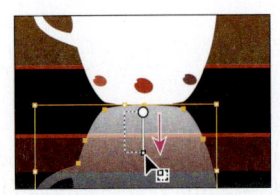

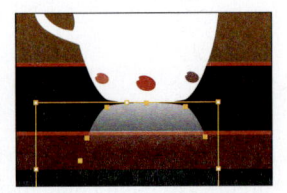

Trabalhar com degradês e transparência pode ser muito divertido. Tente alterar a opacidade das interrupções de cor na xícara e mudar a direção e a distância com a ferramenta Gradient.

9 Escolha Select > Deselect.

10 Escolha File > Save.

Trabalhe com objetos mesclados

Você pode mesclar dois objetos distintos para criar e distribuir formas entre dois objetos uniformemente. As duas formas mescladas podem ser idênticas ou diferentes. Você também pode mesclar dois paths abertos para criar uma transição suave das cores entre os objetos ou combinar mesclagens de cores e objetos para criar transições coloridas na forma de um determinado objeto.

Mesclagem entre duas formas iguais.

Mesclagem entre a mesma forma, cores diferentes.

Mesclagem entre duas formas e cores diferentes.

Mesclagem ao longo de um caminho.

Mesclagem colorida suave entre duas linhas com traçados.

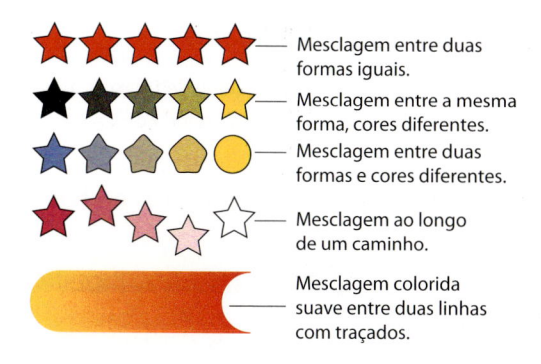

Ao criar uma mesclagem, os objetos mesclados são tratados como um único objeto, chamado objeto de mesclagem. Se você mover um dos objetos originais, ou editar os pontos de ancoragem do objeto original, a mesclagem muda de forma correspondente. Você também pode expandir a mesclagem para dividi-la em objetos distintos.

Opções de mesclagem para a ferramenta Blend

Há três tipos de opções de espaçamento para uma mesclagem: Specified Steps, Specified Distance e Smooth Blend. Eles são explicados abaixo:

- **Specified Steps:** Controla o número de passos entre o início e o fim da mesclagem.

- **Specified Distance:** Controla a distância entre os passos na mesclagem. A distância especificada é medida entre a borda de um objeto e a borda correspondente do próximo objeto (por exemplo, da borda direita de um objeto à borda direita do seguinte).

- **Smooth Color:** Deixa o Illustrator calcular o número de passos para as mesclagens. Se os objetos estiverem preenchidos ou tiverem contornos com diferentes cores, os passos serão calculados para fornecer o número ótimo de passos para uma transição de cores suave. Se os objetos tiverem cores idênticas, ou se tiverem degradês ou padrões, o número de passos vai se basear na maior distância entre as bordas da caixa delimitadora dos dois objetos.

As opções Orientation determinam a orientação dos objetos mesclados.

- **Align to Page:** Orienta a perpendicular da mesclagem de acordo com o eixo x da página.

- **Align to Path:** Orienta a perpendicular da mesclagem de acordo com o path.

—Extraído do Illustrator Help

Crie uma mesclagem com passos especificados

Agora, você vai utilizar a ferramenta Blend para criar uma série de formas mescladas entre as três diferentes formas coloridas na base da xícara de café, especificando o número de passos na mesclagem.

1 Dê um duplo clique na ferramenta Blend ( ) do painel Tools para abrir a caixa de diálogo Blend Options.

2 Escolha Specified Steps no menu Spacing e altere o número de passos para **2**. Clique em OK.

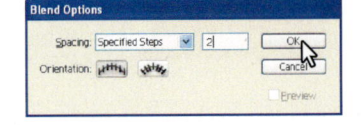

▶ **Dica:** Você também pode criar uma mesclagem selecionando objetos e escolhendo Object > Blend > Make.

3 Utilizando a ferramenta Blend, posicione o cursor sobre o grão de café da esquerda até que o cursor tenha um X ( ) e então clique. Posicione o cursor sobre o grão de café no centro até que o cursor exiba um sinal de adição ( ), indicando que você pode adicionar um objeto à mesclagem. Clique no grão para adicioná-lo. Você tem agora uma mesclagem entre esses dois objetos.

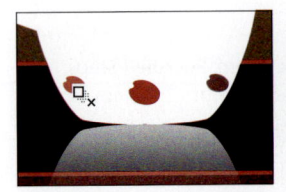

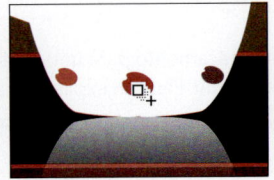

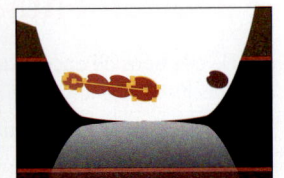

4 Clique no grão de café da direita com o cursor da ferramenta Blend (com o sinal de adição) para adicioná-lo à mesclagem e completar o path mesclado.

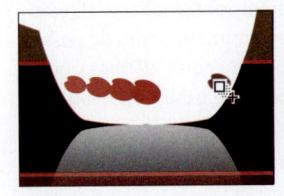

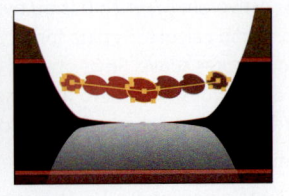

● **Nota:** Para finalizar o path atual e continuar a mesclar outros objetos em um path separado, clique primeiro na ferramenta Blend do painel Tools e então clique nos outros objetos.

Modifique a mesclagem

A seguir, você vai modificar o objeto de mesclagem utilizando a caixa de diálogo Blend Options. Você também vai editar a forma do path, chamada linha mestra, em que os grãos se mesclam utilizando a ferramenta Convert Anchor Point.

1 Com os grãos mesclados ainda selecionados, escolha Object > Blend > Blend Options. Na caixa de diálogo Blend Options, altere Specified Steps para 1 e clique em OK.

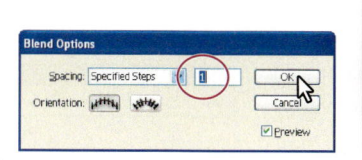

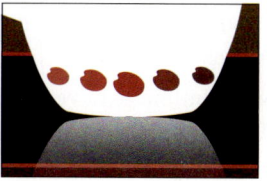

▶ **Dica:** Para editar as opções de mesclagem dos objetos, você também pode selecionar a mesclagem e então dar um duplo clique na ferramenta Blend.

2 Escolha Select > Deselect.

● **Nota:** Você está editando a linha mestra. Qualquer que seja a maneira como você edita a linha mestra, os objetos de mesclagem seguirão.

3 Escolha a ferramenta Direct Selection ( ) no painel Tools. Clique no centro do grão de café vermelho para selecionar esse ponto de ancoragem. No painel Control, clique no botão Convert Selected Anchor Points To Smooth ( ) para suavizar a curva. Com a ferramenta Direct Selection, arraste o ponto de ancoragem.

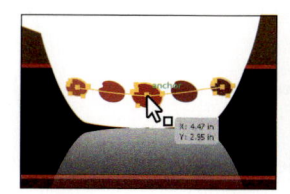

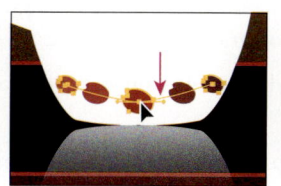

Para editar a linha mestra de uma mesclagem, selecione o ponto de ancoragem, converta-o em um ponto suave e arraste.

4 Escolha Select > Deselect.

▶ **Dica:** Uma maneira rápida de remodelar o path de uma mesclagem é fazê-lo contornar outro path ou objeto. Selecione a mesclagem, selecione o outro objeto ou path e então escolha Object > Blend > Replace Spine.

Você pode modificar a mesclagem instantaneamente alterando a forma, a cor ou a posição dos objetos originais. Agora, você vai editar as cores e a posição do grão de café vermelho e ver o efeito sobre a mesclagem.

▶ **Dica:** Quando você converteu o ponto de ancoragem da parte inferior em um ponto suave, o espaçamento entre os grãos de café mudou. Para igualar o espaçamento, converta os pontos de ancoragem da esquerda e da direita na linha mestra em pontos suaves e, então, ajuste as linhas de direção com a ferramenta Direct Selection.

5   Selecione a ferramenta Zoom (🔍) no painel Tools e arraste uma seleção sobre os grãos para ampliá-los.

6   Com a ferramenta Selection (▶), clique nos objetos mesclados para selecioná-los.

7   Dê um duplo clique no grão de café vermelho do centro da mesclagem para entrar no modo de isolamento. Isso desagrupa temporariamente os objetos mesclados e permite editar individualmente os grãos originais (não os grãos criados pela mesclagem) e a linha mestra. Clique para selecionar o grão vermelho.

8   Escolha View > Outline para ver as partes da mesclagem. Escolha View > Preview para ver os objetos preenchidos novamente.

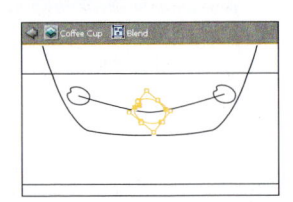

9   Altere a cor de preenchimento do grão selecionado para verde-claro (C=48, M=0, Y=62, K=0) no painel Control. Observe que o restante da mesclagem muda.

10 Com a ferramenta Selection, pressione Shift+Alt (Windows) ou Shift+Option (Mac OS) e clique e arraste um ponto angular do grão de café selecionado para aumentar o grão.

Tente mudar a forma do grão de café girando-o com a ferramenta Direct Selection (▶), etc.

11 Pressione Escape para sair do modo de isolamento.

12 Com a ferramenta Selection, clique para selecionar os objetos mesclados novamente. Escolha Object > Blend > Reverse Spine. Isso inverte a ordem dos grãos. Mantenha os objetos mesclados selecionados.

Os objetos mesclados são considerados um só objeto de mesclagem. Se você precisar editar todos os grãos de café (incluindo os grãos que a mesclagem criou), expanda a mesclagem. Expandir a mesclagem converte-a em objetos específicos. Você não mais pode editar a mesclagem como um objeto único porque ela se torna um grupo de grãos. Agora, você vai expandir os grãos.

13 Escolha Object > Blend > Expand. Com os grãos ainda selecionados, observe a palavra Group no lado esquerdo do painel Control. A mesclagem é agora um grupo de formas individuais que você pode editar de modo independente.

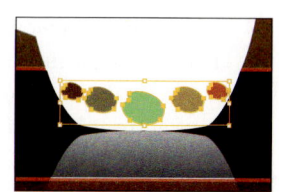

14 Escolha Select > Deselect.

15 Escolha File > Save.

Crie mesclagens de cores suaves

Você pode escolher várias opções para mesclar as formas e as cores dos objetos a fim de criar um novo objeto. Quando você escolhe a opção de mesclagem Smooth Color, o Illustrator combina as formas e as cores dos objetos em vários passos intermediários, criando uma mesclagem gradual suave entre os objetos originais.

Você vai combinar duas formas para um grão de café em uma mesclagem colorida suave.

1 Escolha View > Fit Artboard In Window.

2 Abra o painel Layers e clique para selecionar a coluna Visibility à esquerda da camada Blends e a camada Coffee Beans. Você vai mesclar as cores para deixar o grão de café mais realista.

3 Clique no ícone de olho (👁) para desmarcar a exibição da camada Coffee Beans e facilitar a visualização dos dois objetos que você mesclará em seguida.

4 Selecione a ferramenta Zoom (🔍) no painel Tools e arraste um contorno de seleção em volta das linhas à esquerda da xícara de café.

5 Dê um duplo clique na ferramenta Blend (🎨) do painel Tools para abrir a caixa de diálogo Blend Options.

6 Escolha Smooth Color no menu Spacing para configurar as opções de mesclagem, que permanecem configuradas até você mudá-las. Clique em OK.

▶ **Dica:** Para liberar, ou remover, uma mesclagem dos objetos originais, selecione a mesclagem e escolha Object > Blend > Release.

A seguir, você vai criar uma mesclagem colorida suave das duas linhas à esquerda da xícara de café. Os dois objetos contêm um contorno e nenhum preenchimento. Os objetos que contêm contornos são mesclados de modo diferente do que aqueles sem nenhum contorno.

7 Com o cursor da ferramenta Blend que mostra um X (⊡x), clique na linha de cima. Clique na linha de baixo com o cursor da ferramenta Blend que mostra um sinal de adição (⊡+) para adicioná-lo à mesclagem. Uma mesclagem suave entre as linhas é feita.

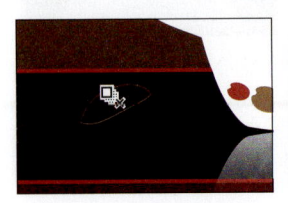

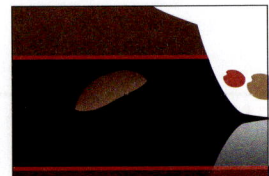

8 Escolha Select > Deselect.

Quando você cria uma mesclagem de cor suave entre os objetos, o Illustrator calcula automaticamente o número de passos intermediários necessário para criar uma transição suave entre os objetos. Você pode aplicar uma mesclagem colorida suave a objetos e então editá-la. Agora, você vai editar os paths que compõem a mesclagem.

9 Utilizando a ferramenta Selection (▶), dê um duplo clique na mesclagem colorida para entrar no modo de isolamento. Clique para selecionar um dos paths e alterar a cor de contorno no painel Control para qualquer cor que você quiser. Observe como as cores são mescladas. Escolha Edit > Undo Apply Swatch para voltar à cor de contorno original.

10 Dê um duplo clique longe dos paths de mesclagem para sair do modo de isolamento.

11 Abra o painel Layers e clique para selecionar a exibição da camada Coffee Beans e da camada Steam deixar esses objetos visíveis na prancheta.

12 Para completar o grão, selecione os paths mesclados com a ferramenta Selection e escolha Edit > Copy e então Edit > Paste para colar uma cópia da mesclagem.

13 Mova a mesclagem para baixo do mesmo grão, à esquerda da xícara de café.

14 Selecione a ferramenta Rotate (↻) no painel Tools. Clique e arraste para girar a mesclagem a fim de que ela se ajuste na parte inferior do grão. Você precisará alternar para a ferramenta Selection para mover a mesclagem para a posição.

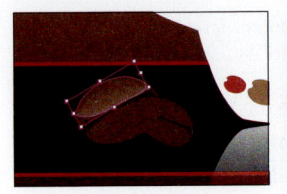

Copie a mesclagem. 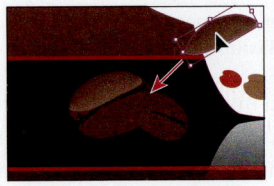 Cole e mova para a posição. 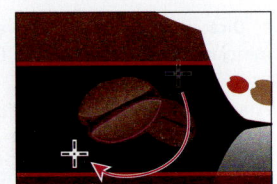 Gire e posicione a mesclagem.

15 Escolha View > Fit Artboard In Window.

16 Escolha Select > Deselect e então File > Save.

Explore por conta própria

Há várias maneiras de ser criativo usando degradês e mesclagens. Para explorar mais o tema, você vai criar uma mesclagem para o vapor do café e então criar um novo documento para um path mais complexo, que você mesclará.

1 Com a camada Steam visível, selecione o vapor na prancheta com a ferramenta Selection.

2 Abra o painel Gradient e selecione Fade To Black no menu Gradient ( ).

3 Selecione a ferramenta Gradient ( ) no painel Tools e posicione o cursor sobre o vapor. Clique e arraste de cima para baixo sobre o vapor para alterar a direção do degradê.

4 Adicione uma interrupção de cor para que apareçam três no controle deslizante de degradê.

5 Altere a cor de cada interrupção para branco dando um duplo clique em cada uma com a ferramenta Gradient. Altere Opacity para **10** para a interrupção de cor de cima e **5** para a interrupção de baixo.

Tente alterar a cor e a opacidade de cada interrupção de cor.

Agora, crie uma mesclagem mais complexa.

1 Escolha File > New para criar um novo documento e desenhar uma linha reta utilizando a ferramenta Line Segment.

2 Selecione a linha, remova o preenchimento, pinte o contorno com uma cor e aumente a espessura do contorno para **20 pt**.

3 Se o painel Stroke não estiver visível, escolha Window > Stroke. Com a linha selecionada, escolha a opção Dashed Line. Digite **25** no campo do primeiro traço e pressione Enter ou Return.

4 Escolha Object > Path > Outline Stroke.

Observe que os valores de cor do contorno e do preenchimento foram alternados; agora, você pode preencher o objeto com um degradê.

5 Preencha o objeto com um degradê da sua preferência.

6 Copie e cole os objetos, movendo-os separadamente com a ferramenta Selection. Dê um duplo clique na ferramenta Blend ( ) do painel Tools. Escolha Smooth Color na caixa de diálogo Blend Options. Clique nos dois objetos com a ferramenta Blend para criar a mesclagem. Pratique a edição de objetos individuais na mesclagem.

Perguntas de revisão

1. O que é um preenchimento degradê?
2. Identifique duas maneiras de preencher um objeto selecionado com um degradê.
3. Qual é a diferença entre um preenchimento degradê e uma mesclagem?
4. Como você ajusta a mesclagem entre as cores em um degradê?
5. Identifique duas maneiras de adicionar cores a um degradê.
6. Como você ajusta a direção de um degradê?
7. Descreva duas maneiras de mesclar as formas e as cores dos objetos.
8. Qual é a diferença entre selecionar uma mesclagem de cor suave e especificar o número de passos em uma mesclagem?
9. Como você ajusta as formas ou as cores na mesclagem? Como você ajusta o path da mesclagem?

Respostas

1. Um degradê é uma mesclagem gradual entre duas ou mais cores ou tons da mesma cor.
2. Selecione um objeto e siga uma destas opções:
   - Clique na caixa Gradient do painel Tools para preencher um objeto com o degradê branco e preto padrão ou com o último degradê selecionado.
   - Clique em uma amostra de degradê no painel Swatches.
   - Crie um novo degradê clicando em uma amostra de degradê no painel Swatches e misturando seu próprio degradê no painel Gradient.
   - Utilize a ferramenta Eyedropper para obter uma amostra de um degradê a partir de um objeto em seu trabalho e então a aplique ao objeto selecionado.
3. A diferença entre um preenchimento degradê e uma mesclagem é a maneira como as cores se combinam – elas se mesclam entre si dentro de um preenchimento degradê e entre objetos em uma mesclagem.
4. Você arrasta os ícones de losango ou as interrupções de cor do degradê no painel Gradient.
5. No painel Gradient, clique abaixo da barra de degradê para adicionar um limite de degradê ao degradê. Utilize o painel Color para misturar uma nova cor ou, no painel Swatches, clique com Alt (Windows) ou Option (Mac OS) pressionadas em uma amostra de cores. Você pode selecionar a ferramenta Gradient no painel Tools e posicionar o cursor sobre o objeto preenchido pelo degradê. Clique abaixo do controle deslizante de degradê para adicionar uma interrupção de cor.

6 Você clica e arrasta com a ferramenta Gradient para ajustar a direção de um degradê. Arrastar por uma longa distância muda as cores gradual e suavemente; arrastar por uma distância curta torna a alteração das cores mais brusca. Você também pode girar o degradê utilizando a ferramenta Gradient, alterar o raio, o Aspect Ratio e o ponto inicial.

7 Você pode mesclar as formas e as cores dos objetos fazendo isto:

- Clicar em cada objeto com a ferramenta Blend para criar uma mesclagem dos passos intermediários entre os objetos de acordo com opções predefinidas de mesclagem.
- Selecionar os objetos e escolher Object > Blend > Blend Options para configurar o número de passos intermediários e, então, escolher Object > Blend > Make para criar a mesclagem.

Objetos com contornos pintados se mesclam de maneira diferente dos sem contorno.

8 Quando você escolhe a mesclagem Smooth Color, o Illustrator calcula automaticamente o número de passos intermediários necessário para criar uma mesclagem transparentemente suave entre os objetos selecionados. Especificar o número de passos permite determinar quantos passos intermediários estarão visíveis na mesclagem. Você também pode especificar a distância entre os passos intermediários na mesclagem.

9 Utilize a ferramenta Direct Selection para selecionar e ajustar a forma de um objeto original, alterando assim a forma da mesclagem. Você pode alterar as cores dos objetos originais para ajustar as cores intermediárias na mesclagem. Utilize a ferramenta Convert Anchor Point para alterar a forma da linha mestra, ou spine, da mesclagem arrastando os pontos de ancoragem ou as alças de direção no path.

10 TRABALHANDO COM PINCÉIS

Visão geral da lição

Nesta lição, você vai aprender a:

- Trabalhar com as ferramentas Blob Brush e Eraser
- Utilizar os quatro tipos de pincel: Art, Calligraphic, Pattern e Scatter
- Alterar a cor de pincel e ajustar as configurações de pincel
- Criar novos pincéis no Adobe Illustrator
- Aplicar pincéis a paths criados com ferramentas de desenho
- Trabalhar com o efeito Scribble

Esta lição levará aproximadamente uma hora para ser concluída. Se necessário, remova a pasta da lição anterior de seu disco rígido e copie a pasta Lesson10.

A variedade de tipos de pincel no Adobe Illustrator CS4 permite criar uma miríade de efeitos simplesmente pintando ou desenhando sobre paths. Você também pode escolher o Blob Brush e os pincéis Art, Calligraphic, Pattern e Scatter, ou criar novos pincéis de acordo com seu trabalho. Utilize a ferramenta Paintbrush ou as ferramentas de desenho para aplicar pincéis ao trabalho.

Introdução

Nesta lição, você vai aprender a trabalhar com a ferramenta Blob Brush e com a ferramenta Eraser. Também vai aprender a utilizar os quatro tipos de pincéis do painel Brushes, a alterar as opções de pincel e a criar seus próprios pincéis. Antes de começar, você precisa restaurar as preferências padrão do Adobe Illustrator CS4. Então, abra o arquivo de trabalho da primeira parte desta lição para ver o trabalho final.

1 Para que as ferramentas e os painéis funcionem como descritos nesta lição, exclua ou desative (renomeando) o arquivo de preferências do Adobe Illustrator CS4. Consulte "Restaurando as preferências padrão", na página 21.

2 Inicie o Adobe Illustrator CS4.

● **Nota:** Se você ainda não copiou os arquivos desta lição para o seu disco rígido a partir da pasta Lesson10 do CD do *Adobe Illustrator CS4 Classroom in a Book*, faça isso agora. Veja "Copiando os arquivos do Classroom in a Book", na página 20.

3 Escolha File > Open e abra o arquivo L10end.ai da pasta Lesson10, localizada na pasta Lessons de seu disco rígido.

4 Se preferir, escolha View > Zoom Out para diminuir a visualização do trabalho e, então, ajuste o tamanho da janela e deixe o trabalho aberto enquanto trabalha. (Utilize a ferramenta Hand ( ) para mover o trabalho para onde quiser na janela.) Se não quiser deixar a imagem aberta, escolha File > Close.

Para começar a trabalhar, você vai abrir um arquivo existente.

5 Escolha File > Open para abrir o arquivo L10start.ai da pasta Lesson10, na pasta Lessons de seu disco rígido.

6 Escolha File > Save As. Na caixa de diálogo Save As, atribua ao arquivo o nome **Check_logo.ai** e escolha a pasta Lesson10. Deixe a opção Save As Type configurada como Adobe Illustrator (*.AI) (Windows) ou a opção Format configurada como Adobe Illustrator (ai) (Mac OS) e clique em Save. Na caixa de diálogo Illustrator Options, deixe as opções do Illustrator em suas configurações padrão e clique em OK.

Trabalhe com a ferramenta Blob Brush

Você pode utilizar a ferramenta Blob Brush para pintar formas preenchidas que interseccionam e se mesclam com outras formas da mesma cor. Ao contrário da ferramenta Paintbrush, que cria paths abertos, com a ferramenta Blob Blush você pode desenhar usando a Paintbrush e criar formas fechadas com preenchimento apenas (sem contorno), que podem ser editadas com a própria Blob Brush ou com a ferramenta Eraser. Formas com contorno não podem ser editadas com a ferramenta Blob Brush.

Path criado com a ferramenta Paintbrush.

Forma criada com a ferramenta Blob Brush.

Desenhe com Blob Brush

Comece usando a ferramenta Blob Brush para criar formas que serão adicionadas ao logotipo check.

1 Escolha Essentials a partir do seletor do espaço de trabalho no painel Control.

2 Selecione a ferramenta Zoom (🔍) no painel Tools e clique três vezes sobre a letra "e" para ampliá-la.

3 Altere a cor de preenchimento para preto e a cor de contorno para None (⊘) no painel Control.

4 Selecione a ferramenta Blob Brush (🖌) no painel Tools.

5 Clique no ícone do painel Appearance (⦿), no lado direito do espaço de trabalho. Clique no botão Add New Effect ($fx_\bullet$), na parte inferior do painel Appearance, e escolha Stylize > Drop Shadow no Illustrator Effects.

6 Na caixa de diálogo Drop Shadow, altere Opacity para **40%**, X Offset para **3 pt**, Y Offset para **3 pt** e Blur para **2 pt**. Clique em OK.

● **Nota:** Para aprender mais sobre como trabalhar com o painel Appearance, consulte a Lição 12, "Aplicando atributos de aparência e estilos gráficos".

● **Nota:** Ao desenhar com a ferramenta Blob Brush, se preenchimento e contorno forem configurados antes de desenhar, o contorno se torna o preenchimento da forma criada. Se apenas preenchimento for configurado antes de desenhar, ele se torna o preenchimento da forma criada.

7 Acima da letra "e" na palavra "check", clique e arraste o cursor para baixo, para cima e para a direita a fim de criar um marca de verificação. Observe se todas as propriedades de aparência configuradas antes de desenhar com a ferramenta Blob Brush, como uma sombra, foram aplicadas.

8 Selecione a ferramenta Selection (▶) no painel Tools e clique para selecionar a forma que você acabou de desenhar.

● **Nota:** Ao desenhar com a ferramenta Blob Brush, você cria formas preenchidas fechadas. Essas formas podem ter qualquer tipo de preenchimento, incluindo degradês, cores sólidas, padrões, etc.

9 Com a forma selecionada, clique na caixa das cores de preenchimento à direita do nome do atributo Fill no painel Appearance e selecione a cor laranja (C=0, M=50, Y=100, K=0). Confira se a cor do contorno ainda está configurada como None.

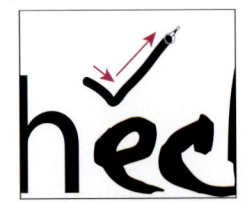

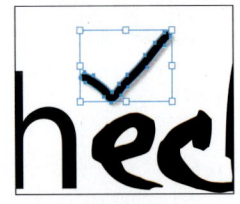

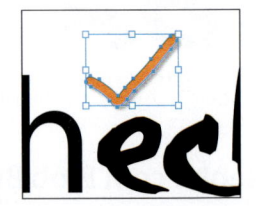

10 Escolha Select > Deselect. A seguir, você vai editar a forma da marca de verificação que criou para dar a ela uma aparência mais estilizada.

Edite com as ferramentas Blob Brush e Eraser

1 Selecione a ferramenta Blob Brush no painel Tools. No menu do painel Appearance (▼≣), desmarque New Art Has Basic Appearance.

● **Nota:** Para que a ferramenta Blob Brush funcione adequadamente nos próximos passos, certifique-se de que a cor laranja ainda está selecionada como cor de preenchimento no painel Control e que a cor de contorno está configurada como None (⌀).

2 Com a ferramenta Blob Brush, clique e arraste no meio da marca de verificação para tornar o ângulo mais grosso.

A ferramenta Blob Brush só edita formas que não possuem nenhuma cor de contorno. Para editar formas com a ferramenta Blob Brush, a aparência da ferramenta Blob Brush têm de corresponder as da forma a ser editada.

O cursor da ferramenta Blob Brush possui um círculo que indica o diâmetro do pincel. Agora, você vai alterar o tamanho do pincel para facilitar a edição da marca de verificação.

3 Pressione a tecla de abre colchete ([ ) várias vezes para diminuir o tamanho do pincel.

▶ **Dica:** Você também pode configurar o tamanho de pincel dando um duplo clique na ferramenta Blob Brush e alterando o tamanho na caixa de diálogo Blob Brush Tool Options.

4 Com a ferramenta Blob Brush, desenhe sobre marca de verificação mais algumas vezes para dar a ela uma aparência mais grosseira e preencher o centro. Não é necessário ser exato, pois você está tentando dar à marca uma aparência grosseira, desenhada à mão. Veja a figura para orientação.

A marca de verificação agora tem uma aparência mais grosseira.

Agora, você vai utilizar a ferramenta Eraser para moldar a forma e corrigir as modificações de que não gostar.

▶ **Dica:** Enquanto desenha com a ferramenta Blob Brush, é recomendável utilizar traços mais curtos e soltar o botão do mouse com frequência. Você pode desfazer as edições feitas, mas se desenhar um único longo traço sem soltar o botão do mouse, desfazer removerá o traço inteiro.

5 Com a ferramenta Selection (▶), clique para selecionar a marca de verificação. Selecione a ferramenta Eraser (⬙) no painel Tools.

Selecionar a forma antes de selecionar a ferramenta Eraser limita a ferramenta a agir apenas sobre a forma selecionada. Do contrário, a ferramenta Eraser apaga tudo que não estiver oculto ou bloqueado na prancheta. Este próximo passo terá um pouco mais de forma livre, portanto, siga-o lentamente e lembre-se de que sempre pode parar e desfazer.

▶ **Dica:** As ferramentas Blob Brush e Eraser trabalham bem em conjunto. Essas ferramentas têm uma abordagem mais livre para criar formas orgânicas do que a ferramenta Pen, por exemplo.

6 Com a ferramenta Eraser, arraste o cursor sobre as duas pontas da marca de verificação para que elas se tornem quase um ponto (veja a figura).

7 Alterne para a ferramenta Blob Brush e aumente o ângulo inferior da marca de verificação. Com a ferramenta Eraser, apague a ponta mais longa para que ela se curve um pouco para a direita.

▶ **Dica:** Os diâmetros de pincel das ferramentas Blob Brush e Eraser podem ser alterados pressionando-se a tecla de abre colchete ([ ) para diminuir o tamanho do pincel ou de fecha colchete ( ]) para aumentar o tamanho do pincel.

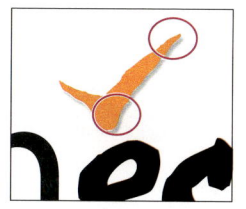

8 Escolha File > Save.

Mescle paths com a ferramenta Blob Brush

Além de desenhar e editar, você pode usar a Blob Brush para interseccionar e mesclar formas da mesma cor. A seguir, você vai mesclar as letras "c" e "h".

1 Com a ferramenta Selection (▶), clique para selecionar "ch" na prancheta. Escolha Type > Create Outlines para converter o texto em paths.

A ferramenta Blob Brush desenha formas livres, ou intersecciona e mescla formas. Você precisa converter o texto em paths para editá-lo com Blob Brush.

2 Com as letras ainda selecionadas, escolha Object > Ungroup.

3 Com a ferramenta Selection, arraste uma seleção sobre todas as letras para selecioná-las, cuidando para deixar a marca de verificação de fora.

4 No painel Appearance, clique no botão Add New Effect (*fx.*), e escolha Stylize > Drop Shadow em Illustrator Effects. Na caixa de diálogo Drop Shadow, altere Opacity para **35%**, X Offset para **3 pt**, Y Offset para **3 pt** e Blur para **2 pt**. Clique em OK.

5 Escolha Select > Deselect.

● **Nota:** Objetos mesclados com a ferramenta Blob Brush precisam ter os mesmos atributos de aparência e nenhum contorno, estar na mesma camada ou grupo e estar um sobre o outro na ordem de empilhamento.

6 Com a ferramenta Selection, clique com a tecla Shift pressionada para selecionar o "c" e o "h". No painel Appearance, certifique-se de que a cor de preenchimento é preta, a cor de contorno é None e de que o efeito de Drop Shadow está aplicado. Se Mixed Appearances estiver listado no painel, você não poderá mesclar as letras com a ferramenta Blob Brush. Escolha Select > Deselect.

7 Dê um duplo clique na ferramenta Blob Brush (🖌). Na caixa de diálogo Blob Brush Tool Options, altere Smoothness para **30** e Size para **20 pt**. Clique em OK.

● **Nota:** Observe que a sombra é aplicada à forma inteira à medida que você desenha e edita.

8 Com a ferramenta Blob Brush selecionada no painel Tools, verifique se consegue ver os mesmos atributos das letras (com a sombra) no painel Appearance. Clique e arraste a ponta inferior do "c" para a direita para conectar a forma do "c" a do "h".

9 Com a ferramenta Selection, arraste um contorno de seleção sobre o "c" e o "h" para ver se a forma final selecionada está mesclada.

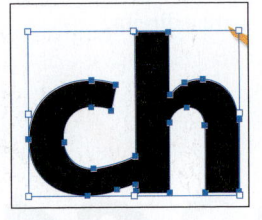

10 Escolha Select > Deselect e então File > Save.

Teste mais o uso das ferramentas Blob Brush e Eraser em conjunto dando às letras uma aparência mais agitada. Tente deixar o primeiro "c" igual ao segundo "c".

11 Depois de terminar de testar, escolha File > Save e então File > Close.

Opções da ferramenta Blob Brush

Dê um duplo clique na ferramenta Blob Brush do painel Tools para configurar as seguintes opções:

- **Keep Selected:** Quando você desenha um path mesclado, todos os paths são selecionados e permanecem assim enquanto você desenha. Essa opção é útil para visualizar todos os paths incluídos no path mesclado. Ao selecionar essa opção, a opção Selection Limits Merge é desativada.
- **Selection Limits Merge:** Se houver algum elemento selecionado, o pincel Blob Brush só mesclará ele. Se não houver nada selecionado, Blob Brush mesclará qualquer elemento do trabalho.
- **Fidelity:** Controla até onde você tem de mover o mouse ou caneta antes de o Illustrator adicionar um novo ponto de ancoragem ao path. Por exemplo, um valor Fidelity de 2.5 significa que movimentos de ferramenta menores que 2.5 pixels não são registrados. Fidelity pode variar de 0.5 a 20 pixels; quanto mais alto o valor, mais suave e menos complexo o path.
- **Smoothness:** Controla a quantidade de suavização que o Illustrator aplica quando você utiliza a ferramenta. Smoothness pode variar de 0% a 100%; quanto mais alta a porcentagem, mais suave o path.
- **Size:** Determina o tamanho do pincel.
- **Angle:** Determina o ângulo de rotação do pincel. Arraste a ponta de seta na visualização ou digite um valor na caixa de texto Angle.
- **Roundness:** Determina o arredondamento do pincel. Arraste um ponto preto na visualização para longe ou em direção ao centro, ou insira um valor na caixa de texto Roundness. Quanto mais alto o valor, mais redondo.

—Extraído do Illustrator Help

Trabalhe com pincéis

Usando os pincéis, você pode decorar paths com padrões, figuras, texturas ou traços inclinados. Você pode modificar os pincéis fornecidos no Adobe Illustrator CS4 e criar seus próprios pincéis. Quatro tipos de pincéis aparecem no painel Brushes: Art, Calligraphy, Pattern e Scatter.

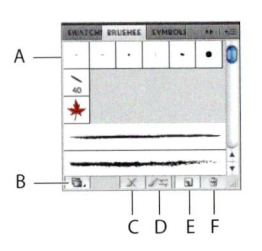

A. Pincéis
B. Menu das bibliotecas de pincéis
C. Remove o traço do pincel
D. Opções do objeto selecionado
E. Novo pincel
F. Excluir pincel

Utilize os pincéis Art

Os pincéis Art, que incluem pincéis de seta, pincéis decorativos, pincéis artísticos e outros, distribuem o trabalho uniformemente ao longo de um path. Eles possuem traços que se parecem com vários instrumentos gráficos, como o pincel Charcoal-Feather.

Você aplica pincéis a paths utilizando a ferramenta Paintbrush ou as ferramentas de desenho. Para aplicar pincéis com a ferramenta Paintbrush, escolha um pincel no painel Brushes e desenhe no trabalho. O pincel é aplicado diretamente sobre os paths enquanto você desenha. Para aplicar pincéis utilizando uma ferramenta de desenho, você desenha no trabalho com uma ferramenta de desenho e, então, escolhe um pincel no painel Brushes. O pincel é aplicado ao path selecionado.

Você pode alterar a cor, o tamanho e outros recursos de um pincel. Também pode editar paths depois que os pincéis forem aplicados.

O arquivo inicial contém paths bloqueados que você pode utilizar para criar e alinhar seu trabalho. Nesta seção, você vai usar o pincel Charcoal-Feather para desenhar o tronco e os galhos de uma árvore.

1 Escolha File > Open e abra o arquivo L10end2.ai da pasta Lesson10, localizada na pasta Lessons de seu disco rígido.

2 Se preferir, escolha View > Zoom Out para diminuir o tamanho da arte-final. Se não quiser deixar a imagem aberta, escolha File > Close.

Para começar, você abrir um arquivo existente com guias para desenho.

3 Escolha File > Open para abrir o arquivo L10start2.ai da pasta Lesson10, na pasta Lessons de seu disco rígido.

4 Escolha File > Save As. Na caixa de diálogo Save As, atribua ao arquivo o nome **Brushes.ai** e escolha a pasta Lesson10. Deixe a opção Save As Type configurada como Adobe Ilustrator (*.AI) (Windows) ou a opção Format configurada como Adobe Illustrator (ai) (Mac OS) e clique em Save. Na caixa de diálogo Illustrator Options, deixe as opções do Illustrator em suas configurações padrão e clique em OK.

Desenhe com a ferramenta Paintbrush

Agora, você vai usar a ferramenta Paintbrush para aplicar um traço de pincel ao trabalho.

1 Escolha Essentials no seletor do espaço de trabalho no painel Control.

2 Escolha Window > Brushes para abrir o painel Brushes.

Por padrão, os pincéis são exibidos como ícones. Você também pode visualizá-los por nome. Quando visualizado por nome, um pequeno ícone à direita do nome do pincel indica seu tipo.

3 No painel Brushes, escolha List View no menu do painel (▼≣).

No menu do painel Brushes, você também pode escolher os tipos de pincel exibidos para reduzir o tamanho do painel e facilitar a localização dos pincéis que você deseja usar.

4 Abra o menu do painel Brushes e desmarque Show Calligraphic Brushes, Show Scatter Brushes e Show Pattern Brushes, deixando apenas os pincéis Art visíveis no painel.

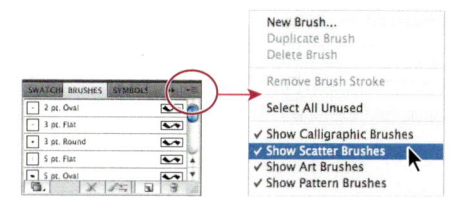

● **Nota:** Uma marca de seleção ao lado do tipo de pincel no menu do painel Brushes indica que o tipo de pincel está visível no painel.

5 Selecione o pincel de arte Charcoal-Feather no painel Brushes.

Pincéis são aplicados a paths como uma cor de contorno. Se você tiver uma cor de preenchimento selecionada ao aplicar um pincel a um path, o path será traçado com o pincel e preenchido com a cor de preenchimento. Talvez seja útil usar um preenchimento None para impedir que os paths pintados sejam preenchidos por ora. Mais adiante nesta lição, você vai usar uma cor de preenchimento com um pincel. Para informações adicionais sobre contornos e cor de preenchimento, consulte a Lição 6, "Cor e pintura".

6 Selecione a ferramenta Zoom (🔍) no painel Tools e arraste para desenhar uma seleção sobre toda a árvore para ampliá-la.

7 No painel Color, clique na cor de preenchimento e escolha None (⊘).

8 Selecione a ferramenta Paintbrush (🖌) no painel Tools e desenhe um traço longo para cima sobre a guia para o lado esquerdo do tronco da árvore. Não se preocupe se o traço não seguir as guias exatamente. Você removerá as guias no final da lição, para que não apareçam na arte-final.

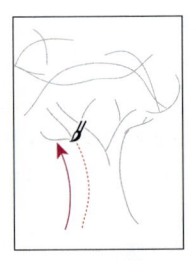

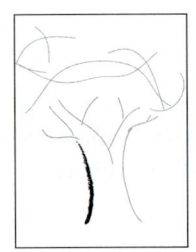

9 Dê um duplo clique na ferramenta Paintbrush (🖌) para exibir a caixa de diálogo Paintbrush Tool Options. Utilize essa caixa para alterar o funcionamento da ferramenta Paintbrush.

10 Selecione a opção Keep Selected e clique em OK. Os paths permanecerão selecionados depois que você terminar de desenhá-los.

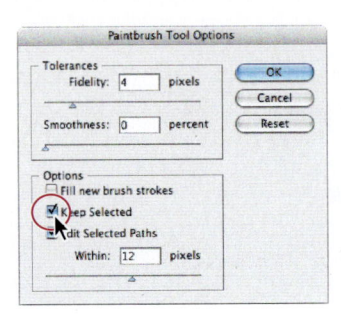

11 Desenhe um segundo traço para cima sobre a guia para criar o lado direito do tronco da árvore.

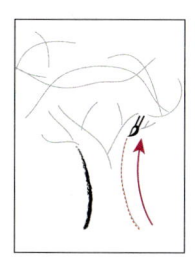

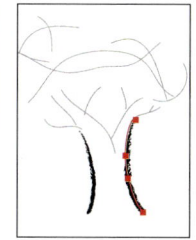

12 Escolha File > Save.

Edite paths com a ferramenta Paintbrush

Você vai agora usar a ferramenta Paintbrush para editar um path selecionado.

1 Com a ferramenta Paintbrush ainda selecionada, mova o cursor próxima à ponta superior do path selecionado (o lado direito do tronco da árvore) e desenhe para aumentar o traço do tronco para cima e para a direita.

O path selecionado é editado do ponto que você começou a desenhar. Como você selecionou Keep Selected na caixa de diálogo Paintbrush Tool Options, o novo path é adicionado ao path selecionado em vez de tornar-se um path separado.

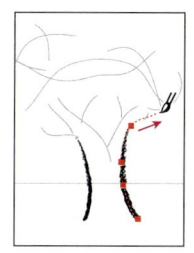

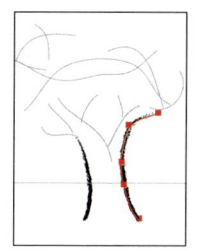

Ao desenhar com a ferramenta Paintbrush, é recomendável desmarcar os paths depois de desenhá-los para que você possa desenhar um novo path. A seguir, você vai desmarcar a opção Keep Selected para a ferramenta Paintbrush.

2 Escolha Select > Deselect.

3 No painel Tools, dê um duplo clique na ferramenta Paintbrush ( ).

4 Remova a seleção da opção Keep Selected e clique em OK. Os paths não permanecerão selecionados depois que você terminar de desenhá-los, e será possível desenhar paths sobrepostos sem alterar os paths previamente desenhados.

Agora, desenhe os galhos da árvore.

5 Faça traços mais curtos para criar os ramos da árvore, como mostrado na figura abaixo.

Quando a opção Keep Selected é desmarcada, é possível editar um path selecionando-o com a ferramenta Selection (▶) ou selecionando um segmento ou ponto do path com a ferramenta Direct Selection (▷) e, depois, redesenhando sobre o path com a ferramenta Paintbrush.

6 Pressione Ctrl (Windows) ou Command (Mac OS) para mudar para a ferramenta Selection e selecionar um galho que você quer redesenhar.

Pressionar Ctrl (Windows) ou Command (Mac OS) seleciona temporariamente a última ferramenta de seleção usada (ferramenta Selection, ferramenta Direct Selection ou ferramenta Group Selection) quando outra ferramenta está selecionada.

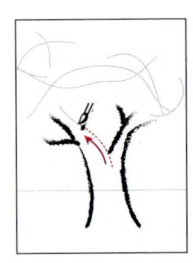

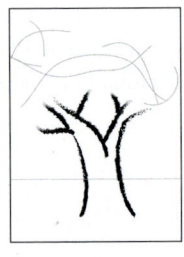

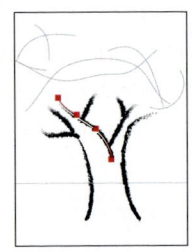

7 Utilize a ferramenta Paintbrush para desenhar sobre o path selecionado.

Você também pode editar paths desenhados com a ferramenta Paintbrush utilizando a ferramenta Smooth ( ) e a ferramenta Path Eraser ( ), localizadas abaixo da ferramenta Pencil ( ) no painel Tools. Depois de aplicar um pincel a um objeto, é fácil aplicar outro pincel para alterar a aparência do objeto.

8 Com a ferramenta Selection (▶), arraste uma seleção para selecionar o tronco e os galhos da árvore.

9 Clique no botão Brush Libraries Menu (.) na parte inferior do painel Brushes e escolha Artistic > Artistic_Ink.

10 Escolha List View no menu do painel da biblioteca de pincéis Artistic_Ink (▼≣). Clique no pincel Dry Ink 1. O novo pincel é aplicado aos paths selecionados. Feche o painel da biblioteca do pincel Artistic_Ink.

Observe que o pincel Dry Ink 1 é adicionado ao painel Brushes. Todos os pincéis que você aplica a partir de uma biblioteca são adicionados ao painel Brushes.

11 Clique fora do trabalho para desmarcá-lo e visualize a árvore sem os realces de seleção.

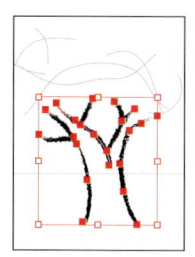

12 Arraste uma seleção para selecionar as formas da árvore novamente.
13 Clique em outros pincéis no painel Brushes para ver os efeitos deles. Quando terminar, clique no pincel Charcoal-Feather novamente para reaplicar esse pincel.
14 Clique fora do trabalho para desmarcá-lo.
15 Escolha File > Save.

Enquanto completa o restante da lição, utilize os métodos que aprendeu para editar os paths com a ferramenta Paintbrush. Você pode editar paths com a opção Keep Selected se quiser que os traços continuem selecionados enquanto desenha, ou pode utilizar a ferramenta Selection para selecionar os traços a serem editados.

Utilize os pincéis Scatter

Os pincéis Scatter distribuem um objeto, como uma folha, joaninha ou morango, aleatoriamente ao longo de um path. Nesta seção, você vai usar o pincel Fall Leaf Scatter para criar as folhas da árvore. Você vai começar ajustando as opções do pincel para alterar sua aparência no trabalho.

Altere as opções de pincel

Você pode alterar a aparência de um pincel ajustando suas configurações na caixa de diálogo Brush Options, antes ou depois de os pincéis serem aplicados ao trabalho. As alterações que você faz aparecem quando você aplica o pincel à arte, mas não aparecem no ícone de pincel no painel Brushes.

1 No painel Brushes, escolha Show Scatter Brushes no menu do painel (▼≡) e remova a seleção de Show Art Brushes.

2 Dê um duplo clique no pincel Fall Leaf para abrir a caixa de diálogo Scatter Brush Options.

As opções de pincel variam de acordo com o tipo de pincel. Para pincéis Scatter, você pode configurar valores fixos ou um intervalo de valores para o tamanho, o espaçamento, a dispersão e a rotação do pincel. Se estiver usando uma tablet, você também pode configurar a pressão da caneta utilizando a opção Pressure.

3 Configure os seguintes valores digitando-os ou arrastando os controles deslizantes. Pressione a tecla Tab para passar para o próximo campo de texto:

- Em Size, configure o tamanho do objeto pincel escolhendo Random e inserindo **40%** e **60%**.

- Para o espaçamento, Spacing, configure a distância entre objetos pincel em um path em relação a 100% (objetos que se tocam, mas não se sobrepõem) escolhendo Random e inserindo **10%** e **30%**.

- Para Scatter, indique até onde os objetos podem se desviar dos dois lados do path, em 0% é totalmente alinhado ao path, escolhendo Random e inserindo **–40%** e **40%**.

- Para Rotation, em relação à página ou ao path, insira **–180°** e **180°** e Random. A opção Rotation Relative To deve estar configurada como Page por padrão.

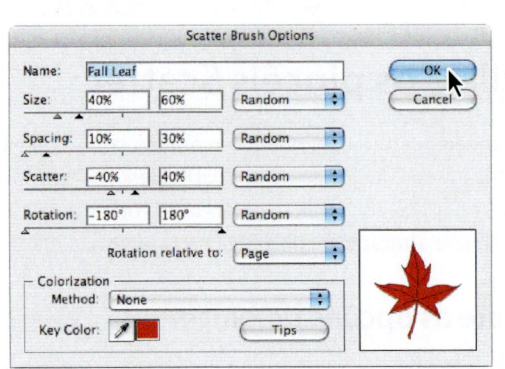

4 Clique em OK.

Além dos recursos que você ajustou nesta seção, você pode alterar a cor do pincel. Você vai alterar a cor do pincel Fall Leaf e de outro pincel mais adiante.

Aplique um pincel Scatter a paths

Agora, você vai usar o pincel Fall Leaf para desenhar as folhas da árvore. Primeiro, selecione e bloqueie a árvore para evitar que ela seja alterada enquanto você trabalha em outros objetos.

1 Utilize a ferramenta Selection (▶) para arrastar uma seleção sobre todas as partes da árvore para selecioná-las.

2 Escolha Object > Lock > Selection. A caixa delimitadora em torno da árvore desaparece, e a árvore é bloqueada.

3 Selecione o pincel Fall Leaf no painel Brushes.

4 Utilize a ferramenta Paintbrush (✏) para desenhar traços com o pincel Fall Leaf acima dos galhos da árvore, usando as guias para posicionar seus paths. Lembre-se de que, se quiser editar paths ao desenhar, você pode selecionar a opção Keep Selected em Paintbrush Tools Options ou selecionar paths com a ferramenta Selection.

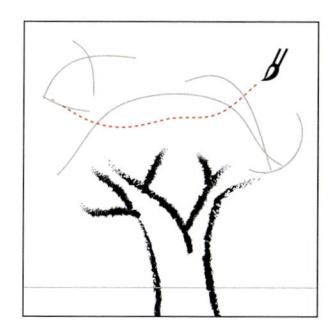

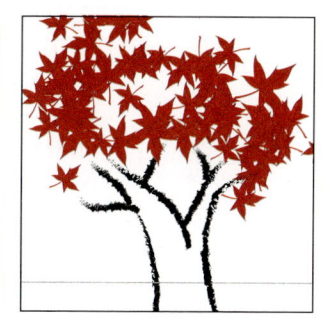

5 Escolha File > Save.

Altere os atributos de cor dos pincéis

Antes de mudar a cor do pincel, é útil entender como a cor é aplicada aos pincéis.

Para alterar a cor dos pincéis Art, Pattern e Scatter, utiliza-se um dos três métodos de colorização. Para alterar a cor dos pincéis Calligraphic, você seleciona o pincel e escolhe uma cor de traço. Você pode mudar os atributos de cor de um pincel antes e depois de aplicar o pincel ao trabalho.

Quando você aplica um pincel ao trabalho, a cor do contorno do pincel é usada se um método para colorir for escolhido. Se você não configurou um método de colorização, é usada a cor padrão do pincel. Por exemplo, o pincel Fall Leaf foi aplicado com sua cor padrão vermelha (não o contorno preto) porque seu método de colorir não foi configurado como None.

Para colorizar os pincéis Art, Pattern e Scatter, selecione uma das opções a seguir na caixa de diálogo Brush Options:

- Tints exibe o traço do pincel em tons da cor de contorno. Partes da arte que estão pretas assumem a cor do traço, partes que não estão em preto assumem tons da cor do traço e a parte branca permanece branca. Se utilizar uma cor spot como traço, selecionar Tints gera tons da cor spot. Escolha Tints para pincéis que estão em preto e branco ou quando quiser pintar um traço de pincel com uma cor spot.

- Tints and Shades exibe o traço de pincel em tons e sombras da cor do traço. Tints and Shades mantém o preto e o branco e tudo entre eles torna-se uma mesclagem do preto ao branco ao longo da cor do traço. Como o preto é adicionado, você talvez consiga imprimir em uma chapa única ao utilizar Tints And Shades com uma cor spot. Escolha Tints And Shades para pincéis que estão em escala de cinza.

- Hue Shift utiliza a cor-chave do trabalho com pincel, como mostrado na caixa Key Color. (Por padrão, a cor-chave é a cor mais proeminente da arte.) Tudo no trabalho com pincel que for da cor-chave torna-se da cor do traço. Outras cores com pincel tornam-se cores relacionadas à cor do traço. Hue Shift conserva o preto, o branco e o cinza. Escolha Hue Shift para pincéis que utilizam várias cores.

● **Nota:** Os pincéis coloridos com uma cor de traço branca podem aparecer inteiramente brancos. Pincéis coloridos com uma cor de traço preta podem aparecer inteiramente pretos. Os resultados dependem de quais cores de pincel foram escolhidas originalmente.

Altere as cores dos pincéis usando a colorização Hue Shift

Agora, você vai mudar a cor do pincel Fall Leaf utilizando a colorização Hue Shift.

1 Com a ferramenta Selection (▶), arraste uma seleção para escolher os paths com o pincel Fall Leaf aplicado ao trabalho.

2 Pressionando a tecla Shift, clique na cor do traço no painel Control para abri-lo, ou escolha Window > Color.

3 Clique na barra do espectro de cores para selecionar uma cor para o pincel Fall Leaf. (Escolhemos uma cor vermelho-alaranjada.)

4 No painel Brushes, dê um duplo clique no pincel Fall Leaf para visualizar a caixa de diálogo Scatter Brush Options. Mova a caixa de diálogo para o lado para ver sua arte enquanto trabalha.

Você deve escolher um método de colorização antes de alterar as cores de pincel. Os pincéis configurados com os métodos de colorização Tints, Tints And Shades ou Hue Shift, por padrão, aplicam automaticamente a cor do traço atual ao pincel quando você o utiliza no trabalho.

5 Na seção Colorization da caixa de diálogo Scatter Brush Options, selecione Preview e então escolha Hue Shift no menu Method.

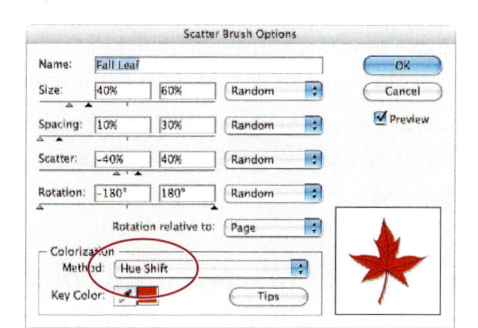

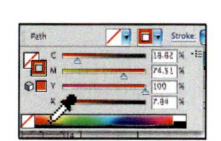

A caixa Key Color exibe a cor-chave padrão (nesse caso, a cor vermelha da folha) ou a cor-chave que você selecionar. Qualquer coisa no trabalho que seja a cor-chave muda para a nova cor de traço quando ela é alterada. Para esta lição, você utilizará a cor-chave padrão.

Pode ser útil selecionar uma nova cor-chave se o pincel tiver várias cores e você quiser alternar entre cores diferentes. Para selecionar uma cor-chave diferente, clique em Key Color Eyedropper ( ) na caixa de diálogo, o posicione na cor desejada na visualização (como uma das nervuras pretas na folha) e clique novamente. A nova cor-chave muda para a cor do traço quando você utiliza o pincel (e outras cores no pincel mudam correspondentemente).

6 Selecione Preview para ver a cor aplicada pelo método de colorização.

Os traços Fall Leaf selecionados são colorizados com a cor atual do traço. Essa cor aparece quando você aplica o método de colorização Hue Shift.

7 Se quiser, escolha o método de colorização Tints ou Tints And Shades no menu para visualizar a alteração. Então, retorne ao método Hue Shift.

8 Clique em OK. Na caixa de diálogo de aviso, clique em Apply To Strokes para aplicar a mudança de colorização aos traços do trabalho. Você também pode optar por alterar apenas os próximos traços de pincel e deixar os traços existentes intactos.

Quando você seleciona um método de colorização para um pincel, a nova cor do traço é aplicada aos traços selecionados e aos novos paths pintados com o pincel.

9 Escolha Window > Color. Clique em Stroke Box para trazê-la para frente e, então, clique em vários lugares diferentes da barra do espectro de cores para experimentar outras cores de traço para os traços de pincel selecionados.

10 Quando estiver satisfeito com a cor dos traços do pincel Fall Leaf, clique em uma área fora do trabalho para remover a seleção.

11 Escolha File > Save.

Altere as cores dos pincéis com a colorização Tints

Agora, você vai aplicar uma nova cor ao pincel Charcoal – Feather no painel Brushes e utilizá-lo para desenhar a casca da árvore.

1 Abra o painel Brushes ( ) e selecione Show Art Brushes no menu do painel Brushes ( ). Desmarque Show Scatter Brushes.

2 Selecione o pincel Charcoal – Feather no painel Brushes. Altere a cor de traço no painel Control para preto se já não estiver selecionado.

3 Selecione a ferramenta Paintbrush ( ) e desenhe dois paths para preencher o centro da árvore.

4 Com a ferramenta Selection ( ), clique com Shift pressionada nos dois paths para selecioná-los.

5 Clique no botão Options Of Selected Object ( ) do painel Brushes para revelar a caixa de diálogo Stroke Options (Art Brush). A cor do pincel é preta. O botão Options Of Selected Object permite editar apenas os paths selecionados.

Na caixa de diálogo Stroke Options (Art Brush), observe que o pincel Charcoal – Feather está configurado por padrão como o método de colorização Tints.

O método de colorização Tints substitui o preto pela cor do traço. Nem o método de colorização Tints And Shades nem o Hue Shift funcionam com pincéis pretos. Como a cor do pincel original é preta, os métodos Tints And Shades e Hue Shift não mudam a cor do pincel.

6 Altere a largura para **350%** para deixar o tamanho mais adequado para desenhar no trabalho. Clique em OK.

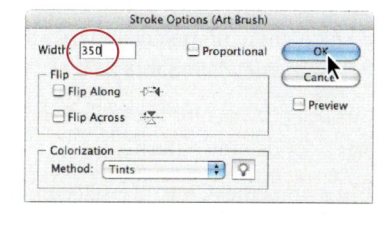

7 Com os dois paths ainda selecionados, clique com a tecla Shift pressionada na cor do traço no painel Control e escolha uma cor marrom-clara para a árvore. Escolha Select > Deselect.

Como o pincel Charcoal – Feather tem uma só cor, o método de colorização Tints aplica a nova cor do traço como uma cor única (em vez de tintas variadas da cor). Quando o pincel original contém várias cores, o método de colorização Tints aplica uma tinta diferente para cada cor do pincel.

● **Nota:** Se os traços desaparecerem quando você cria novos, desmarque Keep Selected nas opções Paintbrush.

Utilize uma cor de preenchimento com pincéis

Ao aplicar um pincel ao contorno de um objeto, você também pode aplicar uma cor de preenchimento ao interior do objeto. Quando você usa uma cor de preenchimento com um pincel, os objetos pincel aparecem sobre a cor de preenchimento onde preenchimento e objetos pincel se sobrepõem.

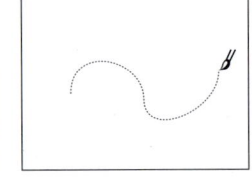

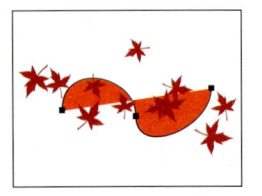

Ao aplicar um pincel ao traçado de um objeto, você também pode aplicar um preenchimento.

Agora, você vai usar a ferramenta Paintbrush para desenhar uma canoa na beira do rio com um pincel Art. Comece selecionando o pincel no painel Brushes.

1 Escolha View > Fit Artboard In Window.

2 No painel Brushes, clique no botão Brush Libraries Menu ( ) e escolha Artistic > Artistic_Ink. Clique no pincel Tapered Stroke para adicioná-lo ao painel Brushes. Feche o painel da biblioteca.

O pincel Tapered Stroke utiliza a colorização Tints por padrão. Para mudar a cor dele, basta selecionar a cor de um contorno.

3 Clique na cor de traço no painel Control e selecione a amostra Canoe Stroke para as bordas da canoa. (Ela é uma das amostras marrons.)

Utilize a ferramenta Paintbrush para desenhar as bordas da canoa e as guias para alinhar o desenho.

4 Selecione a ferramenta Zoom ( ) no painel Tools e arraste uma seleção em volta do barco.

5 Utilize a ferramenta Paintbrush ( ) para desenhar uma forma de meia lua para fazer a lateral e a parte inferior da canoa:

- Desenhe um longo traço da esquerda para a direita para fazer a borda lateral da canoa. Não solte o botão do mouse.
- Ainda com o botão do mouse pressionado, desenhe um segundo traço longo abaixo do primeiro, da direita para a esquerda, conectando os dois traços no ponto final esquerdo do objeto, para criar uma forma parecida com uma meia lua. Quando tiver desenhado o segundo traço, solte o botão do mouse.

Talvez você precise desenhar a meia lua mais de uma vez para criar a forma com um só path. Lembre-se de que é possível editar paths ao desenhar. Utilize a ferramenta Direct Selection ( ) para selecionar um segmento do path que você quer redesenhar. Se for editar um segmento, desmarque os objetos antes de prosseguir.

Não se preocupe se o desenho não seguir exatamente as guias. O importante é desenhar a forma como um path único, sem soltar o botão do mouse, para que você possa preencher o objeto corretamente. Se uma forma é feita de paths separados, a cor de preenchimento é aplicada aos paths separadamente, gerando resultados imprevisíveis.

6 Desenhe um terceiro traço longo da esquerda para a direita para a lateral superior da canoa. Então desenhe dois traços mais curtos para as barras transversais. Desenhe a lateral superior e as barras transversais como paths separados, soltando o botão do mouse depois de cada um.

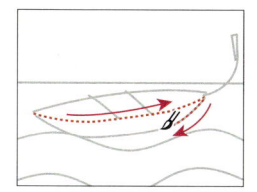

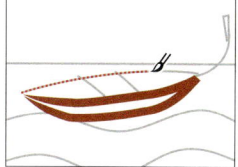

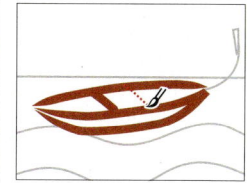

Agora você preencherá a lateral da canoa com uma cor.

7 Com a ferramenta Selection ( ), selecione a meia lua desenhada para a lateral e a parte inferior da canoa.

8 Clique na cor de preenchimento no painel Control e selecione a amostra Canoe Fill.

9 Clique fora do trabalho para remover a seleção.

10 Escolha File > Save.

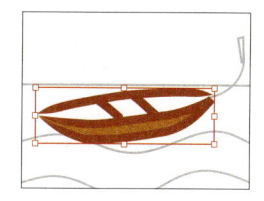

Utilize pincéis Calligraphic

Pincéis Calligraphic se parecem com traços desenhados por uma caneta caligráfica. Os pincéis Calligraphic são definidos por uma forma elíptica cujo centro segue o path. Utilize esses pincéis para criar a aparência de traços desenhados à mão usando uma caneta de ponta chata, angular.

Você vai usar uma caneta Calligraphic para desenhar a água sob a canoa. Comece selecionando o pincel e então escolha uma cor para ele.

1 Escolha View > Fit Artboard In Window.

2 Escolha Show Calligraphic Brushes no menu do painel Brushes (▼≡) e então desmarque Show Art Brushes.

3 No painel Brushes, selecione o pincel Flat de 40 pt.

4 No painel Control, clique na cor de traço e escolha a amostra Waves (azul).

Os pincéis Calligraphic utilizam a cor do traço atual quando você aplica os pincéis ao trabalho. Com eles, você não utiliza métodos de colorização.

5 Clique no ícone do painel Color (🖌) para abri-lo. Clique na caixa de preenchimento e selecione None (☐). Um preenchimento None impede que paths sejam preenchidos quando você aplica o pincel.

6 Selecione a ferramenta Paintbrush (🖌) no painel Tools e desenhe linhas onduladas para a superfície da água. Os paths que você desenha utilizam a cor de traço selecionada no passo 4.

Agora, você vai alterar a forma do pincel Flat de 40 pt. na caixa de diálogo Brush Options para mudar a aparência dos contornos feitos com ele.

7 No painel Brushes, dê um duplo clique no pincel Flat de 40 pt. para exibir a caixa de diálogo Calligraphic Brush Options.

Você pode alterar o ângulo do pincel (em relação a uma linha horizontal), o arredondado (de uma linha plana para um círculo completo), o diâmetro (de 0 a 1296 pontos), para alterar a forma que define a dica do pincel e a aparência do contorno que o pincel cria. Agora, mude o diâmetro e o ângulo do pincel.

8 No campo de texto Name, digite **35 pt** Oval. Insira **35 pt** para o diâmetro. Selecione Preview e veja que a espessura dos traços do pincel Calligraphic diminui. Insira **–20** para o ângulo. A janela de visualização na caixa de diálogo exibe as alterações feitas no pincel.

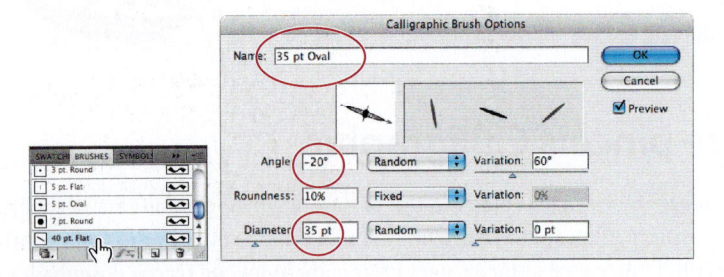

9 Clique em OK. Na caixa de diálogo de aviso, clique em Apply To Strokes para aplicar a alteração aos traços do trabalho.

10 Com a ferramenta Selection, clique com a tecla Shift pressionada nas três linhas azuis onduladas.

11 Clique no ícone do painel Transparency (●) ou escolha Window > Transparency para abrir o painel Transparency. Digite **45** para a opacidade das linhas onduladas.

12 Escolha Select > Deselect.

13 Escolha File > Save.

Utilize pincéis Pattern

Pincéis Pattern pintam uma padronagem composta de seções separadas, ou ladrilhos. Ao aplicar um pincel Pattern ao trabalho, diferentes ladrilhos do padrão são aplicados a diferentes seções do path, dependendo de onde a seção entra no path – fim, centro ou canto. Há centenas de pincéis de padronagem interessantes que você pode escolher – de pegadas de cachorro a xícaras de chá. A seguir, você vai abrir uma biblioteca Pattern Brush existente e escolher um padrão Dashed Circle para representar uma corrente.

1 No painel Brushes, escolha Show Pattern Brushes no menu do painel (▼≡).

2 Clique no botão Brush Libraries Menu (📚) e escolha Borders > Borders_Dashed. Um painel de biblioteca de pincéis com várias bordas tracejadas aparece.

3 Escolha List View no menu do painel da biblioteca de pincéis Borders_Dashed (▼≡).

4 Clique no pincel Dashed Circles 1.4 para adicioná-lo ao painel Brushes. Feche o painel da biblioteca de pincéis Borders_Dashed.

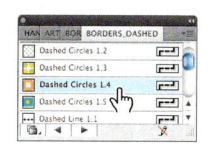

5 Dê um duplo clique no pincel Dashed Circles 1.4 para abrir a caixa de diálogo Pattern Brush Options do pincel.

A caixa de diálogo Pattern Brush Options mostra os ladrilhos no pincel Dashed Circles 1.4. O primeiro ladrilho no lado esquerdo é o lateral, que é utilizado para pintar as seções intermediárias de um path. O segundo ladrilho é o do canto externo. O terceiro ladrilho é o do canto interno.

Os pincéis Pattern podem ter até cinco ladrilhos – os ladrilhos lateral, inicial e final, mais um ladrilho do canto externo e um do canto interno para pintar cantos de ângulo agudo em um path. Alguns pincéis não têm ladrilhos de canto porque o pincel é projetado para paths curvos. Na próxima parte desta lição, você criará seu próprio pincel Pattern que tem ladrilhos de canto.

Agora, você vai mudar a escala do pincel Pattern de modo que o pincel esteja na mesma escala do resto do trabalho quando você aplicá-lo.

6 Na caixa de diálogo Pattern Brush Options, altere o dimensionamento para **20%** e clique em OK.

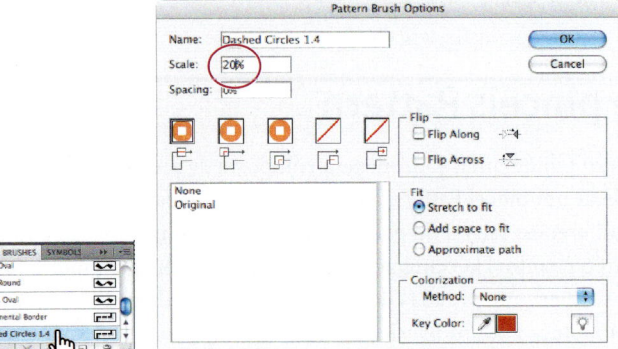

7 Selecione a ferramenta Zoom ( ) no painel Tools e arraste uma seleção sobre a extremidade direita do barco e da corda para ampliar.

8 Selecione a ferramenta Paintbrush ( ) e configure o valor de opacidade no painel Control como **100%**. Desenhe um path que contorne a estaca da esquerda para a direita. Desenhe um segundo path que contorne a parte de trás da estaca. Então, desenhe um terceiro path que vá da volta em torno da estaca até a canoa.

Desenhe o traço como três paths separados, em vez de um path, para evitar criar um path com ângulo agudo. Como o pincel Dashed Circle não inclui ladrilhos de canto, o pincel utiliza ladrilhos laterais para pintar ângulos agudos. Os ladrilhos laterais talvez pareçam cortados em cantos agudos e a corrente talvez pareça cortada.

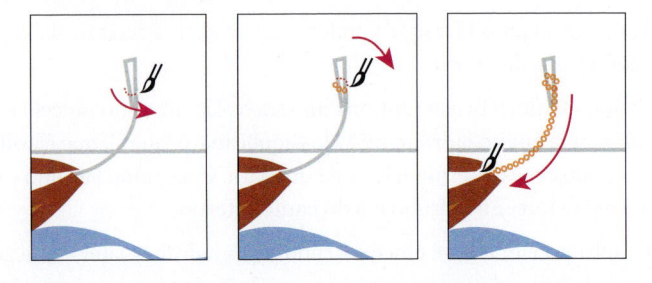

Agora, você vai desenhar a estaca e enrolar a corrente em torno dela.

9 Escolha Select > Deselect se algum conteúdo estiver selecionado.

10 Selecione a ferramenta Pen ( ) no painel Tools e clique quatro vezes em volta das guias da estaca para criar um path fechado, clicando de volta no primeiro ponto desenhado para fechar o path.

● **Nota:** Se o pincel Dashed Circles 1.4 for aplicado à forma da estaca, clique no botão Remove Brush Stroke na parte inferior do painel Brushes.

11 Com a ferramenta Selection, clique novamente na forma da estaca que você acabou de desenhar. Na cor de preenchimento no painel Control, escolha uma cor marrom-escura. Certifique-se de que Stroke está configurado como None ( ).

Agora, selecione uma parte da corrente criada anteriormente e mova-a para frente da estaca para que ela pareça contornar a estaca.

12 Escolha Select > Deselect.

13 Com a ferramenta Selection ( ), clique com Shift pressionada para selecionar a primeira e a terceira partes da corrente. (Tenha cuidado para não selecionar a estaca.)

● **Nota:** Talvez seja necessário ampliar para ver as partes da corrente mais claramente.

14 Escolha Object > Arrange > Bring To Front.

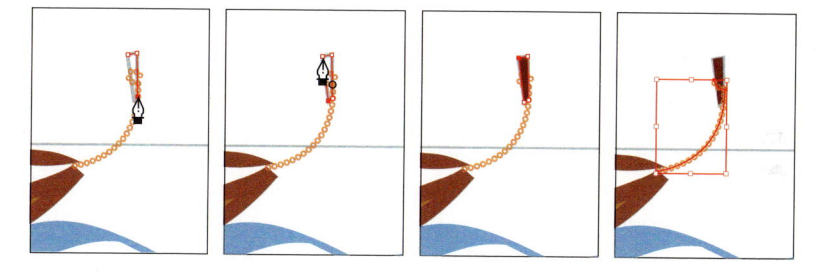

15 Escolha Select > Deselect e File > Save.

Crie pincéis

Você pode criar novos pincéis nos quatro tipos usando a arte-final de um arquivo do Adobe Illustrator CS4. Nesta seção, você vai usar o trabalho fornecido com a lição para criar um novo pincel Pattern com três ladrilhos: uma barra amarela para o ladrilho lateral e um círculo azul para os ladrilhos do canto externo e do canto interno.

Crie amostras para um pincel Pattern

Você cria pincéis Pattern criando, primeiramente, amostras no painel Swatches com o trabalho usados para os ladrilhos do pincel Pattern. Você vai utilizar a linha amarela e os desenhos do círculo azul incluídos com o arquivo de trabalho para criar amostras.

1. Escolha View > Fit Artboard In Window.
2. Utilize as barras de rolagem, a ferramenta Hand ( ) ou o painel Navigator para exibir a área de pintura à direita da prancheta, onde há uma linha amarela e um círculo azul.

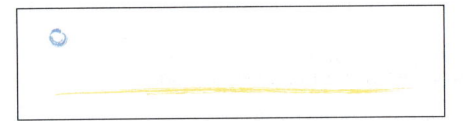

As formas que compõem o pincel de padronagem

3. Escolha Object > Unlock All.

As caixas delimitadoras e os realces de seleção aparecem em torno dos objetos, indicando que eles estão desbloqueados e selecionados. A árvore, que você bloqueou anteriormente na lição, está desbloqueada e selecionada; ela pode ser desbloqueada porque você terminou o desenho da área dela.

4. Utilizando a ferramenta Selection ( ), clique fora do trabalho para desmarcar os objetos.
5. Clique no ícone do painel Swatches ( ) ou escolha Window > Swatches.

Agora, crie uma amostra de padrões.

6. Com a ferramenta Selection ( ), arraste o grupo do círculo azul para o painel Swatches. A nova amostra aparece no painel.

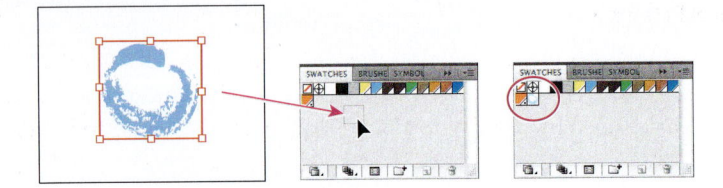

7 Clique fora do trabalho para remover a seleção.

8 No painel Swatches, dê um duplo clique na amostra de padrões que você acabou de criar. Dar um duplo clique na amostra altera a caixa de preenchimento ou de contorno atual dessa amostra e abre a caixa de diálogo Swatch Options.

9 Atribua à amostra o nome **Corner** e clique em OK.

10 Repita os passos 6 a 8 para criar uma amostra de padrão da arte a traço amarela abaixo do círculo azul. Nomeie a amostra como **Side**.

11 Com a ferramenta Selection, selecione as formas no lado direito da prancheta e as exclua.

▶ **Dica:** Para informações adicionais sobre como criar amostras de padrões, consulte "About patterns" no Illustrator Help.

Crie um pincel Pattern a partir de amostras

Criando um novo pincel Pattern, você aplica amostras do painel Swatches a ladrilhos na caixa de diálogo Brush Options. Agora você vai aplicar as amostras de padronagem que acabou de fazer aos ladrinhos para criar um novo pincel Pattern.

Primeiro, abra uma caixa de diálogo Brush Options para um novo pincel Pattern.

1 Clique na guia do painel Brushes para exibir o painel ou escolha Window > Brushes.

2 Escolha Select > Deselect se houver conteúdo selecionado.

3 No painel Brushes, clique no botão New Brush (🔲).

4 Na caixa de diálogo New Brush, selecione New Pattern Brush e clique em OK.

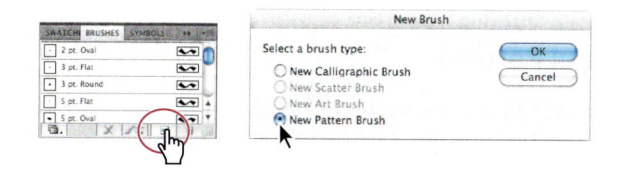

Agora, aplique a amostra Side ao ladrilho lateral para o novo pincel Pattern.

5 Na caixa de diálogo Pattern Brush Options, selecione a caixa do ladrilho Side na caixa de ladrilho da esquerda.

6 Na lista de amostras de padronagens, abaixo das caixas de ladrilhos, selecione a amostra Side. A amostra aparece na caixa de ladrilho Side.

Aplique a amostra Corner aos ladrilhos do canto externo e do canto interno do novo pincel Pattern.

7 Na caixa de diálogo Pattern Brush Options, selecione a caixa de ladrilho Outer Corner (a segunda caixa de ladrilho da esquerda). Na lista de amostras de padronagem, selecione a amostra Corner. Ela aparece na caixa do ladrilho Outer Corner.

8 Na caixa de diálogo Pattern Brush Options, selecione a caixa de ladrilho Inner Corner (a caixa de ladrilho do meio). Na lista de amostras de padrões, selecione a amostra Corner; ela aparece na caixa de ladrilho Inner Corner.

9 Atribua ao pincel o nome Border e então clique em OK.

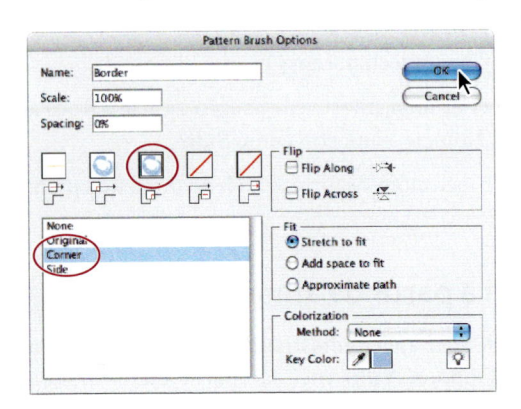

● **Nota:** Quando você cria um novo pincel, o pincel só aparece no painel Brushes do documento atual.

Você não vai criar um ladrilho inicial ou final para o novo pincel porque vai aplicar o novo pincel a um path fechado mais adiante na lição. Quando quiser criar um pincel Pattern que inclua ladrilhos inicial e final, você os adiciona da mesma maneira que fez com os ladrilhos laterais e de canto.

O pincel Border aparece na seção do pincel Pattern no painel Brushes.

▶ **Dica:** Para salvar um pincel e reutilizá-lo em outro arquivo, você pode criar uma biblioteca com os pincéis que deseja usar. Para informações adicionais, consulte "Work with brush libraries" no Illustrator Help.

Pinte com o pincel Pattern

Até agora nesta lição, você utilizou a ferramenta Paintbrush para aplicar pincéis a paths. Também é possível aplicar pincéis a paths criados com qualquer ferramenta de desenho – incluindo as ferramentas Pen, Pencil, Ellipse e Rectangle – e as outras ferramentas de formas básicas. Nesta seção, você utilizará a ferramenta Rectangle para aplicar o pincel Border a uma borda retangular em torno da arte-final.

Ao utilizar ferramentas de desenho para aplicar pincéis ao trabalho, você primeiro desenha o path com a ferramenta de desenho e, então, seleciona o pincel no painel Brushes para aplicá-lo ao path.

1 No painel Tools, clique na caixa Fill e escolha None (◻). Clique na caixa Stroke e selecione None (◻).

2 Utilize o painel Navigator ou a ferramenta Zoom (🔍) para ampliar.

Agora, você vai desenhar uma borda com a ferramenta Rectangle e aplicar o pincel ao path.

3 Selecione a ferramenta Rectangle (▭). Arraste para desenhar um retângulo na pranchata, seguindo a guia externa.

4 No painel Brushes, escolha Thumbnail View no menu do painel (▼≡).

5 Clique no pincel Border.

O path do retângulo é pintado com o pincel Border, com o ladrilho Side nas laterais e com o ladrilho Corner nos cantos.

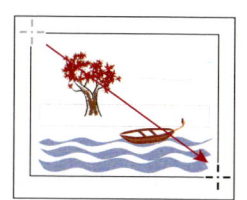

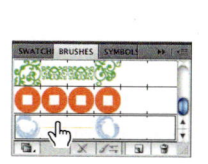

6 Com Ctrl (Windows) ou Command (Mac OS) pressionada, clique fora da arte para remover a sua seleção.

Agora, você vai desenhar um path curvo utilizando o pincel Border.

7 No painel Brushes, dê um duplo clique no pincel de padrão Border para abrir a caixa de diálogo Pattern Brush Options.

Mude a escala e o espaçamento do pincel para obter uma aparência diferente.

8 Para Scale, digite **130%** e clique em OK.

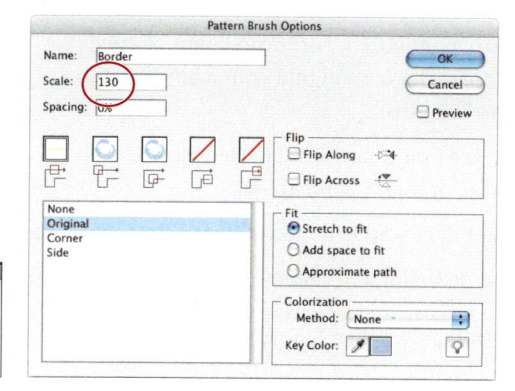

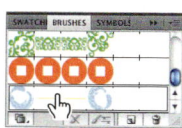

9 Na caixa de diálogo Brush Change Alert, clique em Leave Strokes para manter os traços do pincel de borda como estão.

A opção Leave Strokes conserva os paths que já estão pintados com o pincel. As alterações feitas no pincel aplicam-se aos próximos usos do pincel. Agora, você vai usar o pincel para pintar um path curvo no trabalho.

10 Selecione a ferramenta Paintbrush ( ) e desenhe uma curva suave à direita da árvore. Utilize a guia para colocação.

O path é pintado com a amostra Side do pincel Border, para o qual é utilizado o ladrilho Side. Como o path não tem cantos estreitos agudos, os ladrilhos de canto externo e canto interno não são aplicados a ele.

Aplique o efeito Scribble

O efeito Scribble permite aplicar rabiscos livres ou de aparência mecânica a preenchimentos e contornos. Isso inclui preenchimentos de degradês e padrões.

Você vai criar a grama utilizando o efeito Scribble e suas opções.

1 Com a ferramenta Rectangle ( ), crie um retângulo na frente da árvore, que será a área da grama. Primeiro, configure o contorno como None ( ) e então preencha o retângulo com a amostra Green do painel Control.

2 Com a área da grama ainda selecionada, escolha Object > Arrange > Send To Back.

3 Escolha Effect > Stylize > Scribble em Illustrator Effects.

A caixa de diálogo Scribble Options aparece, oferecendo escolhas que variam da largura do traço a curvaturas e espaçamento.

4 Escolha as opções na caixa de diálogo Scribble Options para fazer com que a grama se pareça mais com grama real, por exemplo, Angle **67°**, Path Overlap **0 pt**, Variation **5 pt**, Stroke Width **3 pt**. Curviness é definido para ser mais angular com uma configuração de **5%**, mas você pode utilizar variações para deixar os traços menos mecânicos. Configure Curviness Variation como **1%** e o espaçamento entre os traços como **6 pt** com uma variação de **0,5 pt**. Selecione Preview para ver as modificações e então clique em OK.

5 Selecione a ferramenta Type (T) e clique acima da forma curva, à direita da árvore. Antes de digitar, configure os atributos de caractere. Clique na palavra Character do painel Control ou escolha Window > Type > Character e escolha uma fonte. Escolhemos Myriad Pro Bold, que vem com o Adobe Illustrator CS4. Mude o tamanho da fonte e a entrelinha para **24 pt**.

6 Digite Lakeside Designs na prancheta.

Você completou a arte-final da lição. Agora, você vai ocultar as guias para poder visualizar o trabalho em sua forma final.

7 Clique no ícone do painel Layers ( ) para abrir o painel Layers. Desmarque o ícone de olho ( ) à esquerda da camada Guides para ocultar as guias desenhadas.

8 Escolha File > Save e então escolha File > Close.

Explore por conta própria

A ferramenta Blob Brush

Abra o arquivo Check_logo.ai e pratique adicionando outro conteúdo, modelando e mesclando as letras com a ferramenta Blob Brush. Preencha as letras com um padrão e tente editar e mesclar as formas.

Aplique pincéis

Pratique a aplicação de pincéis aos paths criados com ferramentas de desenho, exatamente como você aplicou o pincel Pattern a um path desenhado com a ferramenta Rectangle na última seção da lição.

1 Escolha File > New e crie um documento para treinar.

2 Clique no botão Brushes Libraries Menu ( ) do painel Brushes e escolha Decorative > Decorative_Scatter.

3 Utilize as ferramentas de desenho (a ferramenta Pen ou Pencil e qualquer uma das ferramentas de forma básica) para desenhar objetos. Utilize as cores padrão de contorno e preenchimento ao desenhar.

4 Com um dos objetos selecionados, clique em um pincel no painel Decorative Scatter para aplicar o pincel ao path do objeto.

Quando você seleciona um pincel Scatter, ele é automaticamente adicionado ao painel Brushes.

5 Repita o passo 4 de cada objeto desenhado.

6 No painel Brushes, dê um duplo clique em um dos pincéis Scatter que você utilizou no Passo 4 para exibir a caixa de diálogo Scatter Brush Options. Altere a cor, tamanho ou outras características do pincel. Depois de fechar a caixa de diálogo, clique em Apply To Strokes para aplicar suas alterações ao pincel no trabalho.

Crie pincéis

Utilize uma das ferramentas básicas de forma para criar uma arte para empregar um novo pincel Scatter.

1 Selecione uma ferramenta de forma básica no painel Tools e desenhe um objeto, mantendo-o selecionado.

2 Clique no botão New Brush na parte inferior do painel Brush.

● **Nota:** Você pode utilizar mais de um objeto para criar o novo pincel – todos os objetos selecionados no trabalho são incluídos nele. Se utilizar um pincel para criar uma arte para um novo pincel, lembre-se de expandir os traços do pincel antes de criá-lo.

3 Na caixa de diálogo New Brush, selecione New Scatter Brush e clique em OK.

A caixa de diálogo Brush Options aparece com os objetos selecionados exibidos no exemplo de pincel. O novo pincel é chamado Scatter Brush 1 por padrão.

4 Renomeie o pincel e então clique em OK para aceitar as configurações para o pincel.

5 Selecione a ferramenta Paintbrush e desenhe um path. O novo pincel é aplicado ao path.

6 Dê um duplo clique no novo pincel para exibir a caixa de diálogo Brush Options. Altere as configurações do pincel para experimentar diferentes versões do pincel. Quando tiver terminado, clique em OK.

Perguntas de revisão

1 O que a ferramenta Blob Brush permite criar?

2 Descreva os quatro tipos de pincel: Art, Calligraphic, Pattern e Scatter.

3 Qual a diferença entre aplicar um pincel ao trabalho utilizando a ferramenta Paintbrush e uma das ferramentas de desenho?

4 Descreva como editar paths com a ferramenta Paintbrush enquanto você desenha. Como a opção Keep Selected afeta a ferramenta Paintbrush?

5 Como você altera o método de colorização de um pincel Art, Pattern ou Scatter? (Lembre-se, não utilize os métodos de colorização com os pincéis Calligraphic.)

6 Como deixar o efeito Scribble mais mecânico em vez de indefinido e natural?

Respostas

1 Utilize a ferramenta Blob Brush para editar formas preenchidas que você pode interseccionar e mesclar com outras formas da mesma cor ou para criar trabalhos do zero.

2 Eis os quatro tipos de pincel:

- Os pincéis Art aumentam o trabalho uniformemente ao longo de um path. Eles incluem traços que se assemelham a instrumentos gráficos – como o pincel Charcoal-Feather utilizado para criar a árvore. Os pincéis Art também incluem objetos, como o pincel Arrow.

- Os pincéis Calligraphic são definidos por uma forma elíptica cujo centro segue o path. Eles criam traços que se assemelham a linhas desenhadas à mão feitas com uma caneta caligráfica de ponta achatada, angular.

- Os pincéis Pattern pintam uma padronagem composta de seções separadas, ou ladrilhos, para as laterais, extremidades e cantos do path. Quando você aplica um pincel Pattern à arte-final, ele aplica diferentes ladrilhos da padronagem a diferentes seções do path, dependendo de onde a seção entra no path.

- Os pincéis Scatter espalham um objeto, como uma folha, ao longo de um path. Você pode ajustar as opções de tamanho, espaçamento, dispersão e rotação para alterar a aparência do pincel.

3 Para aplicar pincéis utilizando a ferramenta Paintbrush, selecione a ferramenta, escolha um pincel no painel Brushes e desenhe na prancheta. O pincel é aplicado diretamente aos paths enquanto você desenha. Para aplicar pincéis utilizando uma ferramenta de desenho, selecio-

ne a ferramenta e desenhe. Selecione então o path e escolha um pincel no painel Brushes. O pincel é aplicado ao path selecionado.

4. Para editar um path com a ferramenta Paintbrush, arraste sobre um path selecionado para redesenhá-lo. A opção Keep Selected mantém o último path selecionado enquanto você usa a ferramenta Paintbrush. Deixe a opção Keep Selected selecionada (a configuração padrão) quando quiser editar o path anterior enquanto desenha. Desmarque a opção Keep Selected quando quiser desenhar paths em camadas com o paintbrush sem alterar paths anteriores. Quando Keep Selected está desmarcado, você pode usar a ferramenta Selection para selecionar um path e então editá-lo.

5. Para alterar o método de colorização de um pincel, dê um duplo clique no pincel no painel Brushes para abrir a caixa de diálogo Brush Options. Utilize o menu Method na seção Colorization para selecionar outro método. Se escolher Hue Shift, você pode usar a cor padrão exibida na visualização da caixa de diálogo, ou pode alterar a cor-chave clicando em Key Color Eyedropper e clicando em uma cor na visualização. Clique em OK para aceitar as configurações e feche a caixa de diálogo Brush Options. Clique em Apply To Strokes na caixa de diálogo de aviso se quiser aplicar as alterações aos traços existentes no trabalho.

Os traços dos pincéis existentes são coloridos com a cor do traço selecionada quando foram aplicados ao trabalho. Novos contornos de pincel serão coloridos com a cor do traço atual. Para mudar a cor de traços existentes depois de aplicar uma colorização diferente, selecione os traços e uma nova cor de traço.

6. Utilizando a Scribble Option, você pode manter as opções de Curviness Variation e Spacing Variation a um mínimo para um rabisco mais mecânico.

11 APLICANDO EFEITOS

Visão geral da lição

Nesta lição, você vai aprender a:

- Utilizar os efeitos Pathfinder e Distort & Transform
- Utilizar os efeitos do Photoshop para adicionar textura a objetos
- Utilizar efeitos Warp para criar o logotipo de um banner
- Criar objetos 3D em uma arte-final 2D
- Mapear a arte para as faces dos objetos de 3D

Esta lição levará aproximadamente uma hora para ser concluída. Se necessário, remova a pasta da lição anterior de seu disco rígido e copie a pasta Lesson11.

Efeitos mudam a aparência de um objeto. Eles são aplicados em tempo real, o que significa que você pode aplicar um efeito a um objeto e então modificá-lo ou removê-lo quando quiser usando o painel Appearance. Com os efeitos, é fácil aplicar sombras, transformar arte bidimensional em formas tridimensionais e muito mais.

Introdução

Nesta lição, você vai criar objetos usando os efeitos 3D Distort & Transform, Pathfinder, Texture, Warp. Antes de começar, é preciso restaurar as preferências padrão do Adobe Illustrator. Depois, abra um arquivo contendo o trabalho pronto para ver o que você vai criar.

1 Para que as ferramentas e os painéis funcionem exatamente como descritos nesta lição, exclua ou desative (renomeando) o arquivo de preferências do Adobe Illustrator CS4. Consulte "Restaurando as preferências padrão", na página 15.

2 Inicie o Adobe Illustrator CS4.

● **Nota:** Se você ainda não copiou os arquivos desta lição para o seu disco rígido a partir da pasta Lesson11 do CD do *Adobe Illustrator CS4 Classroom in a Book*, faça isso agora. Veja "Copiando os arquivos do Classroom in a Book", na página 14.

3 Escolha File > Open e abra o arquivo L11end.ai da pasta Lesson11, localizada na pasta Lessons de seu disco rígido.

Esse arquivo mostra a ilustração de um vale-presente.

4 Escolha View > Zoom Out para diminuir o tamanho da arte-final. Ajuste o tamanho da janela e deixe-a na tela enquanto trabalha. (Utilize a ferramenta Hand ( ) para mover o trabalho para onde quiser na janela.) Se não quiser deixar a imagem aberta, escolha File > Close.

Utilize efeitos dinâmicos

● **Nota:** Ao aplicar um efeito de rasterização, os dados vetoriais originais são rasterizados utilizando as configurações dos efeitos de rasterização do documento, o que determina a resolução da imagem resultante. Para aprender como configurar os efeitos de rasterização de documento, consulte a Lição 15.

Os comandos do menu Effect alteram a aparência de um objeto sem alterar o objeto subjacente. Aplicar um efeito adiciona automaticamente o efeito ao atributo de aparência do objeto. Você pode aplicar mais de um efeito a um objeto e editar, mover, excluir ou duplicar um efeito a qualquer momento no painel Appearance. Para editar os pontos que o efeito cria, primeiro expanda o objeto.

Há dois tipos de efeitos no Illustrator: efeitos vetoriais e efeitos de rasterização.

- **Efeitos vetoriais**: A metade superior do menu Effects contém efeitos vetoriais. Você só pode aplicar esses efeitos a objetos vetoriais ou ao preenchimento ou contorno de um objeto de bitmap no painel Appearance. Alguns efeitos vetoriais podem ser aplicados tanto a objetos vetoriais como de bitmaps: efeitos 3D, filtros SVG, efeitos Warp, efeitos Transform, Drop Shadow, Feather, Inner Glow e Outer Glow.

- **Efeitos de rasterização**: Os efeitos na metade inferior do menu Effects são de rasterização. Você pode aplicá-los a objetos vetoriais ou de bitmaps.

Aplique um efeito

Nesta parte da lição, você vai aplicar três efeitos a uma lima – um efeito Pathfinder para criar a parte interna da fruta, um efeito Distort & Transform para fazer o acabamento da parte interna e uma textura usando um efeito do Photoshop chamado Grain para criar a casca.

1 Escolha File > Open e abra o arquivo L11start.ai da pasta Lesson11, localizada na pasta Lessons de seu disco rígido.

2 Escolha Essentials no seletor do painel Control para redefinir o espaço de trabalho.

3 Escolha File > Save As, atribua ao arquivo o nome **Gift.ai** e selecione a pasta Lesson11 no menu Save In. Deixe a opção Save As Type configurada como Adobe Illustrator (*.AI) (Windows) ou a opção Format configurada como Adobe Illustrator (ai) (Mac OS) e clique em Save. Na caixa de diálogo Illustrator Options, deixe as opções do Illustrator em suas configurações padrão e clique em OK.

4 Utilize a ferramenta Hand ( ) para mover a arte-final para a esquerda para poder ver o lado direito da prancheta. Há várias partes para o logotipo do vale-presente, incluindo uma lima.

Selecione a ferramenta Star ( ), aninhada na ferramenta Rectangle do painel Tools. Clique uma vez fora da borda direita da prancheta, no canvas. Na caixa de diálogo Star, digite **80 pt** para Radius 1, **14.5 pt** para Radius 2 e **12** para Points. Clique em OK.

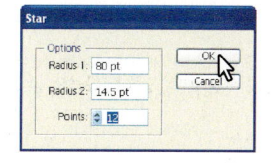

Não se preocupe com o contorno nem com o preenchimento da estrela. Você vai usá-la para perfurar uma forma e criar os gomos da lima.

5 Com a ferramenta Selection ( ), arraste e posicione a estrela sobre a lima no canto inferior direito fora da prancheta. Mantenha a estrela selecionada.

6 Clique com a tecla Shift pressionada no centro da forma da lima para escolher a estrela e a forma preenchida com degradê. Clique na forma da lima mais uma vez para torná-la o objeto-chave do alinhamento. Clique no botão Horizontal Align Center ( ) e no botão Vertical Align Bottom ( ) do painel Control para alinhá-las horizontal e verticalmente.

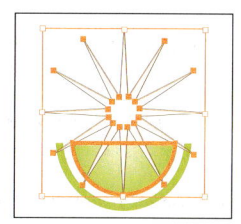

7 Escolha Object > Group para agrupar a lima e a estrela.

8 Escolha Effect > Pathfinder > Subtract para subtrair a forma de cima (a estrela) da forma de baixo (o objeto lima). Ainda parece haver duas formas separadas quando selecionadas. Mantenha o grupo selecionado.

● **Nota:** Para subtrair formas, você também pode utilizar o painel Pathfinder, mas as formas são, por padrão, expandidas imediatamente. Utilizar o menu Effect permite editar formas de modo independente.

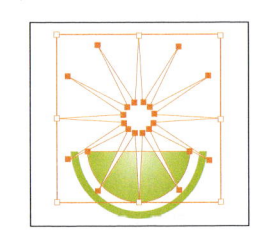

Veja agora o efeito no painel Appearance.

● **Nota:** Para remover o efeito Subtract que você acabou de aplicar, clique no efeito Subtract do painel Appearance e então clique no botão Delete Selected Item (🗑) na parte inferior do painel.

9 Clique no ícone do painel Appearance (●) no lado direito do espaço de trabalho. Observe que o efeito Subtract aparece no painel Appearance. Clicar em Subtract permite editar o efeito.

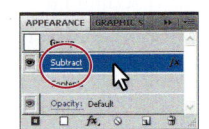

● **Nota:** Você aprenderá mais sobre o painel Appearance na Lição 12, "Aplicando Atributos de Aparência e Estilos Gráficos".

Agora, você vai editar a forma da estrela e expandir o efeito para formas vetoriais editáveis.

10 Escolha View > Smart Guides para desmarcá-las.

11 Com a ferramenta Selection, dê um duplo clique no grupo para entrar no modo de isolamento. Escolha View > Outline para ver o contorno das formas.

12 No modo de contorno, clique com a tecla Shift pressionada na forma da estrela e arraste-a até que os pontos das extremidades esquerda e direita fiquem logo acima da lima (ver a figura à direita). Solte o botão do mouse e depois a tecla Shift.

13 Dê um duplo clique em qualquer lugar fora dos objetos agrupados para sair do modo de isolamento e voltar ao modo de visualização. Com a ferramenta Selection, clique para selecionar o grupo da estrela e mantê-lo selecionado. Você agora tem gomos de lima.

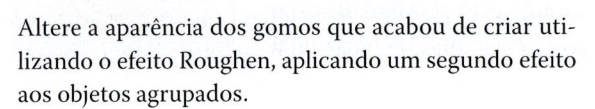

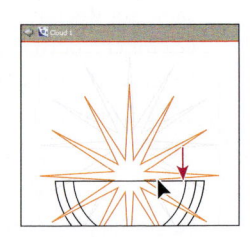

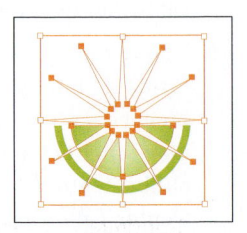

Altere a aparência dos gomos que acabou de criar utilizando o efeito Roughen, aplicando um segundo efeito aos objetos agrupados.

14 Escolha Effect > Distort & Transform > Roughen. Na caixa de diálogo Roughen, altere Size para **3%**, Detail para **13/in** e selecione a opção Smooth. Selecione Preview para ver a modificação. Experimente configurações diferentes para ver seus efeitos e então clique em OK.

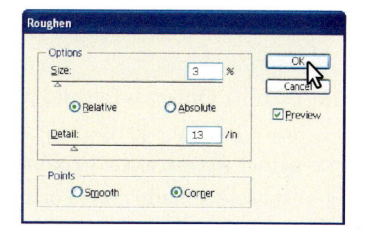

15 Escolha Select > Deselect.

● **Nota:** Para ver a modificação nos gomos da lima, talvez seja preciso ampliar a imagem.

16 Com a ferramenta Selection, clique para selecionar a borda externa da lima.

Aplique um efeito Photoshop à casca da lima para deixá-la mais realista.

17 Com a casca da lima selecionada, escolha Effect > Texture > Grain para abrir a Effect Gallery. Nas configurações Grain à direita, digite **50** para Intensity, **55** para Contrast e escolha Clumped no menu Grain Type.

● **Nota:** Depois de aplicar o efeito de rasterização, a forma da casca será composta de pixels.

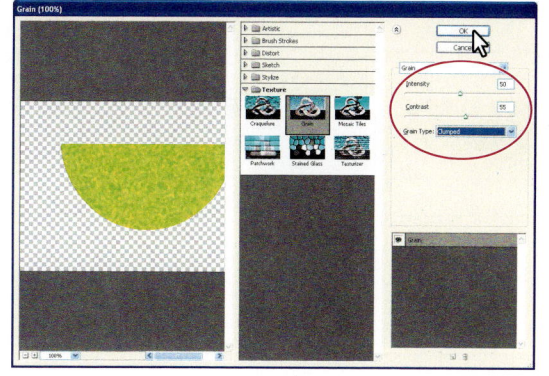

Em Effect Gallery, você pode aplicar um ou vários efeitos de rasterização a um objeto. Os efeitos de rasterização estão no painel do meio organizados em pastas relacionadas ao item de menu no menu Effect. Experimente outros efeitos e ajuste suas configurações se quiser. Clique em OK para aceitar as opções Grain.

Continue, agora expandindo os gomos da lima e adicionando um efeito Drop Shadow à rodela inteira. Expandir um objeto com um efeito altera o objeto subjacente e permite editar os pontos de ancoragem.

18 Com a ferramenta Selection, selecione os gomos da lima (o grupo da estrela).

19 Escolha Object > Expand Appearance para ver os pontos de ancoragem dos gomos. Com o grupo selecionado, veja que os efeitos não mais aparecem no painel Appearance. O painel Appearance informa que um grupo de objetos está selecionado com a opacidade configurada no padrão.

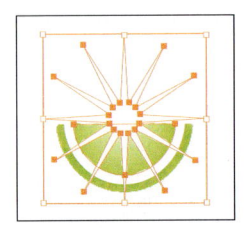

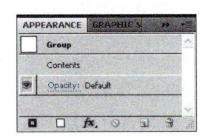

20 Com a ferramenta Selection, arraste uma seleção sobre os gomos e outras formas abaixo deles para selecionar a rodela inteira.

21 Escolha Object > Group para agrupá-las.

22 Na parte inferior do painel Appearance, clique em Add New Effect (*fx.*) e escolha Stylize > Drop Shadow.

23 Na caixa de diálogo Drop Shadow, altere Opacity para **20%**, X Offset para **2 pt**, Y Offset para **2 pt** e Blur para **2**. Selecione Preview para ver a formatação. Clique em OK.

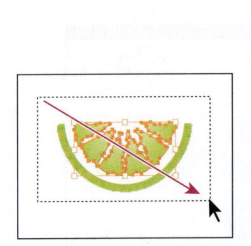

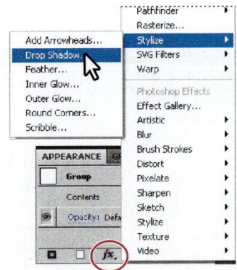

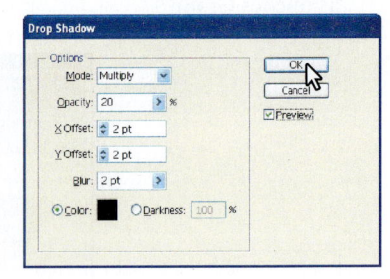

LIÇÃO 11 | **341**
Aplicando Efeitos

24 Escolha Select > Deselect.

Ao aplicar um efeito a um grupo, se os objetos forem posteriormente desagrupados, o efeito será removido. Se você apenas selecionasse as formas (como fez nos passos anteriores) e aplicasse a sombra sem agrupá-las, cada objeto teria uma sombra, não o grupo.

25 Escolha File > Save.

Edite um efeito

Os efeitos são dinâmicos, portanto, podem ser editados depois de aplicados a um objeto. Você pode editar o efeito no painel Appearance clicando no nome do efeito ou dando um duplo clique na linha de atributo, exibindo a caixa de diálogo do efeito. As modificações feitas no efeito serão atualizadas no trabalho. Nesta seção, você vai editar o efeito Roughen aplicado aos gomos da lima.

1 Com a ferramenta Selection (▶), clique nas formas da lima agrupadas e confira se o painel Appearance está visível. Se não estiver, escolha Window > Appearance ou clique no ícone do painel (●).

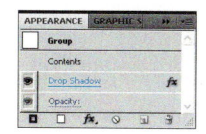

Observe o efeito Drop Shadow listado no painel Appearance. Para editar um efeito, basta clicar no nome dele e uma caixa de diálogo se abre.

2 Clique em Drop Shadow no painel Appearance.

3 Na caixa de diálogo Drop Shadow, altere Opacity para **40%** e selecione Preview para ver a modificação. Experimente diferentes configurações para ver seus efeitos e então clique em OK.

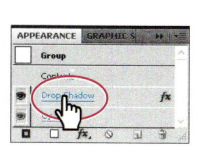

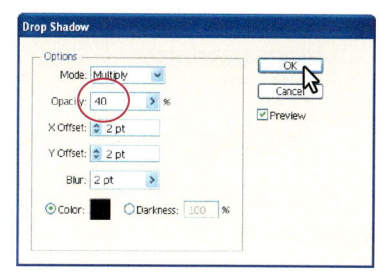

4 Com a ferramenta Selection, arraste a fatia de lima para o logotipo acima dela.

● **Nota:** Se você ampliou imagem, talvez seja necessário reduzí-la para ver a arte.

5 Selecione a ferramenta Rotate ( ) no painel Tools. Clique no canto superior direito da seleção e arraste-a em sentido horário para girar a fatia. Escolha Select > Deselect.

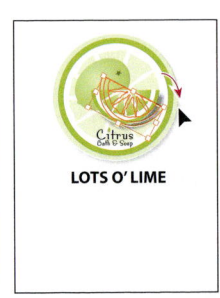

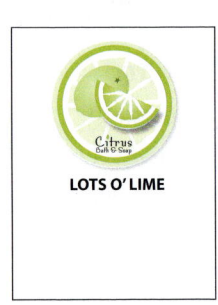

6 Escolha File > Save.

Agora, você vai remover um efeito de um objeto.

▶ **Dica:** Talvez seja mais fácil selecionar a forma escolhendo View > Outline.

7 Com a ferramenta Selection, clique no círculo verde-claro, na parte de trás do logotipo, com a sombra aplicada.

8 No painel Appearance, clique à direita ou à esquerda do nome Drop Shadow sublinhado em azul para destacar a linha de atributo do efeito Drop Shadow. Cuide para não clicar no nome Drop Shadow sublinhado (que abre a caixa de diálogo Drop Shadow). Depois de destacar a linha de atributo, clique no botão Delete Selected Item ( ) na parte inferior do painel.

9 Escolha Select > Deselect.
10 Escolha File > Save.

A seguir, você vai criar um efeito Warp com o texto e, então, editar o efeito.

Crie o logotipo de um banner com o efeito Warp

Os efeitos Warp distorcem objetos, incluindo paths, texto, malhas, mesclagens e imagens bitmap. Depois de aplicar um efeito Warp à seu trabalho, você pode continuar a modificá-lo ou removê-lo utilizando o painel Appearance. Você vai usar um efeito Warp para criar o logotipo de um banner.

Crie o logotipo

Você pode aplicar uma distorção a objetos de sua arte-final, utilizar uma forma de distorção predefinida ou um objeto de malha como um envelope.

1 Selecione a ferramenta Selection (▶) no painel Tools e então selecione o texto "Lots O' Lime".

2 Escolha Effect > Warp > Rise.

3 Na caixa de diálogo Warp Options, para criar um efeito do tipo tira, configure Bend como **93%**. Selecione Preview para visualizar as modificações. Para ver o texto no trabalho, mova a caixa de diálogo Warp Options arrastando sua barra de título. Clique em OK. Mantenha o texto selecionado.

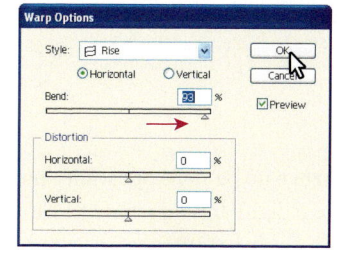

4 Com a ferramenta Selection, arraste a caixa delimitadora do texto "Lots O' Lime" para o centro do logotipo Citrus. Enquanto arrasta, pressione Shift para manter o texto alinhado. Quando o texto estiver na posição correta, solte o botão do mouse e então a tecla Shift. Mantenha o texto selecionado.

● **Nota:** Com o texto selecionado no passo 3, se você primeiro pressionar a tecla Shift e então tentar arrastar o texto, ele será desmarcado. É por isso que você primeiro arrasta e então pressiona a tecla Shift.

5 Escolha Object > Arrange Bring To Front se o texto não estiver na parte superior dos outros objetos.

6 Escolha Select > Deselect.

7 Escolha File > Save.

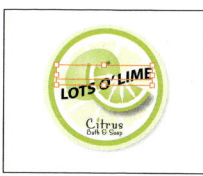

Estilize o banner e o logotipo

Para completar o banner e o logotipo, você vai sofisticá-los um pouco fazendo um contorno em torno do texto e adicionando uma sombra projetada colorida.

1 Com a ferramenta Selection (), clique no texto "Lots O' Lime" para selecioná-lo.

2 Se o painel Appearance não estiver visível, escolha Window > Appearance.

Veja que o painel Appearance lista o efeito Warp: Rise que foi aplicado ao texto.

3 Clique no botão Add New Stroke () na parte inferior do painel Appearance. Deixe a espessura do contorno em 1 pt.

4 Clique na cor de contorno no painel Appearance e selecione a amostra Stem no painel Swatches. Pressione Enter ou Return para fechar o painel e voltar ao painel Appearance.

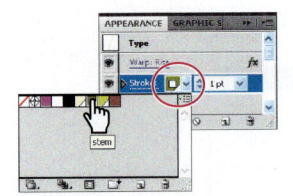

5 Clique na palavra Stroke no painel Appearance para abrir o painel Stroke. Selecione Dashed Line e digite **0,5** no primeiro campo Dash e certifique-se de que os campos Gap e Dash restantes estão vazios. Pressione Enter ou Return para fechar o painel Stroke e voltar ao painel Appearance.

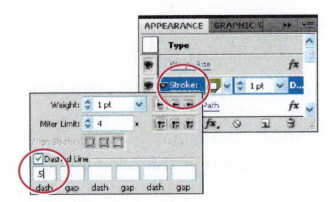

Você pode adicionar vários contornos a um objeto e aplicar diferentes efeitos a cada um deles – podendo criar uma arte-final única e interessante.

6 Selecione a ferramenta Zoom () e clique duas vezes no logotipo para ampliar e ver o contorno pontilhado aplicado.

LIÇÃO 11 | **345**
Aplicando Efeitos

7 Com Stroke selecionado no painel Appearance, clique em Add New Effect (fx_*). Escolha Path > Offset Path. Mude Offset para **2 pt** e clique em OK. Isso adiciona um contorno ao texto.

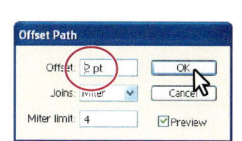

Agora, adicione uma sombra projetada colorida ao texto.

8 No painel Appearance, clique na seta à esquerda da palavra Stroke para mantê-la aberta. Observe que Offset Path é um subconjunto de Stroke, o que indica que Offset Path é aplicado apenas a Stroke.

9 Clique na palavra Type, o que vai aplicar a sombra criada no próximo passo ao texto, e não apenas ao contorno.

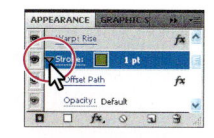

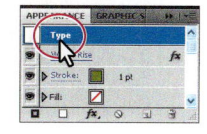

● **Nota:** Talvez seja necessário rolar para cima no painel Appearance ou redimensionar o painel para uma visualização mais fácil.

10 Clique em Add New Effect (fx_*) e escolha Stylize > Drop Shadow na seção Illustrator Effects.

11 Na caixa de diálogo Drop Shadow, selecione Preview e altere Opacity para **40%**, X Offset para **4 pt**, Y Offset para **4 pt** e Blur para **2 pt**. Clique no quadrado à direita de Color para abrir a caixa de diálogo Color Picker.

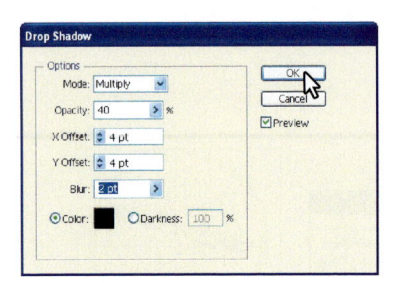

12 No Color Picker, clique no botão Color Swatches para ver as amostras de cores do documento. Selecione a amostra Stem. Clique em OK.

13 Clique em OK para fechar a caixa de diálogo Drop Shadow.

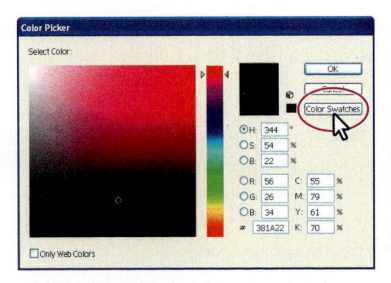

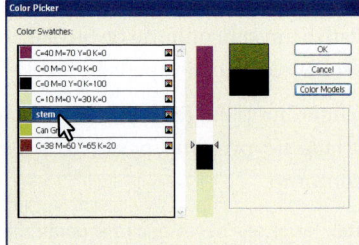

14 Escolha View > Zoom Out.

15 Com a ferramenta Selection, arraste uma seleção sobre todas as partes do logotipo. Escolha Object > Group para agrupá-las.

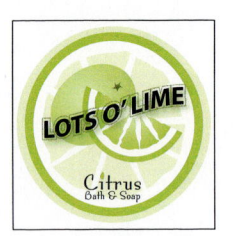

16 Clique no ícone do painel Symbols (♣) ou escolha Window > Symbols para abrir o painel Symbols. Arraste o logotipo agrupado para o painel para criar um símbolo. Na caixa de diálogo Symbol Options que aparece, atribua ao símbolo o nome **Can top** e selecione Graphic como o tipo de símbolo. Clique em OK.

▶ **Dica:** Para aprender mais sobre símbolos, consulte a Lição 13, "Trabalhando com símbolos".

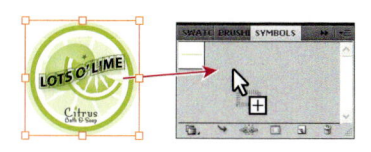

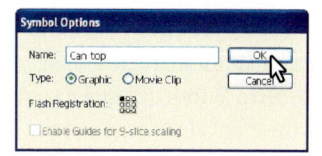

17 Escolha Select > Deselect e File > Save. Mantenha o arquivo aberto.

Crie o cilindro 3D

Utilizando o efeito 3D, você pode controlar a aparência de objetos 3D com iluminação, sombreamento, rotação e outros atributos. Nesta parte da lição, você vai usar formas bidimensionais como base para criar objetos tridimensionais.

Há três maneiras de criar um objeto 3D:

- **Extrude & Bevel** – Estende um objeto 2D sobre o eixo z do objeto para dar profundidade ao objeto. Por exemplo, se você extruir uma elipse 2D, ela torna-se um cilindro.

- **Revolve** – Faz a revolução de um path ou perfil em torno do eixo y global (eixo de revolução) para criar um objeto 3D.

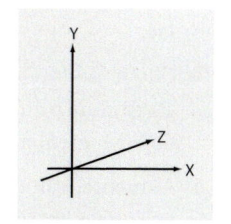

O efeito 3D tira proveito dos eixos x, y e z.

- **Rotate** – Utiliza o eixo z para girar o trabalho 2D no espaço 3D e alterar sua perspectiva.

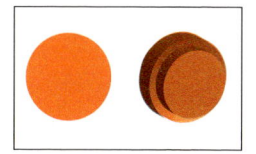

Extrude & Bevel   Revolve   Rotate

Utilize o efeito 3D Extrude & Bevel

Nesta próxima lição, você vai criar uma caixa de sabonetes para o rótulo do logotipo Citrus.

1 Selecione a ferramenta Ellipse (◯) no grupo da ferramenta Star no painel Tools. Fora da prancheta à direita, clique uma vez abaixo do logotipo Lots O' Lime. Na caixa de diálogo Ellipse, digite **285 pt** no campo de texto Width e clique na palavra Height para digitar o mesmo valor nesse campo. Clique em OK.

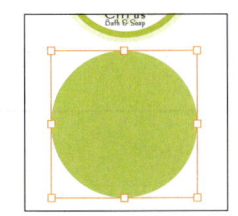

2 Selecione a ferramenta Selection (▶) no painel Tools. Clique na cor de contorno no painel Control e configure-a como None (⌀). Clique na cor de preenchiemento no painel Control e selecione Can Green no painel Swatches.

3 Escolha Effect > 3D > Extrude & Bevel. Arraste a barra de título da caixa de diálogo para um local onde você possa ver seu trabalho. Na caixa de diálogo 3D Extrude & Bevel Options, selecione Preview.

O efeito Extrude & Bevel foi aplicado ao círculo 2D com as configurações padrão. Você agora vai alterar várias opções, inclusive a profundidade e as bordas.

4 Clique na face verde-água do cubo. Experimente girar o objeto clicando e arrastando o cubo. Depois de testar, escolha Off-Axis Bottom no menu Position. Mantenha a caixa de diálogo aberta.

5 Aumente a altura do cilindro digitando **75** no campo Extrude Depth. Desmarque e então reselecione Preview para atualizar a imagem. Mantenha a caixa de diálogo aberta.

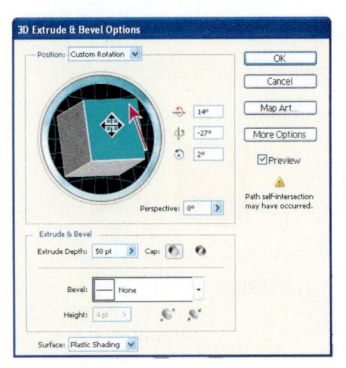

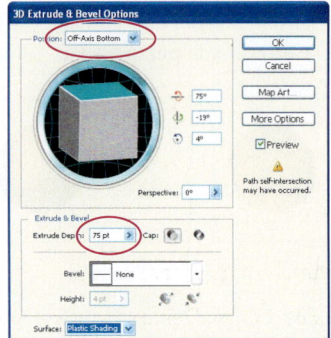

Cap On ou Cap Off?

Na caixa de diálogo 3D Options do efeito Extrude & Bevel e do efeito Revolve 3D, você pode optar por fazer seu objeto parecer sólido ou oco.

- Clique no botão Cap On (🔘) para fazer o objeto parecer sólido.
- Clique no botão Cap Off (🔘) para fazer com que o objeto pareça vazado.

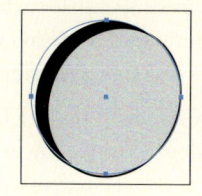

Cap On 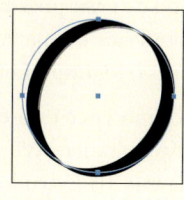   Cap Off

6 No menu Bevel, teste as diferentes opções para ver as variações dos efeitos de borda que você pode criar.

Depois de selecionar um chanfro no menu Bevel, você pode adicionar propriedades de chanfro para retirar ou adicionar à superfície do objeto.

- O botão Extent Out (🔘) adiciona um chanfro à forma do objeto.
- O botão Extent In (🔘) esculpe o chanfro a partir da forma original do objeto.

7 Depois de testar, escolha None no menu Bevel.

Complex 1 bevel 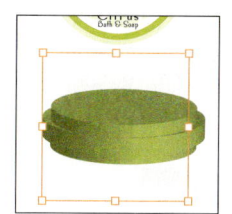   Complex 1 bevel com Extent Out selecionado 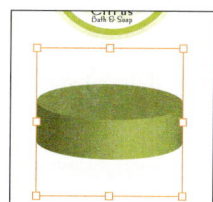   Nenhuma

● **Nota:** Os objetos 3D podem exibir artefatos de suavização de serrilhado (anti-aliasing) na tela, mas eles desaparecem quando o objeto é rasterizado. Leia mais sobre rasterização na seção Nivelamento da Lição 15.

8 Clique em OK para fechar a caixa de diálogo. Deixe o objeto selecionado.

9 Escolha File > Save. Deixe o arquivo aberto para a próxima lição.

Aplique um símbolo como trabalho mapeado

Você pode aplicar qualquer trabalho em 2D armazenado como um símbolo às superfícies selecionadas em seu objeto 3D.

Todo objeto 3D é composto de várias superfícies. Por exemplo, a forma que você acabou de criar possui três superfícies externas. Ela tem uma superfície superior, uma inferior e uma lateral que contorna a forma. Nesta próxima lição, você vai mapear o logotipo Lots O' Lime que criou o cilindro.

1 Como você está editando o efeito Extrude & Bevel existente, abra o painel Appearance (Window > Appearance). No painel Appearance, clique nas palavras 3D Extrude & Bevel em azul. Arraste a caixa de diálogo 3D Extrude & Bevel Options para a lateral, de modo que você possa ver o trabalho enquanto faz as alterações.

● **Nota:** Toda vez que você aplicar um efeito, clique no nome do efeito no painel Appearance para editá-lo. Se escolher Effect > 3D > Extrude & Bevel novamente com a caixa de sabonetes ainda selecionada, isso adicionará outra instância do efeito.

2 Na caixa de diálogo 3D Extrude & Bevel Options, clique em Map Art. Na caixa de diálogo Map Art, selecione Preview.

A caixa de diálogo Map Art tem uma janela para posicionar o trabalho mapeado. Você pode selecionar o símbolo e a superfície para trabalhar.

3 Clique no botão de seta >> de Surface para navegar de uma superfície para outra. Observe que, enquanto você atravessa as superfícies, aparece um destaque vermelho no objeto elipse, indicando a superfície que está ativa na janela de visualização.

4 Surface 1 de 3 deve estar selecionado. Se não estiver, clique no botão de seta >> ou << de Surface. Você vê o topo do cilindro no painel de visualização.

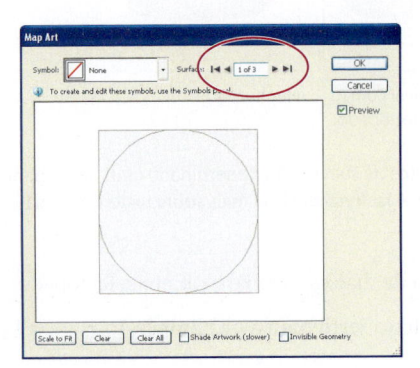

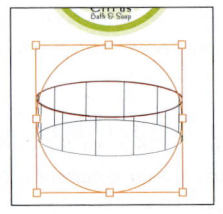

5 Escolha Can top no menu Symbol. O símbolo Can top aparece na janela de visualização.

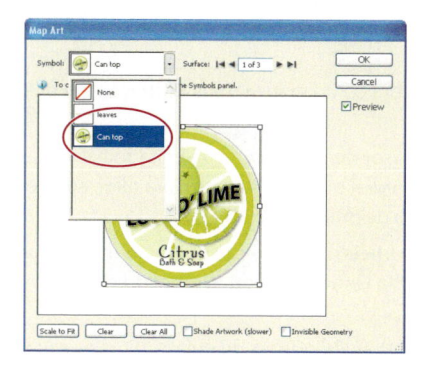

6 Clique no botão de seta >> de Surface duas vezes para navegar até 3 of 3.

7 Escolha leaves no menu Symbol.

8 Clique no botão Scale To Fit para redimensionar o símbolo, fazendo-o preencher a lateral da caixa de sabonetes. Pressione Shift+Alt (Windows) ou Shift+Option (Mac OS), clique e arraste para baixo o ponto delimitador superior do símbolo Leaves a fim de diminuir o tamanho dos símbolos. Solte o botão do mouse e depois as teclas. Na janela de visualização, a área cinza-clara é a área visível da caixa de sabonetes, e as áreas cinza-escuras estão na parte de trás e, consequentemente, não estão visíveis. Se preferir, selecione Shade Artwork (Slower) para sombrear a arte na lateral e no topo.

▶ **Dica:** Ao redimensionar os símbolos na área de visualização, pressionar a tecla Shift retém as proporções.

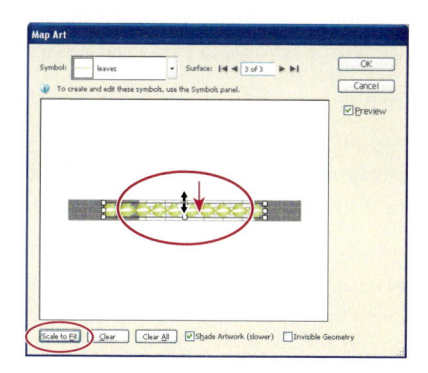

9 Clique em OK para fechar a caixa de diálogo Map Art e clique em OK novamente para fechar a caixa de diálogo 3D Extrude & Bevel Options. Agora, a caixa de sabonetes está finalizada.

10 Escolha Select > Deselect e então File > Save.

Para mapear uma ilustração em um objeto 3D

A seguir, algumas informações úteis sobre como mapear uma ilustração em objetos 3D.

- Para mover o símbolo, posicione o cursor dentro da caixa delimitadora e arraste. Para redimensionar, arraste uma lateral ou alça de canto. Para girar, arraste para fora e perto de uma alça da caixa delimitadora.
- Para remover a arte de uma só superfície, selecione a superfície utilizando as opções de Surface e, então, escolha None no menu Symbol ou clique em Clear.
- Para remover todos os mapas de todas as superfícies de objeto 3D, clique em Clear All.
- Para exibir apenas o mapa do trabalho, não a geometria de um objeto 3D, selecione Invisible Geometry. Isso é útil quando você quer usar o recurso de mapeamento 3D como uma ferramenta de distorção tridimensional. Por exemplo, você poderia utilizar essa opção para mapear texto para o lado de uma linha ondulada extruída, de modo que o texto parecesse distorcido como se estivesse em uma bandeira.

—Extraído do Illustrator Help

Crie um objeto por revolução

Nesta próxima lição, você vai criar um sabonete na forma de uma esfera. Para começar, você vai criar um arco que sofrerá uma revolução para criar a esfera.

1 Escolha Window > Workspace > Essentials.

2 Selecione a ferramenta Rectangle (▭) no grupo de ferramentas Elipse e clique uma vez no canvas à direita da prancheta. Quando a caixa de diálogo Rectangle aparecer, digite **85 pt** para Width e **100 pt** para Height. Clique em OK.

3 Selecione a ferramenta Selection (▸) e mova o retângulo para longe de qualquer outra arte.

4 Pressione a tecla D para que o retângulo retorne às cores padrão de contorno preto e preenchimento branco.

5 Pressione Ctrl+5 (Windows) ou Command+5 (Mac OS), ou escolha View > Guides > Make Guides, para transformar o retângulo em uma guia personalizada.

6   Por padrão, as guias ficam bloqueadas. Para verificar se as guias estão bloqueadas, escolha View > Guides. Se houver uma marca de seleção à esquerda de Lock Guides, elas estão bloqueadas. Se não houver marca de seleção, escolha Lock Guides para bloqueá-las.

7   Com a ferramenta Zoom (Q), clique nas guias várias vezes para ampliar. Escolha View > Smart Guides para selecioná-las.

8   Selecione a ferramenta Pen, clique no canto inferior direito da guia do retângulo quando a palavra anchor aparecer e arraste-a para a esquerda até que o ponto final da linha de direção alcance o canto inferior esquerdo, e solte. Isso cria uma linha de direção.

9   Clique no canto superior direito quando a palavra anchor aparecer. Arraste com a tecla Shift pressionada para a direita até que a extremidade da linha direcional alcance o canto superior esquerdo, e solte. Você criou um arco.

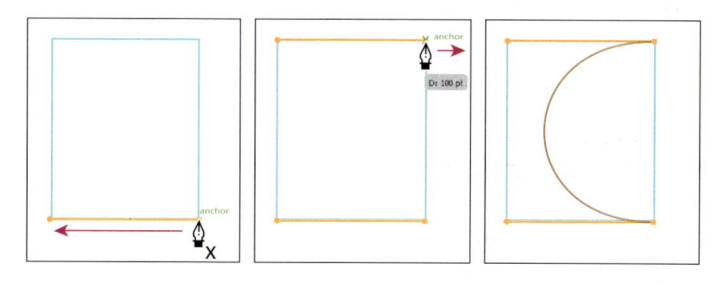

10 Escolha View > Guides > Clear Guides.

11 Utilizando a ferramenta Selection, selecione o arco.

12 Clique na cor de contorno no painel Control e escolha None.

13 Clique na cor de preenchimento no painel Control e selecione Can Green.

14 Escolha Effect > 3D > Revolve. Na caixa de diálogo 3D Revolve Options, selecione Preview para ver suas modificações.

    Embora as opções da caixa de diálogo 3D Revolve Options pareçam semelhantes às opções Extrude & Bevel, elas têm um efeito bem diferente.

15 Escolha Off-Axis Front no menu Position se já não estiver selecionado.

● **Nota:** A cor de contorno substituiria a cor de preenchimento do objeto quando girada.

16 Para a opção Offset, escolha Right Edge. Essa é a borda em torno da qual seu arco vai girar. O resultado variará significativamente dependendo do lado que você escolher e se houver um contorno ou preenchimento aplicado ao objeto original. Clique em OK.

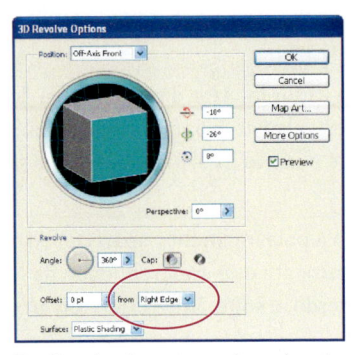

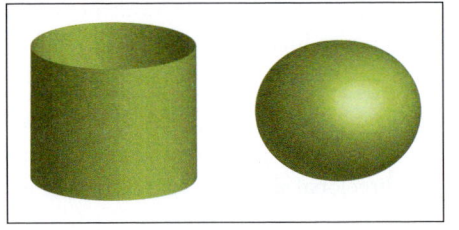

Escolha a borda em torno da qual você fará a revolução.

Faça uma revolução com Left Edge selecionado.

Faça uma revolução com Right Edge selecionado.

17 Escolha File > Save e mantenha o arquivo aberto.

Altere a iluminação

A seguir, você vai alterar a intensidade e a direção da fonte de luz.

1 Com a forma do sabonete selecionada, clique em 3D Revolve no painel Appearance. Se o painel Appearance não estiver visível, escolha Window > Appearance. Talvez também seja necessário rolar no painel Appearance, ou redimensioná-lo, para uma visualização mais fácil.

2 Selecione Preview na caixa de diálogo 3D Revolve Options e clique em More Options.

Você pode criar efeitos de iluminação personalizados no seu objeto 3D. Utilize a janela de preview no lado inferior esquerdo para reposicionar a iluminação e alterar a cor da sombra.

3 Escolha Diffuse Shading no menu Surface.

4 No painel de visualização das opções Surface, clique e arraste o quadrado branco que representa a fonte de luz. Isso altera a direção da iluminação. Arraste a fonte de luz para cima do objeto. Clique no botão New Light ( ) para adicionar outra fonte de luz à forma da lima. Arraste a segunda fonte de luz para a direita.

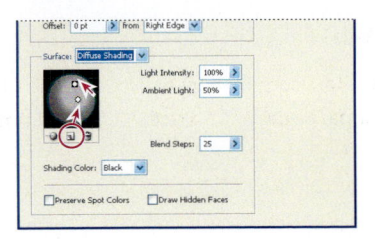

LIÇÃO 11 | **355**
Aplicando Efeitos

5 Escolha Custom no menu Color Shading. Clique no quadrado vermelho à direita de Custom e utilize o Color Picker para escolher uma cor verde-escura, ou insira valores nos campos de cor (utilizamos C=62%, M=50%, Y=100%, B=45%) e, depois, clique em OK.

A forma verde agora tem um sombreamento verde-escuro.

6 Na caixa de diálogo 3D Revolve Options, altere Ambient Light para **40%** e clique em OK. A luz ambiente controla o brilho na superfície de modo uniforme.

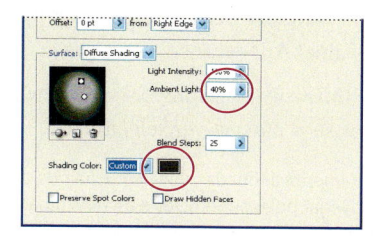

7 Utilizando a ferramenta Selection (▶), posicione o sabonete mais próximo à caixa de sabonetes.

8 Escolha Select > Deselect.

9 Escolha File > Save.

O que são Blend Steps?

More Options, na caixa de diálogo de opções 3D, revela a opção Surface chamada Blend Steps (etapas de mesclagem). A opção Blend Steps controla o modo como a suavidade do sombreamento aparece nas superfícies do objeto. Insira um valor entre 1 e 256. Números mais altos produzem sombras mais suaves e mais paths do que números mais baixos.

Como padrão, essa quantidade é baixa para gerar rapidamente a mesclagem e fornecer um bom número de etapas para o trabalho visualizado no monitor do computador ou na Internet. Esse número baixo, porém, pode gerar faixas (ou *banding*, que são mudanças grandes e visíveis no valor de um tom para o próximo) na impressão.

—*Extraído do Illustrator Help*

Mapeie uma imagem do Photoshop

Você pode mapear arte feita no Illustrator e também importar arte-final de outros aplicativos, como o Photoshop. Nesta parte da lição, você vai inserir uma textura do Photoshop no documento e aplicá-la ao sabonete.

1 Escolha File > Place e localize a imagem chamada limeskin.psd na pasta Lesson11. Certifique-se de que Link não está selecionado na caixa de diálogo

● **Nota:** A imagem limeskin.psd vai se sobrepor ao o trabalho existente.

Place. Os arquivos a serem utilizados como símbolos devem estar incorporados. Clique em Place. Na caixa de diálogo Photoshop Import Options, clique em OK.

2   Abra o painel Symbols clicando no ícone do painel Symbols (♣). Com a ferramenta Selection (▶), arraste a imagem até o painel Symbols. Na caixa de diálogo Symbol Options, digite o nome **newTexture** e selecione Graphic como a opção Type. Clique em OK.

3   Exclua a imagem inserida.

4   Selecione a forma do sabonete com a ferramenta Selection e abra o painel Appearance. Clique em 3D Revolve no painel Appearance.

5   Clique em Map Art na caixa de diálogo 3D Revolve Options. Escolha newTexture no menu Symbol. Selecione Preview se já não estiver selecionado.

● **Nota:** Se as bordas do arco não estiverem perfeitamente alinhadas, você verá mais de uma superfície (2 of 2). Utilize a seta Next Surface para navegar pelas superfícies e escolha uma que destaque a superfície externa.

● **Nota:** Se selecionar a superfície incorreta, escolha Clear e mapeie outra superfície.

6   Clique no botão Scale To Fit e selecione Shade Artwork (Slower). Clique em OK para fechar a caixa de diálogo Map Art. Na caixa de diálogo 3D Revolve Options, clique em OK.

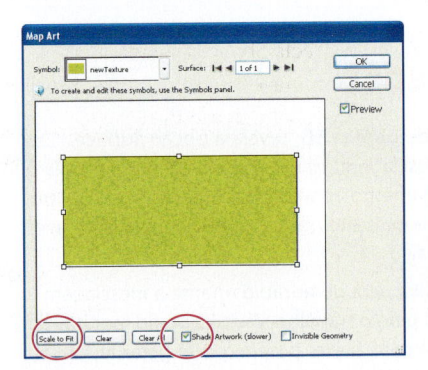

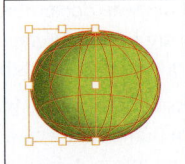

A textura agora contorna a forma do sabonete. A seguir, clone os objetos 3D para fazer mais adições à prancheta.

7   Certifique-se de que a forma do sabonete que você acabou de criar está selecionada com a ferramenta Selection. Com Alt (Windows) ou Option pressionada (Mac OS), arraste a forma para a esquerda e para baixo. Solte o botão do mouse e depois a tecla Shift. Isso clona a forma do sabonete, gerando duas. Arraste uma seleção sobre as formas do sabonete para selecioná-las e mova-as para perto da caixa de sabonetes.

Ajuste a iluminação

Como os objetos 3D não compartilham iluminação, você vai editar o efeito Extrude & Bevel que você utilizou para criar a caixa de sabonetes.

1 Com a ferramenta Selection (**▶**), clique para selecionar a saboneteira.

2 No painel Appearance, clique em 3D Extrude & Bevel (Mapped).

3 Na caixa de diálogo 3D Extrude & Bevel Options, no painel de visualização das opções Surface, arraste a luz até o centro superior da esfera. Isso torna a iluminação mais consistente com as formas do sabonete. Adicionamos uma segunda fonte de luz à caixa de sabonetes em uma posição semelhante àquela em que ela estava na esfera. Altere a superfície escolhendo Diffuse Shading no menu Surface e mude a luz ambiente para 40%. Clique em OK.

▶ **Dica:** Qualquer que seja o trabalho mapeado em um objeto 3D, a palavra (Mapped) aparece no painel Appearance.

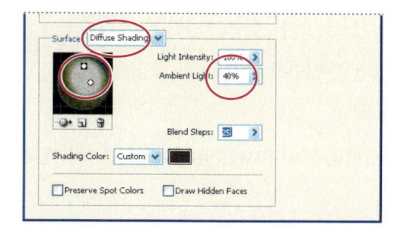

● **Nota:** Se você não ver as opções Surface, clique em More Options na caixa de diálogo 3D Extrude & Bevel.

4 Com a ferramenta Selection, clique com a tecla Shift pressionada na caixa de sabonetes e em ambas as esferas para selecioná-las. Mova a caixa de sabonetes e as esferas para a prancheta, no meio do vale-presente.

5 Há um caule verde fora da prancheta, à direita. Você pode colocar o caule em uma das limas, se quiser. Escolha Object > Arrange > Bring To Front se o caule desaparecer quando você o arrastar até o lugar.

6 Depois de reorganizar os objetos da maneira que quiser, escolha File > Save, mantenha o arquivo aberto para a seção Explore por conta própria, ou escolha File > Close.

▶ **Dica:** Ao aplicar um efeito 3D a um objeto, você pode alterar o dimensionamento do objeto ou mudar as cores, e o efeito 3D permanece.

● **Nota:** Não gire objetos com os efeitos 3D aplicados a eles, pois você pode ter resultados inesperados. Para girar um objeto 3D, clique no nome do efeito no painel Appearance e gire o item no espaço utilizando a janela de visualização de posição.

Explore por conta própria

Agora, você vai trabalhar com outro efeito para dar um toque interessante ao arquivo Gift.ai que ainda está aberto.

1. Com a ferramenta Selection, clique para selecionar o retângulo verde que contorna o vale-presente.
2. Escolha Effect > Convert a Shape > Rounded Rectangle.
3. Na caixa de diálogo Shape Options, selecione a opção Relative e então altere Extra Width e Extra Height para **0**. Selecione Preview e então ajuste o raio de canto de acordo com o desejado.
4. Clique em OK.
5. Escolha File > Save e então escolha File > Close.

Tente criar um item adicional para o trabalho desta lição.

1. Escolha File > Open e localize o arquivo L11start2.ai na pasta Lesson11.
2. Escolha a ferramenta Selection e, então, Select > All.
3. Arraste o trabalho para o painel Symbols.
4. Na caixa de diálogo Symbols Options, mude o nome para **Soap** e selecione Graphic como o texto.
5. Com o trabalho ainda selecionado, escolha Edit > Clear ou pressione a tecla Delete.
6. Selecione a ferramenta Rectangle (▢) e clique uma vez na prancheta. Digite **325 pt** para a largura e **220 pt** para a altura. Clique em OK.
7. Escolha Effect > 3D > Extrude & Bevel e experimente posições e configurações diferentes.
8. Clique em Map Art e mapeie o símbolo Soap que você criou para a parte superior da caixa.
9. Feche as duas caixas de diálogo depois de concluir.

Aprimore ainda mais a ilustração criando seus próprios símbolos e aplicando-os a outras faces da caixa de sabonetes.

10. Escolha File > Close e não salve o arquivo.

Perguntas de revisão

1 Identifique duas maneiras de aplicar um efeito a um objeto.

2 Onde os efeitos podem ser aplicados a um objeto para que possam ser editados depois de aplicados?

3 Quais são os três tipos de efeitos 3D disponíveis? Dê um exemplo de por que você utilizaria cada um.

4 Como controlar a iluminação em um objeto 3D? A iluminação de um objeto 3D afeta outros objetos 3D?

5 Quais são os passos para mapear a arte de um objeto?

Respostas

1 Você pode aplicar um efeito a um objeto selecionando o objeto e, então, escolhendo o efeito no menu Effect. Também pode aplicar um efeito selecionando o objeto, clicando em Add New Effect (*fx.*) no painel Appearance e escolhendo o efeito no menu que aparece.

2 Você pode editar os efeitos no painel Appearance.

3 Os tipos de efeitos 3D são Extrude & Bevel, Revolve e Rotate.

- Extrude & Bevel – Utiliza o eixo z para dar profundidade a um objeto 2D mediante extrusão. Por exemplo, um círculo torna-se um cilindro.
- Revolve – utiliza o eixo y para girar um objeto em torno de um eixo. Por exemplo, um arco torna-se um círculo.
- Rotate – Utiliza o eixo z para girar o trabalho 2D no espaço 3D e alterar a perspectiva dele.

4 Clicando no botão More Options das várias caixas de diálogo 3D, você pode alterar a luz, a direção da luz e a cor da sombra. As opções de iluminação de um objeto 3D não afetam outros objetos 3D.

5 Mapeie a arte para um objeto seguindo estes passos:

1 Selecione a arte e com Alt (Windows) ou Option (Mac OS) pressionadas clique no botão New Symbol do painel Symbols.

2 Selecione o objeto e escolha Effect > 3D > Extrude & Bevel ou Effect > 3D > Revolve.

3 Clique em Map Art.

4 Acesse a superfície utilizando as teclas de seta. Selecione o símbolo do menu Symbol. Feche as duas caixas de diálogo.

12 APLICANDO ATRIBUTOS DE APARÊNCIA E ESTILOS GRÁFICOS

Visão geral da lição

Nesta lição, você vai aprender a:

- Criar e editar um atributo de aparência
- Adicionar um segundo contorno a um objeto
- Reordenar atributos de aparência e aplicá-los a camadas
- Copiar, ativar, desativar e remover atributos de aparência
- Salvar uma aparência como um estilo gráfico
- Aplicar um estilo gráfico a um objeto e a uma camada
- Aplicar vários estilos gráficos a um objeto ou camada

Esta lição levará aproximadamente uma hora para ser concluída. Se necessário, remova a pasta da lição anterior de seu disco rígido e copie a pasta Lesson12.

Você pode alterar a aparência utilizando atributos de aparência, incluindo preenchimentos, contornos, efeitos, transparência e modos de mesclagem sem alterar a estrutura dele. Você pode salvar os atributos de aparência como estilos gráficos e aplicá-los a outro objeto; também pode editar um objeto com um estilo gráfico aplicado e, então, editar o estilo – uma enorme economia de tempo!

Introdução

Nesta lição, você vai aprimorar o design de uma página Web aplicando atributos de aparência e estilos gráficos ao texto, ao fundo e aos botões. Antes de começar, restaure as preferências padrão do Adobe Illustrator CS4. Depois, abra o arquivo pronto desta lição para ver o que você vai criar.

1   Para que as ferramentas e os painéis funcionem como descritos nesta lição, exclua ou desative (renomeando) o arquivo de preferências do Adobe Illustrator CS4. Consulte "Restaurando as preferências padrão", na página 15.

2   Inicie o Adobe Illustrator CS4.

● **Nota:** Se você ainda não copiou os arquivos desta lição para o seu disco rígido a partir da pasta Lesson12 do CD do *Adobe Illustrator CS4 Classroom in a Book*, faça isso agora. Veja "Copiando os arquivos do Classroom in a Book", na página 14.

3   Escolha File > Open. Localize o arquivo L12end.ai da pasta Lesson12, na pasta Lessons que você copiou para seu disco rígido para visualizar o trabalho final. Nesta lição, você vai aplicar estilos a botões Web e outros objetos. Deixe o arquivo aberto para referência ou escolha File > Close.

O design da página Web pronta inclui vários estilos gráficos e efeitos, entre eles degradês, texto semitransparente, sombras projetadas e elementos gráficos texturizados e sombreados.

4   Abra o arquivo L12start.ai da pasta Lesson12, localizada na pasta Lessons do disco rígido.

5   Escolha File > Save As. Na caixa de diálogo Save As, navegue até a pasta Lesson12 e abra-a. Nomeie o arquivo **tech_design.ai**. Deixe a opção Save As Type configurada como Adobe Illustrator (*.AI) (Windows) ou a opção Format configurada como Adobe Illustrator (ai) (Mac OS) e clique em Save. Na caixa de diálogo Illustrator Options, deixe as opções do Illustrator em suas configurações padrão e clique em OK.

LIÇÃO 12 | **363**
Aplicando Atributos de Aparência e Estilos Gráficos

Utilize atributos de aparência

Você pode aplicar atributos de aparência a qualquer objeto, grupo ou camada utilizando efeitos e os painéis Appearance e Graphic Styles. Um atributo de aparência é uma propriedade estética – como um preenchimento, contorno, transparência ou efeito – que afeta a aparência de um objeto, mas não sua estrutura básica. Uma vantagem de se usar atributos de aparência é que eles podem ser alterados ou removidos a qualquer hora sem mudar o objeto ou outro atributo aplicado ao objeto.

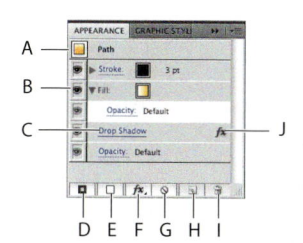

A. Path com contorno, preenchimento e efeito de sombra
B. Coluna Visibility
C. Link para opções
D. Adicionar novo contorno (Stroke)
E. Adicionar novo preenchimento (Fill)
F. Adicionar efeito (Effect)
G. Limpar aparência
H. Duplicar item selecionado
I. Excluir item selecionado
J. Path com efeito

Por exemplo, se aplicar um efeito de sombra projetada (Drop Shadow) a um objeto, você pode alterar a distância da sombra projetada, o desfoque ou a cor. Também pode copiar esse efeito e aplicá-lo a outras formas, grupos ou camadas. Pode até mesmo salvá-lo como um estilo gráfico e utilizá-lo para outros objetos ou arquivos.

O painel Appearance contém os seguintes tipos de atributos editáveis:

- Stroke (espessura, cor e efeitos)
- Fill (tipo, cor, transparência e efeitos)
- Transparency, incluindo a opacidade e o modo de mesclagem
- Menu Effect

Edite e adicione atributos de aparência

Comece selecionando a forma de uma seta e adicionando à sua aparência básica pelo painel Appearance.

1 Escolha Window > Workspace > Essentials.

2 No arquivo tech_design.ai, selecione a forma da seta verde na parte superior do botão Home com a ferramenta Selection (▶).

3 Abra o painel Appearance (◉) e clique na linha do atributo Stroke para selecioná-la. Não clique na palavra Stroke sublinhada em azul; clique à direita ou à esquerda dela.

Selecionar a seta do atributo Stroke permite alterar apenas o contorno do trabalho.

4 Clique na palavra Opacity no painel Control para exibir o painel Transparency. No painel Transparency, escolha Multiply no menu dos modos de mesclagem. Mude Opacity para **50%**. Pressione Enter ou Return para fechar o painel Transparency.

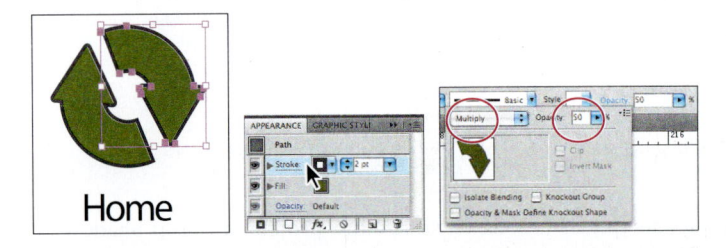

5 Com a ferramenta Selection, pressione Ctrl+barra de espaço (Windows) ou Command+barra de espaço (Mac OS) e clique na forma da seta várias vezes para ampliar em aproximadamente **200%**. Analise o contorno da seta para ver como ele mudou. O efeito do modo de mesclagem Multiply é semelhante ao de desenhar em uma página com uma caneta marca-texto.

Os contornos são centralizados em um path – metade da cor do contorno se sobrepõe à forma preenchida de seta e metade se sobrepõe ao fundo branco. Edite o contorno da seta utilizando o painel Appearance.

6 No painel Appearance, expanda os atributos de contorno clicando no triângulo (▶) à esquerda da palavra Stroke na lista do painel.

7 Clique na palavra Opacity para abrir o painel Transparency.

8 No painel Transparency, altere Opacity para **70%**. Clique na linha do atributo Opacity no painel Appearance para ocultar o painel Transparency.

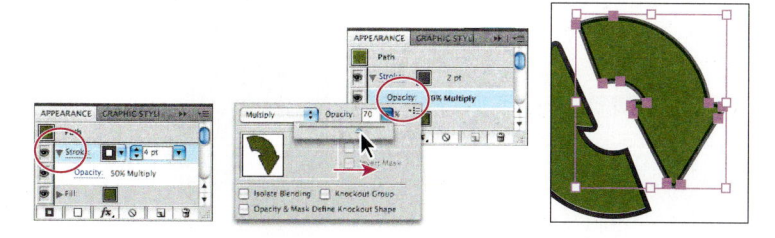

9 Clique em **2 pt** no painel Appearance para editar o valor. Altere Stroke Weight para **4 pt**. Se quiser, altere também a cor do contorno.

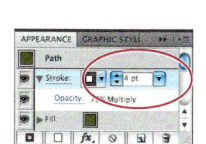

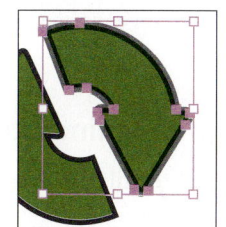

10 Escolha File > Save.

Reordene atributos de aparência

Agora, você vai mudar a aparência do modo de mesclagem Multiply reorganizando os atributos do painel Appearance.

1 Redimensione o painel Appearance para poder ver todo o seu conteúdo. Clique no triângulo (▶) à esquerda da palavra Stroke para ocultar as propriedades do contorno.

2 Clique e arraste o atributo Fill para cima do atributo Stroke. (Essa técnica é semelhante a arrastar camadas no painel Layers para ajustar a ordem de empilhamento.)

Mover o atributo Fill para cima do atributo Stroke altera a aparência do modo de mesclagem Multiply no contorno. Metade do contorno é coberta. Os modos de mesclagem só funcionam em objetos que estão abaixo deles na ordem de empilhamento.

Adicione um contorno e preenchimento extra

Agora, adicione outro contorno ao objeto utilizando o painel Appearance. Essa é uma maneira de adicionar elementos de design interessantes ao seu trabalho.

1 Com a forma da seta selecionada, clique no botão Add New Stroke (◻) na parte inferior do painel Appearance. Um contorno é adicionado ao topo da lista dos atributos de aparência. Ele tem a mesma cor e espessura de traço do primeiro contorno.

2 Para o novo traço, altere Stroke Weight para **2 pt** no painel Appearance.

3 Clique com a tecla Shift pressionada em Stroke Color para abrir o painel Color. Escolha RGB no menu do painel (▾≡). Altere os valores RGB para R=**76**, G=**0** e B=**121**. Pressione Enter ou Return para fechar o painel Color e voltar ao painel Appearance.

▶ **Dica:** Há várias maneiras de fechar os painéis que aparecem no painel Appearance, por exemplo, o painel Color, incluindo pressionar Esc ou clicar na linha do atributo Stroke.

● **Nota:** Clicar em Stroke Color no painel Appearance sem a tecla Shift pressionada exibe o painel Swatches.

LIÇÃO 12 | **367**
Aplicando Atributos de Aparência e Estilos Gráficos

Você está usando o modo de cores RGB, pois seu trabalho é um documento Web. A seguir, adicione um efeito para alterar o deslocamento do contorno, trazendo-o para o centro da seta.

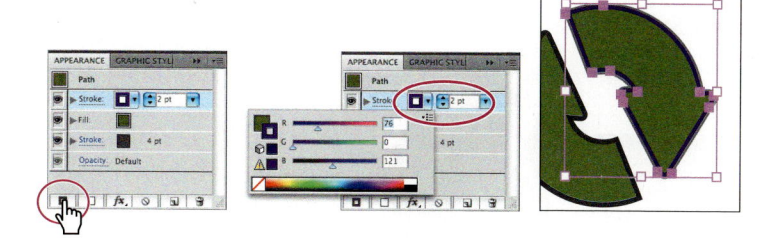

4 Com a linha do atributo Stroke ainda selecionada, clique no botão Add New Effect (*fx.*). Escolha Path > Offset Path no menu que aparece.

5 Selecione Preview na caixa de diálogo Offset Path para ver o efeito do deslocamento enquanto você altera os valores. Mude Offset para **–3 px** e clique em OK.

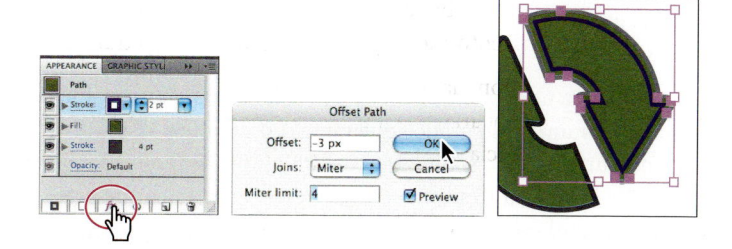

6 No painel Appearance, clique na seta à esquerda de Stroke para exibir os efeitos Opacity e Offset Path. Desmarque o ícone de olho (👁) à esquerda de Offset Path para ocultar esse efeito. Observe que a seta na prancheta muda. Selecione a coluna Visibility para visualizar o efeito Offset Path novamente.

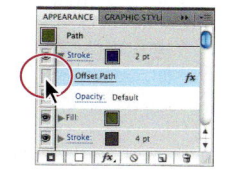

Clicando no ícone de olho no painel Appearance, você desativa um atributo sem excluí-lo.

▶ **Dica:** Você pode visualizar todos os atributos ocultos escolhendo Show All Hidden Attributes no menu do painel Appearance.

Agora, reorganize a ordem dos atributos de aparência para preparar-se para adicionar efeitos em tempo real.

7   No painel Appearance, clique no triângulo à esquerda do atributo Stroke 2 pt para ocultá-lo e, então, arraste o atributo Stroke 4 pt para o meio dos atributos Fill e Stroke 2 pt.

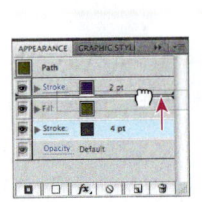

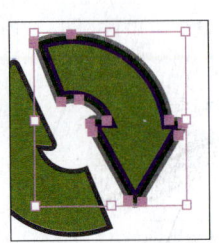

8   Escolha File > Save e mantenha a seta selecionada.

Utilize estilos gráficos

Um estilo gráfico é um conjunto de atributos de aparência que pode ser reutilizado. Com estilos gráficos diferentes, você pode rápida e globalmente alterar a aparência de um objeto.

Por exemplo, se você tem um mapa que utiliza um símbolo para representar uma cidade, você pode criar um estilo gráfico que pinta o símbolo de verde com uma sombra. Você pode utilizar esse estilo gráfico para pintar símbolos de todas as cidades do mapa. Se decidir utilizar uma cor diferente, altere a cor de preenchimento do estilo para azul, por exemplo. Todos os símbolos pintados com esse estilo gráfico serão então automaticamente atualizados para azul.

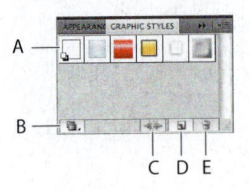

A. Estilos gráficos
B. Menu de Graphic Styles Libraries
C. Quebrar link com estilo gráfico
D. Novo estilo gráfico
E. Excluir estilo gráfico

O painel Graphic Styles permite criar, nomear, salvar e aplicar vários efeitos e atributos a objetos, camadas e grupos. Exatamente como os atributos e os efeitos, os estilos gráficos são completamente reversíveis. Por exemplo, você pode aplicar um estilo a um círculo que contém o efeito Zig Zag, transformando o círculo em uma explosão estelar. Pode reverter o objeto à sua aparência original com o painel Appearance e quebrar o link entre esse objeto específico e o estilo gráfico para editar seus atributos sem afetar outros objetos pintados com o mesmo estilo.

Os estilos gráficos também podem ser aplicados ao texto. É possível preservar a cor da fonte ao aplicar um estilo gráfico desmarcando Override Character Color no menu do painel Graphic Styles.

Crie e salve um estilo gráfico

Agora, você vai salvar e nomear um novo estilo gráfico utilizando os atributos de aparência que acabou de criar para a forma de seta no botão Home. Depois, vai aplicar os mesmos atributos à outra forma de seta.

1 Clique na guia Graphic Styles no grupo de painéis Appearance para exibir o painel.

2 Arraste o painel Graphic Styles pela guia do painel para que fique flutuante no espaço de trabalho. Redimensione o painel Graphic Styles para que todos os estilos padrão sejam visíveis e haja espaço vazio na parte inferior.

3 Com a forma da seta na prancheta ainda selecionada, no painel Appearance, arraste o thumbnail da aparência Path para o painel Graphic Styles.

4 Quando uma pequena caixa aparecer dentro do painel, solte o botão do mouse. A caixa indica que você está adicionando um novo estilo ao painel.

O thumbnail de path no painel Appearance muda para "Path: Graphic Style".

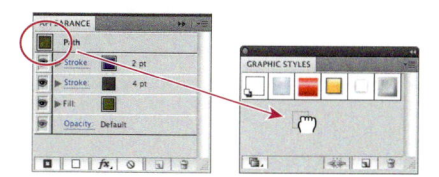

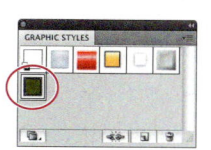

5   No painel Graphic Styles, dê um duplo clique no novo thumbnail de estilo gráfico. Na caixa de diálogo Graphic Style Options, nomeie o novo estilo **Home button**. Clique em OK.

Observe no painel Appearance que Path: Graphic Style alterou para Path: Home.button. Isso indica que um estilo gráfico chamado Home button está aplicado ao objeto selecionado.

6   Escolha Select > Deselect e então File > Save.

Aplique um estilo gráfico a um objeto

Estilos gráficos podem ser facilmente aplicados a outros objetos. A seguir, você vai aplicar o estilo gráfico da forma da seta da direita à seta da esquerda em Home button.

1   Com a ferramenta Selection (▶), clique para selecionar outra seta.

2   Clique no estilo de elemento gráfico de Home button no painel Graphic Styles para aplicar seus atributos à outra seta.

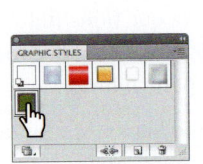

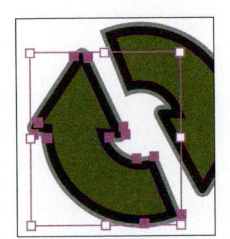

3   Escolha Select > Deselect e então File > Save.

Aplique um estilo gráfico a uma camada

Quando um estilo gráfico é aplicado a uma camada, tudo que é adicionado a essa camada recebe esse mesmo estilo. Agora, crie um novo estilo gráfico e então o aplique a uma camada. Depois, crie novas formas nessa camada para ver o efeito do estilo.

1   Escolha Essentials no seletor de espaço de trabalho do painel Control.

2   Abra o painel Appearance (●) e clique no botão Clear Appearance (○) na parte inferior do painel. Selecione o nome ou thumbnail da aparência No Selection na parte superior do painel.

O botão Clear Appearance remove todos os atributos de aparência aplicados a um objeto, incluindo contornos ou preenchimentos. Clicando no botão Clear

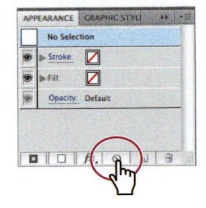

Appearance sem nada selecionado, você configura a aparência padrão para novas formas.

3 No painel Appearance, clique no botão Add New Effect (*fx.*) e escolha Stylize > Drop Shadow em Illustrator Effects. Mude Opacity para **50%**, X Offset para **3 pt**, Y Offset par **3 pt** e Blur para **3 pt**. Clique em OK.

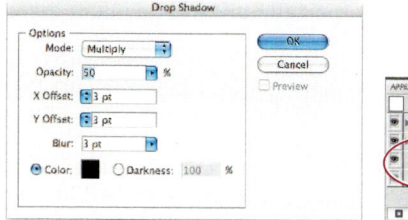

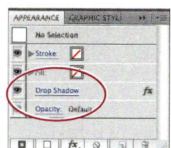

Ao criar um novo estilo, o painel Graphic Style utiliza automaticamente os atributos de aparência exibidos no painel Appearance.

4 No painel Graphic Styles, clique com a tecla Alt (Windows) ou Option (Mac OS) pressionadas no botão New Graphic Style ( ) e digite **Drop Shadow** como o nome do novo estilo. Clique em OK.

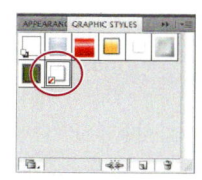

Seu próximo alvo é a camada Blog button, a que vai aplicar uma sombra projetada a todas as suas formas. O direcionamento seleciona o(s) path(s) dessa camada no trabalho.

5 No painel Layers, clique no triângulo (▶) à esquerda da camada Blog button para expandir a camada. Clique no ícone de alvo (O) à direita do nome da camada.

6 No painel Graphic Styles, clique no estilo Drop Shadow para aplicá-lo à camada e a todo o seu conteúdo. Mantenha as formas selecionadas na prancheta.

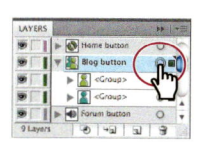

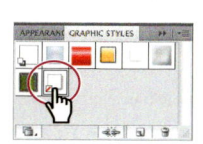

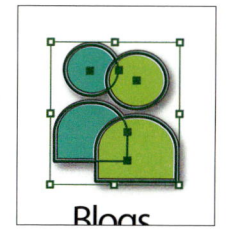

7 Dê um duplo clique na ferramenta Scale ( ) do painel Tools. Mude Uniform Scale para **70%** e clique em OK.

8 Escolha Select > Deselect e então File > Save.

Agora, você vai testar o efeito de camada adicionando uma forma à camada Blog button.

9 Selecione a ferramenta Zoom ( ) no painel Tools e clique duas vezes nas formas do blog para ampliá-lo.

10 Selecione a ferramenta Ellipse ( ) no mesmo grupo da ferramenta Rectangle ( ) no painel Tools.

11 Verifique se a cor de Fill no painel Control está configurada como None ( ), Stroke Color como preto e Stroke Weight como 3 pt.

12 Com a camada Blog button ainda selecionada, pressione a tecla Shift e desenhe um círculo sobre as formas do blog com aproximadamente 82 pt de altura e largura.

13 Escolha Object > Arrange > Send To Back para posicionar a elipse atrás das formas do blog. Com a ferramenta Selection, posicione o círculo para que ele fique mais ou menos centralizado atrás das formas do blog. Mantenha a elipse selecionada.

Como o estilo Drop Shadow contém apenas um efeito e nenhum contorno ou preenchimento, os objetos adicionados à camada retêm seus atributos de contorno e de preenchimento originais.

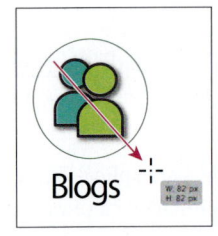

Agora, edite a sombra aplicada à camada.

No painel Appearance, observe o nome Layer: Drop Shadow na parte superior do painel. O painel Appearance mostra que a elipse está em uma camada com uma sombra aplicada à ela.

▶ **Dica:** Você também pode selecionar o ícone de alvo da camada Blog button e então editar o efeito no painel Appearance.

14 Clique nas palavras Layer: Drop Shadow para acessar o efeito Drop Shadow aplicado à camada.

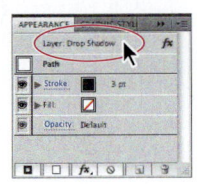

15 Clique nas palavras Drop Shadow no painel Appearance e altere X Offset para **2 pt** e Y Offset para **2 pt** na caixa de diálogo Drop Shadow. Selecione Preview para ver a sutil modificação. Clique em OK.

16 Escolha View > Fit Artboard In Window.

17 Escolha File > Save.

Ícones de alvo

O ícone de alvo no painel Layers indica se um item na hierarquia de camadas possui algum atributo de aparência e se ele está marcado.

- (◉) Indica que a camada, grupo ou objeto estão definidos como alvo, mas não possuem atributos de aparência.
- (○) Indica que a camada, grupo ou objeto não foram definidos como alvo e não possuem atributos de aparência aplicados.
- (◉) Indica que a camada, grupo ou objeto não estão definidos como alvo, mas possuem atributos de aparência aplicados.
- (◉) Indica que o grupo é definido como alvo e tem atributos de aparência aplicados. Esse ícone também designa qualquer objeto definido como alvo que possui atributos de aparência mais complexos do que um preenchimento ou contorno simples.

—Extraído do Illustrator Help

Aplique estilos gráficos existentes

Você pode aplicar estilos gráficos ao seu trabalho a partir das bibliotecas que vêm com o Illustrator CS4. Agora, você vai concluir os designs do botão adicionando um estilo existente à camada Chat button.

1 No painel Layers, clique no triângulo (▶) à esquerda da camada Blog button para ocultá-la. Clique no triângulo (▶) à esquerda da camada Chat button para expandi-la.

2 Selecione a subcamada <Path> e clique no ícone de alvo (○) à direita dela.

3 Selecione a amostra amarela (R=253, G=195, B=17) na cor de preenchimento (Fill) no painel Control.

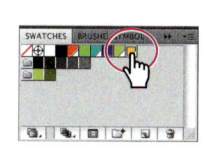

▶ **Dica:** É uma boa idéia utilizar o painel Layers para selecionar os objetos ou camadas aos quais você quer aplicar estilos. Os efeitos e estilos variam, dependendo do que você está definindo como alvo, uma camada, um objeto ou um grupo dentro de uma camada.

● **Nota:** Se você definir como alvo uma camada ou subcamada por engano, clique com a tecla Ctrl ou Command pressionadas no ícone de alvo para desmarcá-lo.

Aplique um estilo gráfico a Chat button. O estilo contém uma cor, que você aplicará ao objeto chat no lugar do amarelo existente.

4 No painel Layers, com o ícone de alvo (O) da subcamada <Path> ainda selecionado, clique no menu Style do painel Control. Clique com o botão direito do mouse (Windows) ou com Control (Mac OS) pressionada e mantenha pressionado o estilo Chat no painel Graphic Styles para visualizar o estilo gráfico no balão de diálogo.

● **Nota:** Se o menu Style não aparecer no painel Control, abra o painel Graphic Styles clicando em seu ícone no lado direito do espaço de trabalho.

5 Clique no estilo gráfico Chat para aplicá-lo ao balão de diálogo.

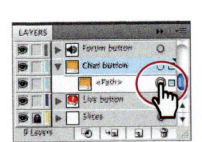

6 Escolha File > Save.

Agora, aplique um estilo gráfico existente ao texto.

7 Escolha Select > Deselect.

8 Com a ferramenta Selection (▶), arraste uma seleção sobre os rótulos do botão (o texto abaixo dos botões) para selecioná-los.

▶ **Dica:** As setas na parte inferior do painel da biblioteca Illuminate Styles carregam a biblioteca de estilos gráficos anterior ou seguinte no painel.

9 Escolha Override Character Color no menu do painel Graphic Styles (▾≡), se já não estiver selecionado. Clique no botão do menu Graphic Styles Libraries (▣.) e escolha a biblioteca Illuminate Styles.

Ao aplicar um estilo gráfico ao texto, o preenchimento de texto substitui a cor de preenchimento do estilo gráfico. Para evitar isso, escolha Override Character Color.

10 Escolha Use Text For Preview no menu do painel Illuminate Styles (▾≡).

11 No painel da biblioteca Illuminate Styles, clique com o botão direito do mouse (Windows) ou com Control (Mac OS) e mantenha pressionado o estilo gráfico Charcoal Highlight para visualizá-lo no texto. Clique no Charcoal Highlight para aplicá-lo. Se a opção Override Character Color estivesse desativada, o preenchimento seria preto.

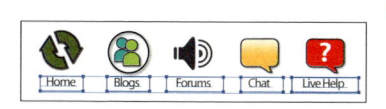

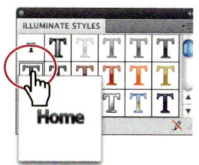

● **Nota:** Ao clicar em um estilo gráfico a partir de uma biblioteca, o estilo é adicionado ao painel Graphic Styles desse documento.

12 Feche o painel da biblioteca Illuminate Styles.

13 Escolha Select > Deselect e então File > Save.

Adicione a um estilo gráfico existente

Você pode aplicar um estilo gráfico a um objeto que já utiliza um estilo gráfico aplicado, o que pode ser útil se você quiser adicionar propriedades a um objeto a partir de outro estilo gráfico. A formatação torna-se cumulativa.

1 Com a ferramenta Selection (▶), clique para selecionar a forma do botão vermelho Live Help (não o ponto de interrogação).

Faça uma modificação na forma e então crie um novo estilo gráfico a partir dos atributos de aparência.

2 Clique na guia do painel Appearance no grupo de painéis Graphic Styles para abrir o painel. Selecione o atributo Fill e clique no botão Duplicate Selected Item (🖫) na parte inferior do painel. Isso cria uma cópia do preenchimento.

3 Clique na cor de preenchimento do novo atributo Fill, selecionado automaticamente no painel Appearance, para abrir o painel Swatches. Clique no botão do menu Swatch Libraries (🗐.). Escolha Patterns > Nature > Nature_Animal Skins. Selecione o padrão chamado Tiger para aplicá-lo ao preenchimento.

▶ **Dica:** Para ver amostras maiores, escolha Large Thumbnail View no menu do painel Nature_Animal Skins.

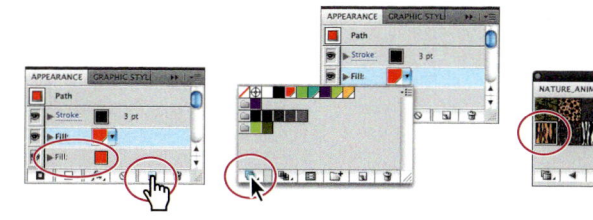

4 Feche o painel Nature_Animal Skins.

5 Mude Opacity para **30%** no painel Control.

6 Clique na guia do painel Graphic Styles para mostrar os estilos gráficos. Clique com a tecla Alt (Windows) ou Option (Mac OS) pressionadas no botão New Graphic Style ( ). Na caixa de diálogo Graphic Style Option, nomeie o estilo como Help. Clique em OK.

Aplique o estilo Bevel Soft Graphic Style à forma do botão Live Help que ainda está selecionada.

7 No painel Graphic Styles, clique para aplicar o estilo gráfico Bevel Soft à forma do botão.

Observe que os preenchimentos e o contorno não estão mais visíveis. Estilos gráficos substituem, por padrão, a formatação dos objetos selecionados.

8 Escolha Edit > Undo Graphic Styles.

9 Clique com a tecla Alt (Windows) ou Option (Mac OS) pressionadas no estilo gráfico Bevel Soft.

Observe que os preenchimentos e o contorno são preservados e que o chanfro também é aplicado. Clicar com Alt (Windows) ou Option (Mac OS) pressionadas adiciona a formatação do estilo gráfico à formatação existente.

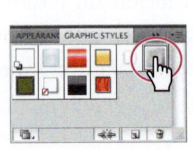

10 Abra o painel Appearance. Clique no ícone de olho (👁) à esquerda do atributo Drop Shadow para ocultá-lo.

11 Escolha Select > Deselect e então File > Save.

Aplique uma aparência a uma camada

Você também pode aplicar atributos de aparência simples a camadas. Por exemplo, para deixar tudo que está em uma camada 50% opaco, defina essa camada como alvo e altere a opacidade.

A seguir, você vai definir uma camada como alvo e alterar seu modo de mesclagem para suavizar o efeito do texto.

1 No painel Layers, clique no triângulo voltado para baixo ao lado de todas as camadas abertas para ocultá-las.

2 Role até a camada Collumns e então clique no seu ícone de alvo (○).

3 Selecione a amostra K=50 na cor de preenchimento (Fill) no painel Control e altere Opacity para **20%**.

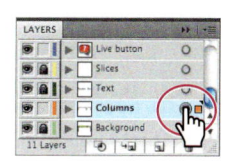

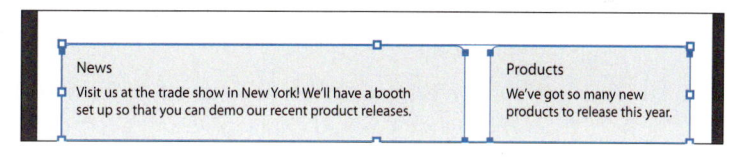

4 Escolha File > Save.

Copie, aplique e remova estilos gráficos

Quando você cria vários estilos gráficos e aparências, pode querer utilizá-los em outros objetos de seu trabalho. Use o painel Graphic Styles, o painel Appearance, a ferramenta Eyedropper (￼) ou a ferramenta Paint Bucket (￼) para aplicar e copiar atributos de aparência.

A seguir, você vai aplicar um estilo a um dos objetos utilizando o painel Appearance.

1 Escolha Select > Deselect.

2 Com a ferramenta Selection (￼), clique em uma das formas de seta do botão Home para selecioná-la.

● **Nota:** Certifique-se de arrastar a miniatura, não o texto.

3 No painel Appearance, arraste o thumbnail de aparência rotulado Path: Home para a forma do autofalante maior do botão Forums para aplicar esses atributos.

Você pode aplicar estilos ou atributos arrastando-os do painel Graphic Styles ou do painel Appearance sobre qualquer objeto. O objeto não precisa estar selecionado.

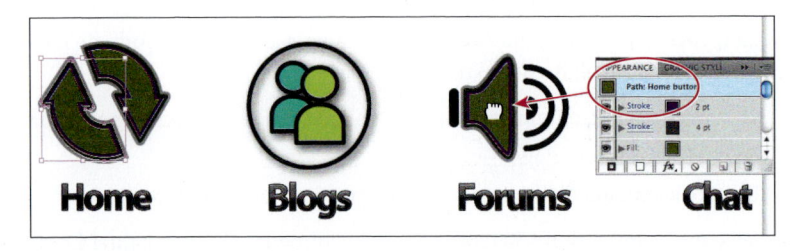

4 Escolha Select > Deselect.

Agora, aplique um estilo arrastando-o diretamente do painel Graphic Styles sobre um objeto.

5 Com a ferramenta Selection, arraste o thumbnail do estilo gráfico Charcoal Highlight no painel Graphic Styles até a forma do autofalante maior do botão Forums.

6 Solte o botão do mouse para aplicar o estilo à forma.

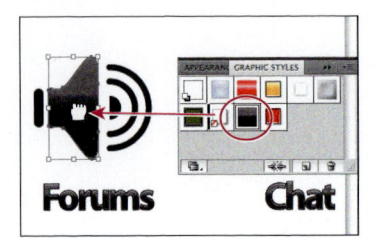

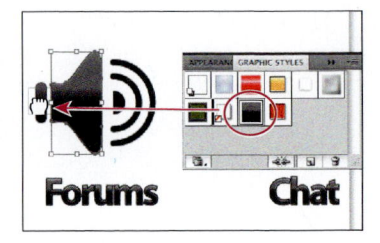

7 Arraste o mesmo estilo gráfico até a forma do autofalante menor, à esquerda do botão Forums, para aplicá-lo.

Utilize o painel Layers para copiar um atributo de uma camada para outra.

8 Expanda o painel Layers para ver todas as camadas. Clique na camada Blog button para selecioná-la. Com Alt (Windows) ou Option (Mac OS) pressionadas, arraste o indicador de aparência da camada Blog button para o indicador de aparência da camada de texto Header.

Utilizar Alt ou Option enquanto você arrasta copia um efeito de camada sobre outro, o que é indicado pelo cursor de mão com o sinal de adição. Para mover uma aparência ou estilo de uma camada ou objeto para outro, arraste o indicador de aparência.

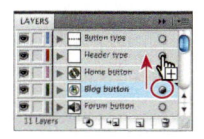

Arraste os atributos de aparência de uma camada para outra com a tecla Alt ou Option.

Agora, remova a aparência de uma camada utilizando o painel Layers.

9 No painel Layers, clique no ícone de alvo à direita da camada Blog button.

10 Arraste o ícone de alvo para o botão da lixeira, na parte inferior do painel Layers, para remover o atributo de aparência.

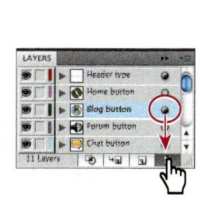

Você também pode remover atributos de uma camada ou objeto selecionado no painel Appearance. Para fazer isso, selecione o objeto e clique em Reduce To Basic Appearance no menu do painel, retornando o objeto ao seu estado original (incluindo qualquer contorno ou preenchimento) antes de o atributo de aparência ou estilo ter sido aplicado.

11 Escolha File > Save e então escolha File > Close.

Explore por conta própria

Agora que aprendeu os passos básicos para criar e usar aparências e estilos gráficos, você pode testar diferentes combinações de atributos de aparência para criar efeitos especiais interessantes. Tente combinar estilos diferentes para produzir novos estilos.

Por exemplo, eis como mesclar dois estilos existentes para criar um estilo novo em folha:

1 Escolha File > New para criar um novo arquivo. Na caixa de diálogo New Document, certifique-se de que Print está selecionado no menu New Document Profile e clique em OK.

2 Escolha Window > Graphic Styles para abrir o painel.

3 No painel Graphic Styles, selecione o estilo Round Corners 10 pt.

● **Nota:** Se o estilo Round Corners 10 pt não aparecer no painel Graphic Styles, clique no botão Graphic Styles Library Menu e escolha Image Effects > Yellow Glow.

4 Adicione outro estilo à seleção clicando com a tecla Ctrl (Windows) ou Command (Mac OS) pressionada no estilo chamado Arched Green.

● **Nota:** Se o estilo Arched Green não aparecer no painel Graphic Styles, clique no botão Graphic Styles Library Menu e escolha Type Effects > Twine.

5 Escolha Merge Graphic Styles no menu do painel Graphic Styles.

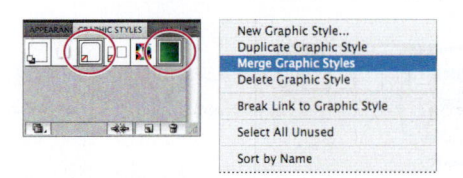

6 Atribua ao novo estilo o nome **merged style** na caixa de diálogo Graphic Style Options e clique em OK.

7 Na prancheta, desenhe uma forma ou crie um texto e então aplique o novo estilo.

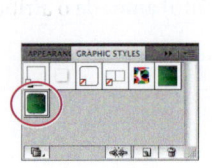

8 Escolha File > Close sem salvar o arquivo.

Perguntas de revisão

1 Identifique dois tipos de atributos de aparência.
2 Como adicionar um segundo contorno a um objeto?
3 Qual a diferença entre aplicar um estilo gráfico a uma camada e aplicá-lo a um objeto?
4 Como você adiciona a um estilo gráfico existente?
5 Como remover um atributo de aparência utilizando o painel Layers?

Respostas

1 O painel Appearance contém os seguintes tipos de atributos editáveis:
   - Atributos de preenchimento – Fill (tipo de preenchimento, cor, transparência e efeitos)
   - Atributos de contorno – Stroke (tipo de contorno, pincel, transparência de cor e efeitos)
   - Atributos de transparência – Transparency (opacidade e modo de mesclagem)
   - Efeitos do menu Effect
2 Clique no botão Add New Stroke do painel Appearance ou escolha Add New Stroke no menu do painel Appearance. Um contorno é adicionado ao topo da lista de aparências. Ele tem a mesma cor e espessura de traço do contorno original.
3 Depois que um estilo gráfico é aplicado a uma camada, tudo que você adicionar a essa camada terá esse estilo aplicado a ela. Por exemplo, se você criar um círculo em Layer 1 e depois movê-lo para Layer 2, que tem um efeito Drop Shadow aplicado, o círculo adotará esse efeito. Quando um estilo é aplicado a um único objeto, outros objetos dessa camada não são afetados. Por exemplo, se o objeto de um triângulo tiver um efeito Roughen aplicado ao seu path e você movê-lo para outra camada, ele conservará o efeito Roughen.
4 Quando um estilo gráfico é aplicado a um objeto, com Alt (Windows) ou Option (Mac OS) pressionada, clique em um novo estilo gráfico do painel Graphic Styles.
5 No painel Layers, clique no ícone de alvo de uma camada. Arraste o ícone de alvo até o botão Delete Selection do painel Layers para remover o atributo de aparência. Você também pode remover o atributo de aparência de um objeto ou camada selecionados utilizando o painel Appearance. Selecione o objeto e escolha Reduce To Basic Appearance no menu do painel Appearance para retornar o objeto ao seu estado original.

13 TRABALHANDO COM SÍMBOLOS

Visão geral da lição

Nesta lição, você vai aprender a:
- Aplicar instâncias de símbolo
- Criar um símbolo
- Utilizar as ferramentas de simbolismo
- Modificar e redefinir um símbolo
- Armazenar e recuperar arte-final no painel Symbols
- Descobrir os símbolos e a integração com o Adobe Flash

Esta lição levará aproximadamente uma hora para ser concluída. Se necessário, remova a pasta da lição anterior de seu disco rígido e copie a pasta Lesson13.

O painel Symbols permite aplicar múltiplos objetos pintando-os na página. Os símbolos utilizados em combinação com as ferramentas de simbolismo oferecem opções que tornam a criação de formas repetitivas, como grama, fácil e divertida. Você também pode utilizar o painel Symbols como um banco de dados para armazenar o trabalho e mapear símbolos para objetos 3D. Os símbolos também fornecem excelente suporte para a exportação SWF e SVG.

Introdução

Nesta lição, você terminará a arte de um cartaz. Antes de começar, restaure as preferências padrão do Adobe Illustrator. Abra o arquivo que contém o trabalho concluído para ver o que você vai criar.

1 Para que as ferramentas e os painéis funcionem como descritos nesta lição, exclua ou desative (renomeando) o arquivo de preferências do Adobe Illustrator CS4. Consulte "Restaurando as preferências padrão", na página 15.

2 Inicie o Adobe Illustrator CS4.

● **Nota:** Se você ainda não copiou os arquivos desta lição para o seu disco rígido a partir da pasta Lesson13 do CD do *Adobe Illustrator CS4 Classroom in a Book*, faça isso agora. Veja "Copiando os arquivos do Classroom in a Book", na página 14.

3 Escolha File > Open e abra o arquivo L13end.ai da pasta Lesson13, na pasta Lessons do disco rígido.

Se quiser visualizar o pôster final enquanto trabalha, escolha View > Zoom Out e ajuste o tamanho da janela. Utilize a ferramenta Hand (🖐) para mover o trabalho para o local que quiser na janela. Se não quiser deixar a imagem aberta, escolha File > Close.

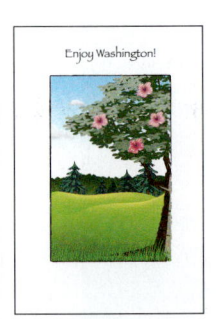

4 Escolha File > Open para abrir o arquivo L13start.ai da pasta Lesson13, localizada na pasta Lessons de seu disco rígido.

5 Escolha File > Save As. Na caixa de diálogo Save As, atribua ao arquivo o nome **poster.ai** e navegue até a pasta Lesson13. Deixe a opção Save As Type configurada como Adobe Illustrator (*.AI) (Windows) ou a opção Format configurada como Adobe Illustrator (ai) (Mac OS) e clique em Save. Na caixa de diálogo Illustrator Options, deixe as opções do Illustrator em suas configurações padrão e clique em OK.

6 Escolha Window > Workspace > Essentials.

7 Dê um duplo clique na ferramenta Hand (🖐) para ajustar a prancheta na janela.

Trabalhe com símbolos

Um símbolo é um objeto reutilizável armazenado no painel Symbols. Por exemplo, se você criar um símbolo a partir de um objeto na forma de uma folha de grama, poderá adicionar rapidamente múltiplas instâncias desse símbolo ao seu trabalho, assim, você não precisa desenhar as folhas uma por uma. Todas as instâncias do símbolo da grama são vinculadas ao símbolo no painel Symbols para que você possa alterá-las utilizando as ferramentas de simbolismo. Ao editar o símbolo original, todas as instâncias da grama vinculadas a ele são atualizadas. Você pode transformar essa grama marrom em verde instantaneamente! Os símbolos não apenas economizam tempo, mas também reduzem bastante o tamanho do arquivo. Eles também podem ser utilizados em conjunto com o Adobe Flash para criar arquivos SWF ou arte-final para Flash.

O Illustrator vem com uma série de bibliotecas de símbolos, que variam de ícones tiki a cabelos e pêlos. Você pode acessar as bibliotecas de símbolos no painel Symbols ou escolhendo Window > Symbol Libraries.

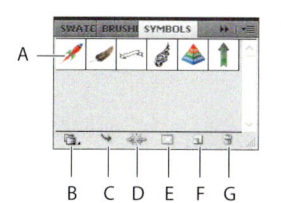

A. Símbolos
B. Menu de Symbol Libraries
C. Inserir uma instância de um símbolo
D. Quebrar o link para um símbolo
E. Opções do símbolo
F. Novo símbolo
G. Excluir símbolo

● **Nota:** O painel Symbols à esquerda é o painel Symbols padrão para um novo documento impresso do Illustrator.

Utilize bibliotecas de símbolos do Illustrator

Primeiro, você vai adicionar algumas nuvens ao trabalho a partir de uma biblioteca de símbolos existente. Então, vai criar seu próprio símbolo para usar como folhas da árvore.

1 Escolha View > Smart Guides para desmarcar as guias inteligentes.

2 Se o painel Symbols não estiver visível, escolha Window > Symbols ou clique no ícone do painel Symbols (♣) no lado direito do espaço de trabalho.

3 No painel Symbols, clique no botão Symbol Libraries Menu (🗔.) e escolha Nature. A biblioteca Nature se abre como um painel flutuante. Essa biblioteca é externa ao arquivo em que você está trabalhando, mas é possível importar qualquer um dos símbolos para o documento e utilizá-los no trabalho.

4 Clique no símbolo Cloud 1 para adicioná-lo ao painel Symbols. Feche o painel da biblioteca Nature.

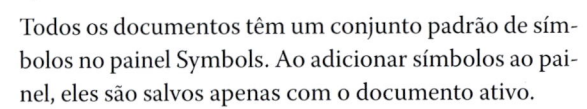

Todos os documentos têm um conjunto padrão de símbolos no painel Symbols. Ao adicionar símbolos ao painel, eles são salvos apenas com o documento ativo.

▶ **Dica:** Você aprenderá a compartilhar símbolos entre documentos mais adiante nesta lição.

5 Se o painel Layers não estiver visível, escolha Window > Layers. Clique na camada Sky para selecioná-la.

6 Utilizando a ferramenta Selection (▶), clique e arraste o símbolo Cloud 1 até a prancheta. Arraste quatro nuvens e posicione-as no céu.

As nuvens que você arrastou para a prancheta são chamadas instâncias do símbolo Cloud 1. A seguir, você vai redimensionar as instâncias do símbolo na página.

7 Utilizando a ferramenta Selection, arraste com a tecla Shift pressionada um canto de uma das instâncias da nuvem para aumentá-la. Deixe as nuvens em diferentes tamanhos utilizando o mesmo método.

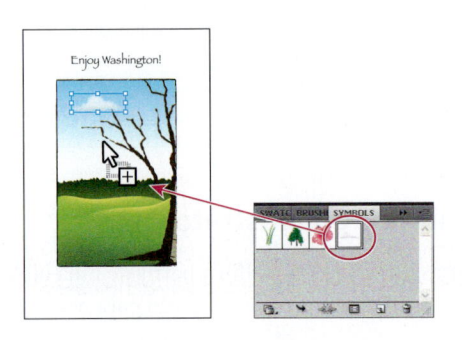

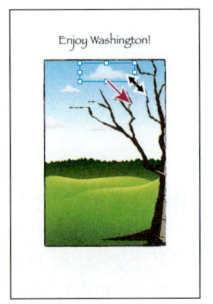

● **Nota:** Embora você possa transformar instâncias de símbolo de várias maneiras, as propriedades específicas das instâncias não podem ser editadas. Por exemplo, a cor de preenchimento permanece bloqueada porque ela é controlada pelo símbolo original no painel Symbols.

Agora, edite o símbolo da nuvem para que todas as instâncias sejam afetadas.

Se houver instâncias de símbolos na página, é possível editar o símbolo original dando um duplo clique em uma delas. Ao editar uma instância, todas as outras instâncias desse símbolo são atualizadas.

8 Com a ferramenta Selection (▶), dê um duplo clique em uma das nuvens na página. Uma caixa de diálogo aparece. Clique em OK para prosseguir. Isso ativará o modo de isolamento.

A nuvem em que você deu um duplo clique pode parecer mudar de tamanho. Isso ocorre porque você está vendo o símbolo original antes de redimensioná-lo na página.

9 Com a ferramenta Selection, clique na nuvem. Veja que você não pode selecionar nenhum outro objeto na página.

10 Certifique-se de que a caixa de preenchimento, Fill, está selecionada no painel Tools. Se o painel Gradient não estiver visível, escolha Window > Gradient ou clique no ícone do painel (■).

11 No painel Gradient, clique para selecionar a interrupção de cor da esquerda. Mude Opacity para **60%**. Oculte o painel Gradient clicando em sua guia.

12 Com a ferramenta Selection, dê um duplo clique fora da nuvem ou clique no botão Exit Isolation Mode (◄) no canto superior esquerdo da prancheta. Isso fecha o modo de isolamento para que você possa editar o resto do conteúdo. Observe que todas as instâncias da nuvem agora contêm o degradê que você acabou de editar.

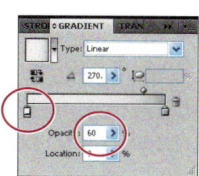

13 Escolha File > Save e deixe o documento aberto.

Crie símbolos

O Illustrator também permite que você crie seus próprios símbolos. Você pode criar símbolos a partir de objetos, incluindo paths, paths compostos, texto, imagens rasterizadas (também chamadas imagens bitmap), objetos de malha e grupos de objetos. Os símbolos podem até mesmo incluir objetos ativos, como traços de pincel, mesclagens, efeitos ou outras instâncias de símbolo.

● **Nota:** Você não pode utilizar arte inserida que não seja incorporada para criar um símbolo.

Agora, desenhe um objeto e crie seu próprio símbolo.

1 Se o painel Layers não estiver visível, escolha Window > Layers. Clique na camada Leaves para selecioná-la.

2 Selecione a ferramenta Pencil (✏) no painel Tools. Fora da borda direita da prancheta, no canvas, clique e desenhe uma forma de folha, iniciando e terminando no mesmo ponto. Quando estiver próximo de fechar a forma, pressione Alt (Windows) ou Option (Mac OS) para fechar automaticamente o path.

● **Nota:** Tente desenhar uma folha proporcional à árvore. Como se trata de arte vetorial, se você desenhar uma folha maior, poderá diminuí-la para que pareça correta na árvore.

3 No painel Control, clique na cor de preenchimento e selecione a amostra Dark Green no painel Swatches. Com a ferramenta Selection (), arraste duas cópias da folha que você desenhou com a tecla Alt (Windows) ou Option (Mac OS) pressionada.

4 Se o painel Color não estiver visível, escolha Window > Color. Selecione a folha do meio copiada e mude a cor de preenchimento no painel Color para um verde mais claro, digitando **75%** no campo Tint. Agora, selecione a folha copiada de baixo e digite **50%** no campo Tint.

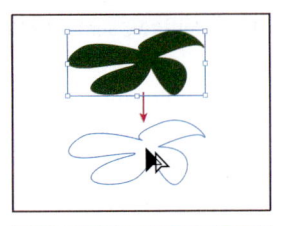

5 Se o painel Symbols não estiver visível, clique no ícone do painel Symbols (♣). Com a ferramenta Selection, selecione a folha verde-escura e arraste-a para o painel Symbols.

6 Na caixa de diálogo Symbol Options, nomeie-a **leaf1** e selecione Graphic para Type. Clique em OK para criar o símbolo.

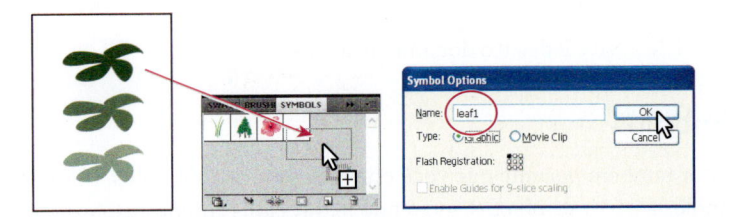

7 Agora, crie símbolos para as folhas copiadas. Nomeie a folha 75% verde como **leaf2** e a folha 50%, **leaf3**. Para ambos os símbolos, selecione Graphic para Type.

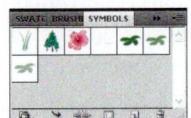

Depois de criar os símbolos da folha, as folhas originais fora da borda direita da prancheta são convertidas em instâncias de símbolo. Você pode deixá-las onde estão ou excluí-las.

8 Escolha File > Save.

Aplique spray a instâncias de símbolo

A seguir, você vai usar a ferramenta Symbol Sprayer para aplicar as folhas à sua ilustração.

1 Selecione a ferramenta Symbol Sprayer ( ) no painel Tools.

2 Clique no símbolo leaf1 do painel Symbols.

3 Clique e arraste com Symbol Sprayer, ferramenta muito parecida com um aerógrafo ou lata de tinta spray, para criar as folhas da árvore. Solte o botão do mouse quando tiver bastantes folhas na prancheta.

Observe a caixa delimitadora em torno das folhas na prancheta quando você solta o botão do mouse. Ela marca conjunto de símbolos. À medida que você pulveriza, as instâncias são agrupadas como um único objeto. Se um conjunto de símbolos for selecionado quando você começar a pulverizar com a ferramenta Symbol Sprayer, as instâncias de símbolo que você está pulverizando serão adicionadas ao conjunto de símbolos selecionado. Você pode excluir um conjunto de símbolos inteiro pressionando a tecla Delete quando ele está selecionado.

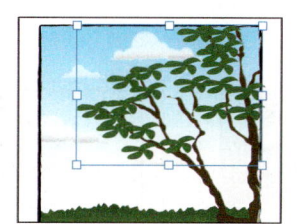

4 Com o conjunto de símbolos ainda selecionado, clique e arraste mais algumas folhas com a ferramenta Symbol Sprayer.

Instâncias de símbolo

Tenha as seguintes observações em mente ao criar uma instância de símbolo com o Symbol Sprayer:

- Todos os símbolos que aparecem de cada pulverizada de spray tornam-se um conjunto de instâncias que você manipula e edita como um todo.
- Você pode expandir ou reduzir o raio de pulverização utilizando as teclas de colchete. Pressione [para um raio de pulverização menor e] para um raio de pulverização maior.
- Pressionar Alt (Windows) ou Option (Mac OS) ao utilizar o Symbol Sprayer exclui as instâncias dentro de um conjunto de símbolos.

5 Escolha Select > Deselect para desmarcar o conjunto de símbolos leaf1 na página.

6 No painel Symbols, clique no símbolo leaf2 para selecioná-lo.

Altere as opções da ferramenta Symbol Sprayer.

● **Nota:** Um valor mais alto de intensidade aumenta a taxa da modificação – a ferramenta Symbol Sprayer pulveriza mais rápido. Quanto mais alto o valor de densidade do conjunto de símbolos, mais compactamente os símbolos são agrupados.

7 Dê um duplo clique na ferramenta Symbol Sprayer ( ) do painel Tools. Na caixa de diálogo Symbolism Tools Options, altere Intensity para **5** e Symbol Set Density para **7**. Clique em OK.

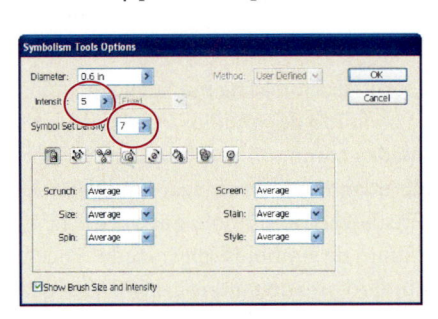

▶ **Dica:** Tente clicar e soltar sem arrastar o cursor. Isso pode adicionar uma única folha ou algumas folhas, dependendo da velocidade do clique.

8 Clique e arraste novamente utilizando a ferramenta Symbol Sprayer, como você fez no passo 3, para criar mais folhas da árvore com o símbolo leaf2.

A árvore agora tem duas cores de folhas, resultando em uma aparência mais realista. Você pode tentar isso com leaf3 para criar ainda mais folhas. Apenas certifique-se de escolher Select > Deselect antes de selecionar o símbolo leaf3.

9 Se o painel Layers não estiver visível, escolha Window > Layers. Clique na seta à esquerda da camada Leaves para visualizar o seu conteúdo. Observe que, para cada símbolo da folha (leaf1, leaf2 e leaf3) em que você usou o spray, há um novo conjunto de símbolos na camada Leaves. Utilizando a ferramenta Symbol Sprayer, um novo conjunto de símbolos é criado cada vez que você pulveriza, desde que nenhum outro conjunto de símbolos esteja selecionado.

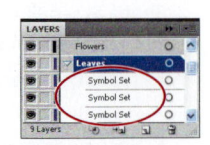

10 Escolha Select > Deselect e então File > Save.

Na próxima seção, você vai usar as ferramentas Symbol Sizer e Spinner para alterar a aparência de instâncias individuais de símbolos.

Edite conjuntos de símbolos com as ferramentas de simbolismo

A ferramenta Symbol Sprayer tem sete ferramentas de simbolismo. Você pode utilizar as ferramentas de simbolismo para alterar a densidade, a cor, a localização, o tamanho, a rotação, a transparência ou o estilo de conjuntos de símbolos.

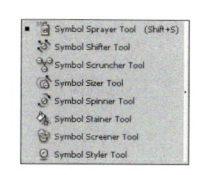

Agora, você vai selecionar o conjunto de símbolos leaf3 e editar as folhas utilizando as ferramentas Symbol Sizer e Symbol Spinner.

As ferramentas de simbolismo.

1 No painel Layers, clique na coluna Selection do conjunto de símbolos de cima (entre o botão de alvo e a barra de rolagem) para selecioná-la. Desmarque os ícones de olho (👁) à esquerda dos outros dois conjuntos de símbolos para ocultá-los.

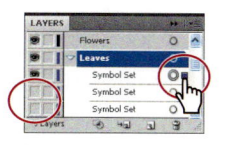

Selecione o conjunto de símbolos.

2 No painel Tools, clique e mantenha o botão do mouse pressionado na ferramenta Symbol Sprayer e selecione a ferramenta Symbol Sizer ( ). Clique e arraste sobre suas instâncias de símbolo para dimensionar algumas folhas. Pressione Alt (Windows) ou Option (Mac OS) enquanto utiliza a ferramenta Symbol Sizer para reduzir o tamanho das instâncias selecionadas.

▶ **Dica:** Se o dimensionador de símbolos estiver funcionando de uma maneira excessivamente efetiva (dimensionando muito rápido), você pode dar um duplo clique na ferramenta Symbol Sizer do painel Tools para reduzir os valores de Intensity e Density na caixa de diálogo Symbolism Tools Options.

● **Nota:** A ferramenta Symbol Sizer funciona melhor quando você clica nas instâncias de símbolo e solta o botão do mouse, em vez de mantê-lo pressionado.

Agora, você vai girar alguns símbolos.

3 Selecione a ferramenta Symbol Spinner ( ) no grupo da ferramenta Symbol Size e clique e arraste sobre as folhas para girá-las.

Quanto mais você move o cursor, mais rotação ocorre e mais folhas são afetadas.

● **Nota:** As setas aparecem à medida que você gira, indicando a direção da rotação.

4 No painel Layers, clique na coluna Visibility à esquerda dos dois conjuntos de símbolos de baixo para exibi-los novamente.

Tente selecionar outro conjunto de símbolos e edite essas instâncias com as ferramentas de simbolismo.

5 Escolha Select > Deselect.

6 Escolha File > Save.

O que as ferramentas de simbolismo fazem?

Ferramenta Symbol Shifter ( ) – Move instâncias de símbolo. Ela também pode alterar a ordem de empilhamento das instâncias de símbolo em um conjunto.

Ferramenta Symbol Scruncher ( ) – Agrupa ou separa instâncias de símbolo.

Ferramenta Symbol Sizer ( ) – Aumenta ou diminui o tamanho das instâncias de símbolo.

Ferramenta Symbol Spinner ( ) – Orienta as instâncias de símbolo em um conjunto. As instâncias de símbolo localizadas próximas do cursor seguem o movimento do cursor. À medida que você arrasta o mouse, uma seta aparece acima do cursor para mostrar a orientação atual das instâncias de símbolo.

Ferramenta Symbol Shifter ( ) – Colore instâncias de símbolo. Colorir uma instância de símbolo muda o tom da direção da cor da tinta, preservando, ao mesmo tempo, a luminosidade original, assim os objetos em preto ou branco não mudam de cor.

Ferramenta Symbol Screener ( ) – Aumenta ou diminui a transparência das instâncias de símbolo em um conjunto.

Ferramenta Symbol Styler ( ) – Aplica o estilo selecionado à instância de símbolo. Você pode mudar para ferramenta Symbol Styler ao utilizar qualquer outra ferramenta de simbolismo clicando em um estilo no painel Styles.

Edite símbolos

Nos próximos passos, você vai adicionar um símbolo para a grama e, então, editá-lo e atualizá-lo.

1 Se o painel Layers não estiver visível, escolha Window > Layers. Selecione a camada Leaves para selecioná-la se já não estiver selecionada.

2 Utilizando a ferramenta Selection ( ), clique na cor de preenchimento no painel Control e selecione None ( ). Clique na cor de contorno no painel Control e selecione a grama verde no painel Swatches. Certifique-se de que a espessura do contorno é 1 pt.

3 Utilizando a ferramenta Zoom (🔍), clique algumas vezes para ampliar a área verde onde a grama será inserida, na base da árvore.

4 Dê um duplo clique na ferramenta Pencil (✏️). Na caixa de diálogo Pencil Tool Options, desmarque a opção Keep Selected e clique em OK.

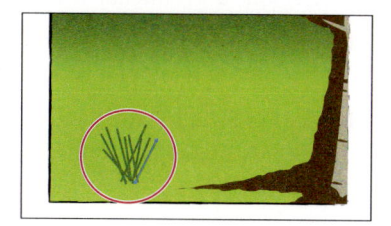

5 Utilizando a ferramenta Pencil, crie várias folhas de grama. Utilize segmentos de pelo menos 10 linhas para fazer um tufo de grama.

6 Selecione a ferramenta Selection e arraste uma de seleção para cercar as folhas de grama.

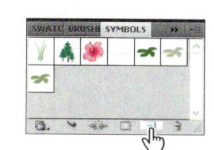

7 Com as folhas de grama selecionadas, abra o painel Symbols clicando no ícone do painel Symbols (♣) no lado direito do espaço de trabalho. Clique no botão New Symbol (🔲) do painel Symbols. Nomeie o novo símbolo **grass** e selecione Graphic como Type. Clique em OK. Utilize a ferramenta Selection para excluir as folhas de grama originais utilizadas para criar o símbolo.

8 No painel Tools, clique e mantenha o botão do mouse pressionado sobre a ferramenta Symbol Spinner e selecione a ferramenta Symbol Sprayer (🧴). Dê um duplo clique na ferramenta Symbol Sprayer para abrir a caixa de diálogo Symbolism Tool Options. Mude Intensity para **9** e Symbol Set Density para **8** e clique em OK.

9 No painel Symbols, clique no símbolo da grama que acabou de adicionar. Clique e arraste para pulverizar o símbolo da grama sobre a base da árvore.

10 No painel Control, altere a cor de preenchimento para preto.

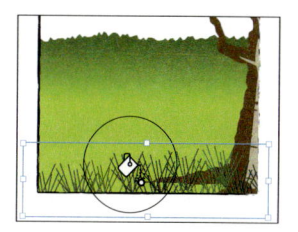

11 Selecione a ferramenta Symbol Stainer (🧴). Pressione a tecla de fecha colchete (]) várias vezes para aumentar o tamanho do pincel. Clique e solte sobre as instâncias da grama, fornecendo-lhes um tom mais escuro. Pressione Alt (Windows) ou Option (Mac OS) para diminuir a cor e revelar mais da cor do símbolo original para algumas das instâncias de grama. Experimente preenchimentos de cores diferentes (como a amostra verde-clara) para alcançar um gramado de aparência mais realista.

12 Escolha File > Save.

Atualize um símbolo

Nesta próxima seção, você vai editar a grama uma vez e todas as instâncias serão atualizadas.

1 Selecione a ferramenta Selection (▶) no painel Tools.

2 No painel Symbols, dê um duplo clique no símbolo da grama para editá-lo. Uma instância temporária do símbolo aparece no centro da prancheta.

3 Escolha Select > All ou arraste uma seleção sobre as folhas de grama com a ferramenta Selection.

4 Clique em Stroke Weight no painel Control e escolha **2pt** no menu.

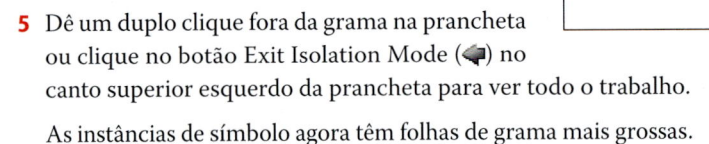

5 Dê um duplo clique fora da grama na prancheta ou clique no botão Exit Isolation Mode (◀) no canto superior esquerdo da prancheta para ver todo o trabalho.

As instâncias de símbolo agora têm folhas de grama mais grossas.

6 Escolha File > Save.

Quebre um link de um símbolo

Por vezes é necessário editar instâncias específicas na prancheta. Como as ferramentas de simbolismo só permitem fazer certos tipos de modificações, em certas situações será preciso quebrar o link entre um símbolo e uma instância. Isso cria um grupo de instâncias desvinculadas (se o objeto for composto de mais de um objeto) na prancheta. Você pode então desagrupá-las e editar os objetos individuais.

Agora, insira várias instâncias de um símbolo e quebre o link de uma das instâncias.

1 Se o painel Layers não estiver visível, escolha Window > Layers. No painel Layers, clique na camada Flowers para selecioná-la. Desmarque o ícone de olho (👁) à esquerda da camada Leaves para ocultá-la e clique na seta à esquerda da camada Leaves para fechá-la. Clique na coluna Lock à esquerda da camada Sky para bloquear seu conteúdo.

● **Nota:** Talvez você precise rolar para baixo no painel Layers para ver a camada Sky.

2 Dê um duplo clique na ferramenta Hand (✋) do painel Tools para ajustar a prancheta na janela.

3   No painel Symbols, selecione o símbolo Hibiscus e arraste quatro cópias para a árvore. Com a ferramenta Selection (▶), organize-as de modo que fiquem espalhadas.

▶ **Dica:** Depois de arrastar uma instância do painel Symbols, você pode arrastar as cópias com a tecla Alt ou Option pressionadas para fazer mais instâncias.

4   Selecione uma das instâncias de símbolo da flor na página. No painel Control, clique no botão Break Link.

Esse objeto agora é um grupo, como indicado pela palavra Group no lado esquerdo do painel Control. Você deve poder ver os pontos das formas dentro da flor.

5   Selecione a ferramenta Zoom (🔍) e arraste uma seleção sobre a flor selecionada para ampliá-la.

6   Com a ferramenta Selection, dê um duplo clique na flor para entrar no modo de isolamento. Clique na forma da flor rosa para selecioná-la (não os pedaços menores).

● **Nota:** Para selecionar a forma no centro, talvez seja necessário ampliar ainda mais.

7   Selecione a ferramenta Gradient (▭) no painel Tools. Observe a barra de degradê que aparece quando você posiciona o cursor da ferramenta Gradient sobre a forma da flor.

Agora, edite a cor de degradê da flor.

● **Nota:** Para saber mais sobre como trabalhar com degradês, veja a Lição 9.

8   Dê um duplo clique na interrupção de cor da extremidade direita da barra de controle deslizante. No painel que aparece, clique no botão Color (). Arraste, com a tecla Shift pressionada, o controle deslizante de magenta (M) para a esquerda até que seu valor seja aproximadamente 14%. Pressione Enter ou Return para aceitar a modificação da cor e fechar o painel. O degradê da flor deve conter cores mais claras na borda da flor.

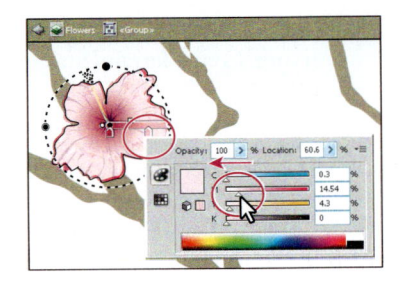

9   Selecione a ferramenta Selection e dê um duplo clique em algum lugar fora da flor para sair do modo de isolamento.

10 Escolha File > Save e mantenha o trabalho aberto.

Substitua símbolos

A seguir, você vai criar um símbolo a partir da flor modificada e substituir algumas das instâncias do hibisco pelo novo símbolo.

1   Escolha View > Fit Artboard In Window.

2   Com a ferramenta Selection (), clique e arraste a flor modificada para o painel Symbols. Na caixa de diálogo Symbol Options, mude o nome para Hibiscus2 e Type para Graphic. Clique em OK.

3   Com a ferramenta Selection, selecione uma instância diferente da flor de hibisco na prancheta. No painel Control, clique na seta à direita do campo Replace Instance With Symbol para abrir o painel Symbols. Clique no símbolo Hibiscus2.

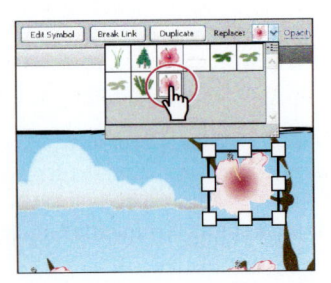

4   Escolha Select > Deselect.

5   Se o painel Layers não estiver visível, escolha Window > Layers. No painel Layers, selecione a coluna Visibility à esquerda da camada Leaves para exibi-la.

6   Escolha File > Save. Mantenha o arquivo aberto.

Armazene e recupere arte-final no painel Symbols

Salvar logotipos ou outras artes utilizadas frequentemente como símbolos permite acessá-las rapidamente.

Nesta lição, você vai salvar símbolos criados anteriormente como uma nova biblioteca de símbolos que você pode compartilhar com outros documentos ou usuários.

● **Nota:** Bibliotecas de símbolos são salvas como arquivos Adobe Illustrator (.ai).

1 No painel Symbols, clique no botão Symbol Libraries Menu (📄) e escolha Save Symbols.

● **Nota:** Ao salvar símbolos como uma biblioteca separada, o documento que contém os símbolos deve estar aberto e ativo na janela de documento.

2 Na caixa de diálogo Save Symbols As Library, escolha uma localização, como sua área de trabalho, para inserir o arquivo da biblioteca de símbolos. Nomeie o arquivo da biblioteca como **outdoors.ai**. Clique em Save.

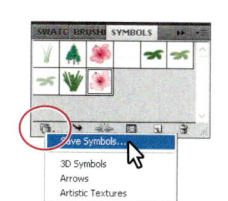

● **Nota:** Ao abrir a caixa de diálogo Save Symbols As Library pela primeira vez, você é levado a uma pasta Symbols. Você pode armazenar as bibliotecas que criar nessa pasta. O Illustrator reconhece todas as bibliotecas nela armazenadas e permite escolhê-las no menu Symbol Libraries.

▶ **Dica:** Se salvar a biblioteca na pasta padrão, você pode fazer subpastas e criar uma estrutura de pastas que atenda às suas necessidades. Você pode então acessá-los utilizando o botão Symbol Libraries Menu ou escolhendo Window > Symbol Libraries.

3 Sem fechar o arquivo poster.ai, crie um novo documento escolhendo File > New. Conserve as configurações padrão e clique em OK.

4 No painel Symbols, clique no botão Symbol Libraries Menu (📄) e escolha Other Library na parte inferior do menu. Navegue até a pasta em que salvou a biblioteca outdoors.ai, selecione-a e clique em Open.

A biblioteca outdoors aparece como um painel no espaço de trabalho. Você pode encaixá-la ou deixá-la onde está. Ela permanece aberta enquanto o Illustrator estiver aberto. Ao fechar o Illustrator e então recarregá-lo, esse painel não se reabrirá.

5 Arraste todos os símbolos do painel da biblioteca outdoors para a página.

6 Escolha File > Close e não salve o novo arquivo. Mantenha o arquivo poster.ai aberto se planeja passar para a seção Explore por conta própria.

Mapeie um símbolo para arte 3D

Você pode aplicar qualquer arte 2D armazenada como símbolo no painel Symbols a superfícies selecionadas em um objeto 3D. Para aprender sobre mapeamento de símbolos para arte 3D, consulte a Lição 11, "Aplicando Efeitos".

Símbolos e integração com o Flash

Os símbolos também fornecem suporte excelente para exportação SWF e SVG. Quando você exporta para o Flash, pode configurar o tipo de símbolo como Movie Clip. No Flash, você pode escolher outro tipo, se necessário. Além disso, é possível especificar um dimensionamento de 9 fatias no Illustrator para que os movie clips sejam dimensionados adequadamente quando utilizados para componentes de interface com o usuário.

Você pode mover o trabalho do Illustrator para o ambiente de edição do Flash ou diretamente para o Flash Player. Você pode copiar e colar o trabalho, salvar arquivos como SWF ou exportá-lo para o Flash. Além disso, o Illustrator fornece suporte para texto dinâmico e símbolos de movie clip do Flash. Um fluxo de trabalho de símbolo no Illustrator é semelhante ao fluxo de trabalho de símbolo no Flash:

- Passo 1: Criação do símbolo

  Quando você cria um símbolo no Illustrator, a caixa de diálogo Symbol Options permite atribuir um nome a ele e configurar opções específicas para o Flash: tipo de símbolo de movie clip (que é o padrão para símbolos do Flash), localização na grade de registro do Flash e guias de dimensionamento de 9 fatias. Além disso, você pode utilizar muitos dos mesmos atalhos de teclado para símbolo no Illustrator e no Flash – como F8, para criar um símbolo.

- Passo 2: Modo de isolamento para edição de símbolo
- Passo 3: Propriedades e links de símbolo
- Passo 4: Objetos estáticos, dinâmicos e de entrada de texto

A seguir, você vai criar um botão, salvá-lo como um símbolo e editar as opções do símbolo.

1 Escolha File > New.

2 Na caixa de diálogo New Document, escolha Web no menu New Document Profile. Mantenha o restante das configurações no padrão e clique em OK.

3 Escolha File > Save As. Na caixa de diálogo Save As, atribua ao arquivo o nome **buttons.ai** e navegue até a pasta Lesson13. Deixe a opção Save As Type configurada como Adobe Illustrator (*.AI) (Windows) ou a opção For-

LIÇÃO 13
Trabalhando com Símbolos

mat configurada como Adobe Illustrator (ai) (Mac OS) e clique em Save. Na caixa de diálogo Illustrator Options, deixe as opções do Illustrator em suas configurações padrão e clique em OK.

4   Abra o painel Symbols clicando no ícone do painel Symbols (♣).

5   Arraste o símbolo Bullet – Forward do painel Symbols para a prancheta.

6   Com a ferramenta Selection (▶), clique com a tecla Shift pressionada no canto superior direito do botão e arraste para aumentá-lo.

7   Com o botão ainda selecionado, altere Instance Name no painel Control para Home.

8   Com o botão selecionado, arraste-o para a direita e pressione Shift+Alt (Windows) ou Shift+Option (Mac OS) para criar uma cópia. Solte primeiro o botão do mouse e depois as teclas. No painel Control, digite Info no campo Instance Name.

▶ **Dica:** Como mencionado anteriormente neste capítulo, há muito mais símbolos que vêm com o Illustrator. Você pode localizá-los clicando no botão Symbol Libraries Menu na parte inferior do painel Symbols.

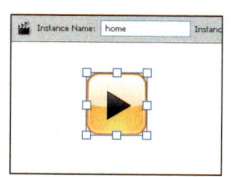

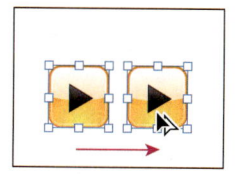

9   Com um dos botões ainda selecionado, clique no botão Symbol Options (▣) do painel Symbols. Selecione Movie Clip, selecione Enable Guides For 9-slice Scaling e clique em OK.

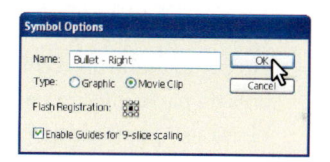

Ajuste as guias de dimensionamento em 9 fatias.

10   Com a ferramenta Selection, dê um duplo clique no botão da esquerda para entrar no modo de isolamento. Quando a caixa de diálogo de aviso aparecer, clique em OK.

11   Clique e arraste a guia da esquerda em direção à borda do botão, parando um pouco antes do começo da curva do canto arredondado para que a guia inicie antes dos cantos arredondados. Repita para a guia da direita arrastando-a para a direita. Repita o mesmo passo para as guias horizontais.

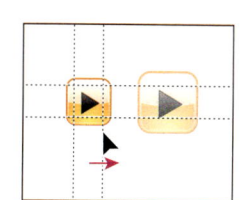

● **Nota:** Pode ser difícil arrastar as guias. Talvez você precise ampliar.

12   Com a ferramenta Selection, dê um duplo clique longe dos botões para sair do modo de isolamento.

13   Escolha File > Save.

O que é o dimensionamento de 9 fatias?

Você pode utilizar o dimensionamento de 9 fatias (scale-9) na caixa de diálogo Symbol Options para especificar o dimensionamento do estilo componente de símbolos de movie clip destinados à exportação para o Flash. Esse tipo de dimensionamento permite criar símbolos de movie clip que se dimensionam adequadamente para utilização como componentes de interface com o usuário, em oposição ao tipo de dimensionamento geralmente aplicado a elementos gráficos e de design.

—*Extraído do Illustrator Help*

Para os próximos passos, o Adobe Flash CS4 precisa estar instalado em sua máquina.

14 Abra o Adobe Flash CS4.

15 Escolha File > New. Conserve as configurações padrão e clique em OK.

16 Escolha File > Import > Import To Library no Adobe Flash. Navegue até o arquivo buttons.ai que acabou de salvar no Illustrator e clique no botão Import To Library. A caixa de diálogo Import "buttons.ai" To Library aparece.

Essa caixa de diálogo permite selecionar a prancheta e as camadas a importar, como importar o conteúdo e muito mais. A opção Import Unused Symbols na parte inferior da caixa de diálogo insere todos os símbolos do painel Illustrator Symbols no painel Flash Library. Isso pode ser muito útil se, por exemplo, você desenvolver uma série de botões para um site.

17 Clique em OK.

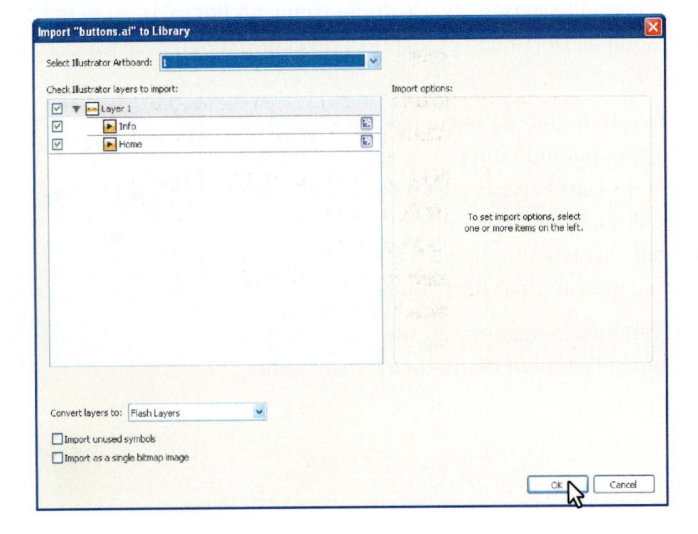

18 Abra o painel Library clicando na guia do painel Library. Clique na seta à esquerda dos nomes da pasta para exibir os recursos e também o símbolo Bullet – Forward da pasta Illustrator Symbols.

19 Arraste o símbolo Bullet – Forward até o Stage.

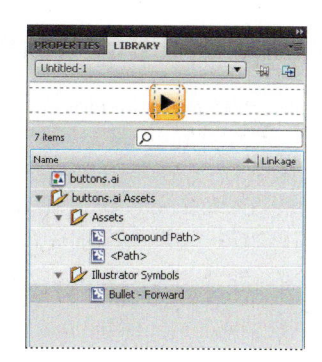

● **Nota:** Há várias maneiras de importar conteúdo do Illustrator CS4 para o Flash CS4. Você também pode escolher File > Import > Import To Stage. Isso insere os dois botões no Stage e cada nome de instância aparece no painel Property quando elas são selecionadas de maneira independente. O conteúdo também é adicionado ao painel Library.

20 Escolha File > Close para fechar o arquivo Flash e não salve as alterações. Feche o Flash e retorne ao Illustrator.

Colando artes do Illustrator no Flash

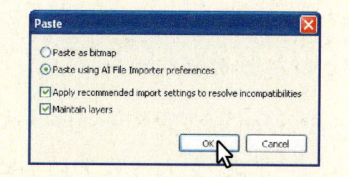

Outra opção é copiar e colar o conteúdo no Flash CS4 a partir do Illustrator CS4. Quando você cola no Flash CS4, a caixa de diálogo Paste aparece. Você pode colar um bitmap simples ou colar utilizando as preferências AI File Importer. A última opção funciona da mesma maneira que o comando File > Import > Import To Stage, embora a caixa de diálogo Import "buttons.ai" To Stage não apareça.

Quando você cola a arte do Illustrator no Flash, os seguintes atributos são preservados:

Paths e formas	Escalabilidade
Espessuras do contorno	Definições de degradês
Texto (inclusive fontes OpenType)	Imagens vinculadas
Símbolos	Modos de mesclagem

—*Extraído do Illustrator Help*

Explore por conta própria

Tente integrar símbolos em ilustrações com artes repetidas a partir de mapas que contêm de tudo, de ícones repetidos e sinais de estrada a marcadores criativos e personalizados de texto. Os símbolos facilitam a atualização de logotipos em cartões de visita ou etiquetas de nome ou qualquer trabalho criado com múltiplas ocorrências da mesma arte.

Para inserir várias instâncias de símbolo, faça o seguinte:

1 Selecione o trabalho que quer utilizar como um símbolo.

2 Arraste a arte utilizando a ferramenta Selection (▶) para o painel Symbols. Exclua a arte original quando ela estiver no painel Symbols.

3 Para adicionar uma instância à prancheta, arraste o símbolo do painel Symbols até a prancheta.

4 Arraste quantas instâncias do símbolo quiser ou arraste a instância original com a tecla Alt (Windows) ou Option (Mac OS) pressionada para cloná-la para outros locais.

5 Agora os símbolos estão vinculados com o símbolo original no painel Symbols. Se um símbolo for atualizado, todas as instâncias inseridas serão atualizadas.

Perguntas de revisão

1 Quais são as três vantagens de utilizar um símbolo?
2 Indique a ferramenta de simbolismo utilizada para alterar tons e sombras de um símbolo.
3 Se estiver utilizando uma ferramenta de simbolismo em uma área à qual foram aplicados dois símbolos diferentes, qual deles é afetado?
4 Como atualizar um símbolo existente?
5 O que é que não pode ser utilizado como um símbolo?
6 Como acessar símbolos de outros documentos?

Respostas

1 Três vantagens de usar símbolos são:
- Fácil aplicação de várias formas.
- Você pode editar um símbolo e todas as instâncias serão atualizadas.
- Você pode mapear a arte para objetos 3D (tema tratado detalhadamente na Lição 11, "Aplicando Efeitos").

2 A ferramenta Symbol Stainer altera as tintas e as sombras de um símbolo.

3 Se você estiver utilizando uma ferramenta de simbolismo sobre uma área que tem duas instâncias de símbolo diferentes, o símbolo ativo no painel Symbols será a única instância afetada.

4 Para atualizar um símbolo existente, dê um duplo clique no ícone de símbolo no painel Symbols ou em uma instância do símbolo na prancheta. A partir daí, você pode fazer edições no modo de isolamento.

5 Imagens não incorporadas não podem ser utilizadas como símbolos.

6 Você pode acessar símbolos de documentos salvos escolhendo Window > Symbol Libraries > Other Libraries, ou a partir do menu Symbol Libraries.

14 COMBINANDO ELEMENTOS GRÁFICOS COM OUTROS APLICATIVOS ADOBE

Visão geral da lição

Nesta lição, você vai aprender a:

- Diferenciar entre elementos gráficos vetoriais e imagens bitmap
- Inserir os elementos gráficos do Adobe Photoshop incorporados em um arquivo do Adobe Illustrator
- Criar uma máscara de recorte de paths compostos
- Fazer uma máscara de opacidade para exibir parte de uma imagem
- Obter uma amostra de cor em uma imagem inserida
- Substituir uma imagem inserida por outra e atualizar o documento
- Exportar um arquivo em camadas para o Adobe Photoshop
- Inserir arquivos do Illustrator no Adobe InDesign
- Integrar o Illustrator com o Adobe Flash
- Salvar um arquivo do Illustrator para o Adobe Flex

Esta lição levará aproximadamente uma hora para ser concluída. Se necessário, remova a pasta da lição anterior de seu disco rígido e copie a pasta Lesson14.

É fácil adicionar uma imagem criada em um programa de edição de imagens a um arquivo do Adobe Illustrator. Esse é um método eficaz para ver como uma fotografia fica incorporada a um desenho a traço ou para testar efeitos especiais do Illustrator em imagens bitmap.

Introdução

Antes de começar, restaure as preferências padrão do Adobe Illustrator CS4. Depois, abra o arquivo desta lição para ver o que você vai criar.

1 Para que as ferramentas e os painéis funcionem como descritos nesta lição, exclua ou desative (renomeando) o arquivo de preferências do Adobe Illustrator CS4. Consulte "Restaurando as preferências padrão", na página 15.

2 Inicie o Adobe Illustrator CS4.

● **Nota:** Se você ainda não copiou os arquivos desta lição para o seu disco rígido a partir da pasta Lesson14 do CD do *Adobe Illustrator CS4 Classroom in a Book*, faça isso agora. Veja "Copiando os arquivos do Classroom in a Book", na página 14.

3 Escolha File > Open. Localize o arquivo L14end.ai na pasta Lesson14, dentro da pasta Lessons que você copiou para seu HD. Esse é um cartão postal de uma exposição de tecnologia, e você vai adicionar e editar elementos gráficos a ele nesta lição. Deixe-o aberto para referência ou escolha File > Close.

Agora, abra o arquivo inicial no Adobe Bridge CS4.

Trabalhe com o Adobe Bridge

O Adobe Bridge é um aplicativo que é instalado quando você instala um componente do Creative Suite 4, como o Illustrator ou todo o Creative Suite 4. Ele permite navegar pelo conteúdo visual, gerenciar metadados, entre outras coisas.

4 Escolha File > Browse In Bridge para abrir o Adobe Bridge.

● **Nota:** A primeira vez que o Adobe Bridge é carregado, uma caixa de diálogo pode aparecer perguntando se você quer que o Bridge inicie no login. Clique em Yes se quiser que ele carregue na inicialização; do contrário, clique em No para carregar o Adobe Bridge manualmente quando necessário.

LIÇÃO 14 | **407**
Combinando Elementos Gráficos com Outros Aplicativos Adobe

5 No painel Favorites da esquerda, clique em Desktop e acesse o arquivo L14start.ai na pasta Lesson14. Clique no arquivo no painel Content.

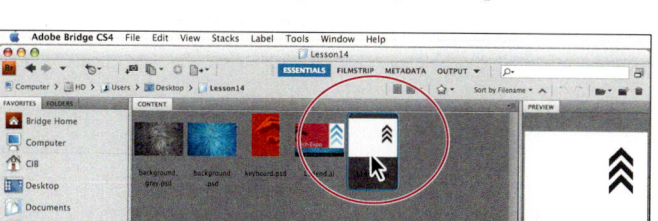

● **Nota:** Para mais detalhes sobre o Adobe Bridge, consulte o Illustrator Help.

6 Na parte inferior do painel Content, arraste o controle deslizante para a direita para aumentar o tamanho dos thumbnails do painel Content.

7 Na parte direita superior do Adobe Bridge, clique em Filmstrip. Ele altera a aparência do espaço de trabalho do Adobe Bridge. O modo de exibição é do tipo 'tira de filme', que pode fornecer uma visualização maior do objeto selecionado. Clique em Essentials para voltar ao espaço de trabalho original.

8 Com o arquivo L14start.ai ainda selecionado no painel Content, clique na guia do painel Metadata no lado direito do espaço de trabalho para ver os metadados associados ao arquivo selecionado. Podem ser dados de câmera, amostras de documento etc. Clique na guia do painel Keywords para revelar o painel Keywords.

Palavras-chave podem ser associadas a objetos como, por exemplo, imagens. Depois de associar uma palavra-chave, você pode pesquisar o conteúdo associado a ela.

9 No painel Keywords, clique no sinal de adição na parte inferior para criar uma palavra-chave. Digite **techexpo** no campo de palavra-chave e pressione Enter ou Return. Clique na caixa à esquerda da palavra-chave para associá-la ao arquivo selecionado.

10 Escolha Edit > Find. Na caixa de diálogo Find, escolha Keywords no primeiro menu da seção Criteria. Digite **techexpo** no campo da direita em Criteria. Deixe o campo do meio configurado como contains e clique em Find.

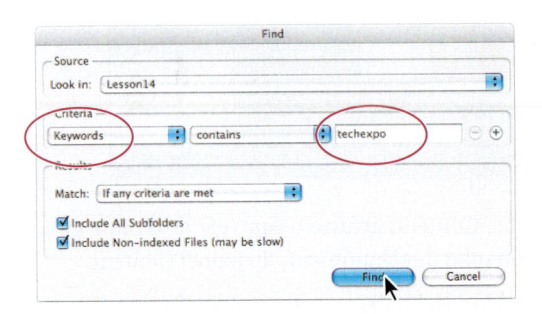

Os resultados da pesquisa aparecem no painel Content.

11 Clique no x no canto superior direito do painel Content para fechar os resultados encontrados e voltar à pasta.

12 Dê um duplo clique no arquivo L14start.ai para abrir o arquivo no Illustrator. Deixe o Adobe Bridge aberto. Escolha View > Fit Artboard In Window.

13 Clique no ícone do painel Layers ( ) e veja se o arquivo tem duas camadas: Texto e imagens. Você vai inserir imagens nas duas camadas. A camada Images também contém objetos que você transformará em uma máscara, o que é discutido mais adiante na lição.

14 Escolha File > Save As. Na caixa de diálogo Save As, navegue até a pasta Lesson14 e abra-a. Nomeie o arquivo **Postcard.ai**. Deixe a opção Save As Type configurada como Adobe Illustrator (*.AI) (Windows) ou a opção Format configurada como Adobe Illustrator (ai) (Mac OS) e clique em Save. Na caixa de diálogo Illustrator Options, deixe as opções do Illustrator em suas configurações padrão e clique em OK.

Combine artes-finais

Você pode combinar artes do Illustrator com imagens de outros aplicativos gráficos de diversas maneiras para um amplo espectro de resultados criativos. Compartilhar trabalhos entre aplicativos permite combinar pinturas em degradê e fotografias com a arte a traço (preto e branco). Mesmo que o Illustrator permita criar certos tipos de imagens rasterizadas, é o Adobe Photoshop que se destaca nas tarefas de edição de imagem. Trabalhe com imagens no Photoshop e então as insira no Illustrator.

Esta lição mostra o processo de criação de uma imagem composta, incluindo combinação de imagens bitmap com arte vetorial e trabalho entre aplicativos. Você vai adicionar imagens fotográficas criadas no Adobe Photoshop a um cartão postal criado no Adobe Illustrator. Então, vai ajustar a cor da foto, mascará-la e obter uma amostra de cor dela para utilizar no trabalho do Illustrator. Você vai atualizar uma imagem inserida e depois exportar seu cartão postal para o Photoshop.

Elementos vetoriais *versus* imagens bitmap

O Adobe Illustrator cria elementos gráficos vetoriais, que contêm formas baseadas em expressões matemáticas. Os elementos gráficos consistem em linhas uniformes e bem-definidas que retêm sua nitidez quando dimensionadas. Eles são apropriados para ilustrações, texto e elementos gráficos que precisam ser dimensionados em diferentes tamanhos, como logotipos.

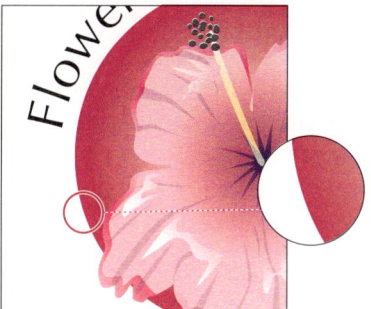

O logotipo é desenhado como arte vetorial e mantém sua nitidez quando redimensionado a um tamanho maior.

Imagens bitmap, também chamadas de imagens rasterizadas, são baseadas em uma grade de pixels e são criadas por aplicativos de edição de imagens, como o Adobe Photoshop. Ao trabalhar com imagens bitmap, você edita grupos de pixels em vez de objetos ou formas. Como as imagens bitmap podem representar graduações sutis de sombras e cores, elas são apropriadas para imagens de tom contínuo, como fotografias ou arte criada em programas de pintura. Uma desvantagem das imagens bitmap é que elas perdem a definição e parecem serrilhadas quando dimensionadas.

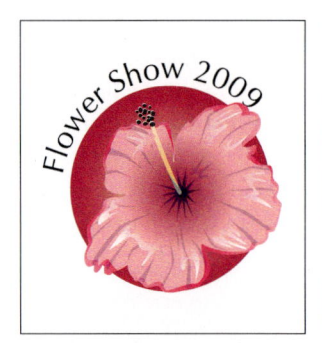

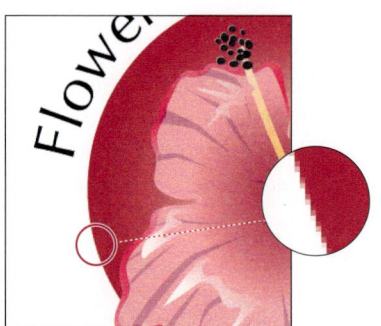

O logotipo que é rasterizado como arte de bitmap perde sua definição quando ampliado.

Ao decidir se utiliza o Illustrator ou um programa de imagem bitmap como o Photoshop para criar e combinar elementos gráficos, considere os elementos da imagem e como a imagem será usada.

Em geral, use o Illustrator se você precisar criar a arte ou texto com linhas nítidas que tenham uma boa aparência em qualquer ampliação. Na maioria dos casos, você também utiliza o Illustrator para organizar o design de uma página, porque o Illustrator oferece mais flexibilidade ao se trabalhar com texto e ao reselecionar, mover e alterar imagens. Você pode criar imagens rasterizadas (bitmap) no Illustrator, mas suas ferramentas de edição de pixels são limitadas. Utilize o Photoshop para imagens que precisam de edição de pixels, correção de cores, pintura e outros efeitos especiais. Utilize o Adobe InDesign para organizar tudo, de um cartão postal a um livro de vários capítulos, como o *Classroom in a Book*.

Edite a prancheta

Ao configurar opções de prancheta utilizando a ferramenta Artboard, você pode definir o tamanho da prancheta e onde cortar o trabalho. Por exemplo, se criar um cartão postal com 9 por 6 polegadas (ou 23 × 15 cm), você poderá configurar a prancheta de acordo com esse tamanho para definir a área de corte.

Você pode editar ou criar novas pranchetas com a ferramenta Artboard dando um duplo clique no painel Tools ou selecionando a ferramenta Artboard e editando uma prancheta. Nesta próxima lição, você editará a prancheta para um cartão postal.

1 Dê um duplo clique na ferramenta Artboard ( ) do painel Tools. Na caixa de diálogo Artboard Options, altere a largura da prancheta para **9 in** e a altura para **6 in**. Clique em OK.

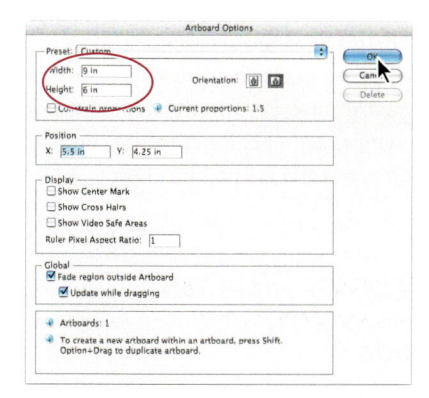

2 Você agora vê um canvas cinza, que é a área fora da prancheta. Utilizando a ferramenta Artboard, você pode redimensionar ou mover a área de corte manualmente. Quando a ferramenta Artboard é selecionada, o painel Control exibe muitas das opções na caixa de diálogo Artboard Options. Observe que você também pode criar múltiplas pranchetas em um único documento. Para confirmar a alteração da prancheta e sair do modo de edição, selecione a ferramenta Selection ( ) no painel Tools.

Agora, configure as guias de sangrados para o documento.

3 Sem nada selecionado, clique no botão Document Setup do painel Control. Na caixa de diálogo Document Setup, altere Top Bleed para **0,125 in**. Todas as outras opções de sangrados mudam de acordo, porque o botão Make All Settings The Same ( ) está selecionado. Clique em OK.

▶ **Dica:** Para aprender mais sobre como criar e editar múltiplas pranchetas, consulte a Lição 4.

● **Nota:** Se o botão Document Setup não aparecer no painel Control, escolha File > Document Setup para abrir a caixa de diálogo Document Setup.

4 Escolha View > Fit Artboard In Window.

5 Escolha Essentials no alternador da área de trabalho do painel Control para redefinir os painéis.

Insira um arquivo do Adobe Photoshop

Você pode abrir o trabalho do Photoshop no Illustrator utilizando o comando Open, o comando Place, o comando Paste ou arrastando-o e soltando.

O Illustrator suporta a maioria dos dados do Photoshop, inclusive composições de camada, camadas, texto editável e paths. Isso significa que você pode transferir arquivos do Photoshop para o Illustrator sem perder a capacidade de editar o trabalho. As camadas de ajuste no Photoshop em que a visibilidade está desmarcada são importadas para o Illustrator, embora estejam inacessíveis. Quando exportadas de volta para o Photoshop, elas são restauradas.

Nesta lição, você vai começar inserindo um arquivo do Photoshop que contém várias composições de camada no documento do Illustrator como um arquivo incorporado. Arquivos inseridos podem ser incorporados ou vinculados. Quando arquivos incorporados são adicionados ao arquivo do Illustrator, ele aumenta de tamanho para refletir a adição do arquivo inserido. Os arquivos vinculados permanecem arquivos externos separados, e um link para o arquivo externo é inserido no arquivo do Illustrator. O arquivo vinculado deve sempre acompanhar o arquivo do Illustrator, ou o link quebrará e o arquivo inserido não aparecerá no trabalho.

● **Nota:** O Illustrator inclui suporte para Device N rasters. Por exemplo, se você criar um duotônico (Duotone) no Photoshop e o inserir no Illustrator, ele se separa adequadamente e imprime em cores spot.

Sobre composições de camada

Em geral, designers criam várias composições de um layout para apresentar aos clientes. Utilizando composições de camada, você pode criar, gerenciar e visualizar várias versões de um layout em um único arquivo do Photoshop.

Uma composição de camadas é um instantâneo de um estado do painel Layers no Photoshop. Composições de camada registram as seguintes informações sobre uma camada:

- Visibilidade – se uma camada está sendo exibida ou oculta.
- Posição no documento
- Aparência – se um estilo de camada está aplicado à camada e ao modo de mesclagem

Você cria uma composição fazendo alterações nas camadas de seu documento e atualizando a composição do painel Layer Comps no Photoshop. Você visualiza composições aplicando-as no documento. Você pode exportar composições de camada para arquivos separados, para um único arquivo PDF ou para uma galeria de fotos da Web. A seguir, você vai inserir um arquivo do Photoshop com composições de camada.

1 Escolha Window > Layers para abrir o painel Layers.

2 No painel Layers, selecione a camada Images se ela já não estiver selecionada.

Quando você insere uma imagem, ela é adicionada à camada selecionada. Você utilizará a camada Images para a imagem inserida. A camada inclui a arte de uma máscara para a imagem que você criará mais tarde na lição.

3 Escolha File > Place.

4 Navegue até o arquivo keyboard.psd na pasta Lesson14 e selecione-o. Não dê um duplo clique no arquivo, nem clique em Place ainda.

5 Desmarque Link na caixa de diálogo Place, se estiver selecionada.

● **Nota:** Desmarcar a opção Link incorpora o arquivo PSD ao arquivo do Illustrator. A caixa de diálogo Photoshop Import Options só aparece quando você desmarca essa opção.

6 Clique em Place.

7 Na caixa de diálogo Photoshop Import Options, selecione Black Hands no menu Layer Comp e selecione Show Preview para visualizar a arte.

8 Selecione Convert Layers To Objects e Import Hidden Layers para importar todas as camadas do documento do Photoshop. Clique em OK.

● **Nota:** Se uma caixa de diálogo de aviso de cor aparecer, como Paste Profile Mismatch, clique em OK.

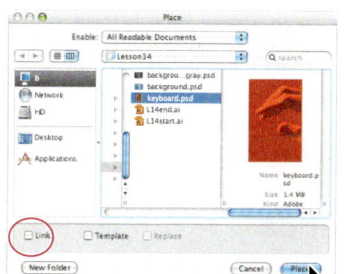

Em vez de achatar o arquivo, você quer converter as camadas do Photoshop em objetos, porque o arquivo keyboard.psd contém quatro camadas e uma máscara de camada. Você as utilizará mais adiante na lição.

Agora, mova a imagem inserida.

9 Selecione a ferramenta Selection (▶) no painel Tools. Clique no centro da imagem. Não selecione uma alça de caixa delimitadora porque isso redimensiona a imagem.

10 No painel Control, clique na palavra Transform para abrir o painel Transform. Digite **2.375 in** para o valor X e **5 in** para o valor Y. Escolha Flip Horizontal no menu do painel Transform (▼≡) para virar a imagem pelo seu eixo horizontal.

● **Nota:** Dependendo da resolução de tela, as opções Transform podem aparecer diretamente no painel Control. Se elas aparecerem, para acessar o comando Flip Horizontal, clique em X, Y, W ou H no painel Control para exibir o painel Transform.

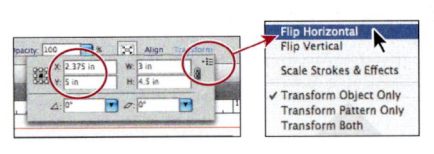

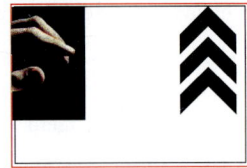

11 No painel Layers, clique na seta (▶) à esquerda da camada Images para expandi-la. Arraste a parte inferior do painel para baixo de modo que você possa ver mais camadas se necessário. Clique na seta à esquerda da sub-camada keyboard.psd para expandi-la. Observe todas as subcamadas de keyboard.psd.

Essas subcamadas são o resultado do não achatamento da imagem quando ela foi inserida. Desmarque o ícone de olho (👁) à esquerda da subcamada keyboard.psd para ocultá-la. As setas devem ser os únicos objetos visíveis na prancheta. No painel Layers, clique na seta (▼) à esquerda da camada keyboard.psd para ocultar seu conteúdo.

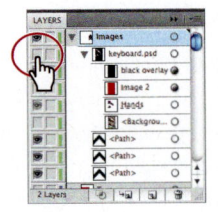

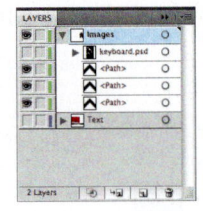

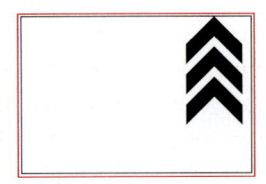

12 Escolha File > Save

Agora, você vai inserir uma imagem, editá-la e depois duplicá-la.

Edite e duplique uma imagem inserida

Você pode duplicar imagens inseridas assim como faz com outros objetos em um arquivo do Illustrator. Assim, pode modificar a cópia da imagem independentemente do original.

Agora, você vai inserir a imagem background.psd e duplicá-la no painel Layers.

1 Escolha File > Place, acesse o arquivo background.psd na pasta Lesson14 e selecione-o. Não dê um duplo clique no arquivo nem clique em Place ainda.

2 Certifique-se de que a opção Link esteja desmarcada e clique em Place. A imagem aparece na prancheta.

● **Nota:** Se uma caixa de diálogo de aviso de cor como a Paste Profile Mismatch aparecer, clique em OK.

LIÇÃO 14 | 415
Combinando Elementos Gráficos com Outros Aplicativos Adobe

3 Com a ferramenta Selection (▶), clique na imagem para selecioná-la. Clique no botão Align To Selection ( ) e escolha Align To Artboard ( ) no painel Control. Clique no botão Horizontal Align Center ( ) e no botão Vertical Align Center ( ) do painel Control para que a imagem fique alinhada.

● **Nota:** Se você não vir o botão Align To Selection no painel Control, talvez tenha uma resolução de tela menor. Clique na palavra Align do painel Control para abrir o painel Align, então escolha Align To Artboard em Align To Selection.

4 Clique na palavra Transform no painel Control para abrir o painel Transform. Certificando-se de que o botão Constrain Width And Height Proportions ( ) não está selecionado, altere a largura para **9.25 in** e a altura para **6.25 in**. Pressione Enter ou Return para aceitar as modificações.

● **Nota:** Dependendo da resolução de tela, as opções Transform podem aparecer diretamente no painel Control.

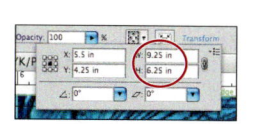

5 No painel Layers, comece a arrastar a subcamada Background para baixo da lista. Ao arrastar, pressione Alt (Windows) ou Option (Mac OS) para duplicar a subcamada. Arraste-a para baixo da camada Images. Solte o botão do mouse e depois a tecla quando a barra indicadora aparecer entre a última subcamada <Path> e a camada Text. Agora há duas subcamadas de fundo.

● **Nota:** Se você pressionar Alt ou Option antes de começar a arrastar, isso pode selecionar objetos em vez de arrastar e copiar a subcamada Background.

6 Dê um duplo clique na subcamada Background e a renomeie como **Masked Background** na caixa de diálogo Options e, então, clique em OK. Você vai mascarar essa imagem mais adiante na lição.

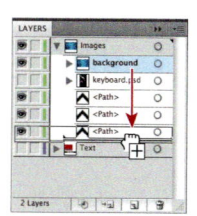

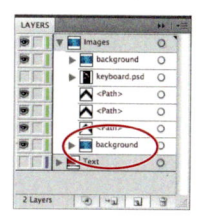

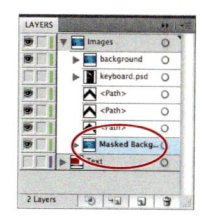

7 Escolha File > Save.

Aplique edições de cores a uma imagem inserida

▶ **Dica:** Para informações sobre os modos de cor e como modificar cores com edições de cores, consulte "About Colors in Digital Graphics" e "Apply an effect or filter" no Illustrator Help.

Você pode utilizar edições de várias maneiras para modificar as cores de imagens inseridas. É possível fazer conversões para um modo de cor diferente (como RGB, CMYK ou escala de cinza) ou ajustar valores de cor individuais. Você também pode saturar (escurecer) ou dessaturar (clarear) ou inverter cores (criar um negativo colorido).

A seguir, você ajustará as cores na subcamada Background. Mais adiante na lição, você vai aplicar uma máscara a essa imagem e então ajustar cores na subcamada Masked Background para que as duas apareçam em cores contrastantes.

1 No painel Layers, selecione a subcamada Background.

2 Clique no ícone de olho (👁) à esquerda da subcamada Masked Background para ocultá-la.

3 Clique na coluna Selection à direita da camada Background para selecionar seu conteúdo.

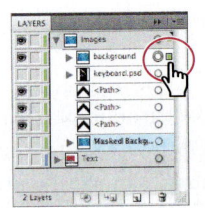

4 Escolha Edit > Edit Colors> Adjust Color Balance.

5 Na caixa de diálogo Adjust Colors, arraste os controles deslizantes ou insira valores para as porcentagens de CMYK para mudar as cores da imagem. Você pode pressionar Tab para se deslocar entre os campos de texto. Utilizamos os seguintes valores para criar uma projeção de cor entre o azul e o roxo: C=58, M=13, Y=0, e K=0. Sinta-se livre para testar um pouco. Selecione Preview para que você possa ver as alterações de cor.

● **Nota:** Talvez seja necessário selecionar e desmarcar Preview enquanto você altera as opções na caixa de diálogo Adjust Colors para ver os resultados.

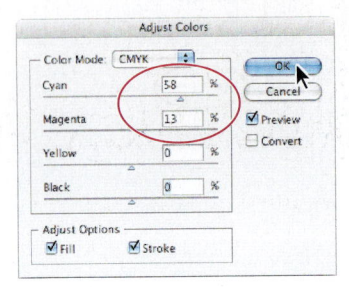

6 Quando estiver satisfeito com a cor da imagem, clique em OK.

7 Escolha File > Save.

Mascare uma imagem

As máscaras cortam uma imagem para que apenas uma parte dela transpareça através da forma da máscara. Você pode fazer uma máscara de um único path ou de um path composto, e também pode importar máscaras criadas em arquivos do Photoshop.

Aplique uma máscara de corte a uma imagem

Nesta seção, você vai criar uma máscara de corte para a imagem background.psd e ajustar para que somente uma pequena parte da imagem seja exibida.

1 No painel Layers, selecione a coluna Visibility à esquerda de Text Layer e da subcamada keyboard.psd. Talvez seja preciso rolar no painel Layers para fazer isso.

2 Com a ferramenta Selection (▶) e a imagem background.psd ainda selecionada, clique no botão Mask do painel Control para aplicar uma máscara de corte na forma e no tamanho da imagem. Agora, edite essa máscara.

● **Nota:** Também é possível aplicar uma máscara de corte escolhendo Object > Clipping Mask > Make.

3 No painel Layers, clique na seta à esquerda (▶) da subcamada <Group> sobre a camada Images para exibir seu conteúdo. A máscara de corte <Clipping Path> agora aparece no painel Layers. Essa é a máscara.

4 Com a ferramenta Selection, clique e arraste o ponto delimitador superior da máscara selecionada na prancheta até a guia um pouco abaixo do texto Tech Expo (ver a figura abaixo). Clique e arraste o ponto delimitador inferior do meio até a guia inferior, criando uma imagem de fundo que é mascarada.

● **Nota:** Quando um objeto é mascarado por outra forma, você pode editar a máscara ou o objeto mascarado.

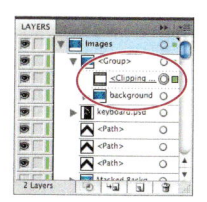

● **Nota:** Cuide para selecionar a máscara, e não a imagem.

Nota: Se você arrastar demais a imagem de fundo, verá espaço em branco na máscara de corte.

5 No painel Control, clique no botão Edit Contents ( ) para editar a imagem background.psd, não a máscara. Com a ferramenta Selection, clique na parte da imagem de fundo que está visível. Arraste a imagem para cima aproximadamente uma polegada, pressionando a tecla Shift enquanto arrasta.

6 Escolha Object > Hide > Selection para ocultar a imagem do fundo.

Crie paths compostos e máscaras de opacidade

Nesta seção, você vai criar um path composto a partir do padrão de setas na camada Images e vai criar uma máscara de opacidade no path composto para que a camada Masked Background apareça através da máscara. Você também utilizará uma máscara de opacidade criada no Photoshop e salva como uma máscara de camada.

1 Selecione a ferramenta Magic Wand ( ) no painel Tools.

A ferramenta Magic Wand seleciona todos os objetos em um documento com cor de preenchimento, espessura do traço, cor de contorno, opacidade ou modo de mesclagem iguais ou semelhantes.

2 Clique em uma seta no padrão de setas da direita para selecionar todas as setas. Mude a cor de preenchimento para branco no painel Control.

▶ **Dica:** Para transformar as setas em um path composto, você também pode clicar com o botão direito do mouse ou com Control e escolher Make Compound Path.

▶ **Dica:** Para aprender mais sobre a ferramenta Magic Wand, consulte "Select objects with the Magic Wand tool" no Illustrator Help.

3 Escolha Object > Compound Path > Make. Veja como todas as setas são inseridas sobre uma camada, chamada <Compound Path>, no painel Layers.

O comando Compound Path cria um objeto único composto de dois ou mais objetos. Paths compostos comportam-se como objetos agrupados. O comando Compound Path permite criar objetos complexos mais facilmente do que se você utilizasse as ferramentas de desenho ou os comandos Pathfinder.

4 Com o path composto selecionado, no painel Layers, selecione a coluna Visibility à esquerda da subcamada Masked Background para exibir seu conteúdo. Você pode precisar rolar para baixo para ver a subcamada Masked Background.

5 Com a ferramenta Selection (▶), clique com a tecla Shift pressionada na coluna Selection à direita da camada Masked Background. O indicador Selection (■) aparece e a camada Masked Background é adicionada à seleção atual.

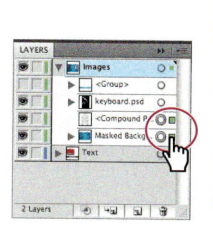

● **Nota:** Para criar uma máscara, você precisa selecionar o objeto mascarador e o objeto a ser mascarado. O objeto mascarador também precisa estar acima do objeto mascarado no painel Layers.

Agora, você vai mascarar a camada Masked Background com as setas como uma máscara de opacidade. Isso permite utilizar a alteração na luminosidade no padrão de setas subjacente para afetar o segundo plano. Ainda que seja semelhante a uma máscara de corte, uma máscara de opacidade permite fazer ajustes de cor e outros ajustes finos que não são possíveis com uma máscara de corte.

6 Clique na palavra Opacity no painel Control para abrir o painel Transparency. Se a palavra Opacity não estiver visível, escolha Windows > Transparency.

7 No menu do painel Transparency, escolha Make Opacity Mask. Certifique-se de que a opção Clip esteja selecionada no painel Transparency.

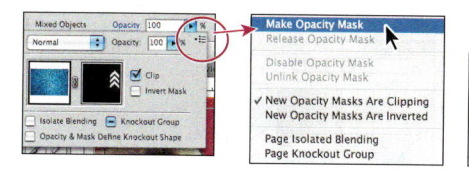

A camada Masked Background agora está mascarada com o padrão de setas, como indicado pelo sublinhado tracejado abaixo do nome da camada no painel Layers.

A seguir, você vai ajustar a máscara de opacidade que acabou de criar.

> **Dica:** Para desativar e ativar uma máscara de opacidade, você também pode escolher Disable Opacity Mask ou Enable Opacity Mask no menu do painel Transparency.

8 Clique no ícone do painel Transparency (●) no lado direito do espaço de trabalho para abrir o painel Transparency. Clique com a tecla Shift pressionada na máscara (como indicado pelas setas brancas no fundo preto) para desativar a máscara. Observe que um x vermelho aparece na máscara e que a imagem Masked Background inteira reaparece na janela Document.

● **Nota:** Você está abrindo o painel Transparency no lado direito do espaço de trabalho porque o painel Transparency no painel Control se fechará quando você interagir com a arte.

9 No painel Transparency, clique novamente com a tecla Shift pressionada na máscara para ativar a máscara de opacidade mais uma vez. Certifique-se de que as setas ainda estejam selecionadas.

10 Clique para selecionar a máscara no painel Transparency.

11 No painel Layers, veja que Layers (Opacity Mask) aparece. Clique na seta alternadora (▶) à esquerda da camada <Opacity Mask> para expandi-la.

12 Com a máscara selecionada, no painel Control, clique na cor de preenchimento e selecione um degradê de preto para branco, chamado Linear Gradient 1.

● **Nota:** No Illustrator, assim como no Photoshop, as máscaras seguem esta regra geral: o branco é exibido, o preto é oculto. Uma máscara de degradê permite mostrar uma imagem ou outro objeto gradualmente. Tente mudar a direção e o comprimento do degradê. Além disso, tente ajustar a opacidade no painel Transparency para alcançar diferentes efeitos.

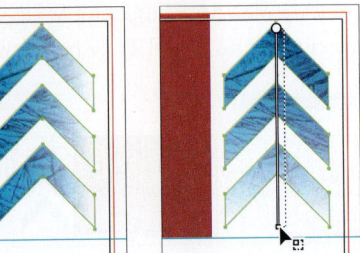

13 Selecione a ferramenta Gradient (▭) no painel Tools. Pressionando a tecla Shift, inicie na borda superior das setas e arraste para baixo. Solte o botão do mouse e depois a tecla Shift.

Aplique um preenchimento de degradê e arraste com a ferramenta Gradient para alterar a direção do degradê. Veja como a máscara muda no painel Transparency.

14 No painel Transparency, clique na imagem Masked Background para editar o conteúdo em vez da máscara.

● **Nota:** Se esquecer de parar a edição da máscara de opacidade, não poderá fazer muito com a outra arte.

15 Escolha File > Save.

Edite uma máscara importada

Você criou uma máscara de opacidade a partir de um trabalho criado no Illustrator. Agora, você vai usar uma máscara criada no Photoshop e importada quando você inseriu o arquivo keyboard.psd. Você vai experimentar mudar a cor da imagem e então ajustar a transparência da máscara de opacidade para reduzir seu efeito.

1 No painel Layers, selecione a coluna Visibility à esquerda da subcamada <Group> para tornar a imagem azul mascarada visível. Clique na seta à esquerda da subcamada keyboard.psd para exibir o seu conteúdo. Clique na coluna Selection à direita da subcamada Hands para selecionar o seu conteúdo.

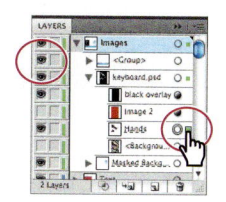

A linha tracejada sob o nome de camada indica que a camada Hands tem uma máscara de opacidade aplicada a ela.

2 Clique na palavra Opacity no painel Control e altere o modo de mesclagem para Multiply no painel Transparency.

3 No painel Layers, desmarque o ícone de olho à esquerda da subcamada Black Overlay.

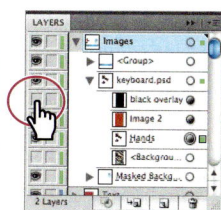

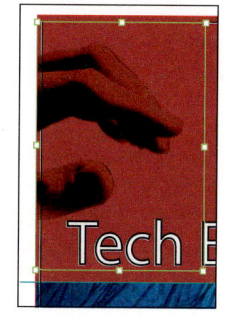

4 Escolha Effect > Sketch > Halftone Pattern para abrir a Effect Gallery. Nas opções Halftone Pattern, configure Size como **2** e Contrast como **5**. Clique em OK.

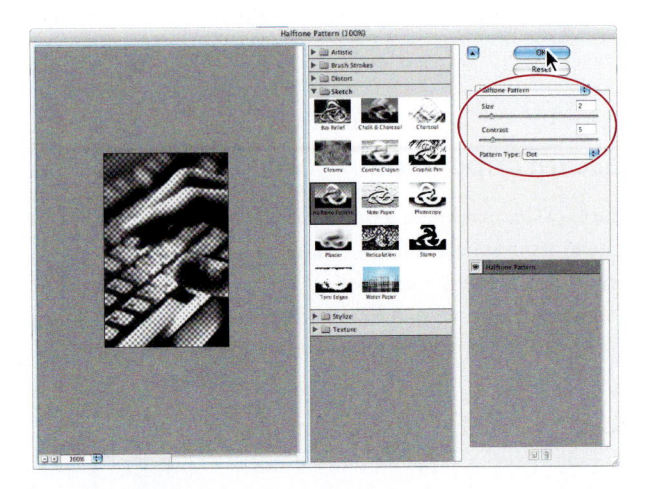

5 Escolha File > Save.

Obtenha uma amostra de cores de imagens inseridas

Você pode obter uma amostra de cor ou copiar cores de imagens inseridas para aplicar as cores a outros objetos do trabalho. Isso permite criar facilmente cores consistentes em um arquivo que combina imagens do Photoshop e arte do Illustrator.

Nesta seção, você vai usar a ferramenta Eyedropper para obter amostras de cor da imagem inserida e aplicar as cores ao texto selecionado na camada Text.

1 No painel Layers, clique na seta (▶) à esquerda da camada Text para expandi-la e, então, desmarque o ícone de cadeado (🔒) à esquerda do primeiro <Group> abaixo das guias para desbloquear a subcamada. Clique na coluna Selection à direita do mesmo <Group> para selecionar o texto que foi convertido em paths.

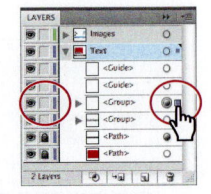

2 Selecione a ferramenta Eyedropper (🖋) no painel Tools e clique com a tecla Shift pressionada em qualquer lugar da imagem para obter uma amostra da cor a ser aplicada ao texto selecionado. (Escolhemos uma cor azul-clara bem acima do texto em background.psd.) Você pode tentar quantas vezes quiser.

● **Nota:** Talvez seja necessário escolher Select > Deselect para ver a modificação na cor.

A cor a partir da qual você obtém a amostra é aplicada ao texto selecionado.

▶ **Dica:** Mantenha a tecla Shift pressionada e, então, Alt ou Option ao clicar para adicionar os atributos de aparência de um objeto aos atributos de aparência do objeto selecionado. Como alternativa, clique primeiro e, então, mantenha Shift e então Alt ou Option pressionada.

3 Escolha File > Save.

Substitua uma imagem inserida

É possível substituir uma imagem inserida por outra imagem para atualizar um documento. A imagem substituta é posicionada exatamente onde estava a imagem original, então você não precisa alinhar a imagem de substituição. Se dimensionou a imagem original, você pode precisar redimensionar a imagem substituta para corresponder à imagem original.

Agora, você vai substituir a imagem background.psd pela imagem background_gray.psd para criar uma nova versão do cartão postal.

1 Escolha File > Save As. Na caixa de diálogo Save As, navegue até a pasta Lesson14 e abra-a. Nomeie o arquivo Postcard2.ai. Deixe a opção Save As Type configurada como Adobe Illustrator (*.AI) (Windows) ou a opção Format configurada como Adobe Illustrator (ai) (Mac OS) e clique em Save. Na caixa de diálogo Illustrator Options, deixe as opções do Illustrator em suas configurações padrão e clique em OK.

2 Escolha Window > Links.

3 Clique no link na parte superior do painel Links – a imagem de fundo azul – para selecioná-lo. Se o primeiro link não for a imagem do fundo azul, role até vê-la. Esses links não têm nomes no painel Links porque eles são incorporados em vez de vinculados.

4 Clique no botão Go To Link (→🗒) na parte inferior do painel Links para ver a imagem vinculada na prancheta. Clique no link no painel Links novamente e então clique no botão Relink (🗒→) na parte inferior do painel.

5 Na caixa de diálogo Place, navegue até a imagem background_gray.psd na pasta Lesson14 e selecione-a. Certifique-se de que a opção Link esteja selecionada. Clique em Place para substituir a imagem de fundo pela nova.

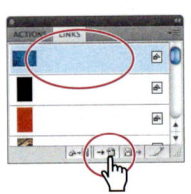

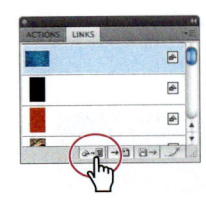

A imagem substituta aparece na camada Images como a subcamada background_gray.psd sem ajustes de cor aplicados. Quando você substitui uma imagem, os ajustes de cor aplicados à imagem original não são aplicados à imagem substituta. Entretanto, as máscaras aplicadas à imagem original são preservadas. Todos os modos de camada e ajustes de transparência feitos em outras camadas também podem afetar a aparência da imagem.

6 Escolha File > Save.

Se quiser aprender a abrir e manipular um arquivo em camadas do Illustrator no Photoshop, continue até a próxima seção. Se não, pule para a seção Explore por conta própria.

Exporte um arquivo em camadas para o Adobe Photoshop

Você não só pode abrir arquivos do Photoshop em camadas no Illustrator, como também pode salvá-los como arquivos do Illustrator em camadas e depois reabri-los no Photoshop. Trabalhar com arquivos em camadas entre o Illustrator e o Photoshop é muito útil para criar e editar elementos gráficos da Web. É possível preservar a relação hierárquica das camadas selecionando a opção Write Layers ao salvar seu arquivo. Você também pode abrir e editar objetos de texto.

▶ **Dica:** Na caixa de diálogo Export, a seleção Use Artboards permite exportar as pranchetas como arquivos Photoshop PSD separados.

1 Escolha File > Export.

2 Vá para a pasta em que você salvará o arquivo e atribua ao arquivo o nome **Postcard2.psd**. Mudar o nome de arquivo preserva seu arquivo do Illustrator original.

3 Escolha Photoshop (PSD) no menu Save As Type (Windows) ou Format (Mac OS) e clique em Save (Windows) ou Export (Mac OS).

4 Na caixa de diálogo Photoshop Export Options, certifique-se de que CMYK é o modelo de cor, selecione High (300 ppi) como a resolução e veja se Write Layers está selecionado. Deixe o restante das configurações nos seus padrões. Preserve Text Editability está apagado porque todo o texto já foi convertido em curvas. Clique em OK.

A opção Anti-alias remove as bordas serrilhadas do trabalho. A opção Write Layers permite exportar cada camada de primeiro nível do Illustrator como uma camada do Photoshop separada.

▶ **Dica:** Você também pode copiar e colar ou arrastar e soltar entre o Illustrator e o Photoshop. Ao copiar e colar, uma caixa de diálogo aparece perguntando em que tipo de objeto você quer inserir o conteúdo do Illustrator, como Smart Object, Pixels, Path, ou Shape Layer. Para aprender mais sobre importar conteúdo do Illustrator para o Photoshop, pesquise "Duplicate selections using drag and drop" no Illustrator Help.

5 Inicie o Adobe Photoshop CS4.

● **Nota:** Você pode abrir arquivos do Illustrator nas versões anteriores do Adobe Photoshop, mas, para esta lição, supõe-se que você esteja utilizando o Adobe Photoshop CS4.

6 Abra o arquivo Postcard2.psd que você exportou no passo 4.

7 Clique na guia Layers para visualizar o painel Layers. Observe todas as camadas. Escolha File > Close e não salve as alterações.

8 Feche o Photoshop CS4.

Insira arquivos do Illustrator no Adobe InDesign

Você pode inserir arquivos Illustrator (AI) e arquivos PDF no Adobe InDesign. Também pode copiar e colar conteúdo do Illustrator e arrastar e soltar do Illustrator no InDesign. A maneira de salvar e importar elementos gráficos do Illustrator depende de como você quer editar a arte assim que a inserir no InDesign. A seguir, você vai inserir um arquivo do Illustrator no InDesign CS4.

1 Abra o Adobe InDesign CS4.

2 Escolha File > New > Document e mantenha a configuração padrão da caixa de diálogo New Document. Clique em OK.

3 Escolha File > Place. Na caixa de diálogo Place, localize o arquivo logos.ai na pasta Lesson14. Selecione Show Import Options e então clique em Open.

4 Na caixa de diálogo Place PDF, selecione Range e digite **2** para importar a segunda prancheta (há duas). Clique na guia Layers.

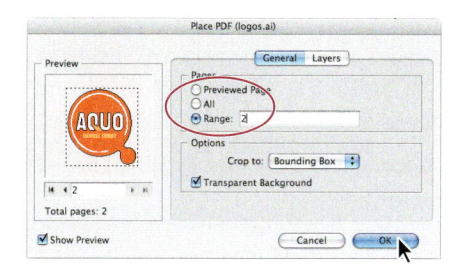

● **Nota:** Embora seja possível inserir arquivos do Illustrator nas versões anteriores do InDesign, você precisa instalar o Adobe InDesign CS4 para seguir precisamente os passos desta seção.

5 Na seção Show Layers, desmarque o ícone de olho à esquerda da camada Logo Tagline para ocultar esse conteúdo quando o arquivo for inserido. Observe a visualização no lado esquerdo da caixa de diálogo. Clique em OK.

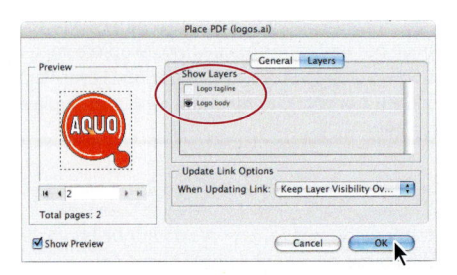

6 Um cursor de imagem carregada aparece. Clique no centro da página para inserir o arquivo do Illustrator.

● **Nota:** Dê um duplo clique no nome logos.ai:2 se as informações de arquivo não aparecerem na parte inferior do painel Links. Observe que Layer Overrides indica que a visibilidade das camadas mudou quando o arquivo foi inserido.

7 Clique na guia do painel Links no lado direito do espaço de trabalho. O elemento gráfico logos.ai:2 é listado no painel. O :2 após o nome do arquivo indica que a segunda prancheta foi importada. Mais informações sobre o arquivo vinculado aparecem na parte inferior do painel Links.

● **Nota:** Para alterar as substituições de camada, selecione a imagem com a ferramenta Selection e então escolha Object > Object Layer Options.

O painel InDesign Links

8 Clique no botão Edit Original ( ) do painel Links para abrir o logotipo no Illustrator.

9 No logotipo laranja no Illustrator, altere o preenchimento colorido do texto Aquo. Escolha File > Save e deixe o arquivo aberto no Illustrator. Depois que o arquivo for salvo no Illustrator, volte ao InDesign para ver as modificações na página.

● **Nota:** O arquivo do logotipo não precisa ser fechado no Illustrator, somente salvo, para que a modificação seja aplicada ao InDesign.

10 Retorne ao Illustrator. Com a ferramenta Selection ( ), arraste uma seleção sobre o logotipo vermelho para selecioná-lo. Escolha Edit > Copy.

11 Volte ao InDesign e escolha Edit > Paste.

Ao colar a partir do Illustrator, não fica nenhum link para o elemento gráfico original. O conteúdo que você cola costuma ser objetos que compõem o logotipo. Eles são agrupados e editáveis no InDesign.

12 Feche o InDesign sem salvar e retorne ao Illustrator. Escolha File > Close para fechar o arquivo logos.ai sem salvá-lo.

Importando conteúdo do Illustrator para o Adobe InDesign

- **Se você só planeja editar um elemento gráfico no Illustrator:** Salve o elemento gráfico no formato nativo do Illustrator (.AI). Alguns elementos gráficos exigem as extensas ferramentas de desenho disponíveis no Illustrator ou estão na sua forma final e não devem ser editados. No InDesign, você pode inserir um elemento gráfico nativo do Illustrator e transformá-lo em um objeto (é possível redimensioná-lo ou girá-lo, por exemplo). Utilize o comando Edit > Edit Original para abrir o elemento gráfico no Illustrator e editá-lo nele.

- **Se quiser ajustar a visibilidade das camadas no InDesign:** Salve o arquivo Illustrator CS4 como um arquivo PDF em camadas ou no formato Illustrator nativo (AI). Para alguns documentos, você precisa controlar a visibilidade das camadas de um elemento gráfico dependendo do contexto. Por exemplo, para uma publicação de vários idiomas, é possível criar uma só ilustração que inclua uma camada de texto para cada idioma. Utilizando um arquivo PDF em camadas ou um formato do Illustrator nativo (.AI), você pode transformar a ilustração em um objeto único no InDesign, mas não pode editar os paths, objetos ou texto dentro da ilustração.

- **Se quiser editar objetos e paths no InDesign:** Copie o trabalho do Illustrator e cole-o em um documento do InDesign. Para alguns elementos gráficos, você poderia precisar editá-los depois de inseri-los no documento do InDesign. Por exemplo, em uma revista, você poderia utilizar o mesmo elemento de design em cada edição, mas mudar sua cor mensalmente. Se colar um elemento gráfico no InDesign e editá-lo nesse programa, você não pode configurar a transparência de camada nem editar o texto.

Integre o Illustrator e o Adobe Flash

O Illustrator CS4 permite utilizar seu conteúdo no Adobe Flash ou exportá-lo no formato de arquivo Flash (SWF). O formato de arquivo SWF é um formato gráfico baseado em vetor para elementos gráficos Web interativos e animados. A seguir, você exportará um arquivo simples do Illustrator para um arquivo SWF.

1 Alterne para o Adobe Bridge e dê um duplo clique no arquivo animation.ai da pasta Lesson14. Trata-se de uma animação simples de um snowboarder, que se abre no Illustrator.

2 No Illustrator, clique no ícone do painel Layers (☙) para visualizar as camadas do arquivo se ele já não estiver aberto. Observe que a camada da montanha, que contém o fundo da animação, está bloqueada. Cada frame da animação será criado a partir de outras camadas.

3 Escolha Arquivo > Exportar. Na caixa de diálogo Export, navegue até a pasta Lesson14 e abra-a. No menu Save As Type, escolha Flash (*.SWF) (Win-

▶ **Dica:** Para um documento com múltiplas pranchetas, selecione Use Artboards na parte inferior da caixa de diálogo Export. Isso permite especificar como as pranchetas serão exportadas na caixa de diálogo SWF Options.

dows) ou no menu Format, escolha Flash (swf) (Mac OS). Clique em Save (Windows) ou Export (Mac OS).

4 Na caixa de diálogo SWF Options, escolha AI Layers To SWF Frames no menu Export As para converter cada camada em um frame separado no filme Flash. Selecione Clip To Artboard Size para que as dimensões do filme correspondam às dimensões do documento do Illustrator. Selecione Compress File para diminuir o tamanho do arquivo (se possível). Clique no botão Advanced.

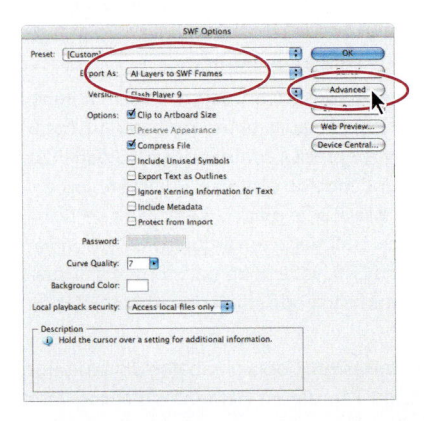

● **Nota:** No Windows, o botão Web Preview pode não mostrar o arquivo.

5 Nas configurações avançadas da caixa de diálogo SWF Options, selecione Export Static Layers e certifique-se de que a camada Mountain está selecionada na lista de camadas do Illustrator. Isso assegura que o conteúdo da camada Mountain apareça em todos os frames como o fundo do filme. Clique no botão Web Preview para visualizar a animação em um navegador.

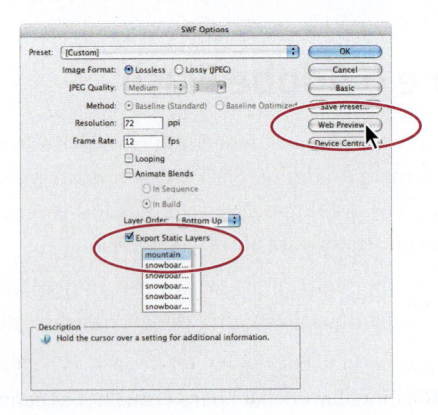

6 Feche o navegador e retorne ao Illustrator.

7 Clique em OK para exportar o arquivo SWF.

8 Feche o arquivo animation.ai sem salvar as modificações.

▶ **Dica:** Para aprender como importar símbolos do Illustrator para o Adobe Flash, consulte a Lição 13.

Leve a arte do Illustrator para o Adobe Flash

Se o seu objetivo for importar uma arte do Illustrator para um documento Flash, você pode simplesmente colá-lo. Todos os paths, contornos, degradês, texto (especificamente texto Flash), máscaras, efeitos (como sombra no texto) e símbolos são mantidos. Além disso, você pode especificar como as camadas serão importadas ao colar: como camadas, frames ou símbolos gráficos Flash.

—*Extraído do Illustrator Help*

Crie arquivos do Illustrator para o Adobe Flex

No Illustrator CS4, você pode salvar um arquivo do Illustrator no formato FXG para utilizar no Adobe Flex. Essa é uma maneira eficiente de entregar conteúdo mais editável e viável a desenvolvedores de projetos do Adobe Flex.

▶ **Dica:** Para mais conteúdo Flex, escolha File > Scripts > Flex Skins para criar um novo documento que contém Flex Components, como botões, etc. que você pode utilizar em seu trabalho.

1 Alterne para o Adobe Bridge e dê um duplo clique no arquivo L14start2.ai da pasta Lesson14. Esse é um modelo de uma interface Flex. Você salvará o arquivo como um arquivo FXG para uso no Adobe Flex.

A interface a ser salvada para uso no Adobe Flex.

2 No Illustrator, com o arquivo aberto, escolha File > Save As. Na caixa de diálogo Save As, navegue até a pasta Lesson14 e abra-a. Renomeie o modelo de arquivo. No menu Save As Type, escolha FXG (*.FXG) (Windows) ou, no menu Format, escolha FXG (fxg) (Mac OS). Clique em Save. Na caixa de diálogo FXG Options, deixe as configurações padrão como estão e clique em Show Preview.

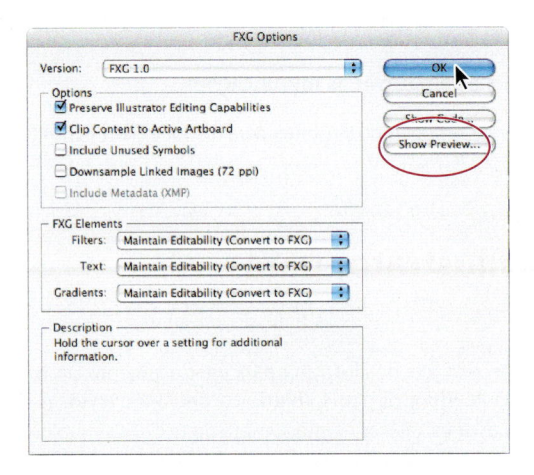

O arquivo aparece na janela FXG Preview.

3 Clique em OK após visualizar para voltar à caixa de diálogo FXG Options.

● **Nota:** No Windows, o botão Show Code pode não mostrar o código.

4 Clique em Show Code para ver o código XML que será gerado. Isso abre um arquivo de texto em um editor de textos. Feche o arquivo e retorne ao Illustrator.

5 Clique em OK na caixa de diálogo FXG Options. Quando a caixa de diálogo FXG Save Warnings se abrir, revise as modificações e clique em OK.

● **Nota:** O formato de arquivo FXG é editável no Illustrator porque Preserve Illustrator Editing Capabilities foi selecionado na caixa de diálogo FXG Options. O arquivo FXG está atualmente aberto no Illustrator.

6 Escolha File > Close.

7 Alterne para o Adobe Bridge e escolha File > Exit (Windows) ou Adobe Bridge CS4 > Quit Adobe Bridge CS4 (Mac OS) para fechá-lo, voltando ao Illustrator.

Explore por conta própria

Agora que sabe inserir e mascarar uma imagem em um arquivo do Illustrator, você pode inserir outras imagens e aplicar uma variedade de modificações às imagens. Você também pode criar máscaras para imagens de objetos criados no Illustrator. Para praticar mais, experimente o seguinte:

1 Além de ajustar a cor das imagens, aplique efeitos de transformação (como cortar ou girar), filtros ou efeitos (como um dos filtros/efeitos Artistic ou Distort) para dar contraste às duas imagens no padrão das setas.

2 Utilize as ferramentas de forma básicas ou as de desenho para desenhar objetos e criar um path composto para utilizar como máscara. Então insira a imagem background.psd no arquivo com o path composto e aplique o path composto como uma máscara.

3 Crie texto com fonte grande e utilize-o como uma máscara para um objeto inserido.

Perguntas de revisão

1. Descreva a diferença entre vinculação e incorporação no Illustrator.
2. Como criar uma máscara de opacidade para uma imagem inserida?
3. Que tipos de objetos podem ser utilizados como máscaras?
4. Que modificações de cor podem ser aplicadas a um objeto selecionado utilizando efeitos?
5. Descreva como substituir uma imagem inserida por outra imagem em um documento.
6. Identifique duas maneiras de importar o conteúdo do Illustrator para o Adobe InDesign.

Respostas

1. Um arquivo vinculado é um arquivo externo separado conectado ao arquivo do Illustrator por um link eletrônico. Um arquivo vinculado não aumenta significativamente o tamanho do arquivo do Illustrator. Ele deve acompanhar o arquivo do Illustrator para preservar o link e garantir que o arquivo inserido apareça quando você abrir o arquivo do Illustrator. Um arquivo incorporado é incluído no arquivo do Illustrator. O tamanho do arquivo do Illustrator reflete a adição do arquivo incorporado. Como o arquivo incorporado faz parte do arquivo do Illustrator, não há link que possa ser quebrado. Você pode atualizar os arquivos vinculados e incorporados utilizando o botão Replace Link no painel Links.

2. Uma máscara de opacidade é criada inserindo-se o objeto mascarador sobre o objeto a ser mascarado. Então, selecione a máscara e os objetos a serem mascarados e escolha Make Opacity Mask no menu do painel Transparency.

3. Uma máscara pode ser um path simples ou composto. É possível utilizar texto como máscara. Você pode importar máscaras de opacidade com arquivos do Photoshop inseridos. Também pode criar máscaras de corte de camada com qualquer forma que seja o objeto no topo de um grupo ou camada.

4. É possível utilizar efeitos para alterar o modo de cor (RGB, CMYK ou escala de cinza) ou ajustar cores individuais em um objeto selecionado. Você também pode saturar, dessaturar ou inverter cores em um objeto selecionado. Pode aplicar modificações de cor a imagens inseridas, bem como ao trabalho criado no Illustrator.

5. Para substituir uma imagem inserida, selecione a imagem no painel Links. Clique então no botão Replace Link, localize e selecione a imagem de substituição. Clique em Place.

6. Escolha File > Place em InDesign para inserir um elemento gráfico e criar um link para o original, ou escolha Edit > Paste depois de copiar o conteúdo a partir do Illustrator. Colar conteúdo não cria um link.

15 SAÍDA

Visão geral da lição

Nesta lição, você vai aprender a:

- Entender diferentes tipos de requisitos e dispositivos de impressão
- Conhecer diferentes conceitos e terminologias relacionadas à impressão
- Aplicar princípios básicos de cor
- Separar arte-final colorida para saída impressa
- Utilizar cores spot para impressão em duas cores
- Considerar questões especiais ao imprimir
- Salvar e imprimir arquivos com efeitos de transparência
- Criar arquivos em PDF, EPS, entre outros

A primeira parte desta lição levará aproximadamente 45 minutos para ser concluída e a segunda, mais ou menos 20 minutos. Se necessário, remova a pasta da lição anterior de seu disco rígido e copie a pasta Lesson15.

A qualidade e a cor da sua saída impressa final são determinadas pelo processo que você segue para preparar uma imagem para impressão. Se estiver imprimindo uma prova de seu trabalho em uma impressora desktop ou gerando saída de separações de cores a ser impressa em uma gráfica comercial, aprender os conceitos de impressão fundamentais garante que o trabalho impresso atenda as suas expectativas.

Introdução

Antes de começar, restaure as preferências padrão do Adobe Illustrator CS4. Então, abra o arquivo desta lição.

1 Para que as ferramentas e os painéis funcionem como descritos nesta lição, exclua ou desative (renomeando) o arquivo de preferências do Adobe Illustrator CS4. Consulte "Restaurando as preferências padrão", na página 15.

2 Inicie o Adobe Illustrator CS4.

● **Nota:** Se você ainda não copiou os arquivos desta lição para o seu disco rígido a partir da pasta Lesson15 do CD do *Adobe Illustrator CS4 Classroom in a Book*, faça isso agora. Veja "Copiando os arquivos do Classroom in a Book", na página 14.

3 Escolha File > Open e abra o arquivo L15start.ai da pasta Lesson15, localizada na pasta Lessons de seu disco rígido.

4 Escolha File > Save As, nomeie o arquivo **party_invite.ai** e selecione a pasta Lesson15. Deixe a opção Save As Type configurada como Adobe Illustrator (*.AI) (Windows) ou a opção Format configurada como Adobe Illustrator (ai) (Mac OS) e clique em Save. Na caixa de diálogo Illustrator Options, deixe as opções do Illustrator em suas configurações padrão e clique em OK.

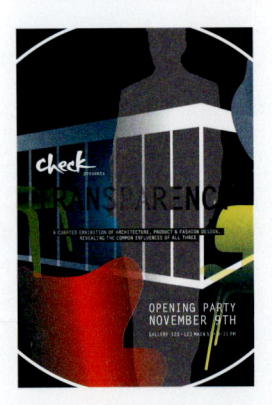

● **Nota:** Se uma caixa de diálogo de aviso aparecer perguntando sobre o uso cores especiais com transparência, clique em Continue.

5 Escolha View > Fit Artboard In Window.

Entenda o processo de impressão

Quando você imprime de um computador, os dados são enviados do documento para o dispositivo de impressão para serem impressos em papel ou convertidos em uma imagem positiva ou negativa. Para P&B, escala de cinza ou tiragem pequena de trabalhos coloridos, utilize uma impressora desktop. Se você precisa de grandes tiragens de saída impressa, como folhetos ou revistas, o trabalho terá que ser preparado para a máquina impressora de uma gráfica comercial. Imprimir em uma gráfica é uma arte que exige tempo e experiência para alcançar a forma perfeita. Além de entrar em contato com um profissional gráfico em todo o processo, você precisa aprender a terminologia e os conceitos básicos de impressão.

● **Nota:** Esta lição assume que você tem uma impressora desktop para utilização com os exercícios. Se não tiver uma impressora disponível, você pode ler as seções e pular as instruções passo a passo.

Requisitos de impressão diferentes envolvem processos de impressão diferentes. Para determinar seus requisitos, considere o seguinte:

- Que efeito você quer que a peça impressa tenha sobre a sua audiência?
- Seu trabalho será impresso em preto e branco ou em cores?
- Ele requer papel especial?
- De quantas cópias você precisa?
- Se estiver imprimindo em cores, a correspondência de cores precisa é necessária ou uma aproximada seria o adequado?

Reserve um tempo para considerar os vários tipos de trabalhos:

- Boletins em preto e branco que exigem uma pequena quantidade de cópias impressas – no geral, você pode utilizar uma impressora a laser de 300 a 600 pontos por polegada (*dots per inch* – dpi) para imprimir o original e então utilizar uma fotocopiadora para reproduzir a quantidade necessária.

- Cartões de visita que utilizam preto e uma outra cor – o termo impressão em duas cores normalmente se refere à impressão em preto e uma outra cor, embora também possa se referir à impressão com duas cores que não o preto. Impressão em duas cores é mais barata do que impressão em quatro cores, e permite selecionar correspondências de cor exatas, chamadas de cores spot, que podem ser importantes para logotipos. Para uma correspondência entre cores precisa, a impressão em duas cores é feita em uma impressora profissional. Se for necessária apenas uma correspondência aproximada entre as cores, utilize uma impressora colorida de mesa.

- Convites para festas que utilizam duas cores e tons dessas cores – além de imprimir duas cores sólidas, você pode imprimir tons das cores para dar profundidade a seu trabalho. A impressão em duas cores muitas vezes é feita em papel colorido que complementa as cores da tinta. O uso de uma impressora colorida de mesa ou de uma impressora profissional depende da quantidade e do grau de correspondência entre as cores requerido.

- Jornal – os jornais são normalmente impressos em gráfica porque dependem de uma impressão ágil e são feitos em grandes tiragens. Os jornais normalmente são impressos em grandes rolos de papel jornal, que então são aparados e dobrados no tamanho correto.

- Revistas ou catálogos que exigem uma reprodução precisa das cores – na impressão em quatro cores, as quatro cores de tinta de processo (ciano, magenta, amarelo e preto, ou CMYK) são misturadas. Quando a reprodução de cores exata é necessária, a impressão é feita em uma gráfica utilizando tintas CMYK. As tintas CMYK podem reproduzir uma boa quantidade do espectro de cores visível, com exceção de cores néon ou metálicas.

Você vai aprender mais sobre os modelos de cor na próxima seção.

Entenda os dispositivos de impressão

Agora que já tem alguma noção dos tipos de publicações e das diferentes maneiras de reproduzi-los, você vai aprender os conceitos básicos e a terminologia de impressão.

Retículas

Para reproduzir qualquer tipo de arte-final, um dispositivo de impressão geralmente divide o trabalho em retículas, que é uma série de pontos de vários tamanhos. Os pontos pretos são utilizados para imprimir trabalho em P&B ou escala de cinza. Para arte colorida, cria-se uma retícula para cada cor da tinta (ciano, magenta, amarelo e preto). Essas tintas sobrepõem-se em diferentes ângulos para produzir o intervalo completo das cores impressas. Para ter um bom exemplo de como as retículas se sobrepõem em ângulos diferentes em uma página impressa, observe a página de uma revista em quadrinhos colorida com uma lupa.

O tamanho dos pontos de uma retícula determina o modo como cores claras e escuras aparecem na impressão. Quanto menor o ponto, mais clara a cor aparece; quanto maior o ponto, mais escura a cor.

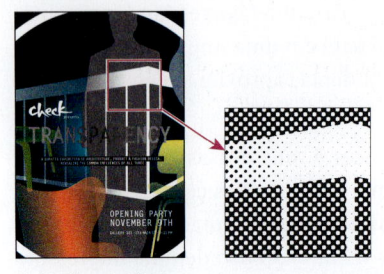

O detalhe ampliado mostra os pontos em uma retícula.

Frequência de tela

A frequência de tela, também chamada de lineatura de retícula ou frequência de retícula, refere-se ao número de linhas ou linhas de pontos utilizados para produzir uma imagem em filme ou papel. As linhas de pontos são divididas em quadrados, chamados células de retícula. A frequência de tela é medida em linhas por polegada (*lines per inch* – lpi) e é um valor fixo que pode ser configurado para o dispositivo de impressão.

Como regra geral, frequências de tela mais altas produzem detalhes mais precisos na saída impressa, pois quanto mais alta a frequência de tela, menor as células de meio-tom e, consequentemente, menor o ponto de meio-tom na célula.

Uma frequência de tela alta por si só não garante uma saída de alta qualidade. A frequência de tela deve ser adequada ao papel, às tintas e à impressora ou gráfica empregados para gerar a saída do trabalho. Seu fornecedor de serviços gráficos pode ajudá-lo a selecionar o valor de frequência de tela apropriado ao seu trabalho e ao dispositivo de saída.

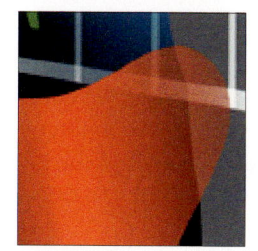

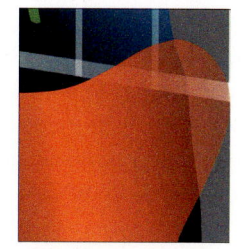

Frequências de tela baixas (65 lpi), mostradas à esquerda, costumam ser utilizadas para imprimir boletins. Frequências de tela altas (150 a 200 lpi), mostradas à direita, são utilizadas para livros de alta qualidade.

Resolução do dispositivo de saída

A resolução de um dispositivo de impressão descreve o número de pontos que o dispositivo tem disponível para renderizar, ou criar, um ponto de retícula. Quanto mais alta a resolução do dispositivo de saída, mais alta a qualidade da saída impressa. Por exemplo, a qualidade de impressão de uma imagem gerada a 2400 dpi é mais alta do que a qualidade de impressão de uma imagem gerada a 300 dpi. O Adobe Illustrator independe da resolução e sempre imprime na capacidade de resolução mais alta do dispositivo de impressão.

A qualidade de saída impressa depende da relação entre a resolução do dispositivo de saída (dpi) e a frequência de tela (lpi). Como regra geral, os dispositivos de saída de alta resolução utilizam valores de frequência de tela mais altos para produzir imagens de mais alta qualidade. Por exemplo, uma imagesetter com uma resolução de 2400 dpi e uma frequência de tela de 177 lpi produz uma imagem de qualidade mais alta do que uma impressora desktop com uma resolução de 300 a 600 dpi e uma frequência de tela de 85 lpi.

Sobre cores

O olho humano percebe a cor de acordo com o comprimento de onda da luz que recebe. A luz que contém o espectro de cores completo é vista como branca. Na ausência da luz, o olho vê o preto.

Monitores e dispositivos de impressão utilizam dois modelos de cores diferentes para produzir cores. Um modelo de cores é um método de exibição e medição das cores. Cada modelo de cores tem um intervalo de cores que podem ser exibidas ou impressas, chamadas gamut (gama) de cores. O maior gamut de cores é o visto na natureza; todos os outros gamuts de cores são um subconjunto do gamut de cores da natureza. Os dois modelos de cores mais comuns são vermelho, verde e azul (RGB), e ciano, magenta, amarelo e preto (CMYK). Monitores utilizam RGB para exibir as cores e os dispositivos de impressão costumam utilizar CMYK para produzir as cores.

Modelo de cor RGB

Uma grande porcentagem do espectro de cores visíveis pode ser representada pela mistura de três componentes básicos da luz colorida – vermelho, verde e azul – em várias proporções. Esses componentes são conhecidos como cores aditivas. O modelo de cores RGB é chamado de modelo de cores aditivas porque diferentes porcentagens de cada luz colorida são adicionadas para criar cor. Os monitores exibem cor utilizando o modelo RGB.

Modelo de cores CMYK

Se 100% de vermelho, verde ou azul forem subtraídos da luz branca, a cor resultante é ciano, magenta ou amarelo. Por exemplo, se um objeto absorve (subtrai) 100% da luz vermelha e reflete verde e azul, ciano é a cor percebida. Ciano, magenta e amarelo são chamadas de cores primárias subtrativas e formam a base das cores impressas. Além das tintas ciano, magenta e amarelo, a tinta preta é utilizada para gerar preto verdadeiro e aprofundar as sombras em imagens. Essas quatro tintas – CMYK – são chamadas de cores de processo porque são as quatro tintas padrão utilizadas nos processos de impressão.

Cores especiais (spot)

Cores especiais são tintas pré-misturadas utilizadas no lugar das, ou junto com, cores CMYK. As cores spot podem ser selecionadas a partir de sistemas de correspondência de cores, como as bibliotecas de cores PANTONE® ou TOYO™.

Muitas cores spot podem ser convertidas em seus equivalentes de cores de processo quando impressas. Mas algumas cores especiais, como cores metálicas ou brilhantes, requerem uma chapa própria na impressora.

Utilize cores spot nas seguintes situações:

- Para economizar dinheiro em trabalhos de impressão de uma e duas cores. Quando seu orçamento de impressão não permite impressão em quatro cores, você pode imprimir por um custo relativamente barato utilizando uma ou duas cores.

- Imprimir logotipos ou outros elementos gráficos que requerem correspondência de cores precisa – por exemplo, você precisa que uma gráfica de uma cidade imprima o mesmo tom de vermelho que uma gráfica de outra cidade.

- Para imprimir tintas especiais, como cores metálicas, fluorescentes e peroladas.

O que é gerenciamento de cores?

Os problemas de correspondência de cores acontecem porque diferentes dispositivos e softwares usam diferentes espaços de cores. Uma solução para isso é ter um sistema que interprete e converta cores entre dispositivos com precisão. Um sistema de gerenciamento de cores (CMS, color management system) compara o espaço de cores de criação da cor com o espaço de cores onde ela pode ser utilizada e faz os ajustes necessários para representar a cor da forma mais uniforme possível em dispositivos diferentes.

Um sistema de gerenciamento de cores converte cores com a ajuda de perfis de cores. Um perfil é uma descrição matemática do gamut de cores de um dispositivo, também chamado espaço de cor. Como alguns dispositivos são capazes de produzir mais cores (ou têm uma gama de cores maior) do que outros, os aplicativos Adobe utilizam perfis ICC, um formato definido pelo International Color Consortium como um padrão multiplataformas para manter as cores dentro do gamut de um dispositivo de impressão.

Nesta lição, você vai aprender a utilizar as configurações de cor para preparar um arquivo do Illustrator CS4 para saída impressa.

Passos básicos para produzir cores uniformes

1. **Consulte seus parceiros de produção (se tiver) para garantir que todos os aspectos do seu fluxo de trabalho de gerenciamento de cores se integrem precisamente com os deles.** Explique como o fluxo de trabalho de cores será integrado a seus grupos de trabalho e provedores de serviços, como o software e o hardware serão configurados para integração com o sistema de gerenciamento de cores e em que nível o gerenciamento de cores será implementado.

2. **Calibre e tire um perfil do seu monitor.** Um perfil de monitor é o primeiro perfil que você deve criar. Ver cores precisamente é essencial se você estiver tomando decisões criativas que envolvem as cores especificadas em seu documento.

3. **Adicione perfis de cores ao seu sistema para todos os dispositivos de entrada e saída que você planeja utilizar, como scanners e impressoras.** O sistema de gerenciamento de cores utiliza perfis para saber como um dispositivo produz as cores e quais são as cores reais de um documento. Perfis de dispositivo muitas vezes são instalados quando um dispositivo é adicionado ao seu sistema. Você também pode utilizar softwares e hardwares de terceiros para criar perfis mais precisos para condições e dispositivos específicos. Se o seu documento for impresso comercialmente, contate o seu provedor de serviços para determinar o perfil do dispositivo de impressão ou as condições da gráfica.

4. **Configure o gerenciamento de cores nos aplicativos Adobe.** As configurações de cor padrão são suficientes para a maioria dos usuários. Entretanto, é possível alterar as configurações de cor com um destes procedimentos:

   - Se você utiliza vários aplicativos Adobe, use o Adobe® Bridge CS4 para escolher uma configuração de gerenciamento de cores padrão e sincronizar configurações de cor entre aplicativos antes de trabalhar com documentos. (Consulte "synchronize color settings across Adobe applications".)
   - Se utilizar apenas um aplicativo Adobe ou se quiser personalizar opções avançadas de gerenciamento de cores, você pode mudar as configurações de cor para um aplicativo específico. (Consulte "set up color management".)

5. **(Opcional) Visualize as cores utilizando uma prova virtual.** Depois de criar um documento, você pode utilizar uma prova virtual para visualizar a aparência das cores quando impressas ou exibidas em um dispositivo específico. (Consulte "soft-proofing colors".)

8. **Utilize o gerenciamento de cores ao imprimir e salvar arquivos.** Manter a aparência das cores uniforme em todos os dispositivos do seu fluxo de trabalho é o objetivo do gerenciamento de cores. Deixe as opções do gerenciamento de cores ativadas ao imprimir documentos, salvar arquivos e preparar arquivos para visualização online. (Consulte "Printing with color management" e "color-managing documents for online viewing".)

—*Extraído do Illustrator Help*

Configurações do gerenciamento de cores no Illustrator

Ao selecionar o perfil de cores apropriado, você espera uma visualização na tela mais real da aparência do trabalho impresso. O gerenciamento de cores faz com que o monitor RGB represente cor do mesmo modo que ela aparece impressa em CMYK.

As configurações de cor padrão bastam para a maioria dos usuários. Entretanto, é recomendável alterar as configurações de cor de um aplicativo específico ou personalizar as configurações do gerenciamento de cores. Para este exemplo, escolha North America Prepress 2.

1 Escolha Edit > Color Settings.

2 Selecione North America Prepress 2 do menu Settings e clique em OK.

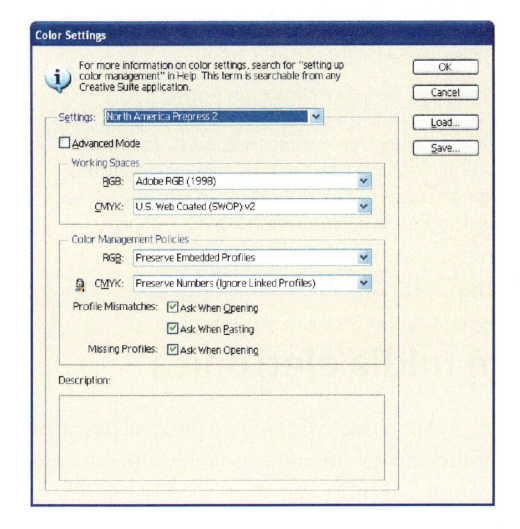

● **Nota:** As configurações do Adobe Bridge podem ficar dessincronizadas – e isso não é problema.

● **Nota:** Converse com seu fornecedor ou impressor para obter mais especificações que o ajudem a criar cores mais exatas.

Sincronize cores com o Adobe Bridge

Se você instalou todo o Creative Suite 4 e utiliza frequentemente vários aplicativos Adobe, pode utilizar o Adobe Bridge para escolher uma configuração de gerenciamento de cores padrão e sincronizar configurações de cor entre aplicativos antes de trabalhar com documentos.

Quando você configura o gerenciamento de cores utilizando o Adobe Bridge, as configurações de cor são automaticamente sincronizadas entre os aplicativos.

1 Escolha File > Browse In Bridge.

● **Nota:** Para abrir o Adobe Bridge diretamente, escolha Adobe Bridge no menu Start ou dê um duplo clique no ícone do Adobe Bridge.

2 No Adobe Bridge, escolha Edit > Creative Suíte Color Settings.

3 Selecione North America Prepress 2 na lista e clique em Apply.

● **Nota:** Se as configurações padrão não atenderem a seus requisitos, você pode selecionar Show Expanded List Of Color Settings Files para ver mais configurações. Para instalar um arquivo de configurações personalizado, como um arquivo que você recebeu de uma gráfica, clique em Show Saved Color Setting Files.

Prova de cores em mídia eletrônica

Em um processo de produção de gerenciamento de cores, é possível usar a precisão dos perfis de cores para fazer uma prova em mídia eletrônica do documento. Tirar a prova em uma mídia eletrônica permite visualizar na tela como as cores de seu documento pareceriam quando reproduzidas em um determinado dispositivo de saída, como uma impressora comercial.

A confiabilidade da prova eletrônica depende da qualidade do monitor, do perfil do monitor e das condições de iluminação do ambiente de trabalho. Em outras palavras, se estiver trabalhando em um ambiente com variação de luz durante o dia, talvez você não obtenha resultados confiáveis. Para informações sobre como criar um perfil de monitor, consulte "To calibrate and profile your monitor" no Illustrator Help.

1 No Illustrator, escolha View > Proof Setup > Customize. O perfil para o arquivo party_invite.ai está configurado como U.S. Web Coated (SWOP) v2. Deixe-o configurado assim e clique em OK.

A opção Proof Colors é selecionada por padrão (indicada por uma marca de seleção) para que você possa ver a aparência do trabalho quando impresso no padrão selecionado, U.S. Web Coated (SWOP) v2.

Agora, mude o perfil para ver como a imagem ficaria em um dispositivo de saída diferente.

2 Escolha View > Proof Setup > Customize.

3 Na caixa de diálogo Proof Setup, escolha Euroscale Uncoated v2 no menu Device To Simulate e selecione Preview. Clique em OK. Como a visualização ainda está configurada como Proof Colors, o preview da imagem mudará as cores automaticamente para exibir sua aparência utilizando o perfil Euroscale Uncoated v2.

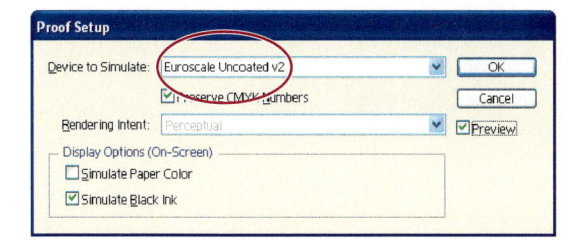

Retorne às configurações SWOP.

4 Escolha View > Proof Setup > Customize. Configure o perfil como U.S. Web Coated (SWOP) v2 e clique em OK.

5 Escolha View > Proof Colors para desmarcar a visualização da prova eletrônica.

A seguir, você vai trabalhar com a impressão do trabalho colorido.

Separação de cores

Para imprimir arte-final colorida em uma gráfica, você deve primeiro separar a arte composta em suas cores componentes: ciano, magenta, amarelo e preto e qualquer cor spot, se aplicada. O processo de dividir o trabalho em suas cores componentes é chamado de separação de cores.

Antes de configurar as opções de separação, é importante que você discuta os requisitos específicos de seu trabalho de impressão com um profissional gráfico. Não é possível separar cores com uma impressora que não seja PostScript®.

Faça o preview da separação de cores

Configure as opções de separação na caixa de diálogo Print e visualize-as no painel Separations Preview.

1 No arquivo Party_invite.ai, escolha Window > Separations Preview.

2 No painel Separations Preview, selecione Overprint Preview.

3 Clique no botão Next (▶) da barra de status para acessar a prancheta 2.

● **Nota:** Talvez seja necessário arrastar a parte inferior do painel Separations Preview ou rolar para baixo para exibir todas as tintas.

4 No painel Separations Preview, desmarque o ícone de olho (👁) à esquerda de CMYK.

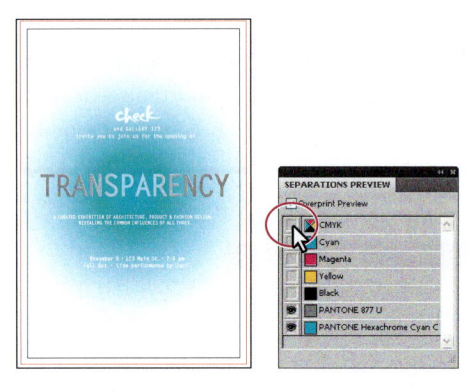

5 Para voltar à visualização normal, desmarque Overprint Preview no painel Separations Preview.

6 Feche o painel Separations Preview.

▶ **Dica:** Para ocultar todas as separações exceto uma, clique com Alt ou Option pressionada no ícone de olho dessa separação. Clique com Alt ou Option pressionada no ícone de olho novamente para visualizar todas as separações mais uma vez.

Imprima separações de cores

Agora, imprima as separações para o arquivo Party_invite.ai.

● **Nota:** Para continuar nesta seção, seu computador deve estar conectado a uma impressora PostScript. Se você estiver conectado a uma impressora de jato de tinta ou não estiver conectado a uma impressora, as opções de separação estarão desativadas na janela de diálogo Print.

1 Escolha File > Print.

2 Se houver uma impressora PostScript conectada, escolha essa impressora no menu Printer e então passe para o próximo passo. Se não houver uma impressora conectada, escolha a impressora Adobe PostScript® File.

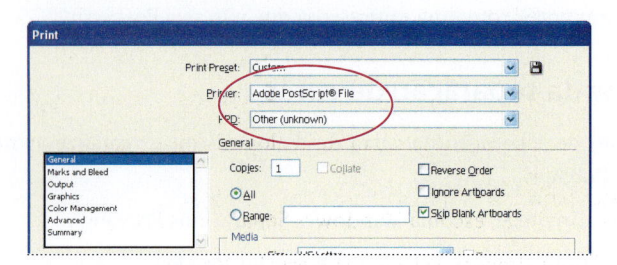

3 Selecione um PPD.

Os arquivos PostScript Printer Description (PPD) contêm informações sobre o dispositivo de saída, incluindo os tamanhos disponíveis de página, resolução, valores de frequência de tela disponíveis e os ângulos das retículas.

● **Nota:** A pasta Lesson15 contém um arquivo PPD com seleções limitadas. Quando você instala o Adobe Illustrator, dois PPDs são automaticamente instalados na pasta Utilities dentro da pasta do Adobe Illustrator, e PPDs adicionais são fornecidos no DVD do Adobe Illustrator.

4 Escolha Other no menu PPD.

5 Abra o arquivo General.ppd, localizado na pasta Lesson15, na pasta Lesson do disco rígido. Selecione-o e clique em Open.

A caixa de diálogo Print é atualizada com os parâmetros gerais da impressora e um preview do trabalho é exibido no lado inferior esquerdo da caixa de diálogo. O preview do seu trabalho depende do tamanho de página selecionado no menu Size. Os dispositivos de saída têm vários tamanhos de página disponíveis.

Imprima várias pranchetas

Ao criar um documento com múltiplas pranchetas, você pode imprimir o documento de vários modos. Você pode ignorar as pranchetas e imprimir tudo em uma única página (talvez seja necessário organizar as pranchetas lado a lado se elas ultrapassarem os limites da página), ou pode imprimir cada prancheta como uma página individual. Ao imprimir pranchetas como páginas individuais, você pode optar por imprimir todas as pranchetas ou uma série de pranchetas.

1 Escolha File > Print.

2 Siga um destes procedimentos:
- Para imprimir todas as pranchetas como páginas separadas, selecione All. Você pode ver todas as páginas listadas na área de preview no canto inferior esquerdo da caixa de diálogo Print.
- Para imprimir um subconjunto de pranchetas como páginas separadas, selecione Range e especifique as pranchetas a imprimir.
- Para imprimir a arte-final de todas as pranchetas juntas em uma só página, selecione Ignore Artboards. Se a arte ultrapassar os limites da página, você pode redimensioná-la ou organizá-la lado a lado.

3 Especifique outras opções de impressão como desejado e clique em Print.

—*Extraído do Illustrator Help*

6 Escolha US Letter para o tamanho do papel na seção Media.

7 Clique em Marks And Bleed nas opções à esquerda.

Na caixa de diálogo Print, você pode escolher quais marcas de impressora serão visíveis. As marcas de impressora ajudam o impressor a alinhar as separações de cores na chapa e a verificar a cor e a densidade das tintas utilizadas.

A. Marcas de registro
B. Informações sobre a página
C. Marcas de corte
D. Barras de cores

8 Selecione All Printer's Marks (todas as marcas da impressora).

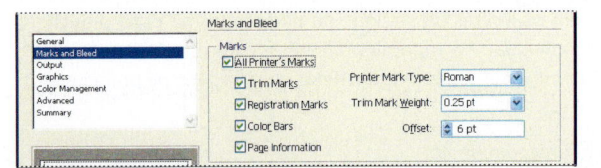

O preview mostra as marcas de corte e outras marcas na visualização.

9 Deixe a caixa de diálogo Print aberta para a próxima seção.

Especificação da área de sangrado

O sangrado é a quantidade de arte que sai para fora do limite de impressão ou fora das marcas de corte e marcas de refile. É possível incluir a área de sangrado em seu trabalho como uma margem de segurança para que a tinta ainda seja impressa até a borda da página depois de ser aparada ou para garantir que uma imagem possa ser retirada de uma linha chave em um documento. Para os trabalhos que se estendem até a área de sangrado, você pode especificar o tamanho do sangrado.

Alterar a área de sangrado faz com que o Illustrator imprima uma área maior ou menor do trabalho que vai além das marcas de corte; mas as marcas de corte continuam a definir uma caixa delimitadora de impressão do mesmo tamanho. Por padrão, o Illustrator utiliza o sangrado configurado no arquivo. Você pode configurar o sangrado na caixa de diálogo Document Setup. Também pode substituir o sangrado de um documento na caixa de diálogo Print.

À esquerda temos um sangrado pequeno.
À direita temos um sangrado grande.

10 Na caixa de diálogo Print, deixe Use Document Bleed Settings selecionado, que é o padrão.

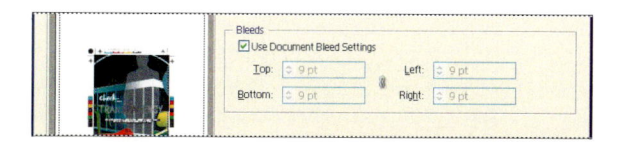

Com Use Document Bleed Settings selecionado, você aceita o tamanho de sangrado anteriormente configurado para esse documento, que deve estender a arte 9 pontos além das marcas de corte. O sangrado máximo que pode ser configurado é de 72 pontos; o mínimo, 0 ponto.

O tamanho do sangrado depende de seu propósito. Um sangrado de impressão (uma imagem que sangra fora da borda da folha impressa) deve ter pelo menos 18 pontos. Se o sangrado precisar garantir que uma imagem se ajuste a uma linha chave, ele pode ser de 2 ou 3 pontos. A gráfica pode aconselhá-lo sobre o tamanho do sangrado necessário para seu trabalho em particular.

11 Deixe a caixa de diálogo Print aberta.

Separe cores

12 Clique em Output, no lado esquerdo da caixa de diálogo Print. Selecione Separations (Host-Based) no menu Mode.

A arte do convite é composta de cores de processo e cores spot, que são exibidas em Document Ink Options.

À esquerda do nome das cores de processo, um ícone de impressora (🖨) indica que uma separação será gerada para cada cor. À esquerda do nome da cor spot, um ícone de cor spot (●) indica que a cor será impressa como uma cor separada. A cor do ícone corresponde com aquela da cor especial. Um ícone de cor de processo é exibido à esquerda dos nomes das cores de processo (✖).

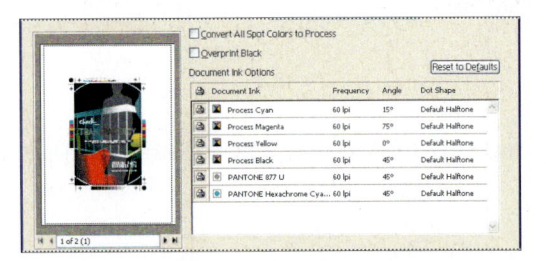

Opções de modo de saída do Illustrator CS4

O Illustrator CS4 fornece as seguintes opções para o modo de saída:

- **Composite** – Envia todas as informações sobre as cores do arquivo para o seu dispositivo de saída. Essa é a configuração de impressão típica para uma impressora desktop colorida ou para uma copiadora colorida.
- **Separations (Host Based)** – Produz as separações em seu computador e envia os dados separados para o seu dispositivo de saída.
- **In-RIP Separations** – Realiza separações de cores no RIP (Raster Image Processor), deixando o computador host livre para realizar outras tarefas. Ao utilizar esse modo, o dispositivo de saída que recebe os dados deve suportar separações In-RIP.

Se você imprimisse separações de cores neste ponto, todas as cores, incluindo a cor spot do trabalho, seriam impressas em seis separações. Isso é chamado de trabalho em seis cores, o que requer uma impressora capaz de imprimir em seis cores. Em uma impressora de quatro cores, o papel deveria ser reenviado à impressora para imprimir a quinta e a sexta cor.

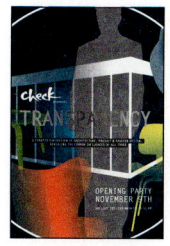

Imagem composta    Separação de ciano 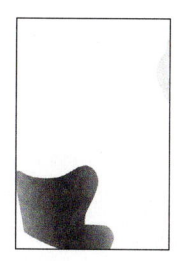   Separação de magenta

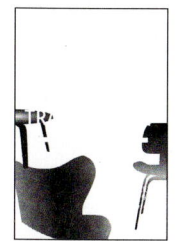

Separação de amarelo 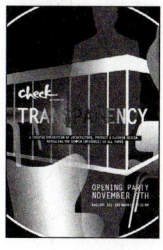   Separação de preto    Separação PANTONE 877 U    Separação PANTONE Hexachrome Cyan na segunda prancheta

13 Selecione Convert All Spot Colors To Process. Com essa opção selecionada, as cores especiais serão divididas em construções CMYK e impressas com quatro separações.

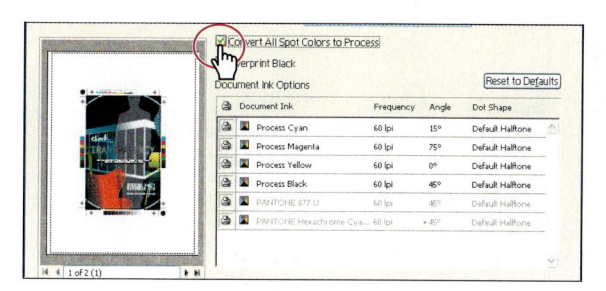

14 Desmarque Convert All Spot Colors To Process. Observe que as cores especiais não mais estão opacas e o ícone de processo à esquerda das cores spot volta a ser ícone de cores especiais, indicando que elas serão impressas.

Como aprendeu anteriormente, você pode imprimir separações utilizando cores de processo ou cores spot, ou pode utilizar uma combinação de ambas. Agora, você vai converter apenas a cor spot (PANTONE 877 U) em uma cor de processo porque uma correspondência de cores exata não é necessária.

15 Para converter PANTONE 877 U em uma cor de processo, clique no ícone de cor spot à esquerda de seu nome na lista de cores.

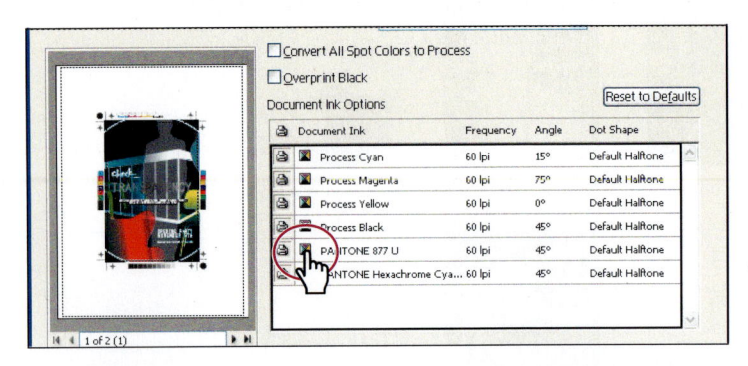

Se você imprimisse neste ponto, cinco separações seriam geradas: uma para cada chapa de ciano, magenta, e o amarelo, e preto (incluindo a cor spot convertida em uma cor de processo) e uma para a cor spot PANTONE Hexachrome Cyan C.

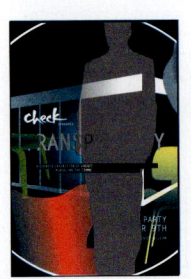

Imagem composta    Separação de ciano 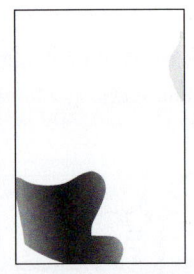   Separação de magenta

Separação de amarelo    Separação de preto    Separação de cor spot

Especifique a frequência de tela

No começo desta lição, você viu que a relação entre a resolução do dispositivo de saída e a frequência de tela determina a qualidade da saída impressa. Dependendo do dispositivo de saída que você selecionar, mais de um valor de frequência de tela poderá estar disponível.

16 No menu Printer Resolution, verifique se 60 dpi lpi/300 está selecionado. O primeiro valor, 60, representa a frequência de tela (lpi) e o segundo valor, 300, representa a resolução de dispositivo de saída (dpi).

Discuta outras opções de separação, como Emulsion Up/Down e Positive or Negative film, com seu fornecedor de serviços gráficos, que pode ajudá-lo a determinar como configurar essas opções para seu trabalho.

Antes de imprimir suas separações em um dispositivo de saída de alta resolução, você pode querer imprimir um conjunto de separações, chamadas de provas, em sua impressora desktop P&B. Você economizará tempo e dinheiro fazendo todas as correções necessárias em seus arquivos com a revisão das provas P&B.

17 Clique no botão Save Preset (💾) da caixa de diálogo Print e nomeie a predefinição Invite. No futuro, você poderá selecioná-la no menu Preset. Clique em OK.

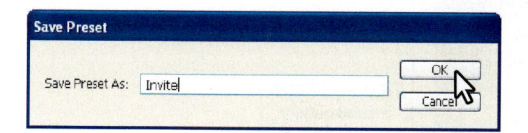

18 Se você escolheu uma impressora PostScript na caixa de diálogo Print, clique em Print para imprimir as separações. Cinco páginas são impressas – para ciano, magenta, amarelo, preto e a cor especial. Se você escolheu o driver de impressora PostScript, clique em Done.

● **Nota:** Dependendo da impressora escolhida, pode aparecer uma caixa de diálogo informando que seu PPD não corresponde à impressora atual. Clique em Continue para imprimir as provas.

19 Escolha File > Save e feche o arquivo Party_invite.ai.

Trabalhe com ilustrações de duas cores

A impressão em duas cores geralmente se refere à impressão em preto e uma cor especial, mas também pode se referir a duas cores especiais. Além da impressão de duas cores sólidas, você pode imprimir usando tintas, ou retículas, das cores. O custo da impressão em duas cores é bem mais baixo do que o da impressão em quatro cores. Você pode criar uma rica variedade de profundidade e cores com duas cores, quando utilizadas eficazmente.

Separe cores spot

Para uma ilustração de duas cores, separar as cores spot em seus equivalentes de cor de processo é menos econômico do que gerar a cor spot em sua própria separação (converter em quatro chapas CMYK *versus* uma chapa para cada cor spot).

1 Escolha File > Open e abra o arquivo L15start2.ai da pasta Lesson15.

2 Escolha View > Fit Artboard In Window.

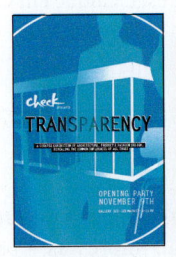

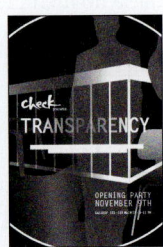

Imagem composta Separação 1: Preto Separação 2: A cor spot

3 Escolha File > Print.

4 Certifique-se de que há uma impressora selecionada no menu Printer. Se não houver, selecione a impressora Adobe Postscript® File.

5 Escolha Other no menu PPD.

6 Navegue até o arquivo General.ppd, localizado na pasta Lesson15. Selecione-o e clique em Open.

7 Selecione o centro do Placement Reference Point (▦) para centralizar o conteúdo na mídia.

8 Clique em Output no lado esquerdo da caixa de diálogo Print.

9 Selecione Separations (Host-Based) no menu Mode.

10 Preste atenção nos ícones de impressora (🖨) à esquerda de várias cores. Como esse é um trabalho em duas cores, certifique-se de que apenas Process

Black e PANTONE Hexachrome Cyan estão selecionados. Desmarque o ícone de impressora de todas as cores desnecessárias.

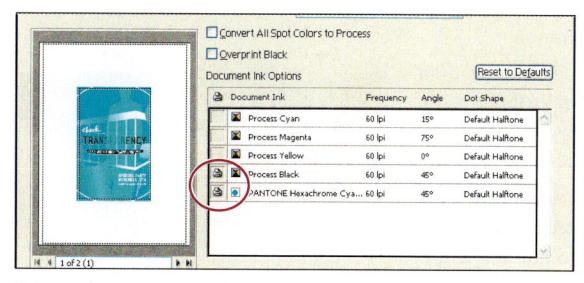

O ícone de impressora indica que a cor será impressa.

11 Clique no botão Save Preset (💾) na parte inferior da caixa de diálogo Print. Nomeie a predefinição como Invite 2-color e clique em OK.

12 Clique em Done para salvar as configurações, mas não imprima neste momento.

13 Salve e feche o arquivo L15start2.ai.

Entenda o trapping

O trapping (ou cobertura) é utilizado para compensar todas as lacunas ou mudanças de cor que possam ocorrer entre objetos adjacentes ou sobrepostos na impressão. Essas lacunas ou mudanças de cor ocorrem devido a erros de registro, que resultam da falta de alinhamento do papel ou das chapas durante a impressão. O trapping é uma técnica desenvolvida pelas gráficas para sobrepor levemente as cores ao longo de bordas comuns.

Lacuna criada por registro incorreto

Lacuna removida por trapping

Embora pareça simples, o trapping exige um grande conhecimento de cor, design, e um olho crítico para se determinar onde ele é necessário. Você pode utilizar o efeito Trap para uma arte simples cujas partes podem ser selecionadas e corrigidas individualmente com o trapping; ou configurar um valor Stroke para objetos individuais que você quer corrigir com o trapping.

Sobre trapping

Há dois tipos de trapping:

- **Spread** (por dispersão), na qual um objeto mais claro sobrepõe um fundo mais escuro e parece se expandir para o fundo;
- **Choke** (por obstrução), na qual um fundo mais claro sobrepõe um objeto mais escuro que cai dentro do fundo e parece compactar ou reduzir o objeto.

Spread: objeto sobrepõe objeto.

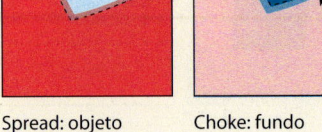

Choke: fundo sobrepõe fundo.

Ao sobrepor objetos que compartilham uma cor, o trapping pode ser desnecessário se a cor comum criar um trapping automático. Por exemplo, se dois objetos que se sobrepõem contêm ciano como parte de seus valores de CMYK, qualquer lacuna entre eles é coberta pelo conteúdo de ciano do objeto abaixo.

O trapping de texto pode apresentar problemas específicos. Evite aplicar cores de processo ou tintas de cores de processo misturadas a fontes muito pequenas, porque qualquer problema de registro pode dificultar a leitura do texto. Da mesma forma, o trapping de texto em fontes muito pequenas pode dificultar a leitura do texto. Como ocorre com a redução de tinta, verifique com a gráfica antes de aplicar um trapping a uma fonte assim. Por exemplo, se você estiver imprimindo um texto preto sobre um fundo colorido, a impressão sobreposta do texto sobre o fundo pode ser suficiente.

—*Extraído do Illustrator Help*

Impressão sobreposta de objetos

Ao preparar uma imagem para separação de cores, é possível definir como você quer que objetos sobrepostos de diferentes cores sejam impressos. Por padrão, o objeto de cima na arte remove a cor da arte de baixo nas outras separações e imprime somente com a cor do objeto superior (o que é conhecido como knockout). O erro de registro pode ocorrer quando as cores são deslocadas.

Imagem composta

Primeira chapa

Segunda chapa

Você também pode especificar uma impressão sobreposta dos objetos sobre qualquer arte abaixo deles. A impressão sobreposta é o método mais simples de evitar o registro incorreto na impressora. A cor da impressão sobreposta automaticamente cobre a cor de fundo.

Imagem composta   Primeira chapa   Segunda chapa

Agora, você vai selecionar um objeto no convite e aplicar uma impressão sobreposta. Então, visualizará a impressão sobreposta na tela.

1 Escolha File > Open. Localize e abra o arquivo L15start3.ai na pasta Lesson15 e clique em Open.

2 Na caixa de diálogo Missing Profile, selecione Assign Current Working Space: US Web Coated (SWOP) v2 e clique em OK.

▶ **Dica:** Para aprender mais sobre perfis de cores ausentes ou não correspondentes, pesquise "About missing and mismatched color profiles" no Illustrator Help.

3 Com a ferramenta Selection (▶), clique na cadeira amarela para selecioná-la.

4 Escolha View > Overprint Preview se não houver nenhuma marca de verificação ao lado desse comando.

5 Escolha Janela > Atributos.

Agora você verá uma aproximação de como a impressão sobreposta e a mesclagem aparecem na saída com a separação de cores.

6 No painel Attributes, selecione Overprint Fill.

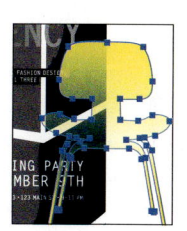

7 Com a cadeira amarela ainda selecionada, desmarque Overprint Fill no painel Attributes.

Se um objeto tiver contorno, você também pode selecionar a opção Overprint Stroke para certificar-se de que o contorno se sobreponha ao objeto abaixo dele também. A seguir, adicione um contorno a um objeto para criar um trapping.

8 Com a cadeira amarela selecionada, selecione a amostra CMYK Yellow na cor de contorno no painel Control. Certifique-se de que a espessura do contorno está configurada como 1 pt no painel Control.

9 No painel Attributes, selecione Overprint Stroke.

Dependendo do que foi discutido com seu fornecedor de serviços gráficos, você pode querer alterar a quantidade de trapping. Você vai testar alterar o trapping especificado agora.

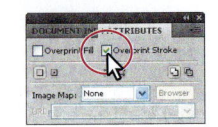

10 Com a cadeira ainda selecionada, altere Stroke Weight para **6 pt** no painel Control. Como Overprint Preview está selecionado, você pode ver os resultados na prancheta.

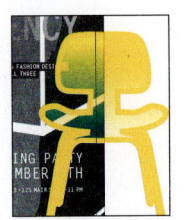

Sem visualização Overprint

Visualização Overprint Stroke

Os contornos são centralizados sobre o path do objeto. Isso significa que, se um objeto é contornado com a mesma cor de seu preenchimento, apenas a metade da espessura do contorno realmente apresentará uma impressão sobreposta. Por exemplo, se o seu fornecedor de serviços gráficos quisesse um trapping de cor de 0,5 ponto adicionado à cadeira amarela, você utilizaria um contorno com espessura de 1 ponto para alcançar a cobertura. Metade do contorno aparece dentro da área de preenchimento e metade fora da área de preenchimento.

11 Escolha File > Save e mantenha o arquivo aberto.

Você terminou esta parte da lição. Em uma situação de fluxo de trabalho rotineiro, você agora estaria pronto para enviar seu trabalho para uma gráfica para impressão. Ao enviar seu arquivo eletrônico para uma impressora, inclua provas de separação de cores. Além disso, informe o impressor sobre qualquer trapping criado no trabalho. Tenha em mente que você deve manter contato com a gráfica a cada serviço de impressão solicitado. Cada trabalho tem requisitos únicos que você deve considerar antes de começar o processo de separação de cores.

Salve e exporte arte-final

Você pode salvar arquivos do Illustrator em vários formatos diferentes de arquivo nativos – incluindo PDF, EPS e SVG –, o que preserva todos os dados, incluindo pranchetas múltiplas. Você também pode exportar arquivos em vários formatos de arquivo não nativos, incluindo BMP e PNG, que pode utilizar em outros aplicativos. Se você salvar arquivos em formatos de arquivo não nativos, o Illustrator não poderá recuperar todos os dados ao reabri-lo. Por essa razão, recomenda-se que você salve o trabalho no formato AI nativo até terminar de criá-lo e, então, exporte-o para o formato de arquivo desejado.

● **Nota:** Para formatos PDF e SVG, você deve selecionar a opção Preserve Illustrator Editing Capabilities para preservar os dados do Illustrator. No formato EPS, é possível salvar pranchetas individuais como arquivos separados.

Utilize o painel Document Info

O comando Document Info exibe informações sobre objetos, arquivos vinculados ou inseridos, cores, degradês, padrões e fontes de seu documento. Antes de enviar seu trabalho colorido para pré-impressão ou de começar o processo de separação de cores, utilize o painel Document Info para gerar e salvar uma lista de informações sobre todos os elementos de seu arquivo de trabalho. Se estiver trabalhando com profissionais de pré-impressão, eles poderão ajudá-lo a determinar o que será necessário incluir em seu trabalho. Por exemplo, se sua arte-final utiliza uma fonte que o fornecedor de fotolito não possui, você precisará incluir uma cópia da fonte em seu trabalho.

1 Com o arquivo L15start3.ai aberto, escolha Window > Document Info para abrir o painel Document Info.

2 No painel Document Info, selecione diferentes opções para o documento no menu do painel (▼≡). O painel exibe informações sobre cada opção que você selecionar.

3 Selecione um objeto na prancheta e certifique-se de que Selection Only está selecionado (há uma marca de verificação à esquerda) no menu do painel Document Info para exibir apenas as informações desse objeto. Selecione Objects no mesmo menu e observe as informações mudarem no painel Document Info.

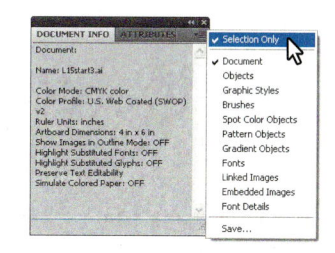

Você também pode visualizar ou imprimir o conteúdo inteiro do painel Document Info salvando-o e, então, abrindo-o em um editor de textos.

4 Escolha Save no menu do painel, nomeie o arquivo Document Info e então clique em Save.

5   Depois de examinar o arquivo de informações de documento, deixe o painel Document Info aberto para referência, ou feche-o.

6   Deixe o arquivo aberto.

Salve um arquivo com transparência

Se estiver salvando um arquivo para ser utilizado em outros aplicativos Adobe, como o InDesign ou o Photoshop, mantenha a transparência salvando o trabalho no formato do Adobe Illustrator nativo. A transparência para esse formato de arquivo é suportada nos outros aplicativos Adobe.

Agora, salve seu arquivo de forma em dois formatos diferentes para que possa inseri-lo em um documento do InDesign.

1   Escolha File > Open e abra o arquivo shapes.ai da pasta Lesson15, localizada na pasta Lessons de seu disco rígido.

2   Escolha File > Save As, nomeie o arquivo como shapes2.ai na pasta Lesson15 e clique em Save. Na caixa de diálogo Illustrator Options, clique em OK.

● **Nota:** Se uma caixa de diálogo de aviso aparecer, clique em Continue.

● **Nota:** Para seguir os próximos passos nesta seção, o Adobe InDesign CS4 deve estar instalado.

3   Abra o Adobe InDesign CS4 e escolha File > New. Crie um documento do tamanho carta.

▶ **Dica:** Para mais informações sobre como inserir arquivos no InDesign, consulte a Lição 14.

4   Escolha File > Place. Localize o arquivo shapes2.ai salvo na pasta Lesson15 e clique em Place.

5   Volte ao Illustrator, mantendo o arquivo aberto no InDesign. Deixe o arquivo shapes2.ai aberto.

Importar seu arquivo com Place mantém a transparência na arte.

● **Nota:** Ao arrastar e soltar a arte entre um aplicativo Adobe e outro, a transparência não é mantida.

Salve no formato EPS

Você pode salvar um trabalho como um arquivo EPS (Encapsulated Postscript) para utilizá-lo em aplicativos que não são da Adobe ou se não precisar conservar a transparência. O formato EPS preserva muitos elementos gráficos que você pode criar com o Adobe Illustrator, o que significa que os arquivos EPS podem ser reabertos e editados em outros aplicativos Adobe como arquivos do Illustrator. Arquivos EPS podem conter imagens vetoriais e bitmap, bem como múltiplas pranchetas.

1 Escolha File > Save As, nomeie o arquivo **shapes3.eps** e selecione a pasta Lesson15. Escolha Illustrator EPS (*.EPS) no menu Save as Type (Windows) ou escolha o Illustrator EPS (eps) no menu Format (Mac OS) e clique em Save.

● **Nota:** Clique em Continue se uma caixa de diálogo de aviso aparecer.

2 Na caixa de diálogo EPS Options, escolha uma predefinição de transparência no menu Preset da seção Transparency. Clique em OK.

3 Volte ao documento do InDesign.

4 Escolha File > Place e selecione o arquivo shapes3.eps que acabou de salvar e clique em Place.

Veja que a transparência não é suportada. As áreas transparentes do trabalho não interagem com o resto do documento.

Formato do Adobe Illustrator   Formato EPS

● **Nota:** Um quadro preenchido de amarelo foi posicionado atrás do arquivo Illustrator e EPS inseridos na figura acima para que o efeito fosse melhor visualizado.

5 Retorne ao Illustrator e escolha File > Close ou deixe o arquivo aberto para experimentar outras opções de achatamento.

Imprima arte-final transparente

Se o seu computador estiver conectado a uma impressora, você pode testar diferentes configurações de achatamento na caixa de diálogo Print.

1 Escolha File > Open Recent Files e escolha shapes2.ai.

2 Escolha File > Print.

3 Clique em Advanced na janela de opções no lado esquerdo da caixa de diálogo Print.

4 No menu Preset, escolha uma configuração predefinida de transparência ou clique em Custom para criar uma configuração própria.

● **Nota:** Para mais informações sobre como imprimir arte-final com transparência, consulte o arquivo PDF, Print_transparency.pdf, no CD do *Classroom In A Book*.

5 Clique em Print para imprimir o arquivo se houver uma impressora conectada e se ela estiver selecionada.

6 Feche o arquivo shapes2.ai.

Salve como Adobe PDF

O Adobe Portable Document Format (PDF) é um formato de arquivo universal que preserva as fontes, as imagens e o layout dos documentos de origem criados em diferentes aplicativos e plataformas. PDF é o padrão para a distribuição e troca confiável e segura de documentos e formulários eletrônicos em todo o mundo. Arquivos Adobe PDF são compactos e completos, e podem ser compartilhados, visualizados e impressos por qualquer pessoa com o software Adobe Reader®. Além disso, o Adobe PDF pode preservar todos os dados do Illustrator, o que significa que você pode reabrir o arquivo no Illustrator com tudo intacto.

O Adobe PDF é eficaz em fluxos de trabalho para publicações impressas e é uma maneira eficiente de transmitir ideias para alguém que não possui o Adobe Illustrator. Salvando uma composição de seu trabalho como um arquivo Adobe PDF, você cria um arquivo confiável e compacto que você ou seu fornecedor de serviços pode visualizar, editar, organizar e tirar provas. O prestador de serviços pode, então, imprimir diretamente o arquivo Adobe PDF ou processá-lo usando ferramentas de várias origens para tarefas de pós-processamento, como verificações de comprovação, trapping, imposição e separação de cores.

1 Com o arquivo L15start3.ai aberto, escolha File > Save As, nomeie o arquivo como shapes1.ai e selecione a pasta Lesson15. Altere Save As Type para Adobe PDF (*.PDF) (Windows), ou Format para Adobe PDF (pdf) (Mac OS), e clique em Save.

2 Na caixa de diálogo Save Adobe PDF, deixe Adobe PDF Preset em [Illustrator Default].

O comando Illustrator Default não compacta arte rasterizada, mas compacta texto e arte a traço.

3 Com as opções General selecionadas no lado esquerdo da caixa de diálogo, desmarque Create Acrobat Layers From Top-Level Layers. Por padrão, camadas do Acrobat que são editáveis no Acrobat e no Reader são criadas a partir das camadas de primeiro nível no seu documento do Illustrator.

4 Desmarque Embed Page Thumbnails para diminuir o tamanho do arquivo.

5 Clique em Save Preset e nomeie-o como invites na caixa de diálogo Save Adobe PDF Settings As. Clique em OK. Na próxima vez que você criar um documento PDF, você poderá selecionar invites no menu Adobe PDF Preset.

▶ **Dica:** Para excluir uma predefinição, escolha Edit > Adobe PDF Presets. Na caixa de diálogo Adobe PDF Presets, selecione a predefinição e clique em Delete.

6 Clique em Save PDF. Abra o arquivo PDF no Acrobat ou no Reader.

7 Escolha File > Close para fechar o arquivo PDF e voltar ao Illustrator.

8 Escolha File > Close sem salvar as modificações.

9 Escolha Edit > Color Settings.

10 Selecione North America General Purpose 2 no menu Settings para definir as configurações padrão das cores novamente e clique em OK.

Predefinições de PDF

Ao criar PDFs no Illustrator, há muitas escolhas de configurações predefinidas.

- **High Quality Print** Cria um arquivo PDF para impressão de qualidade em impressoras desktop e impressoras de prova. Essa configuração reduz imagens coloridas e em escala de cinza com resoluções acima de 450 ppi para 300 ppi, o que representa uma boa resolução para saída de imagens. Arquivos PDF criados com essa configuração podem ser abertos no Acrobat 5.0 e Reader 5.0 e versões superiores.
- **Illustrator Default** Cria um arquivo PDF em que todos os dados do Illustrator são preservados. Os arquivos PDF criados com essa configuração predefinida podem ser reabertos no Illustrator sem perda de dados.
- **PDF/X-1a:2001, PDF/X-3:2002, PDF/X-4:2007, PDF/X-4:2008:** Utilize essas configurações para criar documentos Adobe PDF que devem ser seguir os padrões ISO PDF/X-1a:2001, PDF/X-3:2002, PDF/X-4:2007 ou PDF/X-4:2008 para troca de conteúdo gráfico. Se o arquivo não seguir esses padrões, uma mensagem de aviso permite cancelar o salvamento do arquivo ou continuar salvando um arquivo não compatível com o PDF/X. Os arquivos PDF criados com arquivos de configurações PDF/X-1a:2001 ou PDF/X-3:2002 podem ser abertos no Acrobat 4.0 e Adobe Reader 4.0 e versões superiores. Os documentos PDF criados com o PDF/X-4:2007 ou PDF/X-4:2008 podem ser abertos com o Acrobat e Adobe Reader 5.0 e versões superiores.
- **Press Quality** Cria arquivos PDF para produção de impressão de alta qualidade (por exemplo, para impressão digital ou separações em uma imagesetter ou platesetter), mas não cria arquivos compatíveis com PDF/X. Nesse caso, a qualidade do conteúdo é a consideração mais alta. O objetivo é manter todas as informações em um arquivo PDF que uma gráfica ou um provedor de serviço de pré-impressão precisam para imprimir o documento corretamente. Esse conjunto de opções reduz a resolução de imagens coloridas e em escala de cinza com resoluções acima de 450 ppi para 300 ppi e imagens monocromáticas com resoluções acima de 1800 ppi para 1200 ppi, incorpora subconjuntos de fontes utilizados no documento (se permitido) e cria uma resolução de imagem mais alta do que as configurações padrão. Esses arquivos PDF podem ser abertos no Acrobat 5.0 e Adobe Reader 5.0 e versões superiores.
- **Smallest File Size** Cria arquivos PDF para exibição na Web, em intranet, para distribuição por correio eletrônico para visualização na tela ou para exibição na maioria dos dispositivos portáteis (como *handhelds*). Esse conjunto de opções utiliza compactação, redução da resolução e uma resolução de imagem relativamente baixa. Ele converte todas as cores para sRGB e não incorpora fontes a menos que seja absolutamente necessário. Esses arquivos PDF podem ser abertos no Acrobat 5.0 e Adobe Reader 5.0 e versões superiores.

—*Extraído do Illustrator Help*

Perguntas de revisão

1. Como os gamuts de cor RGB e CMYK afetam a relação entre cores na tela e cores impressas?
2. Como criar uma correspondência precisa entre as cores na tela e as cores impressas?
3. Qual é a vantagem de imprimir provas intermediárias de seu trabalho em uma impressora desktop P&B?
4. O que o termo "separação de cores" significa?
5. Quais são as duas maneiras de gerar saída de cores spot?
6. Quais as vantagens da impressão em uma cor ou em duas cores?
7. O que é trapping?
8. Diga um método simples para criar trapping.
9. Descreva o que é rasterização.
10. Por que você salvaria um arquivo como um documento PDF?

Respostas

1. Cada modelo de cores tem um gamut de cores que se sobrepõe, mas não corresponde exatamente com os outros. Como monitores exibem cores utilizando o gama de cores RGB e o trabalho impresso utiliza o gama de cores CMYK, pode acontecer de a cor impressa não poder corresponder precisamente a uma cor na tela.

2. Você pode selecionar um dos perfis predefinidos de gerenciamento de cores do Illustrator para simular melhor o relacionamento entre as cores na tela e as cores impressas. Você pode escolher View > Proof Setup e selecionar um perfil de dispositivo de saída. Então escolher View > Proof Colors para obter uma versão na tela de como será o trabalho quando impresso no dispositivo selecionado.

3. Você pode imprimir provas P&B de seu trabalho em uma impressora desktop para verificar o layout e a exatidão do texto e dos elementos gráficos antes de incorrer nos custos de imprimir em uma impressora colorida ou em um sistema imagesetter (fotocompositora) para verificar as separações.

4. A separação de cores divide a arte composta em suas cores componentes – por exemplo, utilizando as quatro cores de processo (ciano, magenta, amarelo e preto) para reproduzir uma grande parte do espectro de cor visível.

5. Você pode converter uma cor spot em seus equivalentes de cor de processo se uma correspondência de cores precisa não for necessária, ou pode gerar a saída de uma cor spot separadamente.

6. A impressão em uma ou duas cores é mais barata do que a impressão em quatro cores, e você pode utilizar cores spot para correspondência de cores precisa.

7 O trapping é uma técnica desenvolvida pelas gráficas para sobrepor cores levemente ao longo de bordas comuns. O trapping (ou cobertura) é utilizado para compensar todas as lacunas ou mudanças de cor que possam ocorrer entre objetos adjacentes ou sobrepostos quandos impressos.

8 Você pode especificar a impressão sobreposta de objetos sobre qualquer arte abaixo deles. A impressão sobreposta é o método mais simples de criar um trapping, o que compensa erro de registro na gráfica.

9 A rasterização é o processo de mudança de elementos gráficos vetoriais, fontes vetoriais, degradês e malhas de degradê em imagens bitmap para exibição e impressão, transformando essencialmente o trabalho vetorial em pixels. Imagens bitmap com um ppi (pixel por polegada) mais alto costumam resultar em saída de qualidade mais alta. A quantidade de ppi ou dpi é utilizada para determinar a resolução do trabalho.

10 O Adobe PDF é eficaz em fluxos de trabalho de publicações impressas e é uma maneira eficiente de transmitir idéias para alguém que não tem o Adobe Illustrator.

ÍNDICE

− (sinal de subtração)
 da ferramenta Zoom 58–59
[(tecla de abre colchete) 303
] (tecla de fecha colchete) 303
^ (circunflexo)
 indicador de ponto de direção 155, 156
 indicando a linha de direção para curva 159
+ (sinal de adição)
 ao arrastar conteúdo entre documentos Windows organizados lado a lado 63–64
 da ferramenta Zoom 58–59
 indicando uma substituição de estilo 235
 vermelho 224, 232

A

abrindo
 Character, painel 232
 itens da tela Welcome 42–43
 painéis no painel Appearance 366–367
acesso à Internet para temas Kuler 197–198
achatando camadas 263–264, 267–268
Add Anchor Point, ferramenta 168–169
Add Arrowheads, caixa de diálogo 160
Add New Effect, opção (painel Appearance) 359
Adjust Colors, caixa de diálogo 416–417
Adobe, aplicativos *Ver* combinando elementos gráficos Adobe e aplicativo específico
Adobe Bridge
 sincronizando cores com 440, 442
 trabalhando em 406–408
Adobe Certified, programa 17
Adobe Flash
 exportando conteúdo do Illustrator para 427–429
 movendo símbolos para 398–401
 utilizando símbolos com arquivos SWF 383, 385
Adobe Flex 429–430
Adobe Illustrator CS4 Community Help 16
Adobe Illustrator CS4 Support Center 16
Adobe Illustrator CS4 *Ver também*
 breve roteiro
  arquivo em camadas exportadas para o Photoshop 424–425
  colando imagem no Flash a partir de 401
 configurando gerenciamento de cores em 441
 copiando e colando a partir do Photoshop 414–416, 425
 criando arquivos Flex a partir de 429–430
 editando imagens do Photoshop 414–417
 exportando conteúdo como arquivos SWF 427–429
 inserindo arquivos no InDesign 425–428
 inserindo trabalhos do Photoshop em 31, 411–413
 instalando 14
 máscaras em 420
 novos recursos de 19–23
 opções de modo de saída em 448
 preferências padrão para 15–16
 recursos adicionais para 16–17
Adobe InDesign
 inserindo arquivos do Illustrator em 425–428
 vinculando conteúdo do Illustrator a 431
Adobe Photoshop 411–425
 composições de camadas 412–414
 copiando e colando a partir do Illustrator 425
 editando imagens no Illustrator 414–417
 importando arquivos em camadas do Illustrator para 424–425
 inserindo imagens no Illustrator 31, 411–413
 mapeando imagem a partir de 355–357
 obtendo amostra de cores nas imagens a partir de 422–423
 substituindo imagens inseridas a partir de 423–424, 431
 trabalhando com imagens mascaradas a partir de 416–422
Adobe TV 17
AI, arquivos
 exportando como quadros SWF 427–429
 utilizando no InDesign 427–428
alças de direção
 alterando a forma da curva 161
 aparência de 152
 arrastando para ajustar curvas 167
 controlando curvas com 153–154
 mostrando para múltiplos pontos de ancoragem selecionados 168
 sobre 151
alinhamento
 arquivos de lição para 76
 conteúdo para prancheta 89, 90
 contornos 106
 explorando 90
 guias inteligentes e 28–30
 imagens com objetos-chave 87–88, 90
 mesclagens para página ou path 288–289
 objetos 87
 opções de 90
 opções Distribute Spacing em 88
 pontos 88
 revisando 91
 texto no painel Paragraph 234
 utilizando opções no painel Align 90
amostragem
 atributos de texto 237–238
 cores de degradê 285
 cores nas imagens inseridas no Photoshop 422–423
ampliando
 controlando o tamanho da forma por meio de 107
 visualizando rótulos de medida quando 125
aparência, atributos de *Ver também*
 Appearance, painel
  adicionando efeito a objeto 336
  arquivos de lição para 362
  camadas, utilizando 376–378
  contorno e preenchimento 366–367
  definição 363–364
  editando e adicionando 363–366
  explorando 379–380
  limpando tudo 370–372
  reordenando 365–366
  revisando 381
  salvando como estilo gráfico 35–36, 369–370
  sobre 261–262
  utilizando 363–364
  visualizando todas as ocultas 367–368
Appearance, painel
 abrindo e fechando outros painéis a partir de 366–367
 adicionando efeito de sombra a 345
 ajustando cor de contorno em 344
 aplicando atributos de aparência a partir de 363–364
 atributos de Fill e Stroke 182
 editando a partir de 22–23, 341
 ilustrado 363–364
 recursos de 34–35, 363–364, 381
 removendo efeito em 338
 visualizando atributos ocultos 367–368

aprendendo recursos para o Illustrator 16–17
área de exibição substituta, sobre 67–68
área de texto
  criando 219–220
  criando objeto de área de texto para texto importado 221–222
  definição 219
  opções para 223
  ponto *versus* 221–222
área imprimível da prancheta 44
área não imprimível da prancheta 44
Area Type, ferramenta 224
Area Type Options, caixa de diálogo 222–223
arquivos *Ver também* arquivos da lição
  AI 427–429
  colando arquivos de camadas em outro 258–260, 271
  copiando o *Classroom in a Book* 14
  exportando em camadas 424–425
  formato EPS para 458–459
  formato Illustrator nativo 427–428
  formatos para salvamento 457
  formatos para texto importado 221–222
  importando texto sem formatação 221–222
  incorporando arte-final do Photoshop ao Illustrator 411–413
  inserindo arquivos do Illustrator no InDesign 425–428
  PDF 460–463
  PPD 445
  salvando 43
  salvando com transparência 458
  salvando no formato FXG 429–430
  SWF 383, 385, 427–429
  vinculados 431
arquivos da lição
  atributos de aparência e estilos gráficos 362
  camadas 250–252
  combinando elementos gráficos Adobe 406–407
  cor e pintura 180
  efeitos 336
  espaço de trabalho 42–43
  fontes para 14
  formas 94
  instalando 14
  mesclando formas e cores 274
  Pen and Pencil, ferramenta 148, 157–158
  pincéis 300
  recursos para selecionar e alinhar 76
  restaurando preferências depois de concluir 16
  saída 434–435
  símbolos 384
  texto 218
  transformando objetos 124
arquivos FXG 429–430
Arrange Documents, botão 64–66

Arrange Documents, janela 19, 62–63
arrastando
  ajustes de ponto de ancoragem por meio de 167–168
  atributos de aparência entre camadas 377–379
  conteúdo entre janelas de documento 63–65
  criando pontos de canto por meio de 163
Art, pincéis
  colorindo 314
  sobre 306–307, 332
Artboard Options, caixa de diálogo 411–412
arte-final *Ver também* imagens; mapeando
  adicionando reflexo com degradê 286–288
  apagando 110–111
  aplicando como símbolo em objeto 3D 350–351
  armazenando e recuperando no painel Symbols 397
  atribuindo cores a 198–203
  combinando imagens de outro software 409
  correspondendo cores das existentes 184
  frequência de tela e 436–437, 450–452
  importando texto para 221–222
  impressão transparente 459
  indicador de arte selecionada 254–255, 271
  inserindo arte do Photoshop no Illustrator 411–413
  mapeando símbolo para 3D 398–399
  mesclando camadas de 262–264
  movendo símbolos para o Flash 398–401
  retículas de tela para 436–437
  salvando e exportando 457–461
  sangrados 44, 96–97, 127
  visualizando 56–58
Aspect ratio para degradê 281
atalhos pelo teclado
  abrindo ferramentas com 47
  ajustando o tamanho da fonte com 230
  atalhos de Zoom no Mac abrem Spotlight ou Finder 59–60
  Hand, ferramenta 59–60
  View, comando 57–58
ativando
  guias inteligentes 100–101
  pranchetas 129
ativando/desativando máscaras de opacidade 420
Atribua guia (caixa de diálogo Recolor Artwork) 198–202
atributos
  alterando para texto no painel Character 231–233

aplicando a camadas 264–267
copiando cores 189
formatando parágrafo 233–234
obtendo amostra de texto 237–238
preenchimento e contornos 182
preservando ao colar no Flash 401
Attributes, painel 456
atualizando símbolos 394–395, 403

B

Backspace, tecla 170
banners
  criando texto para 343
  estilizando sombra para 344–347
barra de status 45
barra do aplicativo 45
Bezier, curvas 151–157
bibliotecas
  adicionando símbolos a partir de 385–387
  amostra 184, 186
  aplicando estilos gráficos a partir de 373–376
  importando botões para 400
  painel da biblioteca Illuminate Styles 374–375
  PANTONE e TOYO 186
  salvando pincéis em 326
  salvando símbolos como 397
  selecionando o pincel Pattern a partir de 321–322
  símbolo Web 398–399
bibliotecas de amostras 184, 186
Blend, ferramenta 288–292
Blend Options, caixa de diálogo
  ilustrado 290
  remodelando linha mestra 291–293
  suavizando cores 288–289, 293–295
Blend Steps 355–356
Blob Brush, ferramenta
  breve roteiro de 30
  desenhando com 301–302
  editando com 302–303
  explorando 330–331
  mesclando paths com 304–305
  opções para 305
  sobre 21–22
  utilizando Eraser com 303
bloqueando
  camadas 255–257, 270
  guias 129
  objetos selecionados 87
botões
  Arrange Documents 64–66
  Cap on/Cap off 348
  Close Gaps With Paths 208–209
  Document Setup 96–97
  encontrado na caixa de diálogo Edit Colors 195–196
  importando para a biblioteca 400
  Make Envelope 238–239
  navegando pelas pranchetas com 83

breve roteiro 24–39
  alinhando objetos com guias inteligentes 28–30
  aplicando distorção a texto 36
  Appearance, painel 34–35
  Blob Brush, ferramenta 30
  criando e editando degradês 36–38
  inserindo imagens do Photoshop no Illustrator 31
  Live Paint 32–33
  máscaras de recorte 39
  recurso Live Trace 31–32
  salvando a aparência como estilo gráfico 35–36
  símbolos 38–39
  trabalhando com grupos de cores 33
  utilizando múltiplas pranchetas 26–28
  utilizando texto 34
Bridge *Ver* Adobe Bridge
Brush Options, caixa de diálogo
  colorizando com 314, 333
  Key Color, caixa 315–316
  método de colorização Hue Shift para 314–316
  método de colorização Tints para 314, 316–317
  modificando opções 311–313
Brushes, painel *Ver também* pincéis
  Art, pincéis 306–307, 314, 332
  Calligraphic, pincéis 319–321
  mostrando pincéis em 307
  recursos de 306
  Scatter, pincéis 311–313
  visualizando novos pincéis no documento atual de 326

C

caixas delimitadoras
  alinhando objetos em relação a 90
  dimensionando objetos com 144
  efeito da transformação de objetos em 136
  ocultando 158
  utilizando 76–77
Calligraphic, pincéis
  alterando cor de 314
  sobre 319–321, 332
Calligraphic Brush Options, caixa de diálogo 320–321
camadas modelo
  características de 268–269
  ocultando 167
  rastreando com a ilustração da maçã com 153, 161, 163
  utilizando 158
camadas *Ver também* camadas modelo
  achatando 263–264, 267–268
  aplicando atributos de aparência à 264–267
  arquivos de lição para 250–252
  atributos de aparência para 376–378

bloqueando 255–257, 270
colando 258–260, 271
convertendo camadas do Photoshop em objetos 413–414
cores atribuídas a 253, 271
criando 251–253
estilos gráficos aplicados a 370–373, 381
explorando 268–269
ícone de alvo em 264–266, 271
ícone de olho e visibilidade de 203–204, 250, 256–257
isolando 266–268
máscaras de recorte com 261–263
mesclando 262–264
movendo objetos com o indicador de arte selecionado para outro 254–255, 271
ocultando 254–255, 270
reordenando objetos movendo-os 253–255
revisando 270–271
selecionando 254–255
sobre 251–252
triângulo em 252–253
utilizando composições de camada do Photoshop 412–414
vantagens de 249
visualizando 256–259, 270
campos, digitando valores em 94
Cap on/Cap off, botões (caixa de diálogo 3D Extrude & Bevel Options) 348
caracteres de sobrescrito 233
caracteres *Ver também* Character, painel
  adicionando estilos para 235–237, 247
  especiais 232–233
  sobrescrito 233
cartões de visitas
  criando múltiplas cópias para impressão 142–143
  dimensionando objetos em 130–132
  efeitos Free Distort no trabalho 141–142
  imprimindo 143, 435–436
  redimensionando a prancheta para 127
  trabalhando com 124
CD-ROM, copiando arquivos de lição a partir do 14
Character, painel
  abrindo 229, 232
  alterando atributos de texto em 231–233
Character Styles Options, caixa de diálogo 237
cilindros utilizando efeitos 3D 347–349
cisalhamento de objetos 137
Clear, tecla 170
clonando objetos selecionados 85
Close Gaps With Paths, botão (caixa de diálogo Gap Options) 208–209

colando
  camadas 258–260, 271
  formatação de texto perdida ao copiar e 221–222
  imagens entre o Photoshop e o Illustrator 425
  preservando atributos ao colar no Flash 401
colchetes para texto ao longo de um path 243–244
Color, painel 182, 184–185
Color Guide, painel 183, 191–193
Color Picker
  utilizando 184, 188–189
  visualizando amostras de cores de 200–201, 346
Color Settings, caixa de diálogo 441
Color Spectrum, barra (painel Color) 182–183
colunas de texto 222–223
comandos
  convenções tipográficas para 13
  Fit All In Window 60–61
  Paste In Front 259–260
  Pathfinder 112
  Undo 154
  View 57–58
comandos Windows no texto 13
combinando elementos gráficos Adobe *Ver também* Adobe Photoshop; e aplicativos Adobe específicos
  arquivos da lição 406–407
  criando arquivos do Illustrator para o Flex 429–430
  editando prancheta 410–412
  elementos gráficos vetoriais vs. imagens bitmap 118–119, 409–411
  explorando 430
  gerenciamento de cores em aplicativos Adobe 440
  inserindo arquivos do Illustrator no InDesign 425–428
  integrando Illustrator e Flash 427–429
  revisando 431
  trabalhando com o Bridge 406–408, 440, 442
  utilizando imagens do Photoshop 411–425
  visão geral 409
composições de camadas 412–414
compostos, paths 114, 418–419
compostos 448
configurações padrão
  retornando entrelinha a 232
  retornando o espaço de trabalho a 55–57
configurações predefinidas
  arquivo PDF 461
  excluindo 460–461
  padrão 203–205
  salvando separação de cores 451–452
  tamanho de prancheta 128

configurações Roundness (ferramenta Blob Brush) 305
configurações Smoothness
   Blob Brush, ferramenta 305
   Pencil, ferramenta 171, 173
contexto, sensibilidade ao
   exibindo menus sensíveis ao contexto 55
   Painel Control e 49
Control, painel
   Document Setup, botão 96–97
   formatando texto em 228–234
   ilustrado 45
   opções Align em 87
   opções Transform em 131, 139
   painel Swatches disponível em 184
   utilizando 49–50
Convert Anchor Point, ferramenta 164
copiando
   atributos de cores 189
   Classroom in a Book, arquivos 14
   cores nas imagens inseridas no Photoshop 422–423
   e colando entre o Photoshop e o Illustrator 425
   estilos gráficos entre camadas 378–379
   formatação de texto perdida quando 221–222
   objetos ao refletir 132–133
cor *Ver também* cores, gerenciamento de; modos de cores; preenchimentos de degradê; amostras
   ajustando imagem inserida 415–417
   alterando degradê 280–283
   aplicando cor de preenchimento a pincéis 318–320
   arquivos de lição para 180
   atribuindo a camadas 253, 271
   atribuindo ao trabalho 198–203
   Color Guide, painel 183, 191–193
   construindo e salvando personalizado 184–185
   controles para aplicar 182–183
   convertendo em CYMK 202–203
   copiando atributos de 189
   cores tematizadas no painel Kuler 196–199
   correspondendo trabalho 184
   editando amostra de 185
   especiais *versus* de processo 186
   estilos gráficos e texto 369–370, 374–375
   explorando o uso de 213
   global 185, 187
   grupos de cores 190–196
   guia inteligente 101
   harmonização 191–197
   métodos de colorização de pincéis 314–317, 333
   objeto girado 353–354
   perguntas e Respostas 214–215
   pintando com Live Paint 208–212
   produção consistente 440
   provas na tela 440, 442–443
   recolorindo trabalho 195–197
   selecionando a partir do Color Picker 184, 188–189
   separando 448–451
   sincronizando com o Bridge 440, 442
   tintas 189
   trapping 453–454, 462–463
cor, correspondência de 438–439
cor, interrupções de
   adicionando 282
   ajustando 280–281, 296
   reordenando 283
   reposicionando ponto branco entre 282
   sobre 275
cor, modos de *Ver também* spot, cores
   bibliotecas em CMYK 186
   convertendo cores PANTONE em CMYK 202–203
   cor de processo 186, 438–439
   impressão e 437–439
   sobre 181, 462
   utilizando efeitos para alterar 431
cores, gerenciamento de *Ver também* separações de cores
   configurando o Illustrator 441
   fazendo provas eletrônicas da cor 442–443
   produzindo cores consistentes 440
   separações de cores 443–456
   sincronizando cores com o Bridge 440, 442
   sobre 438–439, 462
   utilizando perfis 462
cores, grupos de
   editando 192–196
   ocultando 199–200
   trabalhando com 33
cores, separações de 443–456
   cores spot 451–453
   especificando área de sangrado 446–447
   frequência de tela para 450–452
   impressão sobreposta de objetos 454–456, 462–463
   imprimindo 444–447
   salvando predefinições para 451–452
   separando cores 448–451
   sobre 462
   visualizando 443–444
cores de processo
   convertendo cores especiais em 449, 462–463
   criando tom a partir de 189
cores globais 185, 187
cores spot
   convertendo em cores de processo 449, 462–463
   criando 186–187
   ícone para 187
   processo *versus* 186
   produzindo tons a partir de 189
   separando 451–453
   sobre 438–439
curvas *Ver também* alças de direção
   controlando com alças de direção 153–154
   criando para a forma da folha 161–162
   desenhando diferentes tipos de 162–163
   editando objeto de 167–168
   selecionando 161

D

degradê, preenchimentos *Ver também* interrupções de cor
   alterando cores e ajustando 280–283
   aplicando linear 275–277
   criando e editando 36–38
   definição 275, 296
   direção e ângulo de 278–279
   explorando ainda mais 295
   mesclagens *versus* 296
   obtendo amostra de cores de 285
   preenchendo contornos de texto com 246, 283–286
   radiais 207–208, 279–280
   reposicionando a origem de 282
   revisando 296–297
   tornando camadas visíveis 203–204
   trabalhando com 275
   transparência para 21–22, 286–288
   utilizando para múltiplos objetos 283–286
degradês lineares 275–277
degradês radiais
   ajustando 207–208
   criando 279–280
Delete, tecla 170
delineando
   contorno 105–107
   preenchimento de degradê colorido para texto em curva 283–286
   texto 244–247
desagrupando objetos 81
desenhando *Ver também* ilustração da maçã; ferramenta Pen; ferramenta Pencil
   com guias inteligentes exibidas 99
   curvas da maçã 161–163
   elipses 102
   espirais 104
   estrelas 104, 110, 114–117
   linhas 107–109
   linhas retas com Pen 150–151
   montando partes da maçã 174–175
   polígonos 103–104, 121
   retângulos 99
   retângulos arredondados 100–101
   treinando com a ferramenta Pen 148–150
   utilizando Blob Brush para 301–302
   utilizando camadas de modelo 158
   veias para a folha com Pencil 170–171

ÍNDICE | **469**

desfazendo
  pontos com a ferramenta Pen 153
  série de ações 154
deslocando
  contorno em torno do texto 344–345
  visualizando contorno 366–368
desmarcando guias inteligentes 77, 150, 161
destacando pontos de ancoragem 78
desvinculando cores harmônicas 194–195
dicas de ferramenta 47
dimensionamento em 9 fatias 399–400
direção da mesclagem de degradê 278–279
Direct Selection, ferramenta *Ver também* seleções
  alterando forma das curvas com 161
  exercícios utilizando 84
  redimensionando objetos de texto com 227
  trabalhando com seleções Live Paint 211–212
  utilizando 77–78
dispositivo de saída, resolução do 437–438, 451–452
distorção de envelope, utilizando com texto 238–240
distorcendo
  logotipo de banner com efeito Warp 343–347
  texto 36
  texto com distorção de envelope 238–240
distorcendo objetos 134–136
distribuindo objetos 88–89
Distribute Spacing, opções (painel Align) 88
Document, janela
  arrastando conteúdo entre 63–65
  ilustrado 45
  organizando documentos em 62–66
Document Info, painel 457–458
Document Setup, botão (painel Control) 96–97
Document Setup, caixa de diálogo
  opção Top Bleed em 128
documentos
  adicionando e removendo pranchetas em 125
  ajustando sangrado em 127
  carregando amostras a partir de outro 184
  criando com múltiplas pranchetas 94–97
  número de pranchetas para 44
  opções de visualização de 56–58
  organizando 62–66
  posicionando lado a lado 63–64
  revertendo à última versão de 77
  rolando com a ferramenta Hand 59–60
  rolando com o painel Navigator 66–68, 72
  trabalhando com grupos de documento 65–67
documentos, grupos de 65–67
2D, arte-final
  aplicando como símbolo a objeto 3D 350–351
  girando objetos 2D 133–134
Drop Shadow, caixa de diálogo 266–267, 340, 346
Drop Shadow, efeito
  adicionando a partir do painel Appearance 345
  aplicando 340
  editando 341–342
  mesclando paths se aplicados 304
duplicando
  imagens do Photoshop 414–416
  pranchetas 126
duplicando objetos 101–102
DVD do Illustrator CS4 14, 229

E

Edit Color/Recolor, caixa de diálogo
  Artwork, utilizando 33, 201–202
Edit Colors, caixa de diálogo
  ilustrado 193–194
  opções e botões em 195–196
  semelhança com a caixa de diálogo Recolor Artwork 193–194
  utilizando 192–195
editando
  amostras 185
  atributos de aparência 363–366
  cores do trabalho com caixa de diálogo Recolor Artwork 195–197
  cores harmônicas desvinculadas 194–195
  cores na imagem inserida 415–417
  curvas da maçã 167–168
  e duplicando imagens do Photoshop 414–416
  efeitos 341–342
  ferramenta Eraser para 303
  formas independentemente do menu Effect 338
  grupos de cores 192–196
  linhas e formas com a ferramenta Pencil 172
  máscaras importadas 421–422
  padrões 206–208
  paths de pincel com a ferramenta Paintbrush 309–312
  prancheta 126–128, 410–412
  regiões Live Paint 210–212
  símbolos 391–393
  texto distorcido 239
  utilizando Blob Brush 302–303
efeitos
  aplicando 337–341, 359
  cilindros utilizando 3D 347–349
  criando logotipo do banner com Warp 343–347
  Drop Shadow 340
  editando 341–342
  explorando 357–358
  girando objetos com 3D 357–358
  iniciando lição para 336
  Pathfinder 112–114
  removendo 338, 341–342
  revisando 359
  Rotate 347, 359
  Scribble 328–329, 333
  Subtract 338
  3D Extrude & Bevel 347–349, 359
  3D Revolve 347, 352–356, 359
  utilizações para 335
  utilizando em tempo real 335–336
efeitos de vetor 336
efeitos dinâmicos 335–336
Effect Gallery 339
eixos
  distorcendo objetos conjuntamente 137
  refletindo objetos ao longo de 132–133
  utilizado com efeitos 3D 347, 359
elementos gráficos de bitmap
  rasterizando elemento gráfico vetorial 462–463
  vetor *versus* 118–119, 409–411
elementos gráficos vetoriais
  bitmap *versus* 118–119, 409–411
  convertendo texto em 246
  pintando com Live Paint 208–212
  rasterizando 462–463
elipses, desenhando 102
encadeamento
  portas para 221–222, 224
  texto entre objetos 225
encaixando
  adicionando/removendo grupos de painéis do encaixe 53–54
  conservando espaço por meio de 55
  Control, painel 50
  Tools, painel 48
entrelinha 232
envelopes
  posicionando logotipo precisamente em 138–139
  trabalhando 124
enviando objetos de volta a 99
EPS, arquivos 458–459
Eraser, ferramenta
  editando com 303
  utilizando 110–111
espaçamento
  entre pranchetas 95–96
  objetos Scatter Brush 312–313
espaços de trabalho
  aprimoramentos em 19
  arquivos da lição 42–43
  elementos de 45
  elementos no painel Control 49–50
  excluindo salvo 56–57
  explorando 70–71
  painel Tools e 45–48
  redefinindo e salvando 55–57

revisando 72–73
sobre 41
trabalhando com painéis em 50–54
espirais 104
estilos de caractere Bold 236–237
estilos *Ver também* estilos gráficos
   alterando a fonte 228–229
   caracteres 235–237, 247
   parágrafo 235, 247
   salvando elemento gráfico 35–36
   sobrescrevendo 235
estilos gráficos
   aplicando 370–371, 373–376, 381
   arquivos de lição para 362
   camadas com 370–373, 381
   copiando, aplicando ou removendo 377–380
   cores de caractere com 369–370, 374–375
   definição 367–368
   explorando 379–380
   revisando 381
   salvando atributos de aparência como 35–36, 369–370
   sobre 261–262
   utilizando múltiplos 375–377
estrelas
   desenhando 104, 110, 114–117
   transformando a flor em 134–135
excluindo
   configurações predefinidas 460–461
   cores em degradês 285
   espaços de trabalho salvos 56–57
   pontos de ancoragem 168–170
   pranchetas 126–127
   preferências do Illustrator 15–16
   todos os atributos de aparência 370–372
expandindo, painéis 51, 53
expandindo mesclagem 292–293
explorando
   atributos de aparência e estilos gráficos 379–380
   camadas 268–269
   combinando elementos gráficos Adobe 430
   degradês e mesclagens 295
   efeitos 357–358
   formas 120
   maneiras de recriar elemento gráfico com a ferramenta Pen 176
   pincéis 330–331
   recursos de navegação e organização 70–71
   recursos de texto 246
   seleções e alinhamento 90
   símbolos 402
   transformando objetos 143
   uso de cores e ferramentas 213
exportando
   arquivos em camadas para o Photoshop 424–425
   arte-final 457–461
   conteúdo do Illustrator como arquivos SWF 427–429

extensão 454
Extrude & Bevel, efeitos 347–349, 359
Eyedropper, ferramenta
   aplicando atributos de texto obtidos a partir de amostra ao texto 237–238
   copiando atributos de cor com 184, 189
   obtendo amostra de cores de imagens inseridas 422–423
   obtendo cores de degradê a partir de amostras com 285
   utilizando Key Color 315–316

F

fechando
   painéis 53, 366–367
   paths 166–167, 208–209
ferramentas de simbolismo 391–393
ferramentas *Ver também* Painel Tools
   abrindo com atalhos pelo teclado 47
   acessando para formas 97–98
   ativando/desativando dicas de ferramenta 47
   efeito Caps Lock sobre ícones para 148
   localizando no painel Tools 46
   simbolismo 391–393
   utilizado para cores 213
Fidelity, configurações de
   Pencil, ferramenta 171, 173
   também Blob Brush 305
Fill, atributos (painel Appearance) 182
Fill, caixa (painel Tool), ilustrado 182
filtros, utilizando distorção Pucker & Bloat 136
Finder 59–60
Fit All In Window, comando, efeito de 60–61
Flash *Ver* Adobe Flash
Flex 429–430
Font Size, menu 230
fontes
   ajustando o tamanho de 230
   alterando estilo 228–229
   instalando no DVD do Illustrator CS4 14, 229
   OpenType 230, 247
forma, modos de
   Pathfinder 112, 114–117
   trabalhando com 114–117
formas
   acessando ferramentas para 97–98
   ampliando ao trabalhar com 107
   apagando 110–111
   arquivos de lição para 94
   contornando traços de 105–107
   criando texto em 241–244
   desenhando 98–104, 302
   editando 172, 338
   experimentando 120
   inserindo texto em 223–224
   perguntas e respostas da revisão 121

restringindo a proporção de 102
trabalhando com mesclagens 288–289
traçando o trabalho existente 117–121
utilizando efeitos Pathfinder e modos de forma para 112–117
formatando
   atributos de parágrafo 233–234
   mantendo texto do Word importado 224
   perdido ao copiar/colar texto 221–222
   substituindo estilos 235
   texto 228–234
Free Distort, efeito, utilizando 141–142
Free Transform, ferramenta 139–140, 145
frequência de tela 436–437, 450–452

G

Gap Options, caixa de diálogo 208–209
girando
   ângulo do degradê 279
   ilustração da folha 174–175
   objetos 2D 133–134
   objetos com efeitos 3D 357–358
   objetos Scatter Brush 312–313
   girando texto ao longo de um path 244
Glyphs, painel 232–233
grades
   aderindo a 98–99
   mostrando e personalizando 97–98
Gradient, caixa (painel Tools) 275
Gradient, ferramenta
   ajustando degradê com 280–283
   aprimoramentos de 21–22
   sobre 278
Gradient, painel
   ângulo de rotação do degradê 279
   ilustrado 275
Graphic Styles, painel 22–23 *Ver também* estilos gráficos
   aplicando atributos de aparência a partir de 363–364
   sobre 367–370
Group Selection, ferramenta 81
grupos
   adicionando/removendo grupos de painéis do encaixe 53–54
   aplicando atributos de aparência à 264–265
   consolidando 263–264
   convertendo mesclagens em objetos individuais a partir de 292–293
   cor 190–196
   criando objeto 80–81
   documento 65–67
   editando conteúdo dentro de 144
   isolando para seleção 82–83

ÍNDICE

guias *Ver também* guias inteligentes
  alinhando objetos com 28–30
  utilizando 129
guias de documento, sobre 62–63
guias inteligentes
  alterando cor de 101
  ativando e utilizando 100–101
  desenhando com 99
  desmarcando 77, 150, 161
  obtendo amostras da formatação de texto com 238
  sobre 20
  utilizando 28–30, 76

H

Hand, ferramenta
  reposicionando trabalho com 153
  rolando pelo documento com 59–60
  utilizando 57–58
harmonizando cores
  desvinculando 194–195
  utilizando 191–193
  vinculando 196–197
Help 69–70

I

ICC, perfis 439
ícone de cursor em forma de cruz 148
ícones
  alvo 264–266, 271, 373–374, 381
  cor spot (ou cor especial) 187
  cores globais 185
  efeito Caps Lock sobre ferramentas 148
  ocultando painel em 51
  olho 250, 256–257, 270
  texto carregado 225
  triângulo 185, 187, 252–253
Illuminate Styles, painel da biblioteca 374–375
Illustrator Help 69–70
Illustrator *Ver* Adobe Illustrator CS4
ilustrações em duas cores 435–436, 451–453, 462–463
imagens *Ver também* imagens inseridas
  bitmap *versus* vetorial 118–119, 409–411
  inserindo no Illustrator a partir do Photoshop 31
  mascarando Photoshop 416–422
  símbolos não podem ser criados a partir de não incorporados 387, 403
  trabalhando com no Bridge 406–408, 440, 442
imagens de substituição 423–424, 431
imagens inseridas
  aplicando edições de cores a 415–417
  editando e duplicando 414–416
  inserindo arquivos do Illustrator no InDesign 425–428

movendo para o Illustrator 412–415
  obtendo amostras de cores em 422–423
  substituindo 423–424, 431
Import To Library, caixa de diálogo 400
importando
  arquivos em camadas do Illustrator para o Photoshop 424–425
  arte-final do Illustrator no Flash 401
  botões para biblioteca 400
  texto no trabalho 221–222
impressão de boletins 435–436
impressão de convite 435–436
impressão de jornal 435–436
impressão de revistas/catálogos 435–436
impressora, marcas de 446–447
imprimindo *Ver também* separações de cores
  arte-final transparente 459
  bicolor 435–436, 451–453, 462–463
  cartões de visita 143, 435–436
  conceitos e termos para 436–438
  entendendo 434–436
  evitando bandas com procedimentos de mesclagem 355–356
  gerenciando cores durante 440
  impressão sobreposta de objetos 454–456, 462–463
  modelos de cores e 437–439
  múltiplas pranchetas 445
  preparando múltiplas imagens para 142–143
  separações de cores 444–447
  trapping 453–454, 462–463
InDesign 425–428, 431
indicador de arte selecionada 254–255, 271
indutor 454
in-RIP, separações 448
instalando o software Adobe Illustrator 14
interface com usuário *Ver* pranchetas; espaços de trabalho
introdução 13–17 *Ver também* arquivos da lição
  instalando o software Illustrator 14
  outros recursos para o Illustrator CS4, 16–17
  pré-requisitos para 13
  restaurando lição completa do Illustrator 16

J

Join, caixa de diálogo 109

K

kerning 233
Key Color, caixa (caixa de diálogo Brush Options) 315–316

Kuler, painel
  sobre 196–197
  utilizando 196–199
  visualizando temas online 198–199

L

Layer Options, caixa de diálogo 252–253
Layers, painel
  cores atribuídas a camadas em 253
  estilos gráficos aplicados a partir de 373–374
  exibindo 252–253
  expandindo e ocultando visualização de camada em 261–263
  ícones de alvo de 373–374
  ilustração 250
Library, painel 401
linhas
  criando paths curvados 151–157
  desenhando 107–109, 150–151, 158–159
  dividindo paths para 159–160
  editando 172
  paths e 152
  unindo paths para 108–110
linhas de texto 222–223
linhas por polegada (lpi – lines per inch) 436–438
Link, opção (caixa de diálogo Place) 31
links
  para cores harmonizadas 194–197
  quebrando com instâncias de símbolo 394–396
Live Paint 32–33, 208–212
Live Trace 31–32, 117–121
lpi (linhas por polegada) 436–438

M

Mac, computadores
  atalhos da ferramenta Zoom abrem Spotlight ou Finder 59–60
  convenção para comandos em 13
  itens de menu acima da barra do aplicativo em 45, 64–65
  painel Tools flutuando livremente para 47
Magic Wand, seleções da ferramenta 80–81
Make Envelope, botão 238–239
Map Art, caixa de diálogo 350–351, 356–357
mapeando
  aplicando símbolos como arte mapeada 350–351, 359
  arte-final para objetos 3D 352–353
  imagem do Photoshop 355–357
  símbolo para arte-final 3D 398–399
máscaras
  editando importado 421–422
  opacidade 419–421, 431
  padrão 204–205
  recortando 39, 261–263, 417–418
  sobre 416–417, 431

máscaras de recorte
　aplicando 417–418
　mostrando mapa em um relógio de parede com 261–263
　sobre 39
menus
　Effect 338
　exibindo sensível ao contexto 55
　Font Size 230
　Predefinições 128
　utilizando painel 54–55
menus do painel 54–55
mesclagens
　criando com passos especificados 290
　expandindo 292–293
　explorando ainda mais 295
　modificando 291–293
　preenchimento degradê *versus* 296
　revisando 296–297
　soltando a partir do objeto 293
　suavizando cores para 288–289, 293–295
　trabalhando com 288–289
mesclando
　camadas 262–264
　grupos de painéis 54
　paths com a ferramenta Blob Brush 304–305
mesclando formas e cores *Ver também* mesclagens; preenchimentos de degradê
　adicionando e ajustando cor de degradê 275, 280–283
　aplicando degradês lineares 275–277
　direção e ângulo da mesclagem de degradê 278–279
　especificando passos para objetos mesclados 288–292
　expandindo mesclagem 292–293
　explorando degradês e mesclagens 295
　iniciando lição para 274
　revisando 296–297
　trabalhando também com Blend 288–289
　transparência adicionada a degradês 286–288
método de colorização Hue Shift 314–316
Microsoft Word
　inserindo documento na forma 223–224
　mantendo a formatação de texto no texto importado 224
Missing Profile, caixa de diálogo 42, 455
modo de contorno
　sobre 101
　visualizando texto em 131
Modo de cor CMYK *Ver também* cores spot
　bibliotecas em 186
　convertendo cores PANTONE em 202–203

cor de processo 186
sobre 181, 438–439
modo de isolamento
　editando conteúdo em grupos com 139, 144
　inserindo 114, 239
　trabalhando com camadas em 266–268
　utilizando 82–83
mostrando/ocultando
　atributos de aparência 367–368
　caixas delimitadoras 158
　camadas 254–255, 270
　camadas de modelos 167
　grupos de cores 199–200
　opções Transform no painel Control 131, 139
　painéis 51, 83
múltiplas pranchetas
　criando documento com 94–97
　número que você pode utilizar 44
　posicionando lado a lado 96–97
　utilizando 20, 26–28
múltiplas transformações de objetos 142–143

N

nativo, formato de arquivo Illustrator 427–428
navegando
　explorando por conta própria 70–71
　múltiplas pranchetas 28–30, 59–61
　pranchetas com botões 83
　rolando por documentos 59–60, 66–68
Navigator, painel 66–68, 72
New Brush, caixa de diálogo 325
New Color Group, caixa de diálogo 190
New Document, caixa de diálogo
　configurando perfis para 95–96
　ilustrado 26
　selecionando modos de cores em 181
New Paragraph Style, caixa de diálogo 235
New Swatch, caixa de diálogo 184
nomes
　dando seleções 86
　visualizando Swatches por meio de 206–207

O

objetos *Ver também* símbolos; objetos 3D; transformando objetos
　adicionando contorno e preenchimento 366–367, 381
　agrupando e aninhando 80–81
　alinhando 28–30, 87–89
　alterando a perspectiva de 139–140
　aplicando trabalho como símbolo a 3D 350–351

atributos de aparência aplicados a 264–265, 377–379
bloqueando selecionado 87
clonando selecionado 85
colando a partir de diferentes camadas 271
combinando para criar formas 113–117
consolidando 263–264
convertendo camadas do Photoshop em 413–414
cortando 137
degradês para múltiplos 283–286
desagrupando 81
distorcendo 134–136
distribuindo 88–89
duplicando 101–102
editando curvas da maçã 167–168
editando objetos do Illustrator no InDesign 427–428
encadeando texto entre 225
enviando para trás 99
estilos gráficos aplicados a 370–371, 375–377
fazendo o texto contornar 241
girado 347, 352–356
girando 133–134, 357–358
guias inteligentes para alinhamento 28–30
iluminando 3D 354–358
importando texto para texto de área 221–222
impressão sobreposta 454–456, 462–463
incapaz de mesclar 262–263
ponto de referência para dimensionado 131, 144–145
posicionando precisamente 138–139
redimensionando 130–132
redimensionando texto 226–227
refletindo 132–133
reordenando movendo camadas 253–255
restringindo 130
selecionando 77, 79, 82–83
soltando mesclagem a partir de 293
3D 347–349, 359
transformando 142–143
visualização de 'tira de filme' de 407
objetos, aninhando 80–81
objetos-chave
　alinhando a 87–88, 90
　definição 87
objetos 3D, iluminando 354–358
objetos revolvidos 347, 352–356, 359
Offset Path, caixa de diálogo 345, 366–367
opacidade
　ajustando texto 242, 245
　editando máscara 420
　modificando contorno do 364–365
opacidade, máscaras de
　ativando/desativando 420
　criando 431
　utilizando 419–421

OpenType, fontes 230, 247
Outline, visualização
  ajustando paths de texto em 227
  sobre 56–58

P

padrões
  aplicando 206–207
  criando personalizado 205–206
  editando 206–208
  utilizando predefinições 203–205
painéis *Ver também* painéis específicos
  acessando a partir do painel Appearance 366–367
  adicionando ou removendo grupos do encaixe 53–54
  expandindo 51, 53
  fechando 53, 366–367
  ilustrado 45
  mostrando/ocultando 51, 83
  ocultando 51
  redimensionando e reorganizando 52–53
  selecionando itens a partir de Tools 47–48
  trabalhando 50–54
  utilizando menu em 54–55
Paintbrush, ferramenta
  aplicando pincéis com 306–309, 332
  desenhando com 307–309
  editando paths com 309–312, 333
Paintbrush Tool Options, caixa de diálogo 308
PANTONE, cores
  alterando para o modo CYMK 202–203
  aparência das amostras para 187
  convertendo em cores de processo 450–451
  utilizando biblioteca de 186
parágrafos
  adicionando estilos a 235, 247
  atributos para formatação 233–234
Paste In Front, comando 259–260
Paste Profile Mismatch, caixa de diálogo 413–415
Paste Remembers Layers, opção 259–260, 271
path
  ajustando curvado 164–165
  alinhando mesclagens a 288–289
  remodelando a linha mestra da mesclagem 291–293
Pathfinder, painel
  tipos de comandos para 112
  trabalhando com modos de forma em 112, 114–117
  utilizando efeitos em 112–114
paths *Ver também* pontos de ancoragem
  ajustando texto 227
  aplicando o pincel Scatter a 313
  componentes de 152

composto 114, 418–419
criando texto em 219, 241–244
desenhando fechado 170, 171
distância entre pontos e suavidade de 171
dividindo para linha reta 159–160
editando paths do Illustrator no InDesign 427–428
editando pincel 309–312
efeito Live Paint sobre modificado 210–212
fechando com a ferramenta Pen 166–167
formatando texto em 242
girando texto em 244
lacunas no Live Paint 208–209
mesclando com a ferramenta Blob Brush 304–305
restringindo a ferramenta Pen 150
selecionando 109, 149
tornando curvado 151–157
unindo 108–110
utilizando a ferramenta Pencil para 170–171, 173
Pattern, pincéis
  colorindo 314
  criando amostras para 324–325
  criando novo pincel a partir de amostras 325–326
  pintando com 326–329
  utilizando 321–323, 332
Pattern Brush Options, caixa de diálogo 322, 326–328
PDF, arquivos 460–463
Pen, ferramenta
  arquivos de lição para 148, 157–158
  criando linhas retas com 150–151
  criando paths sem preenchimento 158
  desenhando diferentes tipos de curvas 162–163
  desfazendo pontos com 153
  explorando recursos de 176
  paths curvados com 151–157
  praticando em uma prancheta em branco 148–150
  revisando 177
  vantagens de 147–148
Pencil, ferramenta
  arquivos de lição para 148, 157–158
  configuração Smoothness para 171, 173
  configurações Fidelity para 171, 173
  editando com 172
  modificando configurações para 173, 177
  revisando 177
  vantagens de 147, 170
Pencil Tool Options, caixa de diálogo 173
perfis
  ausente 42, 455
  configurando documento 95–96

ICC 439
monitor 440
sobre 26
utilizando 462
personalizando
  amostras de cor 184–185
  grades 97–98
  Magic Wand, ferramenta 80–81
  padrões 205–206
  pincéis 330–331
  visualizações de documento 56–57
perspectiva 139–140, 145
Photoshop *Ver* Adobe Photoshop
pincéis *Ver também* ferramenta Blob Brush; ferramenta Paintbrush; pincéis Pattern; pincéis Scatter
  alterando atributos de cor de 314–317
  aplicando 306–309, 330–332
  Arte 306–307, 314, 332
  Blob Brush 301–305
  Calligraphic 314, 319–321, 332
  criando a partir de amostras 325–326
  criando amostras de padrão 324–325
  editando paths com a ferramenta Paintbrush 309–312, 333
  encontrado no painel Brushes 306
  explorando 330–331
  iniciando lição em 300
  modificando opções para 311–313
  Pattern 321–323, 325–329, 332
  personalizando 330–331
  revisando 332–333
  salvando na biblioteca de pincéis 326
  Scatter 311–313, 332
  utilizando o efeito Scribble com 328–329
  utilizando preenchimento colorido com 318–320
  visível no painel Brushes 307
pintando *Ver também* cores; ferramenta Paintbrush
  arquivos de lição para 180
  com pincéis Pattern 326–329
  ilustração da maçã 174–175
  objetos com cor de preenchimento 318–320
  tipos de controles utilizados para 182–183
  utilizando Live Paint 208–212
Pixel, visualização 56–58
Place, caixa de diálogo, opção Link em 31
Place PDF, caixa de diálogo 425–426
plataformas *Ver também* computadores Mac
  convenções utilizadas para comandos 13
polígonos 103–104, 121
Polygon, caixa de diálogo 113
ponto de referência para objetos redimensionados 131, 144–145

pontos de ancoragem *Ver também* alças de direção
  alças de direção para múltiplos selecionados 168
  alinhando 88
  alterando aparência de 78
  aparência e tipos de 152
  arrastando para ajustar curvas 167–168
  arrastando para criar 163
  avisos ao converter 155
  convertendo curva em 154–157
  convertendo curva em canto 154–157
  convertendo suave em canto 164–165
  desfazendo 153
  excluindo e adicionando 168–170
  ilustrado 152
  paths suaves e distância entre 171
  rótulo de medida para 78
  selecionando/desmarcando 149
  transformando suave em 164–165
pontos suaves *Ver também* pontos de ancoragem
  convertendo canto em 164–165
  ilustrado 152
pontos por polegada (dpi) 437–438, 462–463
portas para encadear texto 221–222, 224
posicionando lado a lado
  documentos 63–64
  múltiplas pranchetas 96–97
posicionando objetos precisamente 138–139
posicionando pincéis Pattern lado a lado 321–322
PostScript
  formato de arquivo EPS 458–459
  utilizando impressoras 443–444
PPD (PostScript Printer Description), arquivos 445
pranchetas
  adicionando e removendo documento 125
  alinhando conteúdo a 89–90
  atalhos pelo teclado de comandos View 57–58
  ativando 129
  botões de navegação para 83
  criando documento com múltiplas 94–97
  duplicando 126
  editando 126–128, 410–412
  elementos de 44
  excluindo 126–127
  imprimindo múltiplas 445
  navegando por múltiplas 28–30, 59–61
  número que você pode utilizar 44
  organizando lado a lado múltiplas 96–97
  tamanhos predefinidos para 128
  utilizando múltiplos 20, 26–28

preenchimento *Ver também* preenchimentos degradê
  adicionando a ilustração da maçã 174–175
  aplicando cor de preenchimento a pincéis 318–320
  definição 98–99
  seleção para contornos a lápis 173
preferências
  alterando opções de ponto e de seleção 78
  salvando, excluindo e restaurando o Illustrator 15–16
pré-requisitos para este livro 13
Presets, menu 128
Preview, visualização 56–58
Print, caixa de diálogo 444–445
Proof Setup, caixa de diálogo 443
provas na tela
  arte-final em preto e branco 462
  cores 440, 442–443
Pucker & Bloat, caixa de diálogo 136

R

raio do degradê 282
rasterização, efeitos de 336, 339
rasterizadas, imagens 118–119, 409–411
rasterizando
  elementos gráficos vetoriais 462–463
  objetos 3D 349
rastreando texto excedente 232
Recolor Art, opção
  Edit Colors, caixa de diálogo 193–194
  Recolor Artwork, caixa de diálogo 199–200
Recolor Artwork, caixa de diálogo
  atribuindo cores com 198–202
  editando cores em 195–197
  Recolor Art, opção 199–200
  semelhança com a caixa de diálogo Edit Colors 193–194
  utilizando 33
recorrendo texto 219–220, 241
Rectangle, caixa de diálogo
  ajustando a largura em 113
  inserindo valores em polegadas 27
  utilizando 121
Rectangle, ferramenta 121
recursos novos 19–23
  aprimoramentos para a ferramenta Gradient 21–22
  Blob Brush, ferramenta 21–22
  editando o painel Appearance 22–23
  Graphic Styles, painel 22–23
  guias inteligentes 20
  melhorias do espaço de trabalho 19
  múltiplas pranchetas 20
  transparência em degradês 21–22
redimensionando
  grupo de painéis 52–53
  objetos de texto 226–227
  pranchetas 126–127

redimensionando
  de 9 fatias 399–400
  ilustração da folha 174–175
  objetos 130–132
  objetos com caixa delimitadora 144
  Pattern, pincel 321–322
  ponto de referência para objeto 131, 144–145
  texto de ponto 219–220
refletindo objetos 132–133
réguas
  alterando unidades para 97–98
  redefinindo o ponto de origem para 129
removendo
  efeitos 338, 341, 342
  estilos gráficos 379–380
  grupos a partir de painéis 53–54
  pranchetas de documento 125
reordenando atributos de aparência 365–366
reorganizando painéis 52–53
resolução
  dispositivo de saída 437–438, 451–452
  imagem bitmap 462–463
restaurando preferências padrão 16
restringindo
  arrastar objetos com a tecla Shift pressionada 130
  paths da ferramenta Pen 150
  proporções da forma 102
retângulos
  ajustando a largura de 113
  desenhando 99
  inserindo valores em polegadas 27
retângulos arredondados 100–101
retículas 436–437
revertendo à última versão do documento 77
revisando
  atributos de aparência e estilos gráficos 381
  combinando elementos gráficos Adobe 431
  cor e pintura 214–215
  degradês e objetos mesclados 296–297
  efeitos 359
  espaços de trabalho 72–73
  ferramentas Pen and Pencil 177
  formas 121
  pincéis 332–333
  saída 462
  seleções e alinhamento 91
  símbolos 403
  texto 247
  transformando objetos 144–145
RGB, Modo de cor 181, 438–439
rolando
  com painel Navigator 66–68, 72
  documentos com a ferramenta Hand 59–60
Rotate, caixa de diálogo 103–104, 133, 140
Rotate, efeitos 347, 359

rótulo do logotipo
  aplicando efeitos a 337–341
  criando logotipo de banner com efeitos Warp 343–347
  desenhando cilindros 3D 347–349
  estilizando sombra para texto 344–347
rótulos de medida
  ponto de ancoragem 78
  valores negativos para 138
  visualizando ao ampliar 125
Roughen, caixa de diálogo 339

S

saída *Ver também* gerenciamento de cores; separações de cores; imprimindo
  arquivos de lição para 434–435
  arquivos PDF 460–463
  conceitos e termos de impressão 436–438
  correspondência de cores para 438–439
  especificando área de sangrado 446–447
  fazendo provas eletrônicas da cor 440, 442–443
  impressão sobreposta de objetos 454–456, 462–463
  imprimindo múltiplas pranchetas 445
  modelos de cores e 437–439
  opções do Illustrator para 448
  produzindo cores consistentes 440
  revisando 462
  salvando e exportando arte-final 457–461
  separações de cores 443–447
  separando cores spot 451–453
  trapping 453–454, 462–463
  visão geral do processo de impressão 434–436
salvando
  amostra de degradê 277
  arquivo com transparência 458
  arquivos 43
  arquivos do Illustrator no formato FXG 429–430
  arquivos PDF 460–461
  atributos de aparência como estilo gráfico 35–36, 369–370
  cores nos grupos de cores 190–192
  dados no formato EPS 458–459
  espaços de trabalho 55–57
  opções de gerenciamento de cores quando 440
  pincéis para a biblioteca de pincéis 326
  preferências do Illustrator 15
  seleções 86
  símbolos como bibliotecas 397
  tintas 189
sangrados
  área da prancheta 44, 127
  definição 96–97

especificando para separações de cores 446–447
Save Proof, caixa de diálogo 451–452
Save Workspace, caixa de diálogo 55
Scale, caixa de diálogo 140, 204–205, 243
Scatter, pincéis *Ver também* Scatter Brush Options, caixa de diálogo
  aplicando a paths 313
  colorindo 314
  modificando opções para 311–313
  sobre 311–312, 332
Scatter Brush Options, caixa de diálogo
  método de colorização Hue Shift para 314–316
  método de colorização Tints para 314, 316–317
  modificando 311–313
Scissors, ferramenta 159
seleções *Ver também* Direct Selection, ferramenta; Selection, ferramenta
  alterando preferências para 78
  arquivos de lição para 76
  baseado em objetos semelhantes 82–83
  Blob Brush mescla afetadas pelo trabalho 305
  bloqueando objetos selecionados 87
  camada 254–255
  clonando 85
  criando com contorno de seleção 79
  criando no painel 47–48
  criando path 109
  exercícios sobre criação 83–86
  explorando 90
  ferramenta Magic Wand para 80–81
  grupo Live Paint 211–212
  isolando grupos para 82–83
  ocultando 91
  reatribuindo cores ao trabalho 202–203
  revisando 91
  salvando e nomeando 86
  selecionando pontos de ancoragem 149
Selection, ferramenta
  exercícios utilizando 84–85
  utilizando 76–77
separações baseadas no host 448
setas
  adicionando pontas de seta a 160
  desenhando linha reta para 158–159
  utilizando na ilustração da maçã 174–175
símbolo, instâncias de
  pulverizando 389–390
  quebrando link para 394–396
  sobre 385–386, 389–390
símbolo de circunflexo (^)
  indicador de ponto de direção 155–156

indicando a linha de direção para curva 159
símbolos *Ver também* Symbols, painel
  adicionando a partir de bibliotecas do Illustrator 385–387
  aplicando como trabalho mapeado 350–351, 359
  arquivos de lição para 384
  atualizando 394–395, 403
  breve roteiro de 38–39
  criando 387–388
  definição 38
  editando com ferramentas de simbolismo 391–393
  explorando 402
  imagens não embutidas não disponíveis para 387, 403
  inserindo com o painel Glyphs 232–233
  mapeando para arte-final 3D 398–399
  movendo para o Flash 398–401
  pulverizando instâncias de 389–390
  quebrando link para instância 394–396
  redimensionando na área de visualização 351
  revisando 403
  salvando como bibliotecas 397
  sobre 374–375
  substituindo 396
  trabalhando com 385
sinal de adição (+)
  ao arrastar conteúdo entre documentos Windows organizados lado a lado 63–64
  da ferramenta Zoom 58–59
  indicando estilo com substituição 235
  vermelho 224
sinal de subtração (-)
  da ferramenta Zoom 58–59
sinal vermelho de adição (+) 224, 232
sincronizando cores no Bridge 440, 442
Snap To Grid 98–99
sombras *Ver também* efeito Drop Shadow
  adicionando à camada 264–267, 371–373
  desenhando com a ferramenta Blob Brush 301–302
  estilização para o banner 344–347
Spotlight 59–60
Star, caixa de diálogo 337
Stroke, atributos (painel Appearance) 182
Stroke, caixa (painel Tool) 182
Stroke, painel 344–345
Stroke Options, caixa de diálogo (Art Brush) 317
suavizando cores de mesclagem 288–289, 293–295
subcamadas *Ver também* camadas
  criando 252–253

ícone de alvo em 264–265
  mesclando 262–263
substituindo símbolos 396
suprimindo a tela Welcome 42
Swatch Options, caixa de diálogo 185, 190, 205–206
Swatches, painel
  carregando de outro documento 184
  criando novo pincel Pattern a partir de 325–326
  criando para o pincel Pattern 324–325
  editando 185
  ícone para cor especial em 187
  salvando degradê 277
  visualizando a partir do Color Picker 200–201
  visualizando pelo nome no painel Swatches 206–207
Swatches, painel
  amostras de degradê em 203–204, 277
  exibindo amostras pelo nome em 206–207
  localizando também no painel Control 184
  sobre 183
  utilizando padrões predefinidos em 203–205
  visualizando grupo de cores para a seleção Live Color 209–210
SWF, arquivos
  exportando conteúdo do Illustrator como 427–429
  utilizando símbolos com 383, 385
SWF Options, caixa de diálogo 428
Symbol Options, caixa de diálogo 38, 347, 388, 399–400
Symbol Sprayer, ferramenta 389–393
Symbol Stainer, ferramenta 392–393, 403
Symbolism Tools Options, caixa de diálogo 390
Symbols, painel
  acessando bibliotecas de símbolos Web a partir de 398–399
  armazenando e recuperando arte-final em 397
  ilustrado 385
  trabalhando com 383

T

teclado
  Caps Lock e ícones de ferramenta 148
  excluindo pontos com as teclas Delete, Backspace e Clear 170
teclas de colchete ([ ]) 303
Text Import Options, caixa de diálogo 222
Text Wrap Options, caixa de diálogo 241
texto excedente
  ajustando 224–225

criando tracking para 232
encadeando entre objetos 225
redimensionando 226–227
texto pontual
  área *versus* 221–222
  criando 219–220
  definição 219
texto *Ver também* caracteres; estilos; texto
  adicionando atributos de texto obtidos a partir de amostras a 237–238
  ajustando paths de texto 227
  ajustes no tamanho da fonte 230
  alterando atributos de 231–233
  aplicando estilo a parágrafos e caracteres 235–237
  aplicando o estilo de caractere Bold 236–237
  caracteres especiais em 232–233
  colunas e linhas de 222–223
  configurando atributos de parágrafo 233–234
  contornos de 244–247
  convertendo em elemento gráfico vetorial 246
  criando texto ao longo de um path 219, 241–244
  dando nova forma com distorção envelope 238–240
  deslocando contorno em torno 344–345
  distorcendo 36
  editando estilo de fonte 228–229
  encadeamento 225
  estilos gráficos e cores de 369–370, 374–375
  excedente 224–225
  explorando outros recursos de 246
  importando para trabalho 221–222
  inserindo na forma 223–224
  kerning 233
  mantendo a formatação do Word importado 224
  perspectiva de 139–140
  ponto versus área de texto 221–222
  preenchendo com cores de degradê 246, 283–286
  rastreando texto excedente 232
  recorrendo 219–220, 241
  redimensionando objetos de texto 226–227
  retornando entrelinha ao padrão 232
  tipos de texto 219
  visualizando no modo de contorno 131
texto *Ver também* estilos; texto; ferramenta Type
  ajustando paths de texto 227
  ao longo de paths 219, 241–244
  caracteres especiais 232–233
  dando nova forma com distorção envelope 238–240
  explorando outros recursos 246
  formatando 228–234
  girando no path 244

importando texto em arte-final 221–222
ponto 219–220
ponto *versus* área 221–222
redimensionando objetos 226–227
revisando 247
tipos de 219
trapping 454
utilizando 34
Tints, método de colorização 314, 316–317
tons 189
Tools, painel
  acessando ferramentas de forma 97–98
  caixa Gradient em 275–276
  caixas Fill e Stroke em 182
  definição 45
  Direct Selection, ferramenta 77–78
  ilustrado 45–46
  selecionando itens a partir de 47–48
  Selection, ferramenta 76–77
Tools, painel flutuante 47–48
torcendo objetos 135
TOYO, biblioteca de cores 186
traço
  adicionando a objeto 366–367, 381
  alinhando 106
  colorizando pincel 316, 333
  cores do objeto girado configuradas pelas cores de 353–354
  cortando path clicando em uma forma fechada 159
  definição 98–99
  delineando 105–107
  efeito do Blob Brush sobre 301
  impressão sobreposta 456
  modificando a opacidade de 364–365
  selecionando item utilizando 77
traço, convertendo em
  desmarcando guia inteligente para 161
  trabalho existente 117–121
  utilizando camada de modelo para 153, 161, 163
Transform, painel
  ajustando unidades em 98–99
  posicionando objetos precisamente a partir de 138–139
  utilizações para 145
Transform Each, caixa de diálogo 142–143, 286–287
transformando objetos
  alterando a perspectiva com Free Transform 139–140
  arquivos de lição para 124
  cisalhamento de objetos 137
  configurando régua e guias para 129
  dimensionando objetos 130–132
  distorcendo objetos 134–136
  explorando ainda mais 143
  fazendo múltiplas transformações 142–143

posicionamento preciso dos objetos 138–139
refletindo objetos 132–133
revisando 144–145
rotacionando objetos 133–134
sobre 129
utilizando o efeito Free Distort 141–142
transparências
  adicionando a degradê 21–22, 286–288
  imprimindo uma 459
  modificando a opacidade do contorno 364–365
  salvando arquivo com 458
Transparency, painel 242
trapping 453–454, 462–463
3D, objetos 347–349
  fontes de luz para 354–358
  maneiras de criar 347
  mapeando trabalho para 352–353
  Revolve 347, 352–356
  Rotate 347, 359
3D Extrude & Bevel, efeito 347–349, 359
3D Revolve, efeitos 347, 352–356, 359
3D Rotate, efeitos 347, 359
triângulo, ícone de
  indicando cores globais 185, 187
  localizado na camada 252–253
Type, ferramenta

alcançando a ferramenta Area Type via 224
criando texto de ponto com 219
selecionando 219
Type On A Path Options, caixa de diálogo 244

U

unidades
  ajustando no painel Transform 98–99
  alterando a régua de 97–98
  inserindo polegadas na caixa de diálogo Rectangle 27
unindo paths 108–110

V

valores de altura 100–101
valores de largura 100–101
visibilidade
  ajustando camadas do Illustrator no InDesign para 427–428
  ativando para camadas 203–204
  ícone de olho e camada 250, 256–257
visualização Overprint 56–58
visualizações
  comandos para 57–58
  criando personalizado 56–57
  opções para exibir documentos 56–58

visualizando
  arte-final 56–58
  atributos de aparência ocultos 367–368
  camadas 256–259, 270
  cores com provas virtuais 440, 442–443
  iluminando para objetos 3D 354–355
  separações de cores 443–444
  rótulos de medida ao ampliar 125
  temas Kuler 198–199
  texto no modo de contorno 131

W

Warp Options, caixa de diálogo 135, 239, 343
Welcome, tela 42–43
Word *Ver* Microsoft Word

X

X, eixo 347

Y

Y, eixo 347, 359

Z

Z, eixo 347, 359
zero, ponto para régua 129
Zoom, ferramenta 57–60

Notas da produção

O *Adobe Illustrator CS4 Classroom in a Book* foi criado eletronicamente com o Adobe InDesign CS3. A arte foi produzida com o Adobe InDesign, o Adobe Illustrator e o Adobe Photoshop. As famílias de fonte Myriad Pro e Warnock OpenType foram utilizadas em todo o livro.

As referências a nomes de empresas nas lições são apenas para fins de demonstração e não pretendem referir-se a nenhuma organização ou pessoa real.

Imagens

As fotografias e ilustrações se destinam exclusivamente ao uso com os tutoriais.
Imagens fornecidas pela istockphoto.com: Lição 6.
Imagens fornecidas pela Comstock: Lição 14.
Imagem fornecida pela Clip-art.com: Lição 2 (Batatas fritas).

Famílias de fonte utilizadas

As fontes Myriad Pro e Adobe Warnock Pro são utilizadas em todas as lições. Para mais informações sobre as fontes OpenType e Adobe, visite www.adobe.com/type/opentype/.

Créditos da equipe

As pessoas abaixo contribuíram para o desenvolvimento desta edição do *Adobe Illustrator CS4 Classroom in a Book*.

Gerente de projeto: Wyndham Wood
Editor de desenvolvimento: Brian Wood
Editor de produção: Brian Wood
Editores técnicos: Jeff Hannibal
Compositor: Brian Wood
Editor: Techprose
Revisor: Techprose
Indexador: Rebecca Plunkett
Design de capa: Eddie Yuen
Design do miolo: Mimi Heft

Colaboradores

Brian Wood Instrutor Adobe Certified do Illustrator, Brian é o autor dos livros de treinamento do Illustrator e do InDesign, bem como dos vídeos de treinamento online do Acrobat, do InDesign e do Illustrator. Como co-proprietário e diretor de treinamento do eVolve Computer Graphics Training Inc, um centro de treinamento autorizado da Adobe, ele fornece treinamento online e presencial a várias empresas de diferentes setores. Brian é palestrante frequente de conferências nos Estados Unidos, incluindo The Creative Suite Conference, The InDesign Conference, The Web Design Conference e outros eventos do setor. Ele também é o palestrante especial do tour do seminário nacional "Getting Started with Dreamweaver and CSS" e também da tour "CSS Master Class". Para saber mais, visite www.evolvelive.com

Wyndham Wood Em 2002, Wyndham associou-se a Brian para voltar seus mais de 10 anos de experiência em marketing e negócios ao lançamento do eVolve Computer Graphics Training Inc., um centro de treinamento autorizado da Adobe que começou como uma empresa freelancer de consultoria/treinamento. A empresa cresceu exponencialmente desde 2002 e agora fornece treinamento personalizado online e presencial a clientes em todo os Estados Unidos. Além de ajudar a escrever e editar os livros de treinamento, Wyndham escreveu artigos e documentos para várias revistas e publicações do setor.

Agradecimentos a sibyl.com pelos designs para as lições, a Jeff Hannibal da Coherent Interactive por seu olho bem afiado como editor e verificador, a TechProse por seus serviços de edição e a Rebecca Plunkett pelo seu talento em indexação.